中国政法大学新兴学科培育与建设计划

——合规学建设项目

蓟门合规文库

蓟门合规文库——外文译丛

WILEY

企业反舞弊手册
——防范与调查

Corporate Fraud Handbook
Prevention and Detection

（第五版）

[美] 约瑟夫·T.韦尔斯(Joseph T. Wells)◎著

刘　燕◎译

中国政法大学出版社

2022·北京

图书在版编目（CIP）数据

企业反舞弊手册：防范与调查：第五版 ／（美）约瑟夫·T. 韦尔斯著；刘燕译. —北京：中国政法大学出版社，2022.8
书名原文：Corporate Fraud Handbook: Prevention and Detection, Fifth Edition
ISBN 978-7-5764-0640-5

Ⅰ. ①企… Ⅱ.①约… ②刘… Ⅲ.①企业法－美国－手册 Ⅳ.①D971.222.9-62

中国版本图书馆CIP数据核字(2022)第169548号

出 版 者	中国政法大学出版社
地　　址	北京市海淀区西土城路 25 号
邮　　箱	fadapress@163.com
网　　址	http://www.cuplpress.com (网络实名：中国政法大学出版社)
电　　话	010-58908435(第一编辑部) 58908334(邮购部)
承　　印	北京中科印刷有限公司
开　　本	787mm×1092mm　1/16
印　　张	21.25
字　　数	517 千字
版　　次	2022 年 8 月第 1 版
印　　次	2022 年 8 月第 1 次印刷
印　　数	1~3000 册
定　　价	89.00 元

蓟门合规文库总序

中国企业是塑造我国国际合作与竞争新优势的重要力量。当前世界经济格局深刻变化，产业竞争不断加剧，监管要求日趋严格，对企业治理体系和治理能力建设提出新的挑战。合规是组织可持续发展的基石。强化企业合规治理，使合法合规经营成为现代企业治理的内在特质和内生需求，是中国企业的必然选择。

我国的企业合规进程快速推进，国务院国资委、国家发改委、最高人民检察院等有关部门先后出台了一系列引导、督促、强化企业合规建设的规范性文件。中国企业不断深化合规认识，持续拓展合规实践，探索建立合规管理体系，强化合规专项计划，遵守国际通行规则、本土规范及人文风俗，确保合法合规经营管理，有效防控重大合规风险。

合规知识在监管部门、企业和专业服务机构的合规实务探索中生产出来并不断深化，但高等院校的跟进参与、总结提炼和有效输出却略显滞后。当下的合规治理理论不能充分满足合规实践之亟需，不能有效形成对合规实践之引领，高端复合型企业合规人才急缺等问题日渐凸显，在相当程度上影响和制约了企业合规的深度发展。研究和完善合规治理理论，需要学者与合规实践工作者的共同努力。

知之愈明，则行之愈笃；行之愈笃，则知之益明。需要坚持"从实践中来、到实践中去"，立足于历史维度、实践维度和比较维度相结合的一体化视角，深入扎实推进合规理论研究和教书育人工作。澄清概念、纠正误解、理顺逻辑、构建体系，定义合规学科的核心范畴、研究对象和研究范式，在此基础上构建学科化和规范化的合规人才培养体系，优化合规人才成长路径，逐步促进形成以高层次专业合规人才为带动的合规理论与实践发展新局面。

中国政法大学作为国内法学教育和研究的重镇，积极响应国家和时代的重大发展需求，在培养高层次人才和贡献高质量的学术研究方面长期走在国内前沿。在企业合规领域，中国政法大学充分立足和发挥自身优势，不断打磨创新合规理论研究、实践探索和人才培养的方式，已经在许多方面建树颇丰。

开设"企业合规调查与治理""企业内部调查与合规管理"研究生跨学科创新课程；举办"蓟门合规高峰论坛""蓟门合规讲坛""蓟门合规沙龙"等系列活动；成立"企业合规检察研究基地"、"合规治理理论研究中心"等科研机构，打造多方共同参与的产学研用平台；启动"合规学"新兴学科培育与建设计划，推进合规治理的学科化发展和人才培养的跨越式升级。

《蓟门合规文库》是一个综合性合规主题文库，历经三年时间酝酿与筹备后启动编撰，旨在通过对合规治理相关理论与研究的汇集、引进、阐释、提炼及本土化发展创新，促进合规治理理论体系不断成型、成熟，形成与国内国际合规实践的有益互动和彼此助力。文库聚焦合规事业发展中的重要理论与实践问题，通过整合学界和业界资源，将我国合规实践的有益经验固化、提炼、升华、输出，将域外合规的已有成果引进、消化、借鉴、吸收，促进形成具有时代先进性的合规中国方案和中国智慧。

《蓟门合规文库》包括合规学系列教科书、合规专业论著、合规外文译丛、合规研究集刊、合规实务指南等多种形式，融合社会学、管理学、法学、经济学、心理学、证据学等多层次学科内容，力求在对合规宏观和基础层面的深入研究中体现出系统性与规范性，又在对合规微观和操作层面的积极响应中体现出灵活性与及时性。

《蓟门合规文库》的编撰是一项长期和开放性的工作，欢迎相关专家学者共同参与、指正。期望通过本文库，陆续推出一批高质量的作品，带动合规人才培养、科学研究、社会服务、文化传承及国际交流，促进企业合规事业走向内涵式高质量发展之路，推进合规治理体系和治理能力现代化！

是为序。

中国政法大学终身教授 江平

二〇二二年七月

译者序

只看封面，就能发现本书的两个亮点，一是本书的作者约瑟夫·T.韦尔斯先生，他在反舞弊领域享有盛誉，是全球性反舞弊组织——注册舞弊审查师协会（ACFE）的创立者之一，并担任该协会主席25年，致力于反舞弊的理论与实践，出版过多本著作；二是本书的再版次数很多，由此亦可见其受欢迎程度。

作为一本专业书籍，"反舞弊"三个字初看会让人觉得沉重艰涩，然开卷之后，你会发现本书非常平实易懂，正如韦尔斯先生所说，读者"只要了解基本的商业流程和术语就可以了，并不需要很专业的会计知识"；但初看之后再通观全文，尤其当你细究"舞弊树"的分类时，当你适用调查与防范措施的细致之处时，一定会感慨于本书分类之精准、结构之严谨、体系之完整，能如此准确厘定各类舞弊手法的边界，又深入浅出地分解其表现方式，完全是丰富实践与长期理论研究完美融合的成果。从这个角度看，本书的学习并没有什么专业门槛，对"反舞弊"有兴趣的各位读者都不妨一看，但再专业的人士也一定有所受益。另外，虽然本书主要讲述会计相关的方法，但更倡导一种新型的"企业警察"概念，敦促舞弊审查师们学习会计、法律、调查等多种技能，他们"不仅需接受会计方面的培训，还需接受调查方法方面的培训，既能够读懂资产负债表，又可以自如地访问嫌疑人"。以此看来，本书读者的专业范围定位也很广，不同领域的读者都可以在阅读中体会其他专业的乐趣。

本书在结构上的典型特点就是把看似花样繁多的舞弊手法分成三个大类：资产侵占、腐败和财务报告舞弊，然后在这三大类中又划分出若干子类别进行讨论，并以舞弊树的图表列示于各章节，构成了本书的三个主体部分。

第 I 部分是资产侵占，包括第2章至第9章，主要介绍了截留收入、现金盗窃、窜改支票、利用收银机支出、开具账单、利用薪酬和报销、盗窃存货和其他实物资产等舞弊手法及其调查和防范措施。

第 II 部分是腐败，包括第10章和第11章，介绍了贿赂、索贿、非法报酬和利益冲突等舞弊手法及其调查和防范措施。

第 III 部分是财务报告舞弊，包括第12章和第13章，介绍了财务报告舞弊的各种手法及其调查和防范措施。

这些主体部分章节的体例基本一致。首先，围绕本章讨论的舞弊手法进行案例列举，生动说明该舞弊手法的操作方式，这些案例大多来自作者和舞弊审查师们的亲身经历；其次，介绍这类案例的研究数据，大多数据来源于2015年ACFE《全球舞弊调查报告》；再次，具体讨论各子类别的舞弊手法，附上具体的统计数据，并以流程图的方式直观呈现；最后，总结该舞弊手法的调查和防范措施，内容大多言简意赅，但其中预警信号等内容的总结非常精辟，值得从事反舞弊的专业人士仔细研读并将其应用到实践中。

除主体内容外，本书还在开篇第1章介绍了反舞弊相关的各术语界定和学术研究成果，与全书行文相比稍显晦涩，但可以让读者深层了解到舞弊者的犯罪学和社会学逻辑，以此为起点，也更容易理解后文中的某些犯罪动机和表现方式。第14章是概览部分，总结分析了前文提到的人的因素、对组织控制的感知等内容；还介绍了《企业量刑指南》的适用状况，结合我国目前正在研究和试点的"合规不起诉"制度，有一定的借鉴意义；介绍道德政策时，强调"高层的廉洁基调"对企业的影响，也有启示意义。附录部分给出了一个"商业道德与行为规范"的范例，企业参考该范例拟定自身适合的反舞弊制度。

鉴于不同国家金融监管制度、电子化程度、支付方式的不同，本书介绍的部分案例的舞弊手法（如支付给个人的薪酬支票等）并不完全适用于我国，若撇开某些表面的表现方式，其舞弊本质及其调查和防范措施仍有很大的相似性，可以具体参考；还有一些舞弊手法很不高明，以至有的读者们觉得"不值一提"，但实际上，我们身边频繁发生的正是这些并不高明的舞弊，这也是企业反舞弊制度的基础，比如建立基本的职责分离制度、管理监督控制等。

本书在翻译过程中遇到了一些困难，如"现金盗窃"等内容中的"现金"，包括了存款、支票等方式，主要指与"存货"等实物资产对应的概念，译为"资金"较为合适，但为行文流畅，统一译为"现金"；关于支票的"兑现"，从术语角度讲译为"提示""承兑"等更为恰当，但为了准确表达文章内容，很多地方译为"兑现"；还有"企业"与"公司"的混用等。此外，书中还有很多缺漏、错误和不足之处，欢迎各位读者批评指正。

希望本书的出版能对企业反舞弊的理论和实务工作者，以及对此议题有兴趣的各位读者有所帮助。

刘　燕

二〇二二年七月

前　言

正如我在我的第五本书《职务舞弊与职权滥用》（Occupational Fraud and Abuse）中所述：人们开始其职业生涯时，都不是为了当骗子或小偷，但有人最终成了这样的人。安然、世通、奥林巴斯和东芝等很多引人注目的案例告诉我们，企业内部的职务舞弊和职权滥用每年给这些机构和投资者们造成了数十亿美元的损失，把这个统计扩展到世界范围内的各种舞弊行为，不难想象，人类在这方面的损失简直无法估量。

本书主要提供给那些致力于减少舞弊与滥用的人，如舞弊审查师、审计师、调查人员、损失预防专家、老板和经营者、犯罪学家、人力资源人员、学者以及专业执法人员，等等。

本书有四个基本目标：

1. 细化一个分类体系，以说明各类高管、股东、中层管理者和普通员工等主体实施舞弊和滥用的各种手法；

2. 量化上述各种手法造成的损失；

3. 评估舞弊中的人为因素；

4. 为防范和调查职务舞弊与职权滥用提供指导。

这本书的诞生本身就是一个故事。我在舞弊调查与防范领域已经工作四十年了，这对当年的我来说几乎不可想象，同大家一样，我原本没想干这一行。小学三年级时，我发誓要成为一名天文学家，但上大学后，我发现量子物理太难了，于是就打消了这个念头，在只差几个学分就能拿到数学／物理学学位时，我转到了商学院，主修会计学。

毕业后，我曾在一家大型国际审计师事务所工作了两年，每天面对各种账目，辛苦又乏味，我希望生活有更多的刺激，于是改行成了一名联邦调查局（Federal Bureau of Investigation，简称 FBI）的持枪特工，庆幸的是，我的工作并不是拿枪追捕凶神恶煞的强盗，而是要对付那些舞弊者。其实，真正危害巨大的犯罪并非来自外部的盗窃抢劫，而是来自内部的舞弊和侵占行为。在接下来的九年里，我专门调查各种白领犯罪（White-Collar Crime），联邦政府也经常是利益相关方。这些案件涉及范围广，类型各异，小到微不足道的骗术，大到"水门事件"。

我职业生涯的第二个十年是在 Wells & Associates 度过的，这是一个由犯罪学家组成的咨询小组，主要研究白领犯罪的防范、调查和教育，后来它逐渐发展成一个专业的组织——注册舞弊审查师协会（The Association of Certified Fraud Examiners，简称 ACFE）。之后的 25 年，我一直担任协会的董事会主席，并在业余时间去实现我的另一个爱好：写作。

本书的写作与我的第五本书《职务舞弊与职权滥用》有关。当时，我觉得《布莱克法律词典》（Black's Law Dictionary）里对"舞弊"（Fraud）的经典定义非常有意思：

> 人的聪明才智可以设计出各种各样的手段，某个个体利用这些手段，通过错误建议或隐瞒真相等方式去占别人的便宜。这些手法包括惊奇、骗局、诡计或隐瞒，以及任何欺骗他人的不公平方式。

这个定义好像在说，人们能想出数不胜数的欺骗手法，但在调查研究了成千上万个舞弊案例后，我认为这些骗术几乎都有确定的模式，并没有那么多花样。于是我想，如果能够以几个类别归纳一下这些骗术，并研究它们发生的频率，会帮助人们了解这些欺诈手法并最终达到防范的目的。而且，既然工作场所是一个舞弊行为高发的地方，不妨把这一领域作为该研究的起点。

在 2000 多名注册舞弊审查师（the Certified Fraud Examiner，简称 CFE）的帮助下，我开始了这个研究项目。这些审查师大多从事舞弊调查与防范方面的工作，他们详细介绍了其所在组织的职务舞弊和职权滥用情况，随后，这些资料被归纳在一份公众报告中，即 1996 年《职务舞弊与职权滥用报告》（the 1996 Report to the Nation on Occupational Fraud and Abuse）。目前为止，该报告已经发表了 8 次，最近一次是在 2016 年。

这些报告只是提供了反舞弊的一个基本框架，内容比较简明概要，相对而言，本书更适合那些想了解所有细节的读者们。通过本书，你会发现，虽然舞弊表面上看起来很复杂，但实际上并不深奥，它没有火箭科学那么艰涩，研究这个课题，只要了解基本的商业流程和术语就可以了，并不需要很专业的会计知识。

另外，本书并不赞同那种繁复且无止尽的分类方法，我们只把职务舞弊与职权滥用分为三类：资产侵占、腐败和财务报告舞弊，然后在这三大类别中识别并划分几种具体的舞弊手法，本书将按照这个思路进行详细介绍。

本书开篇先大致介绍一下职务舞弊的复杂社会因素。人做事总是有理由的，了解员工舞弊的原因是找到防范措施的关键，而且你会发现，其中包含着丰富的个性化信息。

导论后，本书划分为若干章节，具体讨论职务舞弊与职权滥用的各种手法。每章的结构类似：首先列举案例，研究和解析其中的舞弊手法；然后进行具体讨论，以流程图介绍舞弊手法，以表格展示此手法的多样性，并附以统计数据；最后进行总结，提出该舞弊手法的防范和调查策略。

尽管我对文中的每一个字（不管是对的还是错的）都承担最终责任，但必须说明，完成这样一个课题，并不是我一个人的冒险和努力。首先，我要感谢成千上万的注册舞弊审查师们，他们多年来为我提供案例并参与了 ACFE 的研究。尤其要特别感谢 John Warren，他做了很多详细的分析；还有 Jim Ratley、Jeanette LeVie、John Gill、Andi McNeal 和 Nancy Bradford，他们也值得特别赞赏；MaryJo Kranacher 在第 12 章和第 13 章中提供了宝贵的指导；还要感谢几位协助准备案例研究的专家：Michael C. Burton，Sean Guerrero，Brett

xiii

Holloway-Reeves，Katherine McLane，Suzy Spencer 和 Denise Worhac。

　　还要特别感谢那些提供案例细节的注册舞弊审查师和其他专业人士：Bradley Brekke，注册舞弊审查师；Anthony J. Carriuol；H. Craig Christiansen，注册舞弊审查师，注册会计师；Harvey Creem，注册舞弊审查师，注册会计师；Jim Crowe，注册舞弊审查师；Harry D'Arcy，注册舞弊审查师；Marvin Doyal，注册舞弊审查师，注册会计师；Tonya L. DiGiuseppe，注册舞弊审查师，注册会计师；Harold Dore，注册舞弊审查师，中情局（Central Intelligence Agency，简称 CIA）员工；Stephen Gaskell，注册舞弊审查师；Gerald L. Giles, Jr.，注册舞弊审查师，注册会计师；Paul Granetto；James Hansen，注册舞弊审查师；Paul Hayes，注册舞弊审查师；Charles Intriago；Terry Isbell，注册舞弊审查师，中情局员工；Douglas LeClaire，注册舞弊审查师；Barry Masuda，注册舞弊审查师；Terrence McGrane，注册舞弊审查师，中情局员工；David McGuckin，注册舞弊审查师；David Mensel，注册舞弊审查师，注册会计师；Dick Polhemus，注册舞弊审查师；Trudy Riester，注册舞弊审查师；Lee Roberts，注册舞弊审查师；Peter Roman，注册舞弊审查师；James Sell，注册舞弊审查师，注册会计师；Harry J. Smith III，注册舞弊审查师，注册会计师；Donald Stine，注册舞弊审查师，注册会计师。

　　最后，必须感谢我的妻子 Judy，没有她，我不可能写出这本书。当我坐在电脑前写作时，她忍受了无数个孤独的周末和清晨。当我从餐桌上突然起身去拿小纸条写下瞬间灵感时，她也从不抱怨，并为我整理好每一张纸片，谨将此书首先献给 Judy Gregor Wells。

　　然后，本书也献给您——致力于减少舞弊并把世界变得更美好的人。

约瑟夫·T. 韦尔斯
于得克萨斯州奥斯汀
二〇一六年十一月

关于 ACFE

注册舞弊审查师协会（ACFE）是世界上最大的反舞弊组织，也是反舞弊教育与培训的主要提供者。ACFE 目前拥有 8 万多名会员，其组织宗旨是在全球范围内减少商业舞弊，并激发公众对反舞弊行业诚信度和客观性的信心。

ACFE 成立于 1988 年，总部位于德克萨斯州的奥斯汀，主要通过在反舞弊行业中提供专家指导、实用工具和创新资源等方式促进行业发展。ACFE 每年举办各类会议和研讨，同时提供由优秀专业人员撰写的书籍和自学课程，以帮助会员了解舞弊的原因和手法，并培养有效的反舞弊技能。ACFE 的会员也可以依靠组织扩展自己的反舞弊知识，并通过获得注册舞弊审查师资格（CFE）以表明自己在反舞弊工作中的权威与自信，这种全球认可的资格认证可以证明其会员在舞弊防范、威慑、检查和调查方面拥有专长，ACFE 通过设定考核标准、管理 CFE 资格考试、维护并实施 ACFE 职业规范等进行 CFE 的资格监管。

此外，协会亦致力为学术界提供教育资源，并建立了"反舞弊教育合作计划"以满足大学里对反舞弊审查教育的空前需求。为实现这一目标，ACFE 向世界各地的高等院校提供免费的培训和教育材料。

刑事犯罪学家、前美国 FBI 专家、注册会计师、注册舞弊审查师 Joseph T. Wells 博士是 ACFE 的创建人和主席，同时他也是监管委员会（Board of Regents）的咨询专家。Wells 博士曾为成千上万的专业人士授课，写过 22 本书、几十篇文章和项目研究报告。他的写作获得了许多奖项，包括《内部审计师》（Internal Auditor）和《会计杂志》（Journal of Accounting）的年度最佳文章，他还获得了美国会计学会（American Accounting Association）颁发的"会计教育创新奖"。他曾九次被《今日会计》杂志评为"会计行业最具影响力的 100 人"。2010 年，由于在反舞弊领域的贡献，他被纽约城市大学约克学院（York College of the City University of New York）授予商科博士学位。

ACFE 被《华尔街日报》（the Wall Street Journal）评为"首屈一指的金融调查机构"，也曾因其在打击舞弊方面的成就而被英国广播公司（BBC）、《美国新闻与世界报道》（U.S. News & World Report）、《纽约时报》（New York Times）、CNN、CNBC、《财富杂志》（Fortune）、ABC-TV 的《晚间新闻》（Nightline）、《20/20》以及哥伦比亚广播公司（CBS News）的《60 分钟》（60 Minutes）等多家媒体称赞。

有关 ACFE 的其他信息，请访问 www.acfe.com。

目 录
CONTENTS

第 I 部分　资产侵占

第Ⅱ部分　腐　败

第Ⅲ部分　财务报告舞弊

第1章 导论

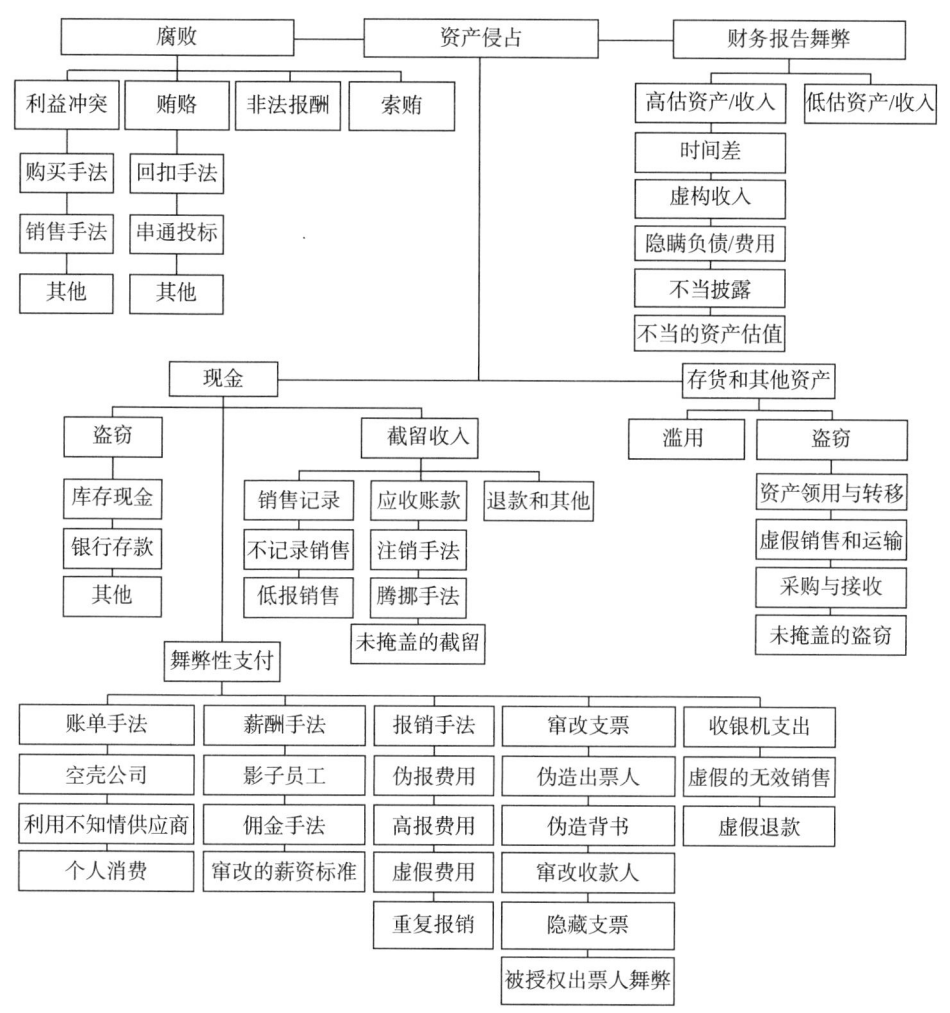

职务舞弊与职权滥用

商业世界中，企业要承担因生产和销售产品或服务而产生的成本，这些成本涉及很多方 面：劳动力、税收、广告、仓储、原材料和研发，等等；除此之外，还有一种成本，就是因职务舞弊与职权滥用导致的损耗。显然，这两类成本存在本质差异：即使舞弊和滥用的成本在损益数据中有所体现，它们的真实成本也不限于数据所显示的数字，可谓是一种隐藏成本。

例如，一家公司的广告费账面显示为 120 万美元，但实际上，其营销经理自己多收了

30 万美元的回扣才把业务给了广告代理公司，也就是说，真实的广告费用至少是 150 万美元——甚至可能更多。当然，这 30 万美元直接增加了成本或减少了利润，并最终由投资者和员工买单。

1.1 职务舞弊与职权滥用的界定

从上文的例子看，舞弊行为简单明了，但关于职务舞弊与职权滥用（occupational frand and abuse）的界定并不那么明确。事实上，究竟哪些要素构成了这些罪名，人们还普遍存在分歧。

就本书而言，职务舞弊与职权滥用的定义是"利用职务便利，故意不当利用组织的资源或资产，以实现个人的不当利益"[1]。

从该定义的范围来看，涉及了主管、员工、经理以及企业负责人的各种行为，大到复杂的投资诈骗，小至零星财物的盗窃，其中常见的违法行为包括资产侵占、舞弊性报表、贿赂、行窃和盗窃小额资产、虚报加班时间、为个人利益使用公司财产、乱发工资和滥用病假时间，等等。正如 1996 年第一份《职务舞弊与职权滥用报告》所述："这类行为的关键属性包括：①秘密性；②违背了员工对组织的诚信义务；③直接或间接为了员工的个人经济利益而实施；④耗费了组织的资产、收入或储备。"[2]

在这个定义中，"员工"指因其劳动而定期收到组织报酬的人，并不限定为普通员工，还包括公司老板、董事长、高层和中层经理以及其他员工。

1.1.1 舞弊（Fraud）的界定

从最广义的层面上来说，舞弊包括以欺骗（deception）为主要手段而获益的所有犯罪。人们主要通过三种方法非法剥夺受害者的钱财：强迫、欺骗或盗窃，其中通过欺骗手段实施的就是舞弊。可见，欺骗是舞弊的关键要素。

然而，并非所有的欺骗都是舞弊，要满足舞弊的法律定义，还必须对受害者造成了损害，通常以金钱来衡量，在普通法（Common Law）中，满足四个必备要素，才能称之为舞弊：

（1）重大虚假陈述。

（2）明知其虚假。

（3）受害者信赖该虚假陈述。

（4）受害者因信赖该虚假陈述产生了损害后果。

无论是民事违法抑或是刑事犯罪，舞弊的法律定义是相同的，两者的区别在于，刑事犯罪必须满足更高要求的证明责任（burden of proof）。

假设一种情景：一个员工没有欺骗任何人，但他在没人监管时偷窃了珍贵的计算机芯片，并将其卖给了竞争对手，这是舞弊还是盗窃？答案是：具体情况具体分析。一般来说，员工与雇主在法律上有公认的受托关系，不妨简要回顾一下盗窃行为的法律后果。

根据《布莱克法律词典》，受托人（fiduciary）一词起源于罗马，指：

---

〔1〕 ACFE《职务舞弊与职权滥用报告》（2016 年），第 4 页。

〔2〕 ACFE《职务舞弊与职权滥用报告》（2016 年），第 9 页。

一个人对另一个人负有诚实、信任、信心和坦率的义务。

在此基础上，受托关系（fiduciary relationship）一词可进一步定义为：

在一种关系中，一个人有责任在关系的范围内为另一个人的利益而行动。受托关系要求最高的注意义务，如受托人与受益人、监护人与被监护人、代理人与委托人、律师和委托人等关系。[1]

所以，在上文的例子中，该员工不仅盗窃了芯片，同时也违反了他的受托责任，这使他成为一个侵占者。侵占（Embezzlement）的定义是：

舞弊者基于他人信任而骗取他人的财产，尤指作为受托人。与盗窃、诈骗等不同，侵占者的主观意图通常是在占有后，而非占有前或者占有中产生。[2]

换句话说，侵占是一种特殊的舞弊行为。

依据侵权法和刑法的相关规定，挪用（Conversion）是：

错误地占有或处置他人财产，就像对待自己的财产一样；在没有合法理由的情况下，损害他人利益任意干涉他人财物的某个或某系列行为，从而剥夺了他人对动产的使用和占有。[3]

因此，就前述偷窃芯片的案例来说，该员工也实施了挪用公司财产的行为。　　　4

按照法律术语的解释，盗窃（Larceny）是指：

非法占有他人的个人财产，意图永久地剥夺所有人的财产。普通法上的盗窃罪已被一些法令扩大到可涵盖侵占和虚假冒用（false pretenses），这三种犯罪常被归为法定的"盗窃"范围。[4]

根据法律规定，这名员工可能因触犯多种刑事和民事规则被起诉：舞弊、侵占、冒用骗取钱财或盗窃，但实际上，他一般只会被指控一项罪名，通常是盗窃罪。

利用诡计进行盗窃（Larceny by Trick）是盗窃的一个类型。

某些情况下，盗窃者通过歪曲事实误导合法占有人放弃对财产的实际占有（不是名义所有），也称为通过诡计和欺骗的盗窃（Larceny by Trick and Deception）、通过诡计和

---

〔1〕《布莱克法律词典》，1999年第七版，第640页。
〔2〕《布莱克法律词典》，1999年第七版，第540页。
〔3〕《布莱克法律词典》，1999年第七版，第333页。
〔4〕《布莱克法律词典》，1999年第七版，第885页。

手段的盗窃（Larceny by Trick and Device）、通过舞弊和欺骗的盗窃（Larceny by Fraud and Deception）。[1]

职务舞弊的欺骗属性涉及员工对组织的受托义务，如果违反了义务，这种行为可以被认为是多种舞弊形式之一。根据本书对职务舞弊与职权滥用的定义，这种行为必须是秘密的。《布莱克法律词典》将"秘密的"定义为"秘密的或隐蔽的，尤指用于非法或未经授权的目的"[2]。

1.1.2 滥用（Abuse）的界定

显然，并非所有工作场所的不当行为都属于舞弊的范畴，各种职权滥用行为也会导致资金或资源的损失，但它们并不是舞弊。任何雇主都知道，员工的下列行为司空见惯：

- 使用员工折扣为亲朋购买产品。
- 拿走组织的产品。
- 获得比实际工作时间更多的报酬。
- 多报销费用。
- 未经同意，中途多休息或午餐时间过长。
- 上班时间迟到或早退。
- 未生病时请病假。
- 行动迟缓或消极怠工。
- 在酒精或药物的影响下工作 。

多年来，"滥用"一词的含义基本上是模糊的，经常泛指任何未明确界定范畴的不当行为。《韦氏词典》（Merriam-Webster）称，"abuse"一词来自拉丁语"abusus"，包括"①腐败的行为或习惯；②不适当或过度地使用或对待：误用（misuse）"。[3]

可见，舞弊和滥用的界定有共同之处，那它们的主要区别是什么？用一个例子来说明：假设一个银行出纳从她的现金抽屉里偷了100美元，我们一般地称之为舞弊；但是，如果出纳每周赚500美元，但谎称了一天带薪病假，我们则称之为职权滥用。

当然，违法行为的成立需要员工主观上有不诚实的意图。一般来说，企业内部会通过不同的方法进行处理：如果挪用公款，员工会被解雇，也有可能被起诉（尽管可能性很小）；而如果只是虚构病假时间，员工则只是会受到批评，或被扣工资。

再举一个不同情境的"职权滥用"的例子。假设某人为政府机构工作，那么按照最严格的解释，"滥用病假"甚至可能构成对政府的欺诈，毕竟，员工为了经济利益（不被扣工资）做了虚假陈述。实际上，政府机构也曾经起诉过明显滥用病假的例子。任何形式的滥用公共资源都可能成为一个严重的问题，而且起诉门槛可能非常低。

有个真实的案例：多年前，我是FBI的一名新人，被派往得克萨斯州的埃尔帕索，其管辖范围包括 Fort Bliss 军事基地，它位于一个面积很大的沙漠地区，有传言说，军需部门的文职人员会窃取存货从后门运出并卖掉，事实证明这个传言虽然属实，但有些夸张。

---

[1]《布莱克法律词典》，1999年第七版，第886页。

[2]《布莱克法律词典》，1999年第七版，第242页。

[3] 参见：www.merriam-webster.com/dictionary/abuse（2016年10月25日访问）。

感恩节前后，FBI 花了一整天时间调查仓库的后门，也进行了充分的准备：大批警力、秘密货车和远程摄像机，一应俱全，但等来的是一个微不足道的非法销售事件：几只冷冻火鸡和一大袋山药，买赃者只是用 10 美元买了价值约 60 美元的商品。他们傍晚才交易，我们已经干等了一整天，气急败坏，买家离开基地后，我们一堆人都扑了上去，把那个可怜的内鬼吓坏了，他比我们更清楚后果的严重性。

他在错误的时间出现在错误的地点，做了错误的事情，最终付出了沉重的代价。他承认犯有盗窃罪，他在军需部门的同伙也承认了罪名而且被解雇了。买家同样遭了殃，他是一名退休的陆军上校，在基地从事文职工作，最后他只能从这份高薪工作中离职，并留有犯罪记录，最昂贵的代价是他损失了数十万美元的未来退休福利。现在，还会有人因为小偷小摸而被起诉吗？这可能要看具体情况，但确实会发生。

这里的重点是，"职权滥用"这个词经常被用来指代各种各样的小偷小摸和其他小事，这些行为在工作场所非常普遍，甚至一直被默默纵容。员工滥用职权的原因各不相同且极其复杂，他们以后会实施更大的舞弊和刑事罪犯吗？有些案例中是这样的，本书将在后文中详细讲述。接下来我们要研究的是为什么"好员工"会变坏，其中有些研究已有几十年的历史，但并不过时，这些理论是反舞弊领域的重要里程碑。

1.2　关于职务舞弊与职权滥用的研究

1.2.1　Edwin H. Sutherland 的研究

相对于实践中职务舞弊与职权滥用的巨大影响而言，这个课题的学术研究是比较少的，目前的很多文献都是在印第安纳大学犯罪学家 Edwin H. Sutherland（1893—1950 年）的早期成果上作出的。Sutherland 对上层商业精英的舞弊行为非常感兴趣，包括对股东的舞弊和对公众的舞弊等。正如著名的犯罪学家 Gilbert Geis 所提到的那样，Sutherland 说：

> 通用汽车公司（General Motors）没有自卑情结，美钢公司（United States Steel）也没有俄狄浦斯症，杜邦（the DuPonts）公司同样不需要温柔的拥抱。在我看来，去设定一个商业罪犯的智力或情感方面有病态是非常荒谬的。进一步说，如果这种假设不适用于商人犯罪，那么它同样不适用于贫困者的犯罪。[1]

对外行人来说，Sutherland 对白领犯罪的研究，就像弗洛伊德对精神分析学一样权威。事实上，也正是 Sutherland 在 1939 年创造了"白领犯罪"这个词，其本意是指公司和个人以公司名义进行的犯罪行为，之后，这个词被扩展用来泛指任何财务或经济犯罪，从最基层的员工到最高层的董事长。

实际上，包括我在内的许多犯罪学家都认为，Sutherland 对犯罪学研究最重要的贡献是"差别连接理论"（theory of differential association）。在 Sutherland 职业生涯的后期，他创建了该理论，这一理论是目前最被广泛接受的犯罪行为理论之一，20 世纪 30 年代

---

〔1〕　Gilbert Geis：《论白领犯罪》，1982 年。

Sutherland 这个具有里程碑意义的著作问世之前，大多数犯罪学家和社会学家都认可"天生犯罪人理论"——犯罪是基于基因的，罪犯会生下犯罪的后代。

尽管"天生犯罪人理论"现在看来很幼稚，但它当时主要是基于对非白领罪犯的观察——谋杀犯、强奸犯、虐待狂和滋扰社会的流氓，等等。后来的许多研究确实也证实了"街头"犯罪的遗传理论，但也需考虑到其他的环境因素（关于犯罪的遗传基础的详细解释，参见 Wilson 和 Herrnstein 所著的《犯罪与人性：犯罪的决定性因素研究》）[1]。而 Sutherland 通过"差别连接理论"解释犯罪的环境因素，其基本观点是：如同数学、语言和吉他演奏的学习一样，犯罪同样是后天习得的。[2]

Sutherland 认为，犯罪行为是在与他人沟通的过程中学习的，犯罪行为的发生离不开他人的帮助。他还进一步提出，犯罪活动的学习通常发生在亲密的群体中，也可以从这个角度解释为什么不正常的父母会更大概率养育出不正常的后代。Sutherland 认为，犯罪学习过程涉及两个具体的领域：犯罪的技巧和犯罪的主观认识，后者包括犯罪的心态、能动性、理由和动机。很明显，Sutherland 的"差别连接理论"非常符合职务犯罪者的特点：不诚实的员工会污染一部分诚实的员工，反之，诚实的员工也会对一些不诚实的员工产生正面影响。

1.2.2　Donald R. Cressey 的研究

20 世纪 40 年代，Donald R. Cressey（1919—1987 年）在印第安纳大学上学，是 Sutherland 最聪明的学生之一，与 Sutherland 主要研究上层精英的犯罪行为不同，Cressey 在攻读犯罪学博士学位时选择了另一个研究方向：侵占行为。他有机会调研了几所中西部的监狱，通过与 200 名在押犯人的谈话，进行实证研究。

1.2.2.1　Cressey 的假设

Cressey 对财物侵占者很感兴趣，把他们称之为"背信者"（trust violators），Cressey 对犯罪的诱因尤其有兴趣。为了更加凸显这个研究方向，他在样本中排除了那些以单纯偷窃为目的的员工——当时这种犯罪人数也比较少。在监狱访谈调研结束后，Cressey 研创了一个职业犯罪的模型，至今仍奉为经典，其研究成果发表在《别人的钱：公款侵占者的社会心理学研究》一书中。[3]

该文中，Cressey 的最终假设是：

> 当被信任的人发觉自己存在"不可分担的财务问题"（a financial problem which is nonsharable），并且意识到如果违背信任就有机会秘密解决这个财务问题时，又找到了将自己行为合理化的借口，就很可能把自己的身份从被信任者调整成托管资金或财产的使用者，进而背信侵占。[4]

多年以后，该假设发展成为更著名的"舞弊三角理论"。（参见图表 1-1）其中一个

---

〔1〕　James Q. Wilson 和 Richard J. Herrnstein：《犯罪与人性：犯罪的决定性因素研究》，1985 年。

〔2〕　Larry J. Siegel：《犯罪学》，1989 年第三版，第 193 页。

〔3〕　Donald R. Cressey：《别人的钱：公款侵占者的社会心理学研究》，1973 年。

〔4〕　Donald R. Cressey：《别人的钱：公款侵占者的社会心理学研究》，1973 年，第 30 页。

角代表不可分担的财务压力；第二个角代表已察觉的机会；最后一个角代表借口。正如
Cressey 说：

　　　当背信者被问及，为什么你以前在其他职位上没有背信？或者为什么你以前在这
　　个职位上没有背信？答案可能是以下一个或多个理由：①现在有这样的需求，以前没
　　有；②我以前没有过这个想法；③以前我认为这样不诚实，但这次我一开始并不认为
　　这有违诚信。[1]

　　　在所有的侵占案件中，背信者都认为，他们所面临的财务问题是不能与他人分担的，
　　但客观看来，他人其实可能会帮助解决这个问题。[2]

8

图表 1-1　舞弊三角

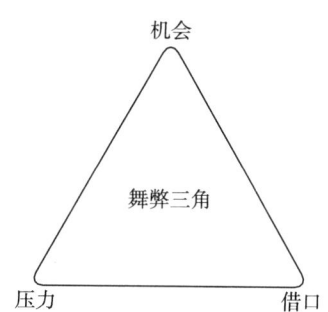

1.2.2.2　不可分担的问题

当然，什么问题是"不可分担的"，需要从这些潜在舞弊者的视角来定义。Cressey 认为：
"一个男人在赛马场输了巨额资金，即使这些损失对他来说是一个问题，但可能不是一个不
可分担的问题；而对另一个男人来说，这可能就是一个非常私人且必须保密的问题，也就是
不可分担的问题。同样的道理，某人也许认为经营不善的银行或企业里出现的问题必须与他
的同事和团队成员一起分担，而另一个人则可能认为这些问题是不可分担的。"[3]

Cressey 将这些"不可分担的"问题划分为六种基本的类型：

（1）对规定义务的违背。

（2）个人失败导致的问题。

（3）经营不善。

（4）物理上的隔离。

（5）提升地位的期望。

（6）雇主与员工的关系。

1.2.2.2.1　对规定义务的违背

历史证明，如果违背了规定的义务导致财务问题，舞弊者会因无力偿还债务而成天忧虑，
这是财务犯罪的一个强大诱因。

---

〔1〕　Donald R. Cressey：《别人的钱：公款侵占者的社会心理学研究》，1973 年，第 33 页。

〔2〕　Donald R. Cressey：《别人的钱：公款侵占者的社会心理学研究》，1973 年，第 34 页。

〔3〕　Donald R. Cressey：《别人的钱：公款侵占者的社会心理学研究》，1973 年，第 34 页。

被信任的人通常认为，对规定义务的非财务违背所导致的财务问题是不可分担的，因为财务问题会威胁其地位，而这种地位又是保持该职位所必需的。绝大部分在财务职责上任职的个人，以及这些人的绝大部分雇主，都默认担任该职位的人应该有这品质：除了保持诚实，还应遵循一定的行为方式，不应参与某些不当行为。[1]

换句话说，如果一个人拥有值得信任的职位，就意味着他有责任妥善管理金钱。

当一个人因为违背了规定义务而产生债务或其他方式的财务负担时，他们常常认为这些债务必须保密，偿还这些债务成为一个不可分担的问题。在许多情况下，为这类债务进行担保也不适合此人其他角色的职责，比如说丈夫或父亲的角色；但需要注意的是，债务本身只和他作为"被信任的人"个人有关，无关其他角色。[2]

Cressey 还描述了我们都能够理解的一种情况，如果某人已经无法偿还债务，他就不得不向其雇主、家人或朋友承认这种情况。

1.2.2.2.2 个人失败导致的问题

Cressey 认为，个人失败导致的问题可能有几种不同的类型。

虽然一些紧迫的财务问题可能被认为是因"经济条件"导致的，但另一些则是个人失误或计划不周所致。由于害怕失去地位，他们不敢向有能力挽救这种局面的人承认，目前的困境是由于"自己的错误判断""自己的错误"或"自己的愚蠢"造成的。[3]

总之，骄者必败。如果潜在的罪犯有两个选择，一个是通过背信来掩盖糟糕的经营决策，另一个是承认自己是一个不成熟的经营者，那么，对骄傲的人来说，可能会选择前者去掩盖错误。

1.2.2.2.3 经营不善

Cressey 认为"经营不善"是"不可分担的财务问题"产生的第三类原因。他认为这与上述的"个人失误"不同，许多经营者会认为这些财务困难不属于自己的可控范围，并不是他自己"经营不善"，而是通货膨胀、利率提高、筹集资本和贷款等原因。Cressey 引用了一位商人的话，这位商人利用虚构的抵押品获得了银行贷款，谈及舞弊原因时他总结道：

鲜有经营者能够意识到企业正在走向失败。当桥梁倒塌时，他们会尽力去寻找每一块木头。在商业社会中，有一种永恒的乐观主义：明天会更好。我们为企业工作，维持它运营，像是被催了眠……我们中的大部分人根本不知道何时应该离开，何时应该承认："这个企业使我受挫，它似乎是一个为对手准备的企业。"[4]

---

〔1〕 Donald R. Cressey:《别人的钱：公款侵占者的社会心理学研究》，1973 年，第 36 页。
〔2〕 Donald R. Cressey:《别人的钱：公款侵占者的社会心理学研究》，1973 年，第 38 页。
〔3〕 Donald R. Cressey:《别人的钱：公款侵占者的社会心理学研究》，1973 年，第 42 页。
〔4〕 Donald R. Cressey:《别人的钱：公款侵占者的社会心理学研究》，1973 年，第 47 页。

1.2.2.2.4　物理上的隔离

Cressey 描述的第四类原因是物理隔离，即处于财务困境的人与能够帮助他的人分隔开来。并不是这个人害怕分享他的问题，只是没有人可以与之分担。他处于这样一种情况：虽然有些朋友或同事本可以提供帮助，但他无法接触到对方。

1.2.2.2.5　提升地位的期望

第五类不可分担的问题与期望提升地位有关，尽管这些问题很容易被误认为是期望过高或想过奢侈的生活，但 Cressey 对他们行为的含义更感兴趣。他说：

> 对地位提升的野心成为不可分担的问题，这在我们的生活中十分常见。我们必须强调，对地位的野心并不是导致"不可分担的问题"进而背信舞弊的必然原因。具体说，在这类案例中，当一个人认识到他不具有较高的收入水平以匹配其期望的地位时，他既不能够断绝这种期望，又不能实现这种期望，就会产生"不可分担的问题"[1]。

换句话说，并不是对更好生活的期望造成了不可分担的问题（我们都想要更好的生活）；相反，正是由于无法通过合法手段获得更好的东西，同时又不愿意接受较低的地位，才导致了背信动机。这个问题被称为"攀比综合征"。

1.2.2.2.6　雇主与员工的关系

最后，Cressey 描述了因雇主与员工间的关系引起的问题。他认为，这通常表现为一个员工对他在组织内的地位不满意，可能源于经济上的不平等，比如工资，也可能源于过度工作或被低估的感受。Cressey 说，当某个员工提议要改善自己的不公平待遇，却可能导致更差的情形时，这个问题就变得不可分担了，于是就会有强烈的报复动机。

自身经验

我记得最清楚的例子是我自己的亲身经历，而且是不愉快的经历。扪心自问，很多人都曾在职业生涯的某个时刻进行过舞弊，当然，有些是大事，有些是小事，有些被发现了，有些则不被人知晓。接下来，我将告诉你一个我自己当小偷的故事（当然，诉讼时效已经过了）。

这事发生在我大学期间。和许多人一样，我那时打工并不是为了积累什么社会经验，实在是生活所迫，我曾在一家 Zac 先生以自己的名字命名的男装店做兼职销售。

工作第一天，我就通过与其他员工的交谈了解到他们非常不喜欢 Zac 先生，没过多久，我就明白了其中的原因：Zac 先生小气、暴躁，发工资也很不痛快；还疑神疑鬼的，总怀疑员工偷了店里的东西，他甚至怕员工把商品塞到衣服和包里，所以会在下班时警惕地盯着他们。可结果呢，员工们为了取乐和报复他，想出了各种各样新奇的偷窃方法，我一开始并没有加入他们，但后来 Zac 先生对我做了一件事，从此我的态度彻底改变了。

有一天，我从楼上储藏室最上面的架子上拿货品，衬衫下摆不小心扯了出来，我正把下摆掖回去时，Zac 先生默默从旁边走了过去。我回到楼下工作十分钟后，Zac 把我叫进他那间狭小的办公室，关上门问道："你刚在楼上时，往裤子里塞了什么？"我回答："只有我的衬衫。"但 Zac 说："我不相信，除非你现在把裤子拉开给我看，否则你就会被解雇。"我

---

[1]　Donald R. Cressey：《别人的钱：公款侵占者的社会心理学研究》，1973 年，第 54 页。

一开始没当真，后来意识到问题严重时，面临着一个两难选择：要么解开裤子，要么拖欠房租被房东赶出去。我选择了前者。我站在那里，任由裤子滑落到膝盖，心中充满着愤怒和尴尬，我以前从未被置于这样的境地——必须脱衣服以证清白。

他亲自看了看，发现我身上并没有他的宝贝后，就把我送回了销售部。这之后，我变了，我不再对销售商品和如何成为一名好员工感兴趣，我要做的就是报复。接下来的几个月里，我尽可能地去偷东西，衣服、内衣、外衣和领带，等等，凡是你能想到的我都偷。在其他员工的帮助下，我们甚至还偷了一个大展示柜。在我辞职之前，他从没有抓住过我。如果我问自己：我有正当理由偷 Zac 的东西吗？当然没有。换到现在这个年龄，同样的情况下我会再偷一次吗？当然不会。但在那个特别的时候，我年轻，理想主义，固执己见，不知天高地厚。犯罪学家已经证明，许多年轻人缺乏敬畏的原因，是他们没有意识到自己行为可能带来严重的后果，所谓"初生牛犊不怕虎"。我甚至从没想过可能会因偷东西坐牢。

像我们这些 Zac 先生的员工，对工作缺少忠诚度，是导致职务舞弊与职权滥用的一个重要因素。随着近年来美国劳动力市场的变化，舞弊问题也发生变化，可能增加也可能减少。最近，有很多关于企业裁员、劳动力外包和增加员工流动性方面的研究文章，如果未来的员工大多是合同制员工，他们对组织的忠诚度就会比较低。这种趋势似乎正在形成，但对职务舞弊的影响还不明确。要知道，舞弊也是企业经营的一个成本，如果公司的外包业务造成了更多的职务舞弊与职权滥用，那么，虽然短期看这类业务的益处远超犯罪导致的成本，但从长远看，员工的舞弊不会对任何人有好处。这也是 Cressey 的理论。

1.2.2.3　社会学因素

Cressey 的研究是在 20 世纪 50 年代早期做出的，当时的员工情况显然与今天不同。但另一方面，多年来一直都存在一些有着紧急的、不可分担的财务问题的员工，他们面临着不可分担的财务压力。Cressey 指出，对于背信者而言，仅仅把钱弄到手是不够的，他还必须相信自己可以秘密地弄到手。Cressey 说：

> 我们的研究案例中，有一个很明显的特点：鉴于舞弊之前的一些活动，对被信任者非常重要的集体审核已经消失，或者如果某些问题（不可分担的财务问题）被揭露，现有的集体审核将会消失，其结果是这些被信任的人与那些可以帮助他解决问题人隔离开来。
>
> 尽管财务问题作为不可分担的问题不一定会导致背信，但它确实会使被信任者产生一种期望，即寻求一种特定的方法来解决问题。在我们的案例中，他们都期望利用一种独立的、相对秘密的、安全可靠的方法来解决全部或部分问题，这正是他们的"合理化借口"[1]。

Cressey 指出，他的许多访谈对象都提到了"秘密解决"的重要性。

通过与背信者交谈，Cressey 发现，在遇到不可分担的财务问题之前，背信者们没有想过要用现在的职位作为舞弊工具，他们会说"我突然想到"（或"我逐渐明白了"之类的词）那些被托管的资金可以解决令人烦恼的问题。Cressey 的观点中，背信者必须具有两个前提

---

〔1〕　Donald R. Cressey：《别人的钱：公款侵占者的社会心理学研究》，1973 年，第 66-67 页。

条件：一般信息（general information）和技术技能（technical skill）。就一般信息来说，员工的地位和能力本身就表示：既然他可以被信任（注意：无人监督），那么他就可以违背这种信任。

Cressey 认为，除了一般信息，违背信任者还必须具有舞弊所需的技术技能，以便秘密地实施舞弊。他观察到：

> 掌握一般信息之后，实施背信行为的下一个重要步骤就是将一般信息应用于具体情况，也就是说，除了一般的背信可能性，还要对当下的情况有所分析，判断这个职位是否可以解决不可分担的财务问题……被信任者将一般信息应用于具体情况进行观察判断，才能认识到托管资金可以秘密解决他的财务问题。[1]

Cressey 认为，根据观察，很难辨别哪个情况会首先出现：是先有对资金的需求，还是先发现资金可以被秘密地使用？换句话说，背信者先有了资金需求，而后想出了秘密侵占的方法；还是先知道了秘密获得资金的方法，然后找到了使用它们的"借口"？

接下来，Cressey 深入研究了罪犯的内心世界：他们是如何说服自己的？研究发现，舞弊者基本可以通过以下三种情形为自己开脱：

（1）不是犯罪行为；

（2）有正当理由；

（3）自己无法控制。

Cressey 将这些理由统称为"合理化的借口"，他在研究中发现："在犯罪行为发生前，或至少是发生时，舞弊者会找到很多借口，但在犯罪行为发生之后，这些借口又常被认为是可有可无的。"[2] 这是我们的本性使然：第一次做违背道德观念的事情时，人们会觉得不安，但随着不断重复这样的行为，就习以为常，行为也容易了起来。职务舞弊和滥用职权犯罪者有个特点：一旦开始犯罪，行为就具有持续性。

把本来"不可接受"的侵占行为正当化，避免一些罪恶情绪，最简单的方法之一就是为其编造好的理由：我这样做是为了得到一个更好的社会形象。如果舞弊被发现，至少他可以对自己和周围的人这样解释，比如"为了保住职位""为了报复讨厌的老板""为了保证业绩"等。

为了进一步分析，Cressey 将这些舞弊者分为三类：

（1）独立投资者；

（2）长期违规者；

（3）潜逃者。

他发现，每一类舞弊者均有自己的借口类型。

独立投资者

这类人常用两个借口：其一，我只是在"借"自己创造的钱；其二，托管的资金实际上

---

〔1〕 Donald R. Cressey：《别人的钱：公款侵占者的社会心理学研究》，1973 年，第 86 页。

〔2〕 Donald R. Cressey：《别人的钱：公款侵占者的社会心理学研究》，1973 年，第 94 页。

是我自己的，人是不可能从自己的东西里偷东西的。Cressey 发现，"借钱"的理由最频繁，舞弊者认为，企业里的每个人或多或少都有些不当行为，但他们认为自己的行为并不是"盗窃"。而且，独资商人们普遍认为是那些"异乎寻常的情况"导致其入罪，这种情况也就是"现实中不可分担的财务问题"。

长期违规者

14

Cressey 的研究将长期违规者定义为"少量但长期"转移雇主和客户资金的人，与独资者一样，他们也喜欢"借钱"的理由，还有一些别的借口：①为防止家庭陷入困境而侵占公款；②"迫不得已"为之，雇主在财务上亏欠了他们；③雇主对其他人不诚信，理应有所报应。

有些人也提到，"还钱"比当初"偷钱"还难，并声称他们是因为害怕被发现才没有偿还"借款"。这些案例中，确实有几个人记录了他们的偷窃行为，但大多数人只在一开始进行记录，随着后期数额的增加，他们就不再记录了，似乎是"宁愿不知道这个借款的数额"。这些长期背信者还表示，他们希望最后再偿还债务并作出补偿。Cressey 指出，许多罪犯最终意识到他们"陷得太深"，然后会去思考可能的后果，但是，鉴于舞弊者并不认为他们的行为是犯罪，其恐惧通常只是害怕被老板发现，"直到认识到这是犯罪时，才会害怕被判处刑罚"。[1]

在某个时间点，犯罪者会意识到舞弊行为的社会评价和刑罚可能性，他们会非常不安、烦躁、紧张和悲伤。Cressey 发现，长期舞弊者如果没有找到拿钱的借口，就很难在侵占财物的同时把自己合理化为"诚实和值得信任的"。"这种情况下，他们要么重新采用背信前他所认同的团体的旧标准，要么接受他目前认同的新的犯罪者的标准。"[2]

潜逃者

第三组罪犯是"潜逃者"——拿了钱就跑的人。Cressey 将其行为描述为"被隔离的"(isolated)，并将这个分类融入"不可分担的财务问题"。他发现：

> 在携款潜逃的人之中，几乎任何问题均是"不可分担的"，对于潜逃者来说，很多问题具有不可分担的性质，至少他已经在地域上与那些能帮助他的人隔离开来。这些携款潜逃的人通常未婚或不与家人同住，他们住在宾馆或出租屋里，与原来的亲朋没有任何形式的联系，并且不太富裕。在调查中，几乎没有潜逃者具有会计师、企业主管等较高的信任地位。[3]

Cressey 说，尽管潜逃者知道其行为是犯罪，但他们经常声称自己的行为源于外部的影响，超出了控制范围，以此来证明行为的正当性。潜逃者还经常显示出一种无所谓的态度，更有甚者，声称是他们自己个人的"缺点"导致了犯罪行为。

15

20 世纪 50 年代，当 Cressey 收集这些数据时，发现"侵占公款者"被认为是社会经济地

---

〔1〕 Donald R. Cressey：《别人的钱：公款侵占者的社会心理学研究》，1973 年，第 121 页。

〔2〕 Donald R. Cressey：《别人的钱：公款侵占者的社会心理学研究》，1973 年，第 122 页。

〔3〕 Donald R. Cressey：《别人的钱：公款侵占者的社会心理学研究》，1973 年，第 128 页。

位较高的人，他们因为酗酒、赌博等个人原因将钱拿走，但超出时限仍未能归还；而"小偷"则是社会地位较低的人，他们会拿走手边的任何资金。Cressey 指出：

> 由于绝大部分潜逃者地位较低，他们认为自己并非我们说的"背信者"，而是属于特殊的小偷群体。长期背信者和独资商人在开始时一般不会考虑携款潜逃；同样地，潜逃者也没有想过拿走小额资金却在时间期限内归还不了。[1]

Cressey 研究中最基本的总结之一是，满足三个因素，背信就会发生：压力动机、察觉到的机会和借口。三个要素中缺少任何一个，舞弊都不会发生。

Cressey 的结论是：

> 当被信任者发现，手中管理的资金可以解决其不可分担的财务问题，并且找到了很好的借口，又不存在任何阻却事件，此时，背信行为就会发生。三个要件共同构成了违背信任发生的条件，还需要一个"诱因"（cause）。"诱因"一词可能指代他们的推测，背信行为需要依赖于某些推测，无论何时，推测一旦发生，背信行为就会发生，推测不发生，违背信任也不会发生。[2]

1.2.2.4 结论

Cressey 的经典舞弊三角理论有助于解释部分职务犯罪者的本质，但并不能囊括全部。比如说，虽然学者们对这个模型进行了部分检验，但在制定舞弊防范制度时，该模型的成果并没有明显转化为实践。经验告诉我们，一个模型（包括 Cressey 的模型）不能适用于所有情况。此外，这项研究历经了半个多世纪的，社会在这几十年中发生了很大的变化。目前，许多反舞弊专业人士认为存在一种新型的职务犯罪——罪犯并不见得有什么不可分担的压力，他们只是缺乏战胜诱惑的良知。

Cressey 本人后来也看到了这一趋势。在完成了这一里程碑式的研究之后，他还进行了许多相关研究，最终出版了 13 本书并发表了近 300 篇犯罪学的文章，升任加州大学圣巴巴拉分校犯罪学荣誉退休教授。

我很荣幸能认识 Cressey 本人，在他 1987 年去世之前，我们之间进行了广泛的合作，他对我的反舞弊理论有很重要的影响。彼此的家人也都成了朋友，在对方家中做客，大家还曾一起旅行——我们是朋友，也是某种程度上的互补性合作伙伴：他属于学界，我属于商界；他注重理论，我注重实践。

我是在 1983 年接受一项任务时认识 Cressey 的，当时《财富》500 强的一家公司聘用我从事一项调查和咨询工作。那个案例的情况相当复杂：一位副总裁被委任管理一个大型新工厂的建设项目，负责 7500 万美元的预算支出。这个数额实在太过诱人，建筑公司宴请了这

16

---

〔1〕 Donald R. Cressey：《别人的钱：公款侵占者的社会心理学研究》，1973 年，第 133 页。
〔2〕 Donald R. Cressey：《别人的钱：公款侵占者的社会心理学研究》，1973 年，第 139 页。

位副总裁，还为他提供了非法的诱饵：毒品和女人。最终，他被俘获了。

从那时起，这位副总裁完全屈服于回扣报酬。案发时，他已经从中赚了大约 350 万美元。在为该公司完成了内部调查、收集证据和访谈后，我应公司的要求与检察官合作，将罪犯进行刑事起诉。公司问了我一个非常简单的问题："他为什么要这么做?"作为一名前 FBI 特工，我当时已经办理过数百起舞弊案，但必须承认，我未曾过多考虑职务犯罪者的动机问题。在我看来，他们犯下这些罪行仅仅因为他们是骗子。但这家公司在反舞弊方面非常先进，希望我投入必要的资源，找出员工变质的原因和方式，以便采取措施对这种情况进行防范。这个想法引导我去了位于奥斯汀的德克萨斯大学（University of Texas）的大型图书馆，并在那里接触到了 Cressey 的早期研究。拜读他的著作后，我意识到 Cressey 已经非常精确地描述了我所遇到的那些侵占公款的人，我想认识他。

找到 Cressey 很容易，经过打听，我得知他在 Santa Barbara 教书，身体健康。于是我在电话簿里找到他的号码并给他打了电话，Cressey 同意和我见面。从此，我们之间建立了非常亲密的关系，一直持续到 1987 年他去世。也正是他，让我认识到把理论家和实践者结合起来的真正价值，他常说我俩从彼此身上学到的东西一样多。虽然我们在专业上只合作了 4 年，但涉及的领域颇广，除了卓越的才华，他也是我见过的最和蔼可亲的人之一。Cressey 确信，有必要成立一个专门从事舞弊调查和威慑的组织。他去世后 1 年左右，ACFE 成立了，这很大程度上是因为他的远见卓识。

此外，尽管他当时并不知道，但他创造了最终成为注册舞弊审查师（CFE）的概念。Cressey 认为，需要培养一种新型的"企业警察"，他们需要有很好的职业素养，能够发现并防范舞弊犯罪。Cressey 指出，传统的警察和传统的会计师一样，在处理复杂的金融犯罪方面能力不足，需要的是一种复合型专业人士，不仅接受过会计方面的培训，还接受过调查方法方面的培训，既能够读懂资产负债表，又可以自如地访问嫌疑人。于是，CFE 项目诞生了。

1.2.3　W. Steve Albrecht 的研究

不久之后，我遇到了另一位研究职务舞弊与职权滥用的先驱，杨伯翰大学（Brigham Young University）的 W. Steve Albrecht 博士。与 Cressey 不同，Albrecht 的专业是会计学。我们讨论了 Cressey 对"企业警察"的设想，Albrecht 十分同意，他也认为传统的会计师没有足够的能力处理复杂的金融犯罪。最终，我和我的同事们认为，这种新型的"企业警察"需要具备会计、法律、调查、舞弊防范和威慑（Accounting，Law，Investigation，Fraud prevention and deterrence）四方面的培训。

1.2.3.1　Albrecht 的研究项目

Albrecht 帮助我们启动了 CFE 项目，他对反舞弊研究有很大的贡献。在美国内部审计师协会研究基金会（Institute of Internal Auditor Research Foundation）的资助下，Albrecht 和他的两位同事 Keith Howe 和 Marshall Romney 对 212 起舞弊案进行了分析，并撰写了他们的著作《遏制舞弊：内部审计师的视角》（Deterring Fraud：the Internal Auditor's Perspective）。该著作在研究中做了大量的调查问卷，访问对象是那些公司内部参与过舞弊调查的审计人员，并收集了舞弊案件中的人员统计数据和背景信息数据。

这项研究涵盖了几个领域，其中最有趣的一个领域是关于这些舞弊者的犯罪动机。他们将这些动机因素分为九种：

（1）经济困难；

（2）对个人收入的强烈渴望；

（3）高额债务；

（4）与客户的紧密联系；

（5）认为工作收入与付出不匹配；

（6）追求利益的人的态度；

（7）对制度的强烈挑战；

（8）严重的赌博恶习；

（9）来自家庭或同行的过度压力。[1]

从中可以看出，这些激励因素与 Cressey 讨论的"不可分担的财务问题"非常相似。Albrecht 及其同事们的研究还揭示了犯罪者本人与舞弊行为之间的有趣联系，例如，大案的舞弊者通常用赃款购买新房、豪车、娱乐和奢靡度假、进行婚外交往和投机性投资等；而那些小额舞弊者没有类似行为。

他们还发现了其他联系：那些以"挑战制度"为动机的犯罪者会有大额的舞弊行为，而那些认为自己的工资与付出不匹配的舞弊者通常进行小额舞弊行为；缺乏责任分工、对关键员工过度信任、强加不切实际的目标、在危机情况下进行经营，可能导致比较大型的舞弊；年轻的大学毕业生通常不会把舞弊赃款用于奢靡度假、娱乐消费、婚外交往或购买豪车；工资较低的人可能有犯罪前科。

和 Cressey 的研究一样，Albrecht 的研究表明，职务舞弊有三个因素：

18

> 一是，环境压力（不可分担的财务压力）；二是，感知有机会去实施并掩盖不诚实的行为（有一种秘密掩盖不诚实行为的方式或管理部门缺乏威慑力）；三是，某种把不符合个人正直品格的行为合理化（或解释）的方式。[2]

1.2.3.2　舞弊天平

为了说明这一概念，Albrecht 开发了"舞弊天平"，如图表 1-2 所示，其中包括环境压力、感知到实施舞弊的机会和个人诚信品格三个组成部分。[3]当环境压力和感知到的机会高，而个人诚信品格低时，发生职务舞弊的可能性要比相反情况下高得多。[4]

---

[1] W. Steve Albrecht、Keith R. Howe 和 Marshall B. Romney：《遏制舞弊：内部审计师的视角》，1984 年，序言第 14 页。

[2] W. Steve Albrecht、Keith R. Howe 和 Marshall B. Romney：《遏制舞弊：内部审计师的视角》，1984 年，序言第 15 页。

[3] W. Steve Albrecht、Keith R. Howe 和 Marshall B. Romney：《遏制舞弊：内部审计师的视角》，1984 年，第 6 页。

[4] W. Steve Albrecht、Keith R. Howe 和 Marshall B. Romney：《遏制舞弊：内部审计师的视角》，1984 年，第 5 页。

图表 1-2 舞弊天平

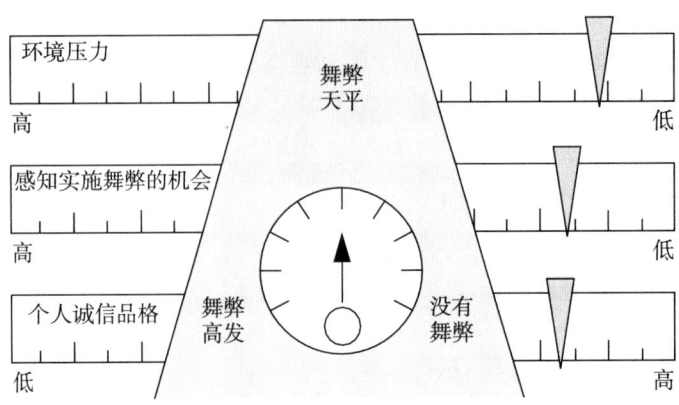

作者将环境压力描述为"个人在其环境中所经历的直接问题，其中最有压迫性的可能是个人高额债务或财务损失"。[1]Albrecht 等人认为，公司内部控制的不完善甚至缺位，会给舞弊行为提供机会。"个人诚信品格"是指每个人的道德行为准则，这个因素看起来似乎可以直接决定某人是否诚实，但研究表明，实际情况要复杂得多。[2]

Albrecht 和他的同事们认为，整体看来，职务舞弊者很难被发现，舞弊行为也很难被预测。他的研究全面考察了数据来源，并形成了一个完整的关于"压力、机会和诚信品格"3个变量的清单，总结出 82 个可能会出现舞弊和滥用行为的预警信号，这些危险信号的考察范围很广，从高额的个人债务，到认为自己的工作处于危险之中；从资产保管程序缺乏职责分工，到没有充分调查应聘员工的背景。[3]

虽然许多舞弊案件中可能存在各种各样的预警信号，但 Albrecht 和他的同事仍然提醒说，舞弊者很难被发现，舞弊行为也很难被预测。为了强调这一点，他们指出自己的研究并未涉及——目前也无法确定——没有舞弊的人是否也有相似的特征。如果是这样，那么这个列表就没有足够的区分能力。简言之，虽然应该注意这些潜在的警示信号，但如果缺少更令人信服的其他情况，也不需过分注意这些信号。

1.2.4 Richard C. Hollinger 的研究

1.2.4.1 Hollinger-Clark 的研究项目

1983 年，普渡大学（Purdue University）的 Richard C. Hollinger 和明尼苏达大学（University of Minnesota）的 John P. Clark 发表了一项由联邦政府资助的研究结果，该研究调查了约 1 万名美国的劳动者们，其著作《员工盗窃》（Theft by Employees）得出了与 Cressey 不同的结论，他们认为：员工舞弊主要是源于工作环境，而且该类犯罪的真实成本被大大低估了。"总体说来，考虑到不可估量的社会成本……毫无疑问，在工作场所舞弊所

---

〔1〕 W. Steve Albrecht、Keith R. Howe 和 Marshall B. Romney：《遏制舞弊：内部审计师的视角》，1984 年，第 6 页。

〔2〕 W. Steve Albrecht、Keith R. Howe 和 Marshall B. Romney：《遏制舞弊：内部审计师的视角》，1984 年，第 6 页。

〔3〕 W. Steve Albrecht、Keith R. Howe 和 Marshall B. Romney：《遏制舞弊：内部审计师的视角》，1984 年，第 12-13 页。

付出的总成本被严重低估了"。[1]

1.2.4.2　员工盗窃的假设

Hollinger 和 Clark 对以往有关员工舞弊的研究进行总结，发现之前专家们已经提出了 5 组关于员工舞弊盗窃的假设体系，它们独立又相互关联。第一种是"外部经济压力说"，如 Cressey 描述的"不可分担的财务问题"。第二种是"当代员工说"，尤其是年轻员工，不像过去几代人那样勤奋和诚实。第三种理论假定人类"天性贪婪和不诚实"，即每个员工都可能受到舞弊的诱惑，该假设主要由那些在安全和调查行业有多年经验的人提出。第四种理论认为，"对工作不满"是员工盗窃的主要原因。第五种理论是"群体标准说"，该假设认为组织里各种正式和非正式的结构导致了舞弊的发生，也就是说，随着时间的推移，无论是好的或坏的群体标准都成了员工行为的标准。根据 Hollinger 和 Clark 的研究，他们认为第四种假设是正确的：员工的不当行为主要是源于对工作的不满。

1.2.4.2.1　员工的不当行为

员工的不当行为是指对组织和员工有害的行为，舞弊盗窃是其中一个极端，还包括很多其他影响生产效率的行为，如装病偷懒、毁坏工具甚至是野猫罢工（Wildcat Strike，指无组织罢工）等。Hollinger 和 Clark 定义了两种基本的不当行为：①员工侵占财产；②员工违反合理的生产标准规范。前者包括滥用和盗窃公司财产，如现金或存货；后者包括员工影响生产力的不当行为，如迟到早退。

20

在 3 年研究期间，Hollinger 和 Clark 编写了一份书面问卷，发给了零售、医院和制造业 3 个不同行业的员工，最终回收了 9175 份有效员工问卷，占抽样调查的 54%。下文中，我们将讨论问卷的调查结果。图表 1-3 表示直接针对财产的不当行为。[2]

图表 1-3　Hollinger–Clark 的调查结果——针对财产的不当行为　　21

针对财产的不当行为的类型及其发生频率所占的百分比（按行业）					
发生的情况					
项目	几乎每天	大约每周 1 次	每年4-12 次	每年1-3 次	合计
零售业（ N = 3567 ）					
滥用打折权	0.6	2.4	11	14.9	28.9
拿走商店的商品	0.2	0.5	1.3	4.6	6.6
获得比实际工作时间更多的报酬	0.2	0.4	1.2	4	5.8
故意少记录采购	0.1	0.3	1.1	1.7	3.2
未经同意，从雇主那里借支或拿走现金	0.1	0.1	0.5	2	2.7
多报销费用	0.1	0.2	0.5	1.3	2.1

〔1〕 Richard C. Hollinger 和 John P. Clark：《员工盗窃》，1983 年，第 6 页。
〔2〕 Richard C. Hollinger 和 John P. Clark：《员工盗窃》，1983 年，第 42 页。

续表

针对财产的不当行为的类型及其发生频率所占的百分比（按行业）					
发生的情况					
项目	几乎每天	大约每周1次	每年4-12次	每年1-3次	合计
损坏商品以便以折扣价购买	0	0.1	0.2	1	1.3
针对财产的不当行为合计					35.1
医院（N＝4111）					
拿走医疗用品（如亚麻布、绷带等）	0.2	0.8	8.4	17.9	27.3
拿走或使用病人的药物	0.1	0.3	1.9	5.5	7.8
获得比实际工作时间更多的报酬	0.2	0.5	1.6	3.8	6.1
拿走医院的设备或工具	0.1	0.1	0.4	4.1	4.7
多报销费用	0.1	0	0.2	0.8	1.1
针对财产的不当行为合计					33.3
制造业（N＝1497）					
拿走生产中使用的原材料	0.1	0.3	3.5	10.4	14.3
获得比实际工作时间更多的报酬	0.2	0.5	2.9	5.6	9.2
拿走公司的工具或设备	0	0.1	1.1	7.5	8.7
多报销费用	0.1	0.6	1.4	5.6	7.7
拿走产品	0	0	0.4	2.7	3.1
拿走贵金属（如铂、金等）	0.1	0.1	0.5	1.1	1.8
针对财产的不当行为合计					28.4

22

图表 1-4　Hollinger-Clark 的调查结果——针对生产力的不当行为

针对生产力的不当行为的类型及其发生频率所占的百分比（按行业）					
发生的情况					
项目	几乎每天	大约每周1次	每年4-12次	每年1-3次	合计
零售（N＝3567）					
未经批准，午餐或休息时间过长	6.9	13.3	15.5	20.3	56

针对生产力的不当行为的类型及其发生频率所占的百分比（按行业）				
发生的情况				
项目	几乎每天	大约每周一次	每年4-12次	每年1-3次	合计
上班迟到或早退	0.9	3.4	10.8	17.2	32.3
未生病时请病假	0.1	0.1	3.5	13.4	17.1
消极怠工	0.3	1.5	4.1	9.8	15.7
在酒精或药物的影响下工作	0.5	0.8	1.6	4.6	7.5
针对生产力的不当行为合计					65.4
医院（N=4111）					
未经批准，午餐或休息时间过长	8.5	13.5	17.4	17.8	57.2
上班迟到或早退	1	3.5	9.6	14.9	29
未生病时请病假	0	0.2	5.7	26.9	32.8
消极怠工	0.2	0.8	4.1	5.9	11
在酒精或药物的影响下工作	0.1	0.3	.06	2.2	3.2
针对生产力的不当行为合计					69.2
制造业（N=1497）					
未经批准，午餐或休息时间过长	18	23.5	22	8.5	72
上班迟到或早退	1.9	9	19.4	13.8	44.1
未生病时请病假	0	0.2	9.6	28.6	38.4
消极怠工	0.5	1.3	5.7	5	12.5
在酒精或药物的影响下工作	1.1	1.3	3.1	7.3	12.8
针对生产力的不当行为合计					82.2

　　图表 1-4 显示了针对生产力的不当行为。与预见的一样，最常见的不当行为是午餐或休息时间过长，过半的员工出现过这种情形。[1]

　　"关注财务问题"和"面临财务压力"这两个概念并不等同。但是，如果受访者认为其财务状况是最重要的问题之一，那么这种担忧可能部分源于"不可分担的财务问题"造成的压力，也可能只是源于现实情况与财务愿望的不匹配，但与收入的绝对数

---

[1]　Richard C. Hollinger 和 John P. Clark：《员工盗窃》，1983 年，第 57 页。

额没有必然联系。[1]

研究得出的结论是，"每个行业都明显存在这个问题，舞弊频率较高的人更有可能担心自己的财务状况，尤其是那些把财务状况列为首要或第二重要问题的人。"[2]研究并没有证实社会压力和舞弊之间有任何联系。

1.2.4.2.2 收入与不当行为

为了实证检验经济因素对不当行为的影响，研究者首先依据家庭收入对样本进行了分类，然而最终却无法证实两者之间具有任何关系，这表明，至少在该项研究中，绝对收入数目并不能预测员工的不当行为。

尽管有这一发现，Hollinger 和 Clark 还是能够确定员工对财务状况的担忧与舞弊程度有所关联。他们向员工提供了一份包含 8 个选项的担忧因素，包括健康、教育、财务问题等方面，其结论是：担心自己财务状况的人更可能有舞弊行为，尤其是那些把财务状况列为最重要问题的人。

1.2.4.2.3 年龄与不当行为

Hollinger 和 Clark 认为，年龄和舞弊程度之间存在直接关系，他们指出："除了员工年龄，很少有其他变量与盗窃表现出如此密切的关系。"[3]其结论是：年轻员工在公司的任期较短，因此对公司的忠诚度较低，也就更可能会舞弊。[4]而且，从社会学角度讲，年轻人的犯罪率也一直比较高。社会学家认为，控制的关键要素是"对承诺的责任感"。假设员工们有相同的舞弊动机和机会，那么是否做出不当行为，往往取决于他们对其承诺的责任感。

研究者认为，"承诺遵守理论"带来的政策含义是，相较于让员工接受严苛的安全措施，

公司更应该为年轻员工提供与终身员工、年长员工相同的权利、附加条件和特别待遇。事实上，如果向年轻员工暗示他们是临时的或不重要的，那么员工也不会对老板和经理提出的目标有什么责任感，进而使公司在无意中沦为这些员工的牺牲品。[5]

Hollinger 和 Clark 的研究证实，员工的职位和舞弊程度之间有直接关系，舞弊高发的职位几乎都可以不受限制地获取组织中有价值的东西。尽管职位机会和舞弊偷窃之间存在明显的联系（例如，每天都能拿到现金的零售收银员的犯罪率最高），但研究人员认为机会其实只是一个次要因素，它只会影响"不当行为的表现方式"，最重要的因素其实是员工的"工作满意度"。[6]

1.2.4.2.4 工作满意度与不当行为

Hollinger 和 Clark 的研究认为：所有对工作不满的员工，尤其是年轻员工，最有可能通

---

〔1〕 Richard C. Hollinger 和 John P. Clark：《员工盗窃》，1983 年，第 57 页。
〔2〕 Richard C. Hollinger 和 John P. Clark：《员工盗窃》，1983 年，第 57 页。
〔3〕 Richard C. Hollinger 和 John P. Clark：《员工盗窃》，1983 年，第 63 页。
〔4〕 Richard C. Hollinger 和 John P. Clark：《员工盗窃》，1983 年，第 67 页。
〔5〕 Richard C. Hollinger 和 John P. Clark：《员工盗窃》，1983 年，第 68 页。
〔6〕 Richard C. Hollinger 和 John P. Clark：《员工盗窃》，1983 年，第 77 页。

过破坏生产力或其他非法行为寻求补偿，以纠正他们眼中的"不公平"。其他学者，尤其是人类学家 Gerald Mars 和学者 David Altheide，也对这两者之间的联系发表了类似评论。很多人都会因为公司的"不当之处"而"报复"它，就像我对 Zac 先生那样。

还有一个例子，是我在 FBI 时听过的一件趣事，主角是一个叫 Willis 的特工，他的衣服在逮捕逃犯时被撕碎了，所以他在报销时为衣服索赔 200 美元，但负责 FBI 报销的职员说："政府不会为撕烂的衣服付钱，还是算了吧。"Willis 反驳："这不公平，我没理由自掏腰包买一套新衣服，如果不是为了工作，我根本没有这笔花费。"然而，报销职员不为所动。

第二个月，这位职员收到了 Willis 的另一张报销凭证，仔细检查后发现没有报销衣服的事项，他非常满意，认为 Willis 不再尝试之前的报销，于是打电话给他："我很高兴看到你没有申请报销那套衣服。"而 Willis 回答："你错了，那套衣服的价钱的确就在这个月的报销凭证上，就看你能不能找得到了。"

根据 Mars 的调查，餐厅服务员与码头工人身上也经常出现类似的情况。他们认为，这些小额舞弊并不是盗窃，而是"对工资的正当合理补充，确实，他们有权利从剥削他们的雇主那里得到补偿"[1]。Altheide 也有这样的陈述：员工通常认为偷窃是"报复老板或主管的一种方式"[2]，根据我与 Zac 先生的亲身经历，我个人可以证实这种看法。犯罪学家 Jason Ditton 记录了美国企业中一种被称为"实物工资"（Wages in kind）的模式，主要指"处于组织的弱势地位"的员工可能会为自己拿到一部分"其他形式"的工资。[3]

1.2.4.2.5　组织的控制机制与不当行为

尽管 Hollinger 和 Clark 尽了最大努力，但确实无法证明组织的控制机制和不当行为之间存在密切关联。他们研究了五种不同的控制机制：政策制度、人员聘任制度、存货控制方法、安全措施和惩罚措施。

公司的政策制度可以成为一种有效的控制手段。Hollinger 和 Clark 指出，对旷工采取强硬政策的公司，其问题要小一些。因此他们推测，防范员工舞弊盗窃的方法也会产生类似的效果；同样地，他们认为对员工的教育作为一种组织政策也具有威慑作用。另外，通过聘任时的控制也是筛选员工的有效手段；实施存货控制，不仅对盗窃，而且对发现错误、避免浪费和维持适当存货，都是必要的；安全控制包括主动和被动措施、监督和内部调查等；通过惩罚措施，可以针对性地惩罚特定个人，也可以对其他受到非法行为诱惑的人进行威慑。

Hollinger 和 Clark 采访了许多员工，试图了解他们对组织控制机制的态度，其结论是：

> 员工盗窃在组织中是一个敏感问题，必须谨慎处理。必须在避免制造不信任和偏执气氛的情况下表达对盗窃舞弊的关注。如果一个组织在这个问题上施加太多压力，诚实的员工可能会觉得受到了不公平的怀疑，从而导致士气低落和更多员工离职。[4]

对于存货控制方法，整体而言，使用电脑记录存货会加强安全性，提高盗窃难度。在

〔1〕　Richard C. Hollinger 和 John P. Clark：《员工盗窃》，1983 年，第 86 页。

〔2〕　Richard C. Hollinger 和 John P. Clark：《员工盗窃》，1983 年，第 86 页。

〔3〕　Richard C. Hollinger 和 John P. Clark：《员工盗窃》，1983 年，第 86 页。

〔4〕　Richard C. Hollinger 和 John P. Clark：《员工盗窃》，1983 年，第 106 页。

安全控制方面，研究人员发现，员工们一般认为安全部门只是负责外部安全而不是内部安全，大多员工不会意识到安全部门会调查内部员工的舞弊盗窃行为，而且这些调查员在员工中的形象都不太好。关于惩罚措施，员工们认为，轻微的盗窃应该只会受到斥责，最坏的情况下才会导致解雇。

按照 Hollinger 和 Clark 的结论，正式的组织控制有利于控制舞弊，但需要其他条件的配合，具体说来：

> 一方面，员工的舞弊盗窃确实容易受到控制措施的影响……另一方面，数据也显示，很多组织控制机制既不足够有力，又缺乏一致性。总之，正式的组织控制确实会防范舞弊，但必须综合其他因素进行考虑。[1]

1.2.4.2.6 员工对组织控制机制的感知

研究人员考察了员工对组织控制机制的感知情况（虽然结果未必完全真实），员工们认为，如果自己实施了舞弊盗窃，就会被抓住。"我们发现，三个行业中的受访者都认为，控制机制的确定性与员工盗窃成反比，也就是说，认识到不当行为容易被发现，员工的舞弊行为就会越少。"[2]

Hollinger 和 Clark 认为，工作场所的控制包括正式和非正式的控制方法，正式控制是指本组织员工内部的一些规范，非正式控制是指通过正面奖励和负面惩罚来施加压力。很多研究者一致认为，一般说来，非正式的社会控制可以提供最好的威慑。"这些数据清楚表明，如果熟人之间缺乏尊重，可以作为预测未来不当行为的最有效变量"。此外，"在防范不当行为方面，遭受非正式制裁的威慑比受到正式制裁还厉害得多"[3]。

1.2.4.3 结论

Hollinger 和 Clark 根据他们的研究还得出以下五个结论。

第一，鉴于不当行为普遍存在，大幅度增加内部安全人员似乎是不适当的。事实上，这样做可能会使事情更糟。[4]

第二，在其他工作场所有不当行为的员工，通常也是进行舞弊盗窃的员工。很多有力的证据证明，怠工、敷衍工作、滥用病假、长时间的咖啡休息时间、工作时酗酒和吸毒、迟到和早退者，更有可能进行员工盗窃。

第三，研究人员假设，如果组织只是采取控制措施努力减少员工的舞弊行为，而不考虑解决某些根本原因（如员工不满，缺乏道德等），结果往往是导致一个"此起彼伏的液压效应"，即压下了控制财物的不当行为，却导致了更多的影响组织生产效率的不当行为。

第四，提高管理层对员工的敏感度，可以减少各种形式的职场不当行为。

第五，应该特别关注年轻员工，从统计数据上看，他们是高风险舞弊群体。但是，尽管年轻员工中舞弊盗窃的发生率较高，但损失通常低于那些拥有财务权力的高级员工。

---

〔1〕 Richard C. Hollinger 和 John P. Clark：《员工盗窃》，1983 年，第 117 页。

〔2〕 Richard C. Hollinger 和 John P. Clark：《员工盗窃》，1983 年，第 120 页。

〔3〕 Richard C. Hollinger 和 John P. Clark：《员工盗窃》，1983 年，第 121 页。

〔4〕 Richard C. Hollinger 和 John P. Clark：《员工盗窃》，1983 年，第 144 页。

Hollinger 和 Clark 认为，管理层必须关注政策的以下四个方面：

（1）对舞弊盗窃行为有确切的理解；

（2）持续发布反映公司政策的积极信息；

（3）实施惩罚；

（4）惩罚公开化。

研究者总结：

26

　　也许，我们可以得出的最重要的总体政策含义在于……盗窃和工作场所的不当行为在很大程度上反映了员工对组织各级管理层的看法。具体说来，如果放任员工认为自己的工作贡献没有得到赏识或补偿，或者完全不关心其财产被盗，这个组织就会出现较多的舞弊行为。总之，管理者需要随时重视员工的感受和态度，并相应作出反应，这可以有效降低员工舞弊的发生率。[1]

1.3　2016 年《职务舞弊与职权滥用报告》

　　1993 年，ACFE 启动了一项关于职务舞弊案件的重大研究，其首要目标就是依据犯罪方法对职务舞弊与职权滥用进行分类。当然，还有其他的研究目标：其一，希望通过该研究了解一个专业人士（注册舞弊审查师）如何看待他们自己公司面临的舞弊问题，毕竟，他们每天都在面临这些舞弊和滥用；其二，收集舞弊者的各类统计数据，如年龄、教育程度、性别比例、罪犯之间的关联性等，还有受害组织的数据，如组织规模、行业特征等；其三，ACFE 还要求这些审查师们根据自己的经验，对他们组织内的舞弊和滥用程度做出有根据的推测。

　　从 1993 年开始，协会向大约 1 万名注册舞弊审查师发放了一份详细的问卷，要求他们报告某一起参与调查的舞弊案件的细节，至 1995 年初，共返回 2608 项调查问卷，其中有 1509 项是有效的舞弊案件。虽然调查问卷的设计并不完美，但在当时看来，如此数量的回复还是提供了关于该课题的最大规模的研究。在回复的案例中，舞弊造成的总损失约为 150 亿美元，有的案例数额小到 22 美元，有的高达 25 亿美元。以这项调查为基础，ACFE 在 1996 年发布了第一份《职务舞弊与职权滥用报告》（ Report to the Nation on Occupational Fraud and Abuse ），协会主席 Gil Geis 认为这个名字有点长，简称为《威尔士（Wells）报告》。

　　自 1996 年以来，ACFE 已经发布了该报告的 8 个更新版本——2002 年、2004 年、2006 年、2008 年、2010 年、2012 年、2014 年以及 2016 年的最新版本。每个版本都以之前的版本为框架，再根据当时审查师们提供的详细案例信息进行撰写。

　　2016 年《职务舞弊与职权滥用报告》的基础是 2014 年 1 月至 2015 年 10 月间调研的 110 多个国家的 2410 起职务舞弊实际案例，参与调研的审查师们被要求提供他们在这段时间内查处的一个最大案件的信息；此外，在第一次调研完成后，受访者可以选择性提交他们查处的第二个案件的信息。从这些调研结果中，研究人员可以观察舞弊行为的趋势，

---

〔1〕 Richard C. Hollinger 和 John P. Clark：《员工盗窃》，1983 年，第 146 页。

并予以总结：舞弊如何发生、如何分类，以及如何影响全球范围内的企业。

27　　本书引用的 ACFE 关于职务舞弊研究的统计数据，大部分来源于 2015 年《全球舞弊调查报告》（Global Fraud Survey）的结果，这些数据在 2016 年《职务舞弊与职权滥用报告》中也报道过。

1.3.1　职务舞弊的成本

2015 年《全球舞弊调查报告》的参与者被问及：根据个人经验和一般知识，估算一下一般组织中因舞弊和滥用而导致的损失占总收入的百分比。受访者的平均答案为 5%，这与之前调查中受访者的估计一致。

然而，由于所答复仅为估算数字，所以不应将之解读为世界各地组织中的真实舞弊情况。但，即便是 5% 的比例，舞弊成本也是惊人的，如果将这一数字应用到 2015 年 73.7 万亿美元的世界生产总值[1]（gross world product），那么全球每年的舞弊损失总额达到 3.7 万亿美元，这毫无疑问是一个惊人数字。

但是，这个 5% 究竟意味着什么呢？它只是反舞弊领域工作人员的一个集体意见，实际上，用任何方法都不可能找出舞弊的真实成本。毕竟，舞弊是隐蔽的，想计算出实际的舞弊发生率，一个容易想到的方法是对员工进行科学的调查，并提出一些难以回答的问题：你是否曾经盗窃或对公司实施舞弊？如果有，你是如何实施的？这个舞弊或滥用的非法所得是多少？显然，人们不可能坦率回答这些问题，所以，用这种方法得出的任何结果都不可靠。

发现舞弊成本的另一种方法，是对具有代表性的组织进行科学化的调查，但是，即使受访企业自认为其回答是真实的，也仍然存在一个明显的缺陷：很多舞弊是隐蔽的，这些受访企业通常不知道自己何时成了受害者。当然，还有一个界定问题困扰着所有的研究方法：如何界定什么是职务舞弊与职权滥用？受访者的界定不同可能会导致答案有比较大的偏差。综上，相对其他方法来说，询问反舞弊专家可能是一个比较可靠的方法，至少不会更不可靠——这也是本研究使用的方法。但读者必须注意，不管采用何种方法来估算，关于舞弊和滥用的数字都是具有弹性的，可以进行各种解释。

无论实际成本是多少，组织都在不知情的情况下付出了这些舞弊成本，并成为总运营成本的一部分，这就是舞弊的危险性所在。我们能做些什么呢？怎么能发现一些自己本就一无所知的东西呢？这好像是对组织征收了一种秘密的"舞弊税"。有趣的是，许多组织可能会默默容忍舞弊和滥用，甚至自上而下都在做这样的事情。事实上，一些社会学家还将职权滥用视为一种非正式的工作福利，甚至认为，长期舞弊和某些滥用可能客观上提高了工作积极性，进而提高了组织的生产效率。

1.3.2　2015 年《全球舞弊调查报告》中记录的损失

如前所述，2015 年《全球舞弊调查报告》得到了 2410 个可用的职务舞弊案例。在这些案例中，受害组织的损失中值为 15 万美元。图表 1-5 说明了所有损失金额的分布情况。需要说明的是，本研究中有 23.2% 的案例的损失额超过了 100 万美元。

---

〔1〕　数据源于美国中央情报局。

图表 1-5 2015 年《全球舞弊调查报告》：损失金额的分布

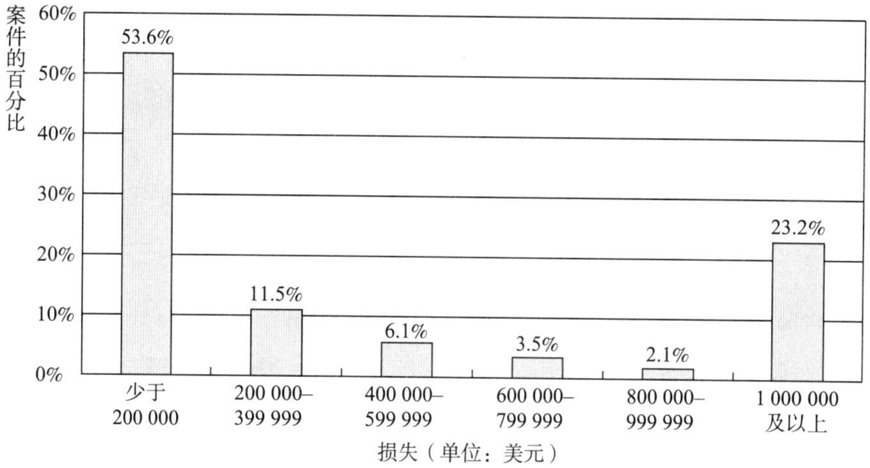

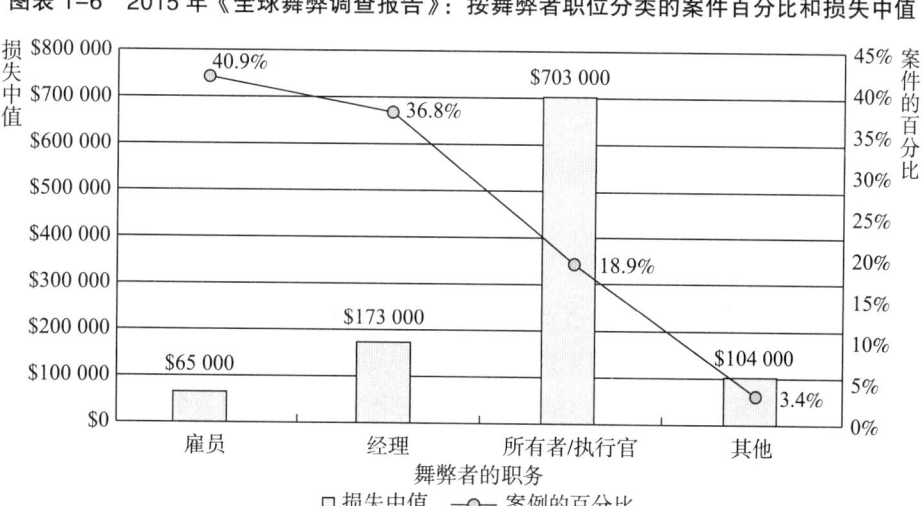

1.3.3 舞弊者

这里定义的舞弊者，必须是受害组织的员工。2015 年调查中的受访审查师们提供了舞弊者的职位、性别、年龄、教育程度、任职部门、任期和犯罪历史等信息；对于多名同案犯参与的案例，调查对象会提供"主要犯罪者"的相关数据，"主要犯罪者"必须是受害组织的员工，且是案件的主犯。

1.3.3.1 职位因素的影响

从犯罪者的职位来看，本次调查中的大部分舞弊由员工（40.9%）或普通经理（36.8%）实施，所有权人和高管的比例不到 20%。

但是，尽管普通员工实施舞弊的比例最高，但损失中值最低，为 6.5 万美元，相对地，管理人员的舞弊行为导致的损失中值为 17.3 万美元，而所有者权人和高管的舞弊行为造成的损失中值为 70.3 万美元，是员工舞弊导致损失的 10 倍以上。损失额的差异主要源于各级别犯罪者的财务掌控范围不同：职位越高的人，越容易获得公司的资金和资产；反之就很难。（参见图表 1-6）

图表 1-6 2015 年《全球舞弊调查报告》：按舞弊者职位分类的案件百分比和损失中值

1.3.3.2 性别因素的影响

2015 年《全球舞弊调查报告》结果显示，男性员工造成的损失中值远高于女性员工；男性员工引致的损失中值为 18.7 万美元，而女性员工引致的损失中值为 10 万美元。（参见图表 1-7）对这种差异最合理的解释似乎是"玻璃天花板现象"：一般来说，男性比女性拥有更高的职位，职位与损失中值之间有直接的关系。

图表 1-7　2015 年《全球舞弊调查报告》：按舞弊者性别分类的损失中值

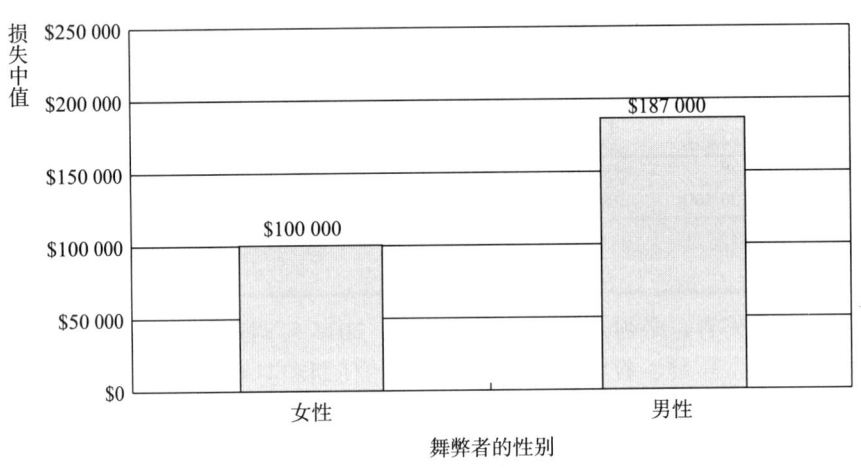

根据我们的调查数据，多数情况下，男性也是主要的舞弊者，我们研究的案例中男性占 69%，女性占 31%。（参见图表 1-8）

图表 1-8　2015 年《全球舞弊调查报告》：按舞弊人性别分类的案件百分比

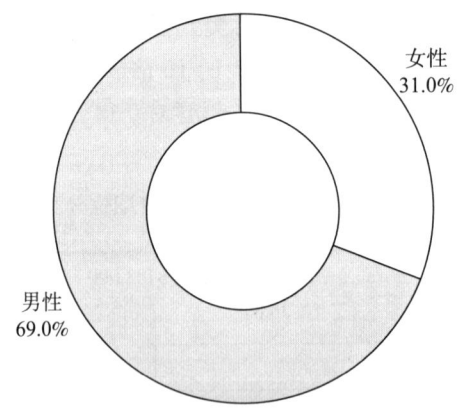

1.3.3.3 年龄因素的影响

2015 年《全球舞弊调查报告》结果显示，舞弊者的年龄与损失中值存在直接和线性的关系。我们认为，造成这种关联的原因是年龄较大的人通常担任级别更高的职位，他们更容易获得收入、资产和资源。也就是说，年龄只是预测相对舞弊损失的一个次要因素，更主要的因素还是职位。

年龄最大的犯罪群体造成的损失中值是年龄最小的犯罪群体的 42 倍。此外，尽管一些研究表明年轻的员工更有可能进行职务舞弊，但在我们的研究中，只有不到 5% 的人承认曾在 26 岁以下犯罪，50% 左右的人承认是 40 岁以上才开始进行舞弊行为的。（参见图表 1-9）

图表 1-9　2015 年《全球舞弊调查报告》：按舞弊者年龄分类的案件百分比和损失中值

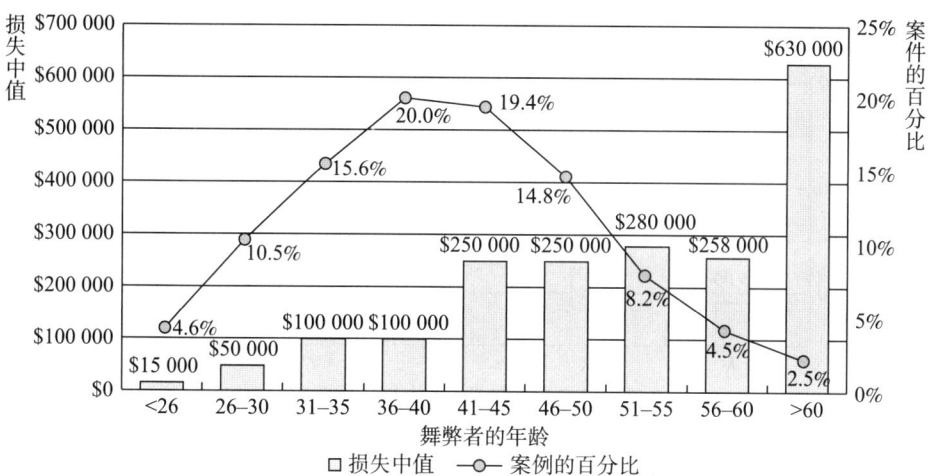

1.3.3.4　教育因素的影响

研究中有 75% 以上的舞弊者大学毕业，这是因为，受过高等教育的人通常会在组织中担任更高的职位，有更多的机会获得组织的资产。我们估计，教育程度与损失中值之间存在线性相关性。仅有高中学历的舞弊者造成的损失中值为 9 万美元，拥有大学学历的舞弊者的损失中值是 20 万美元，拥有研究生学历的人造成的损失中值达到 30 万美元。（参见图表 1-10）

图表 1-10　2015 年《全球舞弊调查报告》：按舞弊者受教育程度分类的案件百分比和损失中值

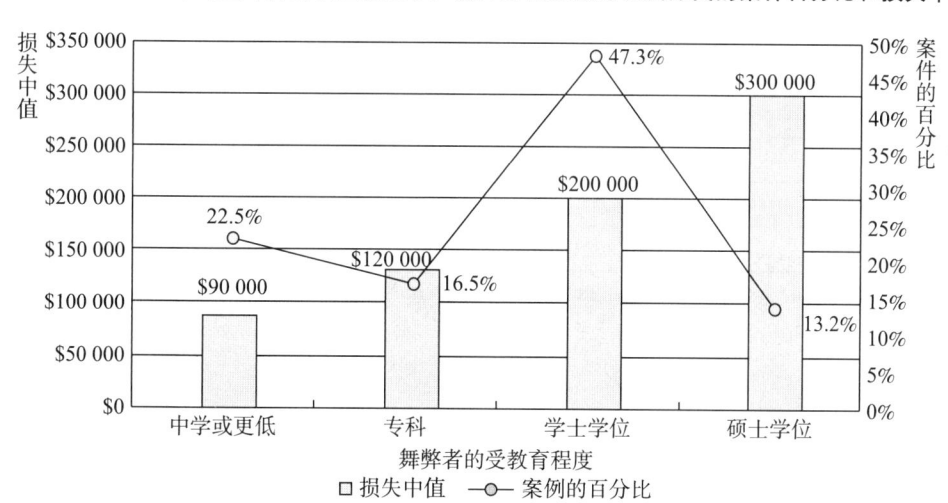

1.3.3.5　舞弊同伙人数的影响

如果案件涉及多人共同犯罪，舞弊损失数额就会大幅增加。大多数调查案件（53%）只

涉及一名舞弊者，但舞弊者越多，损失越大。（参见图表 1-11）

图表 1-11 2015 年《全球舞弊调查报告》：按同伙人数分类的案件百分比和损失中值

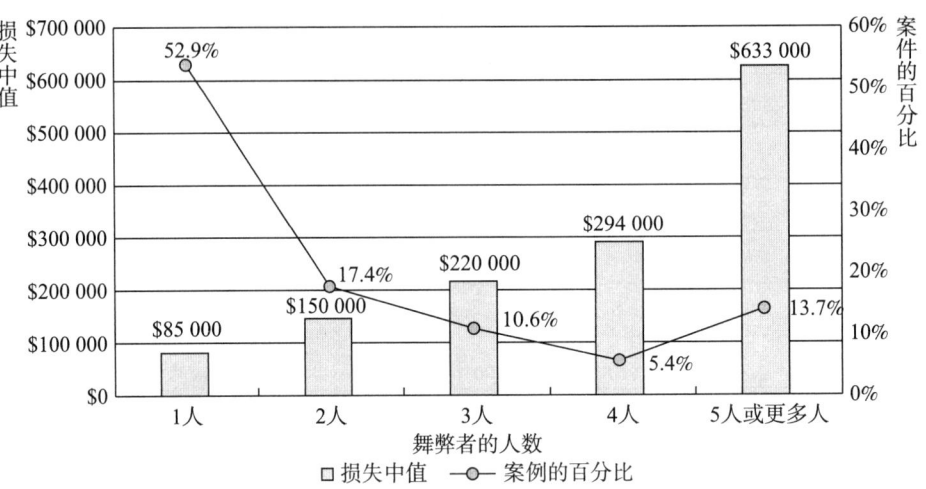

1.3.3.6 舞弊者工作岗位的影响

在调研的舞弊案件中，约 17% 的舞弊行为由会计部门的员工实施，超过 75% 的舞弊行为集中在下列 6 个部门：会计、运营、销售、高管层、客户服务和采购部门，其中，高管人员在组织内拥有最大的权力，且缺乏监督，造成的损失中值高达 85 万美元。（参见图表 1-12）

图表 1-12 2015 年《全球舞弊调查报告》：按舞弊者所在部门分类的案件百分比和损失中值

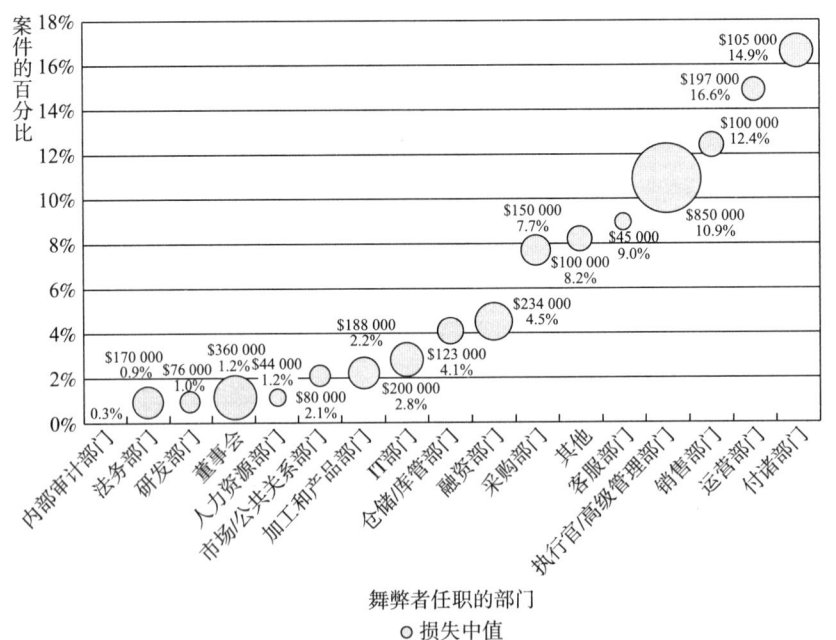

1.3.3.7 舞弊者工作年限的影响

2015 年《全球舞弊调查报告》的调查结果显示，员工的工作年限与案件损失额度也有直接联系，工作超过10年的员工的损失中值达到25万美元，而工作1年以下的员工的损失中值仅为4.9万美元。此外，任期1—5年的员工实施舞弊行为的比例最高。（参见图表1-13）

图表1-13 2015年《全球舞弊调查报告》：按舞弊者任职年限分类的案件百分比和损失中值 33

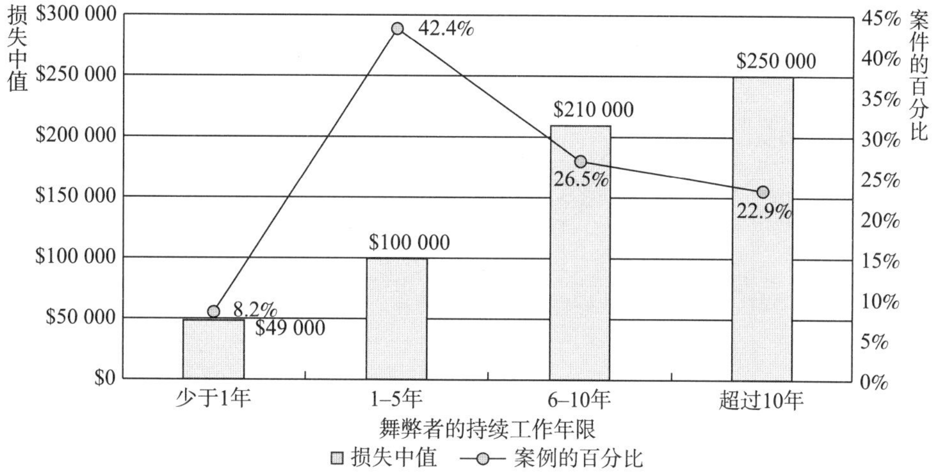

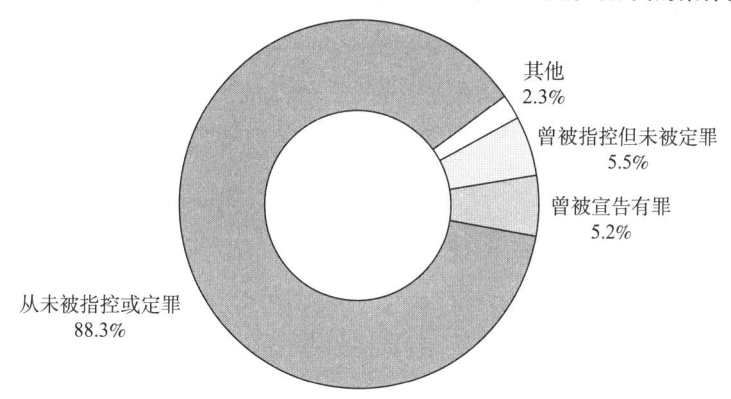

1.3.4 舞弊者的犯罪前科因素

从2015年《全球舞弊调查报告》的研究看，舞弊者中有5%的人曾经被判与舞弊有关的罪名，另有5.5%的舞弊者此前曾受到指控但未被定罪。这些数据与其他研究结果一致表明，大多数职务舞弊者都是初犯。这也符合Cressey的模型，这个模型中，职务舞弊者并不觉得自己犯了罪。（参见图表1-14）

图表1-14 2015年《全球舞弊调查报告》：按舞弊者犯罪前科分类的案件百分比 34

其他
2.3%

曾被指控但未被定罪
5.5%

曾被宣告有罪
5.2%

从未被指控或定罪
88.3%

1.3.5 受害者（组织）

职务舞弊的受害者是被员工欺骗的组织。2015年的调查要求受访者提供受害组织的规模和类型，以及这些组织在舞弊发生时所采取的反舞弊措施等信息。

1.3.5.1 受害组织的类型

2015年《全球舞弊调查报告》的大多数案件涉及的受害者都是私营企业（38%），非营利组织的比例最低（10%）。需要说明的是，这项研究是基于对全球范围内舞弊审查师们的调查，因此，研究中受害组织的统计数字很大程度上取决于哪些机构保留了这些审查师组织，所以这个统计基础并不能完全反映商业组织随机样本的全貌。

研究还显示，私营企业遭受的损失中值最大，为18万美元。相对来看，上市公司、政府部门和非营利性组织的损失中值分别为17.8万美元、10.9万美元和10万美元。（参见图表1-15）

35

图表1-15　2015年《全球舞弊调查报告》：按受害组织类型划分的案件百分比和损失中值

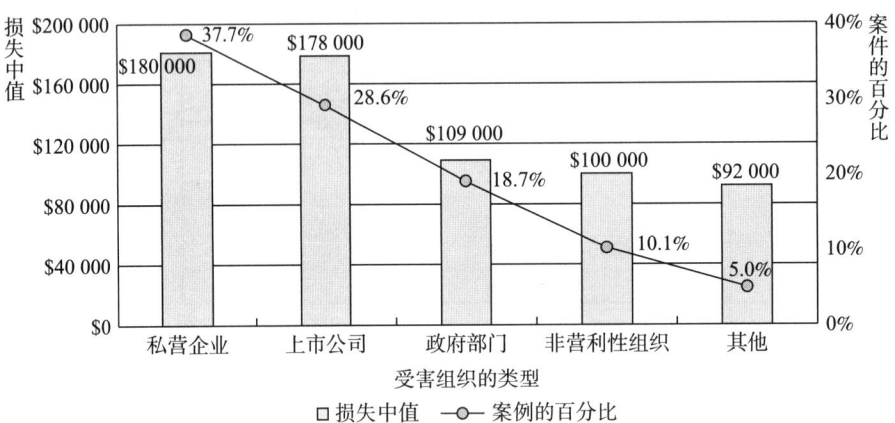

1.3.5.2　受害组织的规模

在2015年《全球舞弊调查报告》研究的案例中，各种规模的组织分布都比较均衡，其中，规模最小的组织发生的舞弊案件最多，超过30%的案例发生在小型组织（员工人数少于100人的组织）中。（参见图表1-16）

36

图表1-16　2015年《全球舞弊调查报告》：按受害组织规模分类的案件百分比

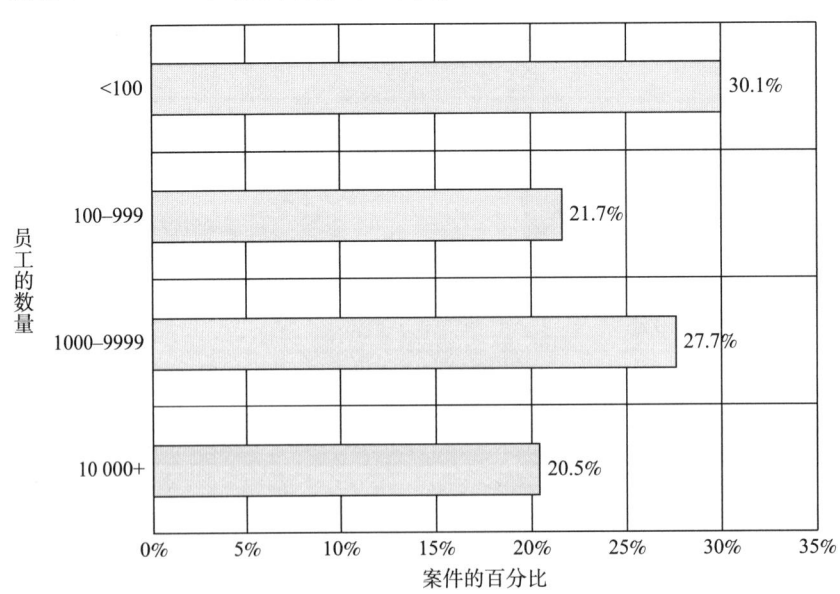

拥有100—999名员工的组织的损失中值最大（18.6万美元），而规模最小组织和规模最大组织（拥有1万以上员工的组织）的损失中值均为15万美元。（参见图表1-17）虽然

按绝对值计算，最小组织的损失中值的绝对数并不是最大的，但考虑到公司本身的规模，其损失的相对数就比较大，意味着这类组织更容易受到职务舞弊的影响。换句话说，同样是 15 万美元的损失，小公司面对的压力比对大公司的压力要大得多。

图表 1-17　2015 年《全球舞弊调查报告》：按受害组织规模分类的损失中值

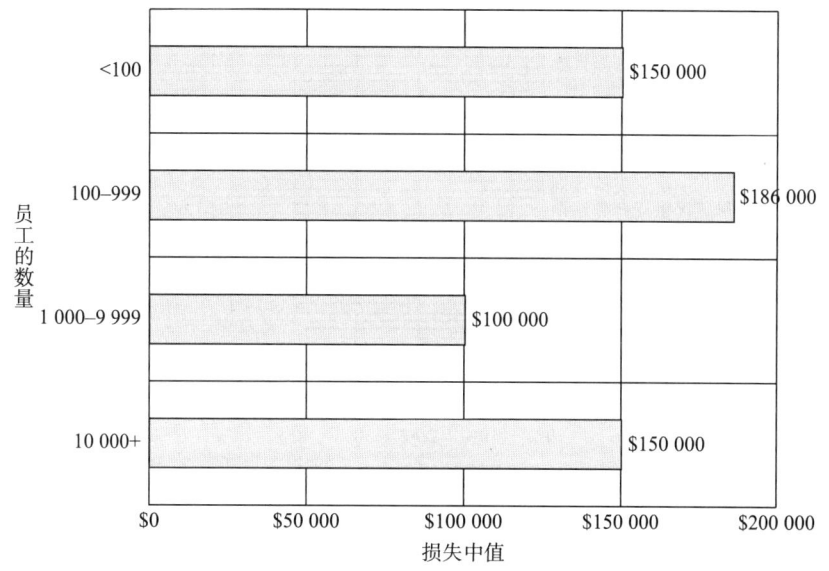

我们认为，小型企业的舞弊损失数额如此之高，主要有两个原因。首先，小企业的责任分工更少，较少的人履行较多的职能。我们的案例中，有些小企业的会计部门只有一个人，要同时负责填支票、核账和记账，当然容易发生舞弊。我们知道，没有职责分工是缺少内控机制的一个缺陷，但对很多小企业来说，根本无力克服这些缺陷。

这也引出小企业损失如此之高的第二个原因：人们对熟悉的同事容易产生更大的信任，一般不会怀疑他们舞弊，也没有防范之心。诚然，这时信任是把双刃剑：没有信任就不会发生舞弊，但没有信任也无法进行商业运作。在各种级别和类型的业务中，信任都是必不可少的，没有信任，商业交易根本不可能成功，关键是要在过多和过少之间找到平衡点。

1.3.5.3　反舞弊措施的影响

在下列 18 种常见的反舞弊措施中，我们要求参与 2015 年《全球舞弊调查报告》的注册舞弊审查师们标明哪些措施（如果有的话）是受害组织在舞弊发生时已经使用的。结果显示，近 82% 的受害组织的财务报告由外部审计人员审计，74% 的受害组织有内部的审计部门，72% 的受害组织有管理人员证明其财务报告；此外，还有 81% 的受害组织在舞弊发生时拥有正式的行为准则，但其中只有 50% 将其扩展成正式的反舞弊措施。（参见图表 1-18）

为了验证这些常见的反舞弊措施的有效性，研究人员将具有特定反舞弊控制机制的组织与缺少控制机制的组织（排除所有其他因素）的损失中值进行比较，结果表明，降低舞弊成本最有效的控制措施有：主动的数据监测与分析；内部控制、流程、账目或交易的管理评审；员工培训；设立举报渠道。具有这些机制的组织的舞弊损失成本比缺少这些机制的组织低

50% 至 54%。相反，在我们的研究中，外部审计（这恰恰是受害组织最常用的反舞弊措施）对损失中值的影响最小。（参见图表 1-19）

图表 1-18 2015 年《全球舞弊调查报告》：反舞弊措施的适用情况

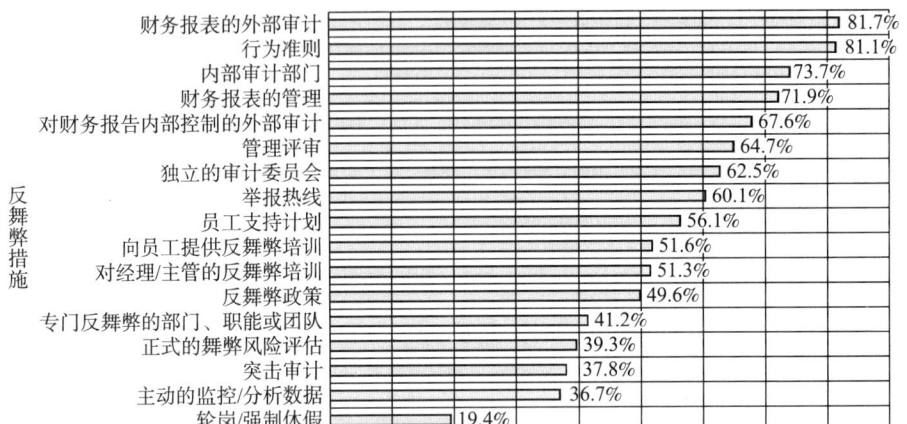

图表 1-19 2015 年《全球舞弊调查报告》：反舞弊措施对损失中值的影响

控制措施	案例的百分比	控制到位的情况下	控制不到位情况下	减少的比例
主动的监控 / 分析数据	36.7%	$92 000	$200 000	54.0%
管理评审	64.7%	$100 000	$200 000	50.0%
举报热线	60.1%	$100 000	$200 000	50.0%
财务报告的管理认证	71.9%	$104 000	$205 000	49.3%
突击审计	37.8%	$100 000	$195 000	48.7%
专门反舞弊的部门、职能或团队	41.2%	$100 000	$192 000	47.9%
轮岗 / 强制休假	19.4%	$89 000	$170 000	47.6%
对财务报告内部控制的外部审计	67.6%	$105 000	$200 000	47.5%
对经理 / 主管的反舞弊培训	51.3%	$100 000	$190 000	47.4%
向员工提供反舞弊培训	51.6%	$100 000	$188 000	46.8%
正式的舞弊风险评估	39.3%	$100 000	$187 000	46.5%
员工支持计划	56.1%	$100 000	$183 000	45.4%
反舞弊政策	49.6%	$100 000	$175 000	42.9%
内部审计部门	73.7%	$123 000	$215 000	42.8%

控制措施	案例的百分比	控制到位的情况下	控制不到位情况下	减少的比例
行为准则	81.1%	$120 000	$200 000	40.0%
奖励举报者	12.1%	$100 000	$163 000	38.7%
独立的审计委员会	62.5%	$114 000	$180 000	36.7%
对财务报告进行外部审计	81.7%	$150 000	$175 000	14.3%

1.3.6　职务舞弊的调查与防范

初始调查

职务舞弊研究中一个显而易见的问题是：我们能做些什么？考虑到 ACFE 的研究是基于已调查的实际舞弊案例，研究人员认为，了解受害组织最初发现舞弊的方法意义重大。也许，了解了受害组织如何发现舞弊，研究人员可以为其他组织提供指导，告诉他们如何调整自己的反舞弊调查工作。我们向调查对象提供了一系列常见的发现方法，询问他们最初是如何发现这些舞弊行为的，结果显示，舞弊行为发现的首要来源是"举报提示"（tips）（39%）。

不幸的是，正如前面所示，大约 40% 的受害组织在舞弊发生时并没有建立适当的举报机制，同样有趣而又令人不安的是，"偶然性"是第四大类常见的发现方式，占所有舞弊案件的 5.6%，外部审计却只发现了 3.8% 的舞弊行为。（参见图表 1-20）

图表 1-20　2015 年《全球舞弊调查报告》：职务舞弊的初步发现　　39

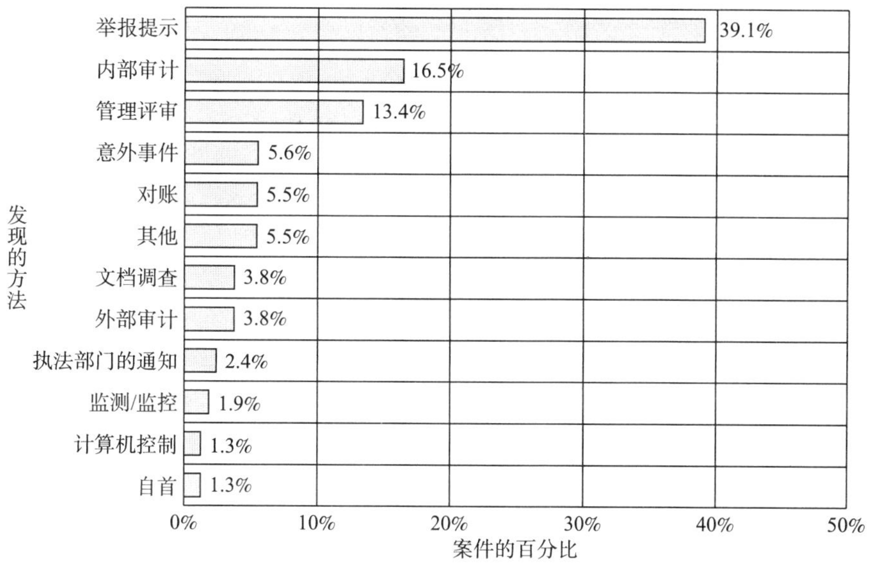

1.3.7　舞弊手法

1996 年，我们提交第一份反舞弊报告的目的是根据犯罪方法对舞弊和滥用行为进行分类，当年的结果是，我们研究出了一种非正式的分类系统，可以称之为"舞弊树"（Fraud Tree），该系统囊括了绝大部分（如果不是全部的话）常见的职务舞弊和职权滥用方法。在随后的研究中，研究人员对舞弊树的结构进行验证，以确保这个分类体系能够包含报告中的各种舞弊方法。在随后的9次报告中，ACFE将舞弊树的分类系统应用到了几千起舞弊案例，发现它已经全面覆盖了所有的情况。

对舞弊方法的分类，有助于更具体地研究这些犯罪。我们不是把每一个案例都想当然地归为"舞弊"，而是观察具有相似特征的各种舞弊集合，以了解哪些方法最常用、哪些方法损失巨大。此外，通过比较已经被验证为有效的各种犯罪手法，可以确定舞弊者高频使用的手法，以及受害组织的相关漏洞，这反过来也有助于开发更有效的反舞弊措施。

从舞弊树来看，职务舞弊主要分为三类：

（1）资产侵占，指盗窃或滥用组织资产的行为（常见的手法包括截留收入、存货手法和薪酬舞弊）。

（2）腐败，指舞弊者在商业交易中违背对雇主的义务或他人的权利，错误运用其影响力，为自己或他人谋取利益（常见的例子包括收受回扣和有利益冲突）。

（3）财务报告舞弊，指故意谎报有关组织的财务信息，以误导依赖该信息的人（常见的手法包括夸大收入和低估负债或支出）。

ACFE对三类主要职务舞弊类别的发生频率和损失中值的研究数据可参见图表1-21。其中，资产侵占案件占83%以上，但损失中值最低；财务报告舞弊占比最低，只有不到10%，但造成的危害要远远大于其他两类骗局；腐败方法"位居其中"，发生频率比虚假财务报告高，损失数额比侵占大。

图表1-21　2015年《全球舞弊调查报告》：职务舞弊的主要分类

	案件比例分布	损失中值
资产侵占	83.5%	125 000 美元
腐败	35.4%	200 000 美元
财务报告舞弊	9.6%	975 000 美元

说明：本专栏中所列的百分比总和超过100%，因为有些案件采用多种舞弊手法，我们把每个案例中的每个手法都进行了标识，2015年《全球舞弊调查报告》中也用了这种标识方法。

在这三个主要类别中，又可以划分出各种舞弊手法的子类别，接下来的几章中，我们将依次讨论这些子类别，具体研究各种舞弊手法的损失成本和其他影响、舞弊的实施过程以及防范措施等。

资产侵占

第2章 资产侵占概述

资产侵占手法

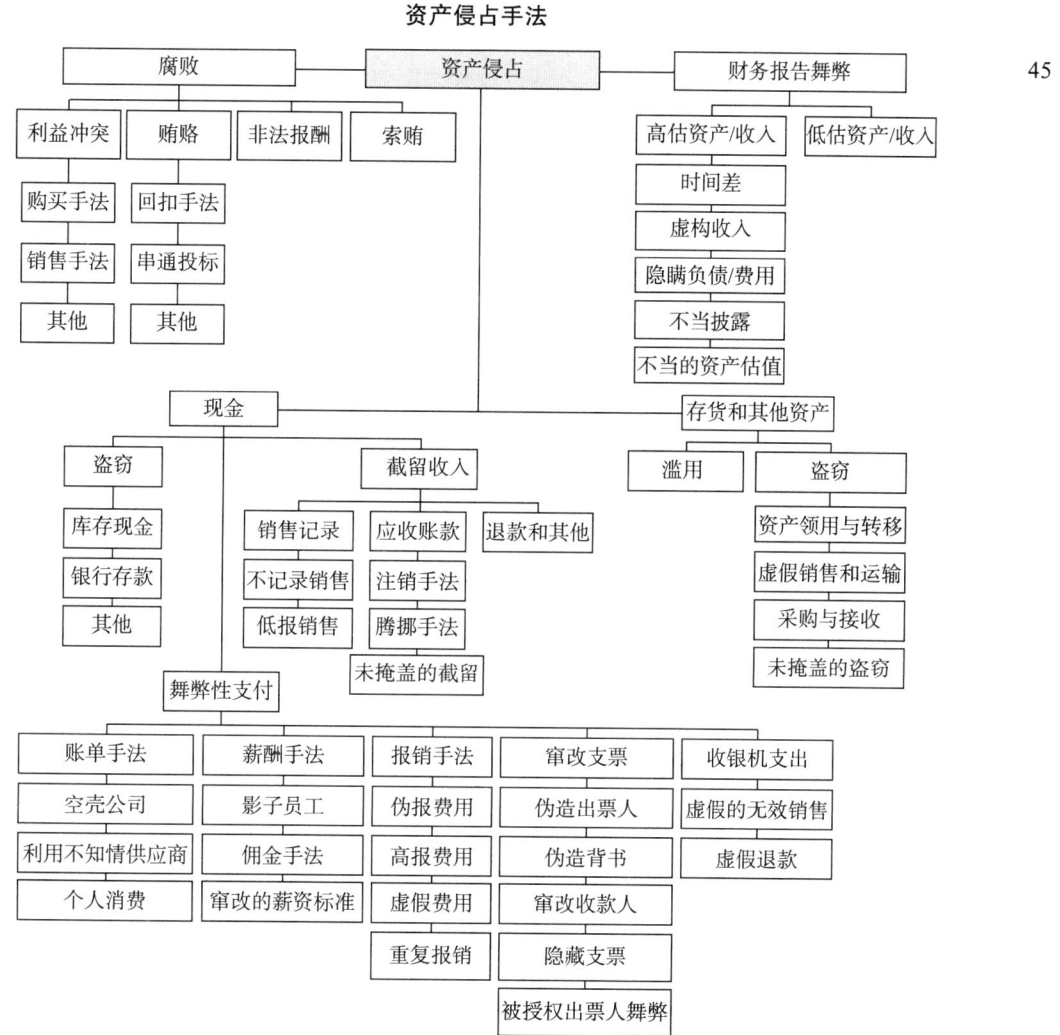

2.1 概述

本章的主要内容是介绍职务舞弊者的目标：组织的资产（assets）。在定义资产之前，让我们先了解什么是侵占（misappropriation），根据《布莱克法律词典》，侵占是：

非法将他人财产或金钱不诚实地用于自己之目的。[1]

《韦氏词典》对这个词的定义与上文类似："为了自己的目的，不诚实地把某物（如钱）据为己有；或错误使用（某物）。"[2] 就我们的研究而言，"侵占"的范围更大，不只是偷盗或侵吞，还涉及为个人利益滥用任何公司资产，比如，员工在下班后使用公司电脑做自己的副业，并没有窃取资产，但也是为了自身利益进行的侵占。

2.2　资产的定义

在商业活动中，资产的作用是产生收入。对一个石油企业而言，钻井平台、卡车和土地是资产；对一个服装企业而言，商品和陈列柜是资产。资产可以定义为"某一特定实体因过去的交易或事项拥有或控制的、能在未来带来经济利益的资源"。简言之，资产代表实体拥有的资源数量。[3]

因为这一会计术语有点专业，所以对非会计人员来说，资产的确切构成可能非常深奥。例如，可口可乐公司的标识（logo）是全球公认的，所以对很多人来说，他们只需要认识这个饮料的标识就可以了，自然地，可口可乐的商标就价值不菲。除非可口可乐自己决定出售这个标志（虽然不太可能发生），否则无法精准计算这个商标到底值多少钱。商标被称为无形资产，是商业社会中的两种资产之一。

2.2.1　无形资产

Marshall 和 McManus 认为，

> 无形资产是一种长期存在的资产，不同于直接购买的物品、厂房和设备，也不同于在租赁条件下购买的物品、厂房和设备。无形资产可以分为两类：第一类无形资产如专利和商标；第二类无形资产就是商誉。[4]

无形资产很难被侵占，因为它们不具有"物理上的有形"。

2.2.2　有形资产

韦氏词典将"有形的"定义为"①能够被感知，通过触觉可触摸的；实体的、物质的；②可以由大脑精确识别或认知的；③能够以实际价值或近似价值进行估值，如有形资产"。[5] 如果我们看不见、摸不着或闻不到，那么这个资产很可能是无形的，从会计目的出发，企业或组织的有形资产在实体的账簿上分为五种主要类型：现金、应收账款、存货、厂房设备和投资，这些资产总会有一种或多种可能被员工侵占。

另外，组织中还有一些容易被侵占的对象，但不一定是按账簿上的类型划分的。例如，

---

〔1〕《布莱克法律词典》，1999 年第七版，第 1013 页。

〔2〕参见：www.merriam-webster.com/dictionary/misappropriate（2016 年 11 月 1 日访问）。

〔3〕David H. Marshall 和 Wayne W. McManus：《会计：数字的意义》，1981 年第三版，第 32 页。

〔4〕David H. Marshall 和 Wayne W. McManus：《会计：数字的意义》，1981 年第三版，第 217 页。

〔5〕参见：www.merriam-webster.com/dictionary/misappropriate（2016 年 11 月 1 日访问）。

在我们对资产的具体定义中，还包括消耗品和信息这两类资产。其中，消耗品通常在购买后的一年内被组织消费掉，通常列为费用；相对来说，信息不会直接进入账簿，但当信息被出售时，它的价值就体现出来。任何组织都会告诉你，信息是其最有价值的资源之一；而且，企业员工为竞争对手当商业间谍或进行破坏活动的事情越来越普遍，这种成本是巨大的。

2.3　资产侵占如何影响账簿

不需要掌握太多的会计知识，我们就可以理解资产侵占是如何影响一个组织及其账簿的。阅读本书不需要任何会计基础（对于有会计背景的读者，甚至会觉得下面的材料很简单），但这里要说明的是，因为其中可能存在舞弊，不妨从这个角度进行理解。

假设你经营一个电吉他的维修和销售店铺，这个店的资产是 22.5 万美元，负债 7.5 万美元，那么资产和债务的差额就是你在企业中的所有者权益，即 15 万美元。你的一个员工偷了一台稀有的 1954 年产的 Fender 牌 Telecaster 吉他，它的购入价是 3000 美元，然后你投入了 500 美元的零件、劳动力和其他成本进行修复，本打算以 6000 美元的价格卖掉。

那么，此次盗窃对你的账目有什么影响：你的损失是 3000 美元、3500 美元，还是 6000 美元？根据公认的一般会计原则（Generally Accepted Accounting Principles，简称 GAAP），你的损失是 3500 美元——买吉他的成本加上为此付出的修理费。为什么损失不是你卖吉他的收入呢？根据 GAAP 的谨慎性原则，损失科目记录的应该是产品的成本，而不是预期的销售额。关于会计学的相关概念，本书将在第 12 章中进行比较全面的讨论。

会计行业更喜欢公司采用这种谨慎的记账方式，在这种原则下，公司的资产价值就不会低于财务报告上的数额；即使实际价值更高，也会按照低的成本价格进行记录。如果这把稀有的吉他最终能卖掉，我们会认可它的价值，交易完成后，它（修复后的吉他）变成另一项资产：6000 美元现金，这个收入和当时的成本（3500 美元）间的差额就是利润（毛利润）。

那么，当吉他被员工偷走，应当如何在账目上体现损失呢？会对老板有什么影响呢？会计记录很简单：被盗的资产从你的总资产中减掉，即：225 000 美元（原总资产数额）−3500 美元（损失数额）=221 500 美元（目前资产数额），而你的所有者权益也变成了 146 500 美元（150 000−3500 美元）。

吉他的预期利润和你的损失金额没有关系，你只需要计算吉他的实际损失。当有人偷了你的资产，你的资产会"一一对应"地反映在损失上。你不能按照预期的销售额（6000 美元）计算损失或要求索赔，因为那包含了预期的利润损失（2500 美元），但是，这个吉他并没有被卖掉，所以潜在利润并没有什么意义。

2.3.1　会计等式

上面的例子就是会计等式的一个例证，即：

$$资产 = 负债 + 所有者权益$$

这个方程是自平衡的，方程一边的增减总是导致另一边的相应变化。负债是指"某一特定实体因过去的事项或交易形成的、在未来需要向其他主体转让资产或提供服务的义务，是

48

一种经济利益流出的损失。简而言之，负债数额是欠其他实体的金额"。[1]

虽然，舞弊者有时可以用负债账户隐藏一下侵占行为造成的损失，但如前所述，侵占本身并不会直接增加或减少负债，至少，没有人会"侵占"负债，如果真有人为组织的账单付款，大家倒是乐见其成。虽然资产侵占对负债没有影响，但对所有者权益会有直接影响。"所有者权益"是资产和负债之间的差额，它的产生有两种方式：其一，直接投资，比如你把自己的钱投入吉他店，这钱应计入所有者权益账户；其二，资产账户的增减，比如吉他店的盈亏，店铺产生利润，你的所有者权益就会增加，店铺亏损，所有者权益就减少。

在吉他店的例子中，假设你在公司刚成立时投入了 1 万美元，后来的所有者权益变成 15 万美元。那么，其中的 1 万美元是你原来的出资额，增长的 14 万美元是你没有从企业提走的利润；也有这种可能，你在前几年里已经多积累了 20 万美元的利润，但后来你曾提走 6 万美元，那么同样剩下 15 万美元的所有者权益，其中收益部分是 14 万美元，这通常被称为留存收益。

2.3.2 资产负债表和利润表

经营性企业进行财务记录，最终会形成两个关键的财务报告：资产负债表和利润表。资产负债表严格按照会计等式来编制，即：资产 = 负债 + 所有者权益。这个报表是为了让所有者、投资者、债权人和其他想了解的人知道某一特定日期该企业的账面价值。企业的账面价值与实际价值是不一样的，通常账面价值应该更低，但除非企业被出售，否则无法精确计算其实际资产。如果企业有盈利能力，潜在的收购者也会通过它曾经的利润来计算企业价值。无论企业的实际价值是多少，侵占资产舞弊显然会对资产负债表产生直接影响，但是，除非被侵占的数额相当大，否则很难直接从资产负债表上发现这一点。但是，资产侵占行为可以影响利润表，利润表又会影响所有者权益账户，进而影响资产负债表。

资产负债表的公式是：资产 = 负债 + 所有者权益，而利润表的公式是：

收入 − 费用 = 利润（或损失）

收入源于销售产品或提供服务，费用是销售产品或提供服务的直接或间接成本，虽然财务报告记录的是某一特定日期的业务情况，但利润表是历史性的，它记录的是一段特定的时期，通常是一年。这两个报表通过所有者权益账户联系在一起；利润会增加所有者权益账户，而亏损会减少所有者权益账户。

在吉他店的例子中，3500 美元的吉他被盗与所有者权益账户的损失是"一一对应"的，确认盗窃，则 3500 美元会被列为"支出"，在利润表中体现出来。利润表最后体现为利润（或亏损），然后转到所有者权益账户。就像我们之前说过的，职务舞弊与职权滥用是做生意的一种成本，与支付电费、税金和工资是一样的。

当然，它们也有很大的区别，因为我们一直都知道电费、税金和工资的数额，但只有舞弊被发现时，我们才知道舞弊的成本是多少。例如被盗的吉他，如果你一年都没有清点商品，可能根本不会发现其失窃，损失成本一直是 3500 美元——但是你并不知道，而且可能永远不知道。

---

[1]《会计：数字的意义》，第 32 页。

　　在收入和费用的会计科目中使用的几个概念也适用于资产侵占，但要注意：人们只盗窃资产，但不能盗窃收入或费用。

2.3.3　收付实现制与权责发生制

　　企业采用收付实现制还是权责发生制，取决于哪一种记账方法能更准确、谨慎地反映企业的真实财务情况。收付实现制，是指当企业实际收到款项时才确认收入，实际支付时才列入费用。这种方法看似合理，但并不能恰当反映企业在该会计期间的实际业绩，它只是反映了目前的已收和已付，而没有考虑很多业务的收付时间差问题。相对而言，权责发生制记录的是这一会计期间的收入和与其对应的费用支出，在业务实体上更为合理，所以大部分企业采用的是权责发生制记账法。当然，对于申报所得税来说，企业要根据收付实现制记账法。

　　采用权责发生制，会计师会使用"匹配性原则"将资产负债表和利润表联系在一起，具体说来，就是产生某种收益的费用应当与这部分收益相对应。假如你做吉他买卖，每三年需要更换一次所有的木工设备，但每年都要编制利润表，那么应当如何把这些费用与它们产生的收益相对应呢？按照"匹配性原则"的要求，应该每年将购买价格的三分之一作为费用进行核销。

　　这项核销被称为折旧，一般说来，资产侵占行为和"折旧"科目无关，但如果这个折旧设备被盗，折旧数额则可以帮助确定账面价值。通常，设备在账面上的价值和它被出售的实际所得并不相同。还有一个价格标准是重置成本，我们还是以木工设备为例予以说明：

　　如果你支付了 9000 美元购买该设备，而它在第一年年末被盗，你的账面价值是 6000 美元，但这台设备如果甩卖可能只值 2000 美元，重新购置这台原价 9000 美元的设备可能需要花费 11 000 美元。对于这几个不同的数值，GAAP 要求用损失来抵减利润，即被核销的所有者权益损失金额是 6000 美元。

　　当公司想要高估它的资产和资本净值时，在"折旧"上做手脚是一个好方法。折旧费用越低，公司的利润越高，本书第三部分"舞弊性报表"将讨论"折旧"和其他效果类似的会计概念。

　　"权责发生制"一般说来与资产侵占也没有什么关系。根据"匹配性原则"，企业需要确保年末时所有已经发生但未被支付的费用都被记入到利润表中，举例说，假设吉他店每年 9 月份支付保险费，那么，保险费的四分之一应当计入当年的费用，四分之三计入下一年的费用，就是所谓的应计费用，由会计计算出这些费用总额，以便把它们记入正确的会计年度。为遵守收益与费用相匹配的要求，对公司账目做出所有必要的调整之后，就能确定公司的最终利润了。需要注意的是，采用权责发生制时，公司列示的利润数字与其实际收回的现金数量并不相同。

2.3.4　进行财务记录的组织

　　每个组织的记账方式不同。根据组织的类型和账目复杂程度，可以使用许多不同的会计科目和会计软件，但无论哪种方式，记账方法大致相同，都是按照"账户"（accounts）进行分类，它是财务报告中单独的标题，对于每项收入、费用、资产、负债和所有者权益，都要建立独立账户记录其数额变化。

　　所有的企业，不论何种类型，都会获得收入并支付费用，所以必须有一个系统来记录这些交易，支票簿和银行对账单虽然有用，但并不能满足业务簿记的需要。另外，考虑到"应

51　收账款"等因素，一个公司在某个日期的利润与手头现金并不总是相同，为了记录这个差额的形成和后续状况，公司会设立日记账。

2.3.5　会计账簿

会计账簿有两种：日记账（journals）和总分类账（ledgers）。"日记账"一词（来源于法语单词"jour"，意思是"一天"），指的是"逐日的、按时间顺序的、对交易的记录"[1]，财务信息取自原始凭证，如销售发票和采购订单，并被记录在日记账中，这些日记账是使用会计软件自动创建、维护和更新的。

日记账需要保存并汇总，定期汇总日记账里的项目，编制到总分类账里面，这个过程称为"过账"（posting）。每个会计期末，这些总分类账户的余额直接被列入财务报告。换句话说，财务报告是总分类账中各账户余额的汇总。

例如，为了编制财务报告，吉他店的会计需要定期核查店内账户的银行和信用卡对账单，对于每笔现金存款，他会在日记账中登记现金收入及其来源，对于每一笔支出，也要记录下具体的费用数额。假设某个月公司的银行账户里有两笔收入：一笔是商品销售额 500 美元，另一笔是银行贷款 7500 美元，那么存款总额就是 8000 美元。

为了准确记账，会计必须把销售收入（该科目影响你的利润数额）与非收入的贷款入账（非收入，需要偿还）分开。在现金收付日记账中，会计会将这两笔交易"记录"到各自的账户，一笔记为收入，一笔记为负债。会计还需要在日记账的费用部分记录下你在当月为劳务、零件、电费、偿还银行贷款和其他费用所支付的款项，每一项费用都要单列账户。为了确认已经记录所有的交易账目，会计还会列一份账户明细表。目前的会计软件都比较智能，可以提供一个普通账户列表，供会计根据需要进行选择；或者，你也可以自己编制一个适用于本组织的账户组合。账户是按照特定的编号系统来组织的，例如，所有的现金账户可能以"1"开头，应收款账户以"2"开头，等等。一旦你的会计记录了所有的现金和信用交易，就可以创建"日记账"来记录所有类型的交易和会计事项。会计软件会保存一年内所有日记账分录的内容，每个日记账分录还需要说明其设立的目的。

复式记账法已经有 500 多年的历史，它是会计记录系统的基石。它规定：一个实体中发生的每一笔交易至少要在普通日记账中的两个账户进行记录，这种记账法也是等式"资产 = 负债 + 所有者权益"的延伸，因为任何交易双方都被记录，所以这个等式总是平衡的。资产方被称为借方，出现在左边；等式的右边是贷方。每笔交易都有借方和贷方，下文说明一下

52　借方和贷方对账户的影响：

借方：资产和费用的增加，以及负债和所有者权益的减少。
贷方：资产和费用的减少，以及负债和所有者权益的增加。

账户的正常余额为：

资产类或费用类账户　　　　　　　　　　　　　借方

---

〔1〕《会计：数字的意义》，第107页。

　　收入类、负债类或所有者权益类账户　贷方

这就产生了资产负债表的下一个公式:

　　借方（资产）＝贷方（负债＋所有者权益）

又产生了损益表的下一个公式:

　　贷方（收入）＝借方 [费用＋利润（亏损）]

利润表上的贷方（或借方）余额被用于增加（或减少）所有者权益账户，日记账分录和来自日记账的交易被用来将分类账调整到适当的数额。

还是以吉他店举例。因为价值 3500 美元的吉他被偷了，所以在我们进行手工调整之前，这笔交易不会反映在账目上，毕竟，盗窃并不像合法销售那样有正常的会计科目。偷吉他的损失应该被列为费用，它直接抵消了你的所有者权益，会计将以借方和贷方的形式做以下分录:

日记账分录 1#

	借方（Dr）	贷方（Cr）
销货成本（费用账户） 存货（资产账户） 记录 1954 年芬达电吉他失窃事件	3500 美元	3500 美元

这样，借方总额等于贷方总额，账目又平衡了。通过在费用账户进行借方记录，我们在结账时增加了费用进而"一一对应"地减少了所有者权益;通过在存货账户进行贷方记录，我们减少了资产（存货），用以反映吉他被盗的实际情况。再次强调，账目中不会出现没有实现的预期利润（6000 美元）。

2.3.6　资产侵占的掩盖

通常，可以在会计账簿中通过虚构借方或漏记贷方的形式掩盖侵占舞弊。当然，也有许多侵占并没有被掩盖，而是以一种失衡的状态反映在账簿中。

2.3.6.1　失衡状态

在组织中侵占有形资产，账面会因被侵占的数额而失去平衡，也就是说，账面上的资产其实被夸大了。因此，如果侵占发生后对有形资产进行清点，借方和贷方会失去平衡，但是，很多企业的有形资产很少被全部清点，所以会计人员不会发现账目已经失衡。

让我们举一个简单的例子。Julia 是一家汉堡连锁店 Luke's 的收银员，假设某天你去 Luke's 点了总价 8.65 美元的一个芝士汉堡、一份大薯条和一杯啤酒，并付了正好的零钱。但是，Julia 没有在收银机结账，而是直接把钱放进了口袋，于是她就侵占了 8.65 美元的资产。如果 Luke's 在失窃后立即停止营业并清点，就会发现贷方比借方多 5.51 美元，这个数额是这份商品的成本;另外 3.14 美元的差额是 Luke's 的销售毛利，也被 Julia 偷了。但在

53

Luke's 年底结算前，是不会发现这笔损失的。

可以看出，如果这个舞弊者没有掩盖盗窃，那么借方和贷方就不能平衡。但她知道，Luke's 这时不会立即清点资产，所以这笔数额不会被发现。在很多情况下，尤其是该组织有大量小额现金交易的情况下，这就是舞弊者的"隐藏方法"——让盗窃在混乱中消失。

2.3.6.2　虚构借方

让我们进一步举例，假设 Julia 既是 Luke's 的收银员，又负责记账（实际上不可能），也就是说 Julia 同时可以控制现金的流入和现金的记录方式。由于她知道贷方比借方多了 5.51 美元，所以决定做一些"创造性"的核算来处理差额。她创建了一个日记账分录：把"杂项费用"的借方记 5.51 美元，"食品存货"贷方记 5.51 美元。如果是一笔正常合法的交易，应该在销售成本项下记录 5.51 美元，然而，为了掩盖偷窃行为，她虚假借记了"杂项费用"。Luke's 的账簿现在是平衡的，但杂项费用的 5.51 美元借记是假的，只是为了掩盖 Julia 偷的现金数额。Julia 有两种虚构借方的方法：费用或资产。

2.3.6.3　虚记费用

像 Julia 这样的骗子，如果通过虚构借方掩盖自己的行踪，一般会选择费用账户而不是资产账户。这种方法有两个好处：一是，实物商品可以清点和记录，而费用账户却不需要用"实物"商品表示，所以选用费用账户更方便；二是，会计年度终了时，费用账户的余额会转入所有者权益账户，一旦归零后被轧平，费用账户就成为一个历史项目，可能永远不会被审查，正如我的同事 Steve Albrecht 曾观察到的，如果轧账时费用账户中的虚构借方没有被发现，那就永远不会被发现了。

2.3.6.4　强制平衡

强制平衡是失衡状态的一种变体，有能力接触到账簿和记录的人会采用这种方法。在这种方法中，不正确的总数从日记账转到分类账，或从分类账转到财务报告，我们仍然用 Julia 作为 Luke's 会计的例子。Julia 偷了 8.65 美元的事实在公司账目上的唯一反映是：食品存货少了 5.51 美元，如果 Julia 想在账目中弥补这个损失，通常不会做一个减少存货账户的日记账，她只需要通过强制平衡存货就可以了，比如说，在合计存货时故意加错。需要提醒的是，只有当总分类账没有自动链接到财务软件中的日记账时，这种方法才能实现，强制平衡通常只有在不使用精确财务软件的手动系统中才有可能。

例如，如果 Luke's 的食物存货被清点后总计为 4680.44 美元，那么这个数额应该反映在存货或采购账户的日记账上，但 Julia 需要多加 5.51 美元，把总额变成 4685.95 美元。当存货余额从日记账转到分类账时，分类账要多记 5.51 美元。根据分类账编制财务报告时，存货也就会被多计 5.51 美元，费用也一样多了 5.51 美元。可见，发现这种强制平衡的唯一方法是重新清点存货，才能发现少了 5.51 美元。

2.3.6.5　虚构资产

Julia 也可以虚构她的日记账来借记一项资产。资产的类型并不重要，但因为现金资产关注度高且需要核算到"分"的单位，所以舞弊者通常不会选择虚构现金账户的借方；另外，由于 Luke's 只接受现金，Julia 一般也不会虚记应收账款的借方。她可以选择一些固定资产账户——家具、固定装置、投资、厂房设备或其他项目。关键在于，对舞弊者来说，在资产账户上进行虚假借记并不是掩盖侵占行为的最佳方式，因为虚假的资产借方会一直留在账面上，直到有什么业务将其冲抵，这样做更容易被发现。

2.3.6.6　漏记贷方

漏记贷方的手法可以掩盖从组织截留的收入。以 Julia 为例，她并没有在收银机上键入该业务，也就是没有记录销售账户的贷方数额而直接偷了借方的 8.65 美元。因此，从技术上讲，这些账簿是平衡的，只是商品丢失了。从账簿中发现漏记的主要方法是通过趋势分析（trend analysis）——一种间接证明的方法。因为她没有在收银机上结账，Luke's 根本不知道发生了什么，但是，如前所述，如果公司停止营业并分别累加其借方和贷方，就会发现贷方比借方多了 5.51 美元，这正是丢失商品的成本。然而，到了具体的场景中，像汉堡、薯条和汽水这类商品如果不见了，没人知道它在哪、谁拿了、是否被偷、是否被不小心扔掉、是否弄坏了，甚至是否被饥饿的员工吃掉了。

再假设一个例子来说明漏记贷方的手法，这是一个更隐蔽的例子。假设 Julia 在一家干洗店工作，做了同样的事情：拿了顾客的干洗费 8.65 美元。她把钱放进自己的口袋，没有做任何记录。记住，我们的账依旧是平衡的——Julia 漏记贷方（销售收入），并拿走了借方（8.65 元现金）。由于干洗是一项服务，企业并没有短缺存货，间接证据只是我们减少的利润，金额相当于我们提供服务的成本。如果洗衣服的直接成本是 5.51 美元。那么我们的利润也会损失 5.51 美元，另外 3.14 美元是失去的收入，而这个数额是不会反映在账簿上的。发现这样的盗窃行为，需要对收入和费用进行逐条的细致分析。当然，如果偷窃行为没有留下明显的异常趋势，那么也不太可能从账目中发现这种损失。如果 Julia 只是盗窃这一次，那么对于一个每年赚几十万美元的企业来说中，这个数额根本不会被注意到。

但是，从成千上万的职务舞弊案中可以看到，鲜有人只进行一次盗窃。这种舞弊行为的基本趋势是：开始时规模很小，但随着时间的推移，规模会越来越大。当然，这是有道理的，如果 Julia 第一次偷东西没有被发现，她为什么要停下来呢？偷了十次之后，她甚至会觉得自己方法高明，然后不断提高偷东西的频率和数量。如果她比较理智，可能还会设定一个不容易引起怀疑的盗窃上限——我们不知道有多少这样聪明的人，因为他们没有被发现。本书案例中的很多舞弊者都是一些胆大妄为没有节制的人，他们当然很可能被抓，涉案数额远远超过上限，作案人甚至不考虑舞弊的金额——有的是真不知道，有的是不想知道。

在我多年的反舞弊课上，最常被问到的问题是"什么是抓住舞弊员工的最有效方法？"我会半开玩笑地回答："时间是最好的利器。如果不加以制止，舞弊员工就会持续作案，直到没什么东西可偷，等到公司破产了，职务舞弊自然就会浮出水面。"这也是职务舞弊与职权滥用的一个重要损害——其持续性会让企业自食恶果。采取措施进行舞弊行为的调查与防范，不只是为了控制舞弊和滥用本身，也是出于经济发展的需要。

第3章 截留收入

截留收入手法

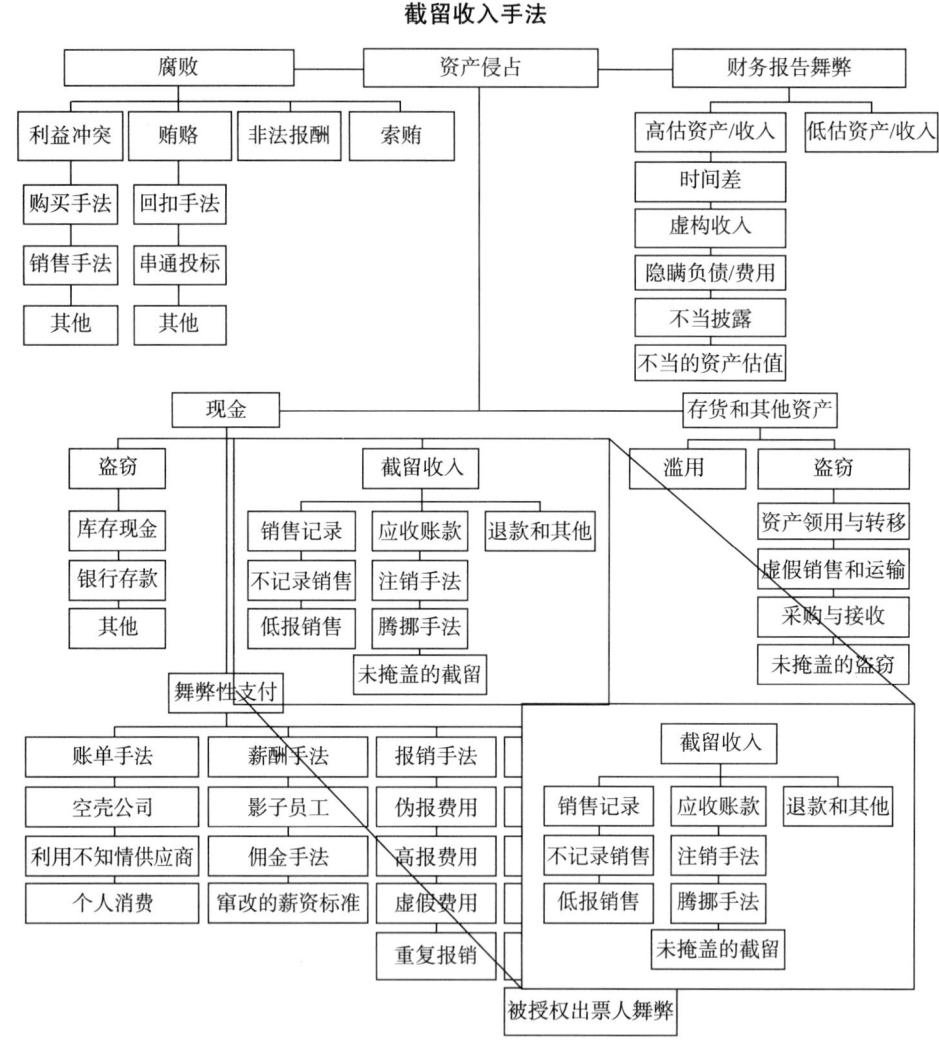

案例研究 3—1 害羞的整容医生

　　Brian Lee[1]是一名出色的整容医生，他的很多病人都是老客户介绍而来，客户们会悄悄告诉朋友自己变美的秘密，并夸奖 Lee 的技术高超。这位 42 岁的单身医生态度严肃、

―――――――――

〔1〕 为保护隐私，已对案例中的姓名和部分细节进行修改。

温和，对工作非常自信，其主要业务有隆鼻、拉皮、收腹和隆胸等等。

Lee 医生在一家大型综合医院里行医。作为业绩优秀的医生，Lee 每年开出 100 多万美元的账单，每年的工资和奖金收入高达 30 万—80 万美元，此外，Lee 在 4 年里还得到了几十万美元没入账的秘密收入。

当 Lee 的不诚实行为被曝光后，医院的董事会（由合伙的专科医生组成）希望得到一份准确的核算，于是医院聘请的律师事务所找到了 Doug Leclaire 进行私人调查，Leclaire 是德克萨斯州 Flower Mound 地区的一名注册舞弊审查师。

医生们想找一个外部独立人员调查 Lee 到底拿了多少钱，还想知道这个骗局有多深。Leclaire 回忆："据我所知，没有其他人牵涉其中。"Lee 的秘书和护士只知道他在做手术，并不知道医生截留了病人支付的医疗费。Leclaire 调查之后，发现这个舞弊手法竟如此简单，相对 Lee 整容医学的严谨性而言，这些不义之财来得太没有难度了。

Leclaire 首先了解了医院和各个专科办公室的医务管理制度（医生们以独立的形式管理他们的办公室）。在私密且免费的初诊期间，Lee 会为病人做检查，并制定和解释各种医疗选项、预期结果和总费用，随后医生或他的秘书会讨论具体的付款要求等事项。

如果病人打算对医疗费提出保险索赔，比如车祸中鼻子撞到挡风玻璃的受害者需要做非急诊整形手术，那么这个病人必须提前支付超出保险赔偿的金额。对于不属于保险范围的纯整容手术，如抽脂手术，患者必须在术前用现金或支票支付全部费用。和许多整形外科医生一样，Lee 不接受信用卡，大概是为了防止"买家后悔"带来的经济报复，一次性付款的范围还包括了所有的术后复诊等。

当病人决定动手术后，Lee 或他的秘书就会安排下一次预约，或查看医生的手术日志安排合适的手术时间。Lee 通常在总院或附属医院进行手术。理论上说，病人通常会在接待区按照预定的程序办理登记手续，然后付钱给秘书，秘书会立即将款项和收据附在适当的程序表格上，并在当天的报告中记录该业务。为了安全，秘书会把所有的款项、收据和表格放在一个小的保险箱里暂时保管。

"在一天结束的时候，医生、护士或接待员会把所有的文件和款项（通常是几万美元）交给大厅对面的医院收银员。如果时间太晚收银员下班了，医生有时会把箱子锁在抽屉里，第二天打开再交。在附属医院进行的手术与此类似，病人也需要提前付款，医生办公室的人再把填好的文件和款项交给收银员，然后附属医院申报折扣。"

Leclaire 指出，即使是最周密的计划，执行起来也经常会有漏洞，最终导致 Lee 丑事败露的病人是进行鼻子整形的 Rita Mae Givens。医院的大厅是这样设计的，当病人走出电梯，右转会进入医院的主要接待区，左转则穿过大厅进入 Lee 的办公室接待区。按照 Lee 之前的告知，Givens 从五楼的电梯下来左转，进入 Lee 的私人办公区，右边的医院秘书和大厅接待人员不知道 Lee 约了 Givens，也不知道她做了鼻子整形手术，更不知道 Givens 已经把支票付给了医生。

Givens 在康复期间查了自己的保险单，发现保险公司在某些情况下可以进行鼻子整形手术的理赔，或者至少可以计入免赔额，于是决定提出保险索赔，可这时 Givens 发现，她竟然从未收到过一份可以附在索赔表上的医疗账单，而这是保险理赔必需的。于是她打电话到医院办公室索要一份她的医疗账单，于是，一系列的意外出现了，医院的收银员找到了病人的档案，却没发现任何手术费用，收银员觉得这很奇怪，但 Givens 说手术已经完成，而且她也用个人支票支付了手术费用。

收银员与医院的办公室经理核对了 Givens 的付款记录，当然，什么也查不到，于是致电医院的管理人员进行调查。管理人员知道，医生有时会忘记及时报告在附属医院进行的手术，因此建议他们按照 Givens 提供的时间查一下医生的手术记录，以寻找线索。结果是，Givens 提供了一份付款支票的复印件，而这张支票已经被背书并存入了医生的个人银行账户。

医院管理人员证实：Lee 确实做了手术，但没有把钱交给收银员。询问 Lee 的时候，他承认了自己的错误，于是管理人员通知了董事会，董事会随后聘请了 Leclaire 进行调查。

在调查过程中，Leclaire 对 Lee 进行了几次询问，Lee 对自己的舞弊行为十分后悔，也乐意协助调查。Lee 解释说，他会选择特定的某些患者，比如纯美容性的、不涉及保险理赔的患者，从他们那里拿钱，就不会有保险公司向医院要求额外的证明文件。之后，他有时会直接从秘密预约的病人那里收钱；有时在秘书把钱交给出纳之前自己从保险箱里拿走某个病人的钱。他喜欢现金，但有时也难免收到"付给 Lee 医生"的支票，这位医生会把支票放在抽屉里几个星期，然后存入他的个人银行账户或兑现。Lee 告诉 Leclaire，他只是销毁了与付款有关的收据，但出于职业责任感，仍然小心维护着所有病人的医疗档案。

因为本案的舞弊者非常配合调查，所以 Leclaire 称这个案子"既有趣又简单"。无论是否合法，Lee 对他的所有行为都做了详细的记录。在 Lee 的协助下，Leclaire 对比了医生详细的个人记事本和医院的就诊记录，很快就确认了丢失的款项。Lee 还交出了他的银行对账单，帮助 Leclaire 把某些入账存款和其他赃款进行对应，Lee 还向 Leclaire 说明了一些别的投资收入，消除外界对其额外未报告收入的怀疑。

"Lee 医生没有试图隐瞒任何事情"，有着 20 年刑事调查经验的 Leclaire 说，"我能够证明，他已经清楚准确地坦白了所有事情。"

长时间的相处后，Leclaire 还是问了 Lee 一个大家都很困惑的问题："你为什么这么做？"医生很直白地回答："贪婪。尽管我很有钱，但还想要更多，像我的父亲和兄弟一样。"毫无疑问，Lee 已经非常成功了，他几乎没有时间运动和娱乐，可是，赚钱是他们家族的执念，比别人赚更多钱成了家族的游戏，而且是一场严肃的比赛。大家每天都在想："谁的钱最多？谁的车最好？"

为了赢得家族比赛，Lee 进行了重大盗窃，被发现之后，他可能面临巨大的惩罚。"我有点为 Lee 医生感到难过，一个工作体面、身份优越的人可能会失去一切"，Leclaire 说。

经过几周的工作，这家律师事务所和它的私家侦探把调查结果提交给医院董事会，并应董事会的要求提出了建议。Leclaire 在他的报告中首先总结了这个案子中的教训："薄弱的内部控制会诱发所有员工的犯罪念头，即使是收入很多的人，也会受此诱惑。如果有机会和方法，又不太可能被发现，部分员工就会以身犯险。"

Leclaire 建议医院改进整个收款系统，包括建立一个总收款区、张贴标识提醒患者、让几个办公室在收款体系中进行职责分工等。他认为：医院必须设立监督制度，还需要协调整个收款过程中的所有步骤，并执行日常的内部审计。

Leclaire 的调查显示，Lee 的行为持续了 4 年多，总计侵占了约 20 万美元。

医院的董事会接着进行了讨论和问答环节，一些董事会成员认为要立即解雇 Lee，还有一些对其表示了同情。

董事会最担心的，还是医院的所得税缴纳问题。Leclaire 曾在美国税务局的刑事调查部门做了 9 年特别探员，对相关问题非常了解，他向董事会保证，医院对并未收到的款项不承担任何缴税义务；但是，如果款项被归还，那就必须缴税。考虑到这家医院缺乏监管历史，很多医生对自己的罪责并没有确切的认识，所以董事会并不希望国税局对医院进行审计，他们还担心联邦探员会四处调查，甚至发现一些未申报收入或其他可疑情况。

于是，医生们达成了一个协议。"他们决定不起诉或解雇 Lee。但要求 Lee 赔偿 20 万美元及其利息，另外还要求 Lee 再拿出 20 万美元的保证金，以应对任何相关突发事件。当然，Lee 还要为参与调查的律师和私家侦探支付费用。"

医院决定让这个最赚钱的医生继续在这家医院行医，条件是 Lee 去接受专业辅导，以纠正他的失常行为。他们说，医院会尽一切可能帮助和鼓励 Lee，告诉他除了工作，生活中还有其他重要的事情。从那时起，同事们经常邀请 Lee 一起去钓鱼和打猎，根据心理医生的建议，Lee 极度需要外界的认可，通过与同事们的交流，他这个改过自新的单身汉不再孤僻，变得开心起来。

为了抑制诱惑，医院立即制定了新的收款程序。Lee 说："这是好事儿，不然的话，只要有机会我可能就会再犯。"

3.1　概述

如前一案例所示，所谓截留收入（skimming），就是在现金进入受害组织的会计系统之前将其侵占。[1] 因为现金在账簿登记之前已经被盗走，所以这种手法被称为"账外舞弊"（off-book frauds）。由于丢失的钱从未被记录，截留手法也就不会留下直接的审计线索，因此很难发现，这也是该手法的主要优点。

只要资金进入企业，任何环节都可能发生截留，因此几乎所有处理现金收入的人都有机会截留收入，包括销售、出纳、服务员和其他直接从顾客那里收取现金的人等。此外，也有很多截留收入舞弊是由接收客户邮寄支付的款项并进行记录的员工实施，他们可能从邮件中抽出支票供自己使用，而不是将其转入适当的收入账户或客户账户。可见，那些直接与客户打交道的人或经办客户付款的人是最有可能截留收入的人。截留手法一般可分为以下四类：

（1）不记录销售收入；

（2）低报销售收入和应收账款；

（3）窃取邮寄的支票；

（4）短期截留。

---

〔1〕　ACFE：《舞弊审查师手册》，2016 年。

3.2 来自2015年ACFE《全球舞弊调查报告》中有关截留收入的数据资料

在第1章中，我们了解到职务舞弊主要有三种手法：资产侵占、腐败和舞弊性报表，而且，资产侵占手法是其中最常见的，在我们研究的2410个案例中，2012个（超过83%）涉及某种形式的资产侵占。

正如"舞弊树"所示，资产侵占又可以细分为两类：现金侵占和非现金侵占。图表3-1显示了这两个子类别的资产侵占案件百分比和损失中值，从中可以看出，报告中的现金侵占比非现金侵占更为常见，损失中值也更高。

图表3-1　2015年《全球舞弊调查报告》：现金侵占与非现金侵占的情况

案件类型	资产侵占案件的百分比	损失中值（美元）
现金侵占案件（1587 例）	78.9%	109 000
非现金侵占案件（463 例）	23.0%	70 000

注：因为有些案件涉及多种舞弊方法，因此本表中舞弊手法的百分比总和超过了100%。

需要说明的是，舞弊者会利用各种手法盗取受害组织的资金，所以很多舞弊案例涉及多种舞弊方法。因此，与以往的研究相比，我们要求参与调查的审查师们确定两方面数据：一是舞弊造成的总损失数额，二是可直接归类于某种特定类型的舞弊手法所导致的直接损失数额。这样的细分为我们提供了比以往更为精确的资料，以研究不同资产侵占手法的影响。

再回过头来看"舞弊树"，现金手法被细分为三种类别：截留收入、盗取现金和舞弊性支付。在这些类别中，舞弊性支付最高发，在现金侵占案例中占64%，其损失中值也最高（12万美元），相比而言，现金盗窃手法只占不到13%，而截留收入手法造成的损失中值最低，为5.3万美元。（参见图表3-2和图表3-3）

图表3-2　2015年《全球舞弊调查报告》：各类现金侵占案件的发生百分比

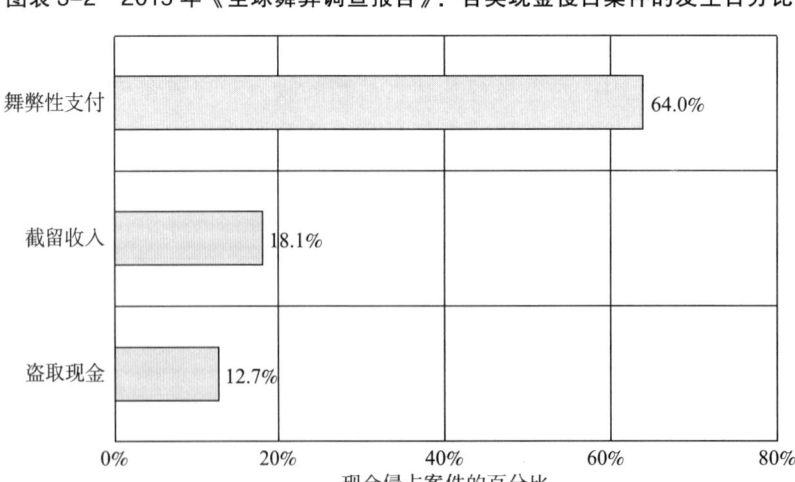

图表 3-3　2015 年《全球舞弊调查报告》：各类现金侵占案件的损失中值

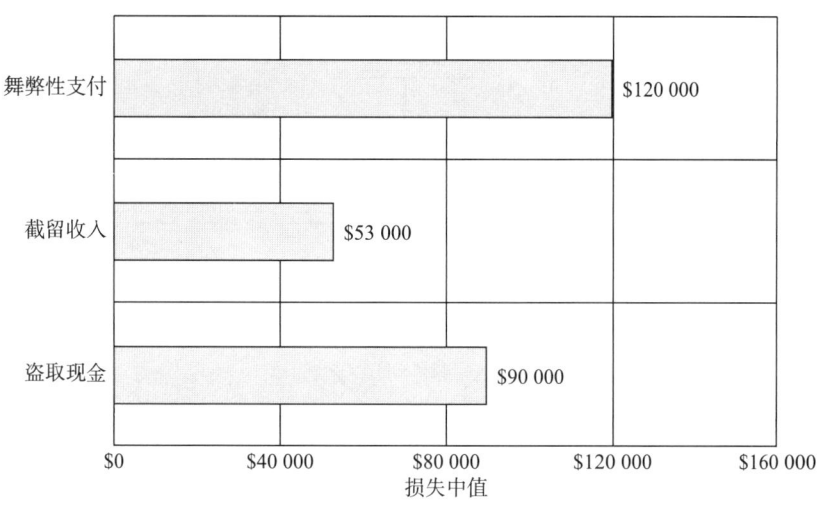

3.3　不记录销售收入

员工接受了顾客因购买商品或劳务的付款，但是不做任何销售记录，这就是最常发生的截留收入行为。员工没有将收入给雇主，而是将已付款项装进自己的腰包（参见图表 3-4），这也是 Lee 医生使用的舞弊方法。他自己工作、自己收费，隐瞒着医院和其他合伙人，而且没有在账簿上留下任何痕迹就私吞了 20 万美元。如果不是有个病人因保险理赔向医院索要账单副本，Lee 医生肯定还会继续犯罪。这个案例说明，不记录收入可能是所有截留收入舞弊中最危险的。

为了更全面地讨论不记录销售收入的舞弊手法，我们设定一个简单且常见的销售方式。假设某个企业使用收银机销售货物，正常情况下，顾客每购买一件产品，收银员就要在收银机中键入这笔销售收入，表明一定金额的现金（该货物的购买价格）被放进收银机里了。这时，通过比较收银记录和收银机里的现金数额，就能发现是否有盗窃行为。例如，如果某天一台收银机里记录了价值 500 美元的销售额，但是机器里只有 400 美元现金，那显然是有人偷走了 100 美元（假设收银机的期初现金余额为 0）。

但是，如果员工通过商品的账外销售截留现金，由于没有将销售收入记录在收银机里（这也是称它为"账外"的原因），那么即使比较收银记录数额与机器中的现金数额，也不可能发现盗窃行为，这样，员工就很容易将顾客的钱放进自己口袋。为了假装销售收入正被键入收银机，舞弊者可能会按下"无销售收入"键，或者处理成其他非现金交易。在某个案例中，一个中型零售组织的两个员工就是使用这种方法截留了销售收入。

我们假设，有个舞弊者想盗窃 100 美元。一天下来，她的收银机中有了 500 美元的销售收入，其中一笔销售收入为 100 美元，当这笔 100 美元的销售完成后，顾客拿走了商品，但收银员并没有在收银机上进行记录，还把 100 美元装进了自己的腰包。由于收银员的漏记，当天营业结束时收银机记录里只有 400 美元的销售收入，机器里也只有 400 美元的现金，这种情况下，现金金额就与收银机记录是平衡的。可以发现，由于没有记录销售收入，收银员能轻易盗取现金，而且不在账簿中留下任何记录。

图表 3-4　不记录销售收入

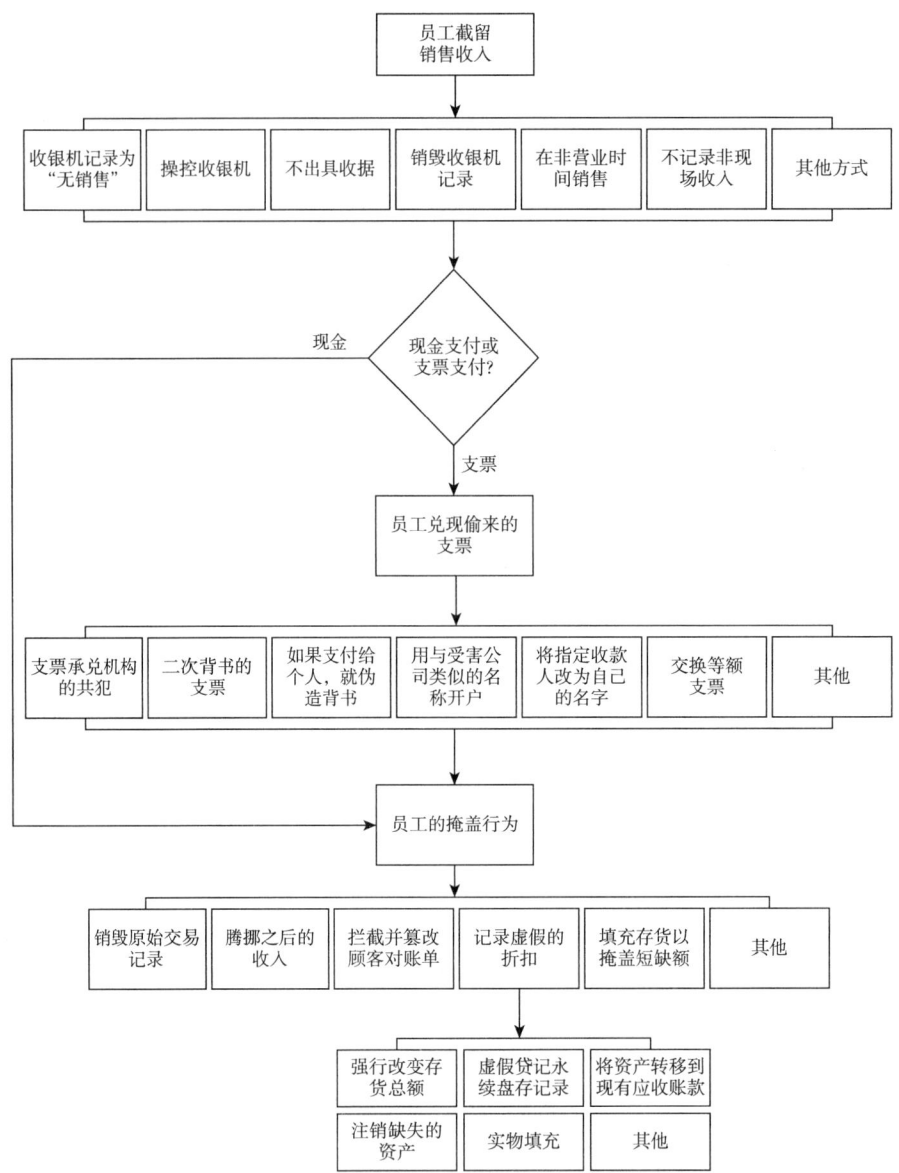

采用收银机截留收入的难点在于，员工必须在收银时做出正常收钱的样子，如果顾客发现自己的购买记录并未输入收银机，就会产生怀疑，而且可能把这种行为报告给其他员工或经理。另外，经理、同事甚至是监控摄像头也有可能发现违法行为。

3.3.1　操纵收银机

为了掩盖盗窃行为，有些员工可能按下"无销售收入"键或将销售收入处理为其他非现金交易。这些虚假信息被键入收银机，表面看起来在记录销售收入，但实际上舞弊正在发生，对于不太留意的观察者来说，还以为是个正常记录。

有些案例中，员工会操纵收银机，使销售收入不被记录。如前所述，可以比较收银机里的现金数额与收银机记录里所显示的金额，以便发现员工的盗窃行为。因此，如果员工能够操纵收银机使销售收入不被打印，该收入就不会出现在账面上，于是就可以截留出来。可是，大家都能看到该员工键入了销售收入、现金抽屉也打开了，但是收银机记录里没有这项交易，他们是如何实现的呢？一名加油站员工的做法是，把纸带从打印机上提起，于是记录就打印不上了，然后他把未记录的销售收入装进自己腰包。为了掩盖，他将收银条滚动到下一交易应当出现的点位，并替换功能区，这样下一笔交易会打印在不留空白的收银条上，毫无痕迹。但是，这个舞弊者忽略了一个情况——收银机的交易是事先编号的，虽然他很小心地更换了收银机记录，但还是间隔了交易序号。例如，如果舞弊者截留了编号 #155 交易的销售收入，那么收银机里的记录只会显示 #153、#154、#156、#157 等编号，消失的交易编号表明存在舞弊行为。

根据不同的情形，舞弊者创造了多种操纵收银机的手法，比如一家影院的经理想出了一个绕开影院售票系统的办法。这个经理有时兼任售票员和检票员，而且她知道没人会去影院外检查观众的电影票。正常销售发生时，售票机会出相应数量的票，但是这位经理不把电影票给观众，而是让他们无票进入，等到下个顾客买票时，经理就把上次出的电影票卖给他们。这样，就会有一部分票款不被记录，一晚上下来，就多了一小笔现金盈余被经理留给自己。她的累计盗窃金额超过 3 万美元。

3.3.2 截留非营业时间的销售收入

截留未入账销售收入的另一种手法是在非营业时间进行销售。比如，有些员工在周末或是雇主不知道的时间里经营雇主的商店，并且把相应收入占为己有。有个案例，按规定商店在上午 10:00 开始营业，但有个员工每天提前两个小时 8:00 开门营业，还会在收银机上正常键入销售收入，在接近 10:00 的时候，他把记录销毁，并拿走这两个小时收到的所有现金。到了 10:00，他已整理如初，就像商店刚刚开门一样。因为收银机记录被毁掉了，所以之前两个小时的收入没有任何证据可查。

我们讨论了一些收银机交易中的截留舞弊，但要知道，这种截留手法并不仅仅发生在收银机上，甚至可以完全不涉及现金。一些损失很大的截留收入舞弊常常发生在地方偏远、缺乏密切监督的员工身上，包括现场销售人员、场外工作的独立销售人员以及在分公司或附属机构工作的员工等，这些员工在工作中有高度的自主权，这会导致监管不力，进而发生舞弊。

3.3.3 截留场外（off-site）销售收入

作为 ACFE 研究报告的一部分，有几个案例的手法是截留非现场的销售收入。这类舞弊行为在公寓租赁业中最容易发生，这个行业里，公寓经理的很多日常业务都不受监督。一种常见的手法是，经理找出使用现金支付房租的租户，然后将他们租住的公寓从租房登记里删掉，采用这种方法，虽然这个公寓实际正被使用，但在记录上显示为空置，于是经理就可以截留这部分现金租金。只要没人实地检查公寓的入住情况，舞弊者就可以无期限地这么做。

有时，舞弊的员工还会与承租人串通，给他们"优惠价格"作为回报，这种情况下，承租人通常将租金直接交给员工，有什么投诉和维护要求的话，也都直接报告给该员工，雇主根本不知道承租人的存在。

另一个案例中，公寓经理没有截留租金，而是截留了承租人支付的申请费和滞纳金。相对房租而言，这样的收入更不可控，其截留也就更难被发现。例如，老板可以想办法了解房屋的实际出租数量和租金缴纳时间，却很难确定递交租赁申请的人数以及有多少租户延迟支付租金。仅仅只盗窃这些零碎款项，某个案例中的物业经理就侵占了大约 1 万美元。

另一个相似的收入来源是停车场收费，同样难以预测和核算。某案例中，一名停车场管理员收了顾客的停车费但不提供发票，这么简单就截留了约 2 万美元，由于没有收费发票，受害公司无法估算这个偏僻停车场的实际停车数量。这些难以监管和预测的收入来源，如滞纳金和停车费，往往成为截留舞弊的主要对象。

另一类能够轻易截留场外销售收入的是独立销售人员。比如保险代理人，他们卖了保险，却没有将保单向承保人进行申报，绝大多数顾客都不会将所有索赔集中在一份保单上，尤其在早期，他们因为担心保费增加，通常会多签署几份保单。了解到这一点，舞弊保险代理人就会私自收取保费，不向承保人申报而且保管所有的保单文件。顾客持续支付保费，以为自己已经投保，但事实上这份保单只是一个骗局。如果该顾客出险后提出索赔，一些代理人就会倒签虚假的保险单并将其提交给承保人，然后再提出索赔，这样的话，舞弊行为仍不会被发现。

3.3.4　不完善的收款程序

不完善的收款和记账程序能够使员工轻易截留销售收入或应收账款。某案例中，有个负责公共房屋租赁的政府机构，需要从多个公租房的承租人那里收取租金。但是，这个机构并没有要求逐条记录每个承租人的明细金额，只是列出总数，根本无法确定每个租户支付了多少钱，一个负责收租的员工发现了这一漏洞，故意少记了一部分金额，截留了 1 万美元。

3.4　低报销售收入和应收账款

上文讨论的案例，都是纯粹的不进行记录的账外销售，本部分讨论的是少记录销售收入的舞弊手法。与账外销售的不同之处在于，这些交易被记录在账簿中，但是金额低于从客户那里收到的数字。（参见图表 3-5）某案例中，一名员工为顾客手写收据，但没有用复写纸，形成了"阴阳联"，例如，顾客支付了 100 美元，员工给了他 100 美元的收据，但给公司的发票是 80 美元，这名员工截留了 20 美元的差额。收银机上也可以完成这种截留，舞弊者键入一笔销售业务，但键入的金额低于客户实际支付的数字，他就可以截留实际购买价格与记录数字之间的差额。一般说来，员工会低报销售数量，而非销售价格。例如，如果销售了100 个单位，可能只记录 50 个单位，截留其中的差额。

发生信用赊销购买时，也可以采用类似的手法。给客户的账单反映真实的销售金额，但在公司账目上少报应收账款。例如，一个公司有 1000 美元债权，但应收账款记为 800 美元，当客户在账户上付款时，舞弊者将 800 美元存入应收，截留 200 美元，但账目上毫无痕迹。

虚假折扣

最后，使用虚假折扣也可以低报销售收入或应收账款，具有折扣批准权的员工可以用这种方法截留收入。在某个利用虚假折扣截留收入的案例中，员工收取了项目的全额款项，但交易记录上却是折扣价格，差价部分就被截留了。例如，对于一笔 100 美元的销售业务，如果员工给予 20% 的虚假折扣，他就能截留 20 美元并使公司账簿保持平衡，这种舞弊行为的关键是顾客收到了全价收据，而账簿记录的是折扣数字。

图表 3-5　低报销售收入　　70

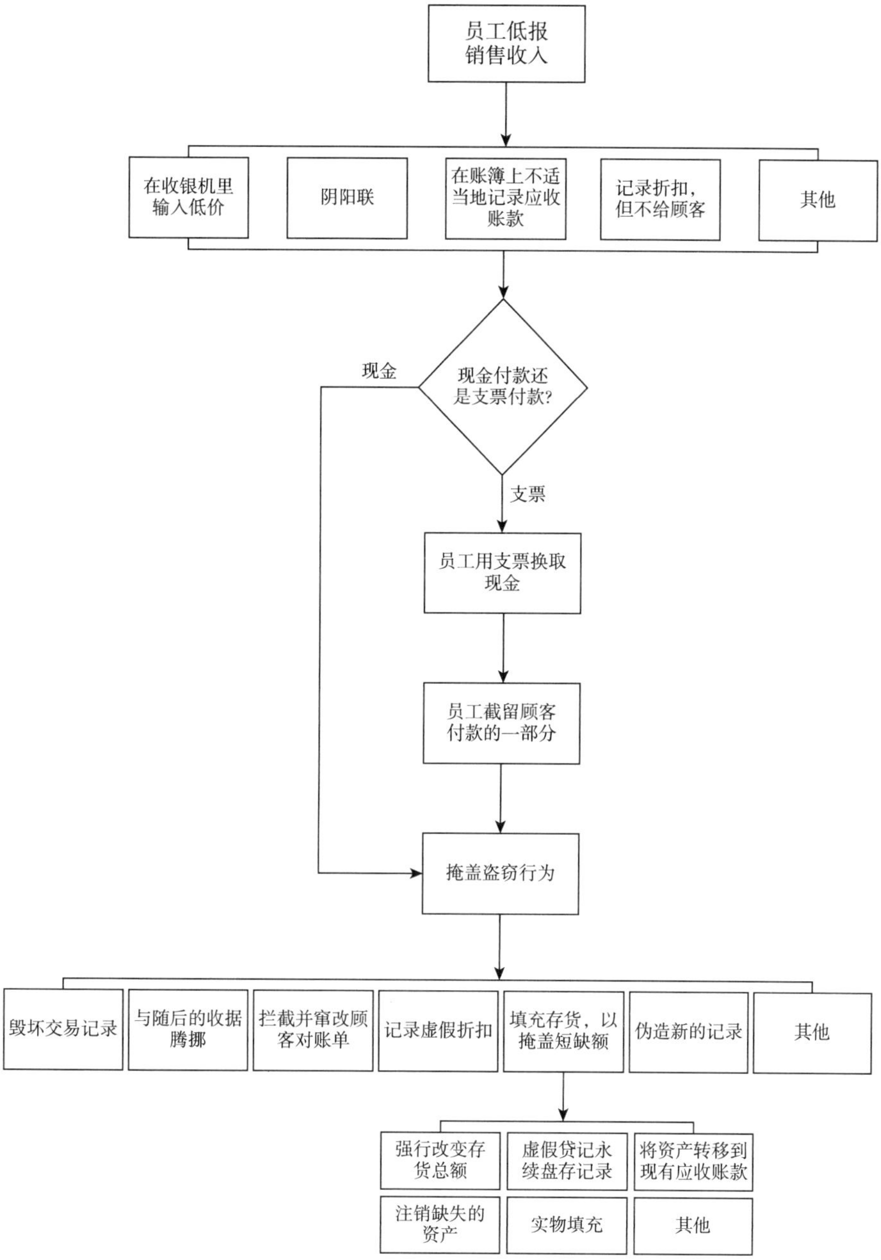

员工低报
销售收入

| 在收银机里
输入低价 | 阴阳联 | 在账簿上不适
当地记录应收
账款 | 记录折扣，
但不给顾客 | 其他 |

现金　　现金付款还
是支票付款?

支票

员工用支票换取
现金

员工截留顾客
付款的一部分

掩盖盗窃行为

| 毁坏交易记录 | 与随后的收据
腾挪 | 拦截并窜改顾
客对账单 | 记录虚假折扣 | 填充存货，以
掩盖短缺额 | 伪造新的记录 | 其他 |

| 强行改变存
货总额 | 虚假贷记永
续盘存记录 | 将资产转移到
现有应收账款 |
| 注销缺失的
资产 | 实物填充 | 其他 |

3.5　窃取邮寄的支票

　　邮寄送达的支票也是非法员工们的目标，尤其会发生在只有一个员工负责接收邮件并记录付款的情况下。舞弊者要做的只是拿走这些寄达支票，由于支票未被记录，看起来就像是从未到达，款项也不会被过账到账户。（参见图表 3-6）可见，如果只有一名员工负责接收并记录寄达支票，截留支票会非常容易。

71

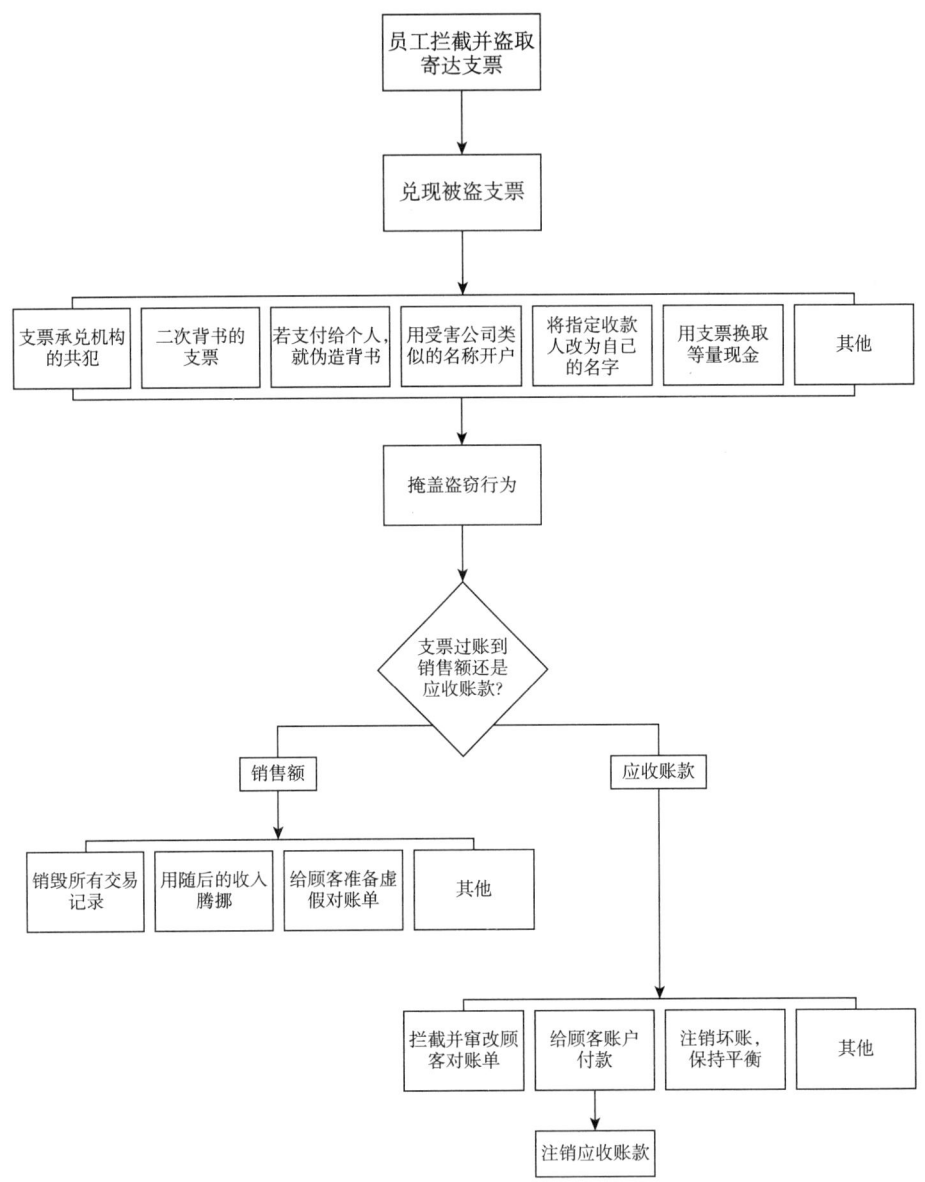

图表 3-6 盗窃支票

有个支票盗窃舞弊的案例，一名负责收发邮件的员工知道其机构会收到大额支票，就利用 sim 卡确认的方法取走了邮局寄达的 200 多万美元的政府支票，之后与同伙利用虚构的人员和公司洗钱并分赃。

盗窃支票并不复杂，相应地，掩盖这种犯罪就比掩盖其他截留手法更困难。如果被偷盗的支票是受害公司的应收账款，那么受害公司会在应收日期过期后通知它的顾客，顾客显然会进行说明，而且，已兑现的支票也是其付款证据。在其他截留手法（如未入账销售收入舞弊）中，不会出现这种可以表明已经收到现金的证据。我们将在本章的稍后部分讨论掩盖支票盗窃的方法。

下面是一个支票盗窃舞弊的案例，Stefan Winkler 通过对公司收益流的控制使其在被捕之前截留了几十万美元。他截留了邮寄给企业的支票，但没有进行记录，而是兑成现金给自己。这个案例还解释了注册反舞弊审查师 DonStine 调查 Winkler 舞弊的详情。

案例研究 3—2 一个饮料业员工的冒险 72

多数人看来，佛罗里达总是在明信片和电视上闪耀着明亮的光芒，这里是每个家庭的热带天堂：父母的天堂，孩子们的天堂，充满着音律和色彩。当然，这里也是很多普通人工作、生存和养家的地方，下面是其中一个人的故事。

Stefan Winkler 曾在佛罗里达州 Pompano Beach 的一家名叫 Mogel 的饮料公司工作，作为财务主管，Winkler 能够接触到公司所有环节的资金流入和流出，他特别关注流入部分。公司有两种收款方式：其一，送货司机从收货客户那里带回现金或支票，记为日常存款；其二，信用客户通过邮局寄送支票，记为办公室存款。

对于第一种来源，司机将他们收到的货款交给出纳，出纳记为日常存款后交给 Winkler；第二种邮寄支票则直接由 Winkler 接收，Winkler 根据付款时间（30 天、60 天等）安排款项的审核并记入办公室存款。Winkler 的工作就是在所有收入存入银行前结合日常存款和办公室存款进行会计核算，也就是说，Mogel 公司的两个收入来源都会经由 Winkler 之手存入银行。

但是，Winkler 动了歪心思。他通过腾挪（lapping operation）手法从日常存款中转移现金，有时从某个日常存款账户中提取现金，掩盖他从上一个账户中提取的数额，有时也用信用客户的支票填补现金账户的金额。比如，他可能先从司机交的钱中私拿 3000 美元，随后再用邮寄的 3000 美元支票填上，这样，日常存款总额就与出纳列示的收款金额一致了。接下来，Winkler 当然不会把这 3000 美元支票列入已收到的支票记录，相反，他会在账目上延长客户的付款期限，甚至是无期限地延长，所以办公室存款也不会有资金缺口。偶尔，他也会挪用其他舞弊款项来填补所盗资金，用这种"拆东墙补西墙"（kiting）的做法侵占资金，必然会导致舞弊范围的扩大，"雪球"越滚越大，如果他不能填上资金缺口并停止舞弊，那就必然会露馅。Winkler 也许告诉过自己，他迟早会把钱还掉，也许他指望在股市上大赚一笔，或者在赛场上大赢一场，让一切重回正轨。只有他知道自己在想什么，他不承认拿过任何东西，甚至在审判时为自己辩护："除了我，还有其他人可能拿走这些钱。"于是，控方不得不证明就是 Winkler 拿了那些钱，根本没有其他人。接下来我们要讲述 Winkler 的舞弊行为是如何被发现的。 73

Mogel 公司是特拉华州一家大型公司设立在 Pompano Beach 的子公司，监督制度非常欠缺，审计师们通常只是根据当地办事处的指示编制报告，这就给了担任财务主管的 Winkler 很大甚至可以说是"太大"的操作空间。

Winkler 任职一年半之后，其上司对他的表现越来越不满意。最终，他在某个星期五早上被解雇了，而下周一审计师就会到达，时间仓促，他根本没钱去填补这些资金缺口，他只能利用有限的时间尽其所能地掩盖舞弊，并将剩余的业务搞得一团糟。他从办公室带走了现金收入日记账、客户支票副本、存款单以及其他财务记录，还删除了个人记录，修改了电子文件，窜改了应收账款的日期，并提高了客户的折扣额度。审计师最后发现了"一笔极不寻常的账目调整"，金额为 303 970 美元，这笔调整是在 Winkler 被解雇前刚刚做的，正如检察官 Tony Carriuolo 所言："他企图通过电脑和其他操作方法来窜改记录。"

当审计师周一抵达时，他们开始还原实际发生的业务。如 Carriuolo 和注册舞弊审查师 DonStine 所指出的："有趣的是，虽然我们花费了很多时间去拼凑舞弊的具体情形，也确定了行为人的身份，但毕竟文件丢失了，所以无法使用任何证据直接指证 Winkler。"Mogel 公司的审计师只能通过银行对账单、汇总的存款单、会计记录和运货司机的报告等，为 Mogel 公司评估 Winkler 留下的烂摊子。

审查师们按照 Winkler 的方法对前两年的活动进行重建，并最终找到了 Winkler 的舞弊方法。一位审计师在一张定期存款单上发现了两张总额为 6 万美元的支票，但没有计入当月的应收账款。有人发现，这张存款单不是出纳员的笔迹，而是 Winkler 的笔迹。

不过，要证明这一点，并不像用支票确定日常存款那样简单。有的客户会使用支票付款，公司出纳也会用日常存款发放员工薪酬，因此，存款包括现金和支票两部分。舞弊审查师必须调查每一类存款及其具体组成，并将之与实际存入银行的金额和记入办公室存款的应收账款数额进行比较。Carriuolo 说："我能告诉你们的是，我们比较了无数次来自出纳的存款单（而且这些存款单一部分能找到，一部分找不到了）与实际存入银行的单据。"因为 Winkler 已经从办公室存款中拿走了那么多证据，有时，验证邮寄支票的唯一方法就是去顾客那里调查，根据他们的记录还原付款情况。

74　审查师们串联起这些资料之后，就聘请了 DonStine 去证实这些发现的情况，并帮助 Carriuolo 在本案中指控 Winkler。DonStine 认为：大约有 35 万美元的资金被盗，盗窃这些资金的人就是 Winkler。Mogel 公司内部的监管存在疏漏，对通过邮寄送达的支票没有采取有效的控制措施，实际上，这为 Winkler 的舞弊大开方便之门，给了 Winkler 操纵账户的"全部权力"。DonStine 说，Mogel 公司的这种情况并不鲜见，管理者意识到这一过程的财务风险时，往往为时已晚。"其实有很多信号可以引起警示，如消失的存款凭证，公司与客户之间的现金与债权（务）不一致等，这些都是信号，但还是不足以让他们警觉，等之后出了事，他们又表示惊讶万分。"要知道，之前的审计师曾经打电话问过为什么客户一再推迟付款，客户们说是相信了 Winkler 的一面之词，比如公司正在调整、电脑系统正在重组等。

第一次与 Winkler 的接触没有成功，他不参加会见、拖延时间、采取不合作和对抗态度。他说："我没有做，相信我。其他人也能接触到这笔钱，也可能是他们做的。"Winkler 还辩解说，这两年有好几名员工和出纳在 Mogel 公司工作过，Carriuolo 对此有所准备，反驳道：资金被盗是持续发生的，而且这种操作要求行为人具有的会计技能高于普通员工，这里只有一个人是固定的，就是 Winkler 本人。虽然还有两名员工一直在这里工作，但他们既没有机会接触到这些钱，也没有能力调节这么大额的现金流，不可能是他们干的。

还有些实物证据。进入 Mogel 公司时，Winkler 正处于财务困境，他没了房子，财务状况也一团糟，但任职期间富了起来，买了奢侈手表、昂贵衣服和几辆轿车。这些资产中，价值 4 万美元的雪佛兰轿车是用现金支付的；Winkler 还成立了几家公司，包括一家豪华轿车租赁服务公司、一家珠宝经销公司，以及与他妻子合伙成立的日常护理中心；还用大量的资金进行投资。Winkler 试图用这些投资解释他的收入来源："我投得越多，赢得就越多，巴哈马群岛的一个煤矿老板教过我如何进行投资，所以我几乎全是赢。就是这么简单，可能是我运气好吧。"DonStine 知道这些都是废话，没有人会那么幸运，而且能在两年里一直保持好运气。从 Winkler 的财富起伏可以看出，"生活方式的改变，使他迷失"，这对于审查一个人是否舞弊非常有效。DonStine 评论说:"你会在大量的员工舞弊案例中看到这些情景,有的人一年只挣 5 万美元,但他们购买了 50 万美元的豪宅,开着 7.5 万美元的汽车。除非他们继承了遗产,否则不可能这么有钱。"

在舞弊行为的民事审判中,Winkler 坚持他没有做,并且态度傲慢。Carriuolo 和 DonStine 出示了证据,证明 Winkler 如何盗用日常存款现金、如何用办公室存款来掩盖腾挪,还用图表 **75** 和会计演示向陪审团解释了其中的行为。Carriuolo 强调说,除了 Winkler,没有其他人"能独自接近并熟练使用 Mogel 公司的电子会计系统",Winkler 解雇了他的律师,声称将自我辩护,而且不需要法律知识:"我不是罪犯,我没有偷钱,肯定是他们中的谁干的!"他还质询有 12 年诉讼经验的律师 DonStine:"你能肯定是谁盗窃了那些资金吗?"DonStine 回答:"不能,没有绝对的、无条件的确定性。"Winkler 很高兴地表示没有确凿的证据,就此结束了他的辩护。

但是,陪审团并没有被 Winkler 的策略说服。短暂休庭后,他们判决 Winkler 需要赔偿公司损失的 35.3 万美元,外加 3 倍罚金,总金额超过 100 万美元。看起来,Winkler 仍然没意识到自己的错误,因为他随后又被另一家公司起诉,那是他离开 Mogel 公司后入职的下一家公司。从此,他的奢华生活只能走下坡路了。

3.6 短期截留

准确说,短期截留(short-term skimming)舞弊不是一种截留销售收入和应收账款的方法,而是一种独特的使用被截留资金的方法。上面讨论的任何一种方法,比如销售收入不入账、低报销售收入,或者盗窃邮寄支票等,都能应用在短期截留舞弊中。(参见图表 3-7)短期截留的特殊之处在于,舞弊者只是短期持有这些被盗窃的资金,但最终会将这些款项还上,舞弊员工做的其实是延迟过账。

图表 3-7 短期截留 **76**

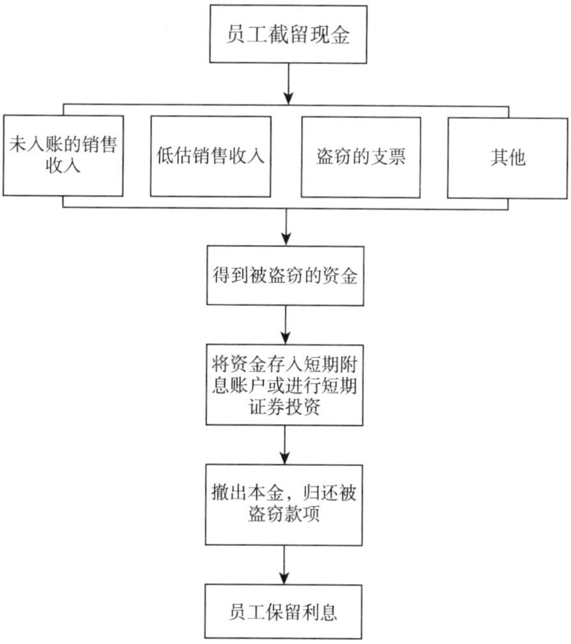

短期截留中，舞弊者会截留一笔已汇到的款项，然后将这笔资金存入自己的附息账户或投资短期证券，以赚取短期利息。款项仍在其控制之中。最终，他们会取出本金，并按实际交易情况进行记录，但会给自己保留利息。

有几种不同来源的款项能够通过舞弊者的个人附息账户送达，附息账户截留的时间越长，舞弊获得的收益可能越大。因为款项最终会返还给受害公司，所以实施短期截留的员工通常不认为他们的行为是舞弊，他们觉得既然公司最终收到了钱，自己从中得点小利没什么大不了。事实上，舞弊者窃取了资金的时间价值，以及本可以为雇主赚取的利息，本质上是剥夺了公司对其资金的使用权。

3.7　兑现窃取支票

正如我们已经提及的，如果有机会，聪明的舞弊者更喜欢截留现金而非支票，原因显而易见：现金比支票更难追踪。一张承兑的支票最终会反馈给出票人，并提供一些证据，如提示承兑支票的主体、时间和地点等，同时支票上还有背书和印鉴等信息，这些都可以显示舞弊者的身份。相对而言，现金一旦被盗，就会消失踪迹，钞票都长得一模一样，除非受害者记录了编号，否则一旦被人盗窃，将无法确定这些钱的去向。

盗窃现金优于盗窃支票的第二个原因是支票兑现比较困难。现金能被立即花掉，但盗窃的支票则必须经过背书、承兑或存入银行等程序。那么，舞弊者具体使用什么方法截留支票呢？

3.7.1　二次背书

如果支票是支付给企业的，只需在支票背面写上公司的名称即可转让，舞弊者不必像把偷来的支票付给个人那样伪造签名。但对舞弊员工来说，这种背书本身并不能让他们得到支票里的钱。这种转让只是将支票存入公司账户，对犯罪者没有任何好处，如果员工要拿到支票里的钱或将之存入他们控制的账户，就需要进行二次背书。

如果舞弊者在银行有同伙，二次背书的困难就能够被克服，某案例中，一个公司的秘书在当地银行同伙的帮助下，从其雇主那里窃取了5万多美元。这个案例中，有些交易支票没有支付给公司，而是支付给老板个人，老板收到这些支票后进行背书，并让这个秘书将支票送给公司的会计。但是，这个秘书会从中抽走几张，将其存入老板的银行账户，然后在银行同伙的帮助下拿走这些钱。

然而，如果没有银行同伙，舞弊者就必须在支票背面做二次背书，才能用来支付给他们自己、同伙或另一个实体，一旦完成，员工就能兑现支票或者把它存入控制下的账户。在另一个案例中，一名经理截留了某政府机构签发给公司的支票，并在背书栏写上自己的名字，于是支票就存入了他的个人账户。由于这个案例中的资金来源没有可预测性，即使被盗也不容易察觉，所以舞弊者在3年的时间里一直持续这种行为，侵占金额超过100万美元。

一般来说，舞弊者不愿用自己的名字背书，因为受害公司一旦调查支票的下落，舞弊者自己作为被背书人就太明显了，所以，使用虚假姓名背书更隐蔽。使用这个简单的手法，就在员工和被盗支票之间制造了一个"隔离"，让审计追踪无从入手。在前面提到的一个案例中，那个负责邮件的员工盗窃了200多万美元的支票，后来该员工和他的几个同伙使用假名字和假地址对支票进行背书转让，从而得到了支票里的钱，这是一个员工隐匿身份的典型案例。

当然，使用这类手法的前提是先开设一个用于洗钱的账户，那就必须得到"假名字"的驾照和社保卡等能证明个人身份的证件。如果利用空壳公司洗钱，舞弊者则需要为这家"公司"制造成立公司的文件，或有公司名称的证书等。如果能成功获得这些文件，舞弊者就可以使自己看上去与罪行"隔离"。

如果员工为一个独资经营者工作，收款人可能是老板个人，这种情况下，舞弊者可以通过伪造老板的身份得到被盗支票（仍然需要在收款人姓名中使用假证件）。

3.7.2　虚假的公司账户

有些案例涉及使用"相似名称"的账户来洗钱，相似名称账户通常是舞弊者独立开设的一个公司账户。比如，假定舞弊员工任职于"ABC 股份有限公司"，那他可能在银行提供虚假证明文件以"ABC 有限责任公司"的名义开立一个账户。当员工从"ABC 股份有限公司"窃取到支票后，就将支票存入他的"ABC 有限责任公司"账户，因为账户名称的相似性，银行通常不会质疑这些存款。当该支票被返回受害公司时，一般也没有人注意背书名称上的差异。

关于使用虚假账户的手法，有一个发生在某医院实验室的案例。一个医院员工在当地银行假冒其雇主名义开立了一个"公司账户"，然后截留了超过 18 万美元的邮寄支票并将其存入这个所谓的"公司账户"，随后，他用这个假账户填开支票取出被盗资金。

另一个案例中，一名管理应收账款的员工发现了一个极少用到的公司账户，管理层以为该账户已被注销，公司里也没人监控这个被遗忘的账户，于是这名员工设法获得了这个被遗忘账户的签字权，然后，他窃取寄达支票并将其存入这个秘密账户，之后通过填开支票提取了资金。

3.7.3　窜改指定收款人

员工窃取支票资金有个更直接的方法，就是窜改支票指定收款人，将其支付给自己或同伙。一般说来，窜改指定的收款人会导致支票污损，似乎是不能实现的方法，但在我们研究的案例中，确实有些员工在被盗支票上添加了自己的姓名。使用这个方法，舞弊者不需要伪造身份证件或者设立秘密账户就能把支票直接存入他们的银行账户，简直易如反掌。某案例中，一名信贷经理收到顾客的支票后，在票面公司名称的旁边打印上自己的姓名，进而得到支票金额，直到一名银行柜员发现异常，舞弊行为才被揭露，那时被盗金额已近 9 万美元。

除了在被盗支票的票面上打印自己的姓名，舞弊者还可能对指定的收款人"附加"额外信息或是在现有收款人旁填写一个新的姓名，当舞弊者提示承兑时，这些支票能否通过审核往往取决于窜改的质量。大多数窜改会非常明显难以成功，因此，舞弊者也不喜欢这种方法。我们将在第 5 章详细讨论窜改问题。

3.7.4　现金—支票的替代

正如前面讨论的，舞弊者拿被盗支票提现是相当困难的，即使一张被盗支票被成功兑现，但原始支票仍被保留，可能用以核查舞弊者的身份。如果可能，舞弊者一般偏好盗窃现金而非支票，现金一直在流动，可以避免很多麻烦。

一种常见的手法是截留未被记录的支票，并用收到的现金替代该支票。在一个案例中发生了这样的舞弊，一名市政局负责接受罚单和罚款的员工，两年来一直滥用职权进行盗窃。当该员工收到现金缴纳的罚款时，会签发收据；收到支票时，则不签发收据，也不把对应款项记录到收入中，随后，他把未被记录的支票算到当天的收据额度里，并转出等额的现金。这样一来，现金付款被支票替换出来，收据额度与收入总额仍然相符。

用现金替代支票在截留收入舞弊中是很普遍的。对舞弊者来说，尽管这种替代使得兑现被盗款项变得容易，但是掩盖盗窃行为的漏洞仍然存在。被盗支票不过账，就意味着一些客户的账项处于"过期状态"，那么客户肯定会投诉所缴罚款不翼而飞。下文我们会讨论员工如何掩盖这个漏洞。

3.8 掩盖舞弊的手法

截留收入手法通常比其他舞弊方法更隐蔽，尤其是未入账的销售收入，因为被盗资金和产生该款项的交易从来没有出现账面记录，所以不会有直接的审计线索，以至于很多截留舞弊者根本不采取任何措施掩盖他们的行为。

3.8.1 销毁或窜改交易记录

当舞弊者采取积极措施掩盖犯罪痕迹时，最常用的方法就是销毁原始交易记录。例如，我们之前讨论过，进行舞弊的销售人员需要销毁商店收据的副本，以便使该销售收入不被发现。类似地，也可能毁坏收银机记录来隐藏账外销售。某个案例中，两名管理层员工在4年时间内共截留了大约25万美元，他们窜改了与截留部分有关的收银机记录。这类舞弊者可能销毁全部记录或者与舞弊交易相关的记录。有时，他们还会编制新的记录，使手头现金与收银记录保持平衡。

80

所以，处理收银机记录本身可能就是舞弊的信号，会增加他们为掩盖犯罪而销毁记录的嫌疑。然而，就算知道有嫌疑，没有交易记录当证据，也很难重构丢失的交易数据，更难证明是谁截留了现金，此外，也不能证明谁参与了这个舞弊。

舞弊者还有一种比单纯毁坏记录更巧妙的手法，他们编制新的记录，这样不仅能隐藏自己的身份，还能掩盖舞弊行为本身。因为没人知道舞弊行为正在进行，受害公司不会采取控制和防范措施，因此，这种手法能够持续一段时间。显然，如果雇主不知晓盗窃行为的存在，对舞弊者是有利的。在我们的研究中，绝大多数导致巨额损失的案例都归因于舞弊者的获利能力，尤其是其厉害的掩盖本领。

3.8.2 掩盖截留应收账款的手法

研究发现，隐藏截留的应收款项比隐藏截留的销售收入更加困难，因为应收款项预期会被收到，受害公司知道客户欠款并等待付款，而销售收入通常是未被记录的，就好像它们从来不存在一样；相比而言，截留应收款项可能增加对缺失款项的猜疑。比如，当客户的付款被截留，缺失款项在账簿上就表现为一个过期的应收账款，为了掩盖缺口，舞弊者必须以某种方式对未收到的付款做出说明。

3.8.2.1 腾挪

腾挪客户付款是掩盖截留收入最常用方法之一，对截留应收款项而言特别有用。腾挪，就是通过抽取从某个账户收到的现金来抵补另一账户，所谓的"拆东墙补西墙"。假设某家公司有三个客户，当收到 A 的付款时，舞弊者没有把它过账到公司账户，而是侵占了这些钱，那么客户 A 付了款还收到催收账单，就一定会投诉。为了避免这种情况，必须采取一些措施让 A 的应收账款"看起来"到账了。

于是，当 B 的支票到达时，舞弊者会将这些钱记到 A 的账户上，这样，A 的账户平衡了，但 B 的账户是不平衡的，可以等到 C 的付款到账时，再将其放到 B 的账户上。就这样反复进行 A、B 和 C 之间的腾挪，直到出现以下三种情形之一：①有人发现了这个舞弊；②舞弊者归还了账户款项；③编制了一些隐藏分录，用来调整应收账款的余额。

上文中，Stefan Winkler 掩盖其盗窃行为的方法之一就是"腾挪"。在我们的研究中，腾挪也是一种最常见的掩盖手法，一般来说，它经常用以掩盖截留的应收账款，但也可以用来掩盖截留的销售收入。

81

某案例中，一家商店的经理经常窃取日常销售收入，然后用第二天收到的现金补上，但这样做，她在窃取的当天就不能去银行办理业务。每次窃取日常收入时，都需要用第二天的钱来弥补缺失资金，随着侵占的财产越来越多，她办理银行业务的情况就变得非常反常，于是开始了相关的调查，那时该经理已窃取了将近 3 万美元，并一直通过腾挪商店的销售收入进行掩盖。

腾挪款项越多，账目就越发错综复杂，有的舞弊者为了防止遗忘会准备第二套"私密"账本，详细记录收到付款的真实情况。在截留收入的案例中，对舞弊者的工作区域进行搜查，常常会找到一整套追踪真实付款情况及相关掩盖行为的记录。舞弊者在手边保留这些记录，看起来风险很大，但是，随着越来越多的款项被滥用，许多腾挪手法就变得很复杂，对舞弊者来讲，他们确实需要借助第二套账本记录各种金额和日期。显然，如果能找到这些账本的话，会非常有助于对腾挪舞弊的调查。

我调查过的使用腾挪舞弊的最极端案例，是关于一家数据处理公司的员工，他叫 Nelson，他任职的公司负责多家银行和其他金融机构之间的内部数据处理。

Nelson 是这家市值数十亿美元的公司的初创员工之一。他开始窃取资金时已在公司工作了将近 10 年，当时公司正想把 Nelson 从达拉斯办事处提拔为公司最大客户（位于新奥尔良的一家银行）的首席程序员。

考虑到达拉斯到新奥尔良之间的搬迁，公司给了 Nelson 一笔 1.5 万美元的搬迁预付款，卖掉达拉斯的房子后，Nelson 应该要偿还这笔钱。但是，公司并不知道 Nelson 已经负债累累，于是他挪用了在达拉斯的房屋销售款，并偿还了部分债务。

公司迟迟没有及时收回资金，于是催促 Nelson 还款，Nelson 答应以分期付款的方式偿还债务，随后就给公司开了一张空头支票作为他的第一次付款。后来，一位经理告诉他："Nelson，达拉斯办事处又为贷款的事打电话了，你要在 30 天内还完贷款，否则会被解雇。"Nelson 表示理解。

随后，他做的第一件事就是在新奥尔良的银行客户那里以他叔叔的名义开了一个支票账户，并拥有签名权，随后，他使用一系列的编程技巧让这个账户里的钱频繁地转进转出，这些钱从哪里来呢，都是从真正的银行客户的账户中来。

他并不直接从客户的支票账户本身转移资金，而是在对账单中做些手脚。具体说来，

Nelson 编制了一个程序，在某个客户的月度对账单寄出当天转走该客户的部分期末余额，这样算来，在下一次对账单寄给该客户之前，就有整整 29 天的时间让 Nelson 编制转回分录。

　　Nelson 之所以选择对账单上的期末余额栏作为舞弊账户，是因为只要他在第 29 天将资金转回该账户，那么下个月的对账单上就不会留下痕迹。如果他仅仅是从客户的支票账户转钱，电脑系统会在储户的对账单上自动打印该笔交易，这容易引起怀疑。

　　银行在当月每个交易日结账并发送给客户月度对账单，这个规则使得该舞弊手法本身成为可能：客户 Adams 会在当月第一天收到他的对账单，而客户 Zane 会在当月最后一天收到她的对账单，把客户收取对账单的时间错开，就可以在客户们的账户之间进行腾挪。因此，Nelson 自己还编了一个小程序，用于记录和追踪客户的资金进出情况，这个程序会提示他应该在什么时间从 Adams 的账户转移资金到 Zane 的账户。这个程序只处理一个账户时，就已经相当复杂，更别说上百笔的业务了。Nelson 持续腾挪客户的资金偿还给公司，最终还转钱偿还自己的其他债务。

　　但是，这个腾挪转移资金的程序出现了一些内嵌性的逻辑错误，导致 Nelson 的罪行曝光。起因是一个客户收到了五月份的对账单，月末余额是 1300 美元，但其六月份对账单里的月初余额是 500 美元，银行认为这个问题出自数据处理服务公司的程序错误，所以把这份对账单送给了 Nelson 的上司，该上司也认为它是程序性错误，并把对账单转给 Nelson，Nelson 在该上司面前脸色苍白。在随后几天内，更多的客户开始收到类似的支票账户对账单，Nelson 的上司意识到一定出了什么问题，于是聘请我作为私人舞弊审查师，与律师和其他官方人员一起调查这个案件。Nelson 完全坦白，并帮助我收集了很多证明其有罪的书面证据，因为资金在不同账户之间来回结转的程序很繁复，我花费了数周时间才算出他总共偷了约 15 万美元。

　　但是，Nelson 在证明损失方面的配合行为并没有获得法官多大的同情，法官把他判了几年，这是 20 多年前的案子了，现在 Nelson 已被释放，并在 Jimmy Swaggart Ministries 事务所工作，是一名会计师。这是真的。

3.8.2.2　盗窃客户账单

　　另一种常被用来掩盖侵占客户付款的方法是盗窃或窜改付款通知。如果某一客户的付款被盗而未被过账，那么这个客户就被显示为"欠款客户"，并会收到"逾期通知"，这显然很麻烦。所以，如果能够更改客户的通知，就可以避免他们的投诉并掩盖自己的舞弊行为。

　　为了避免客户知晓他们账户的真实状况，一些舞弊者会拦截这些账单通知，例如，通过变更结算系统的客户地址，可以让这些账单直接寄到舞弊者家里或者其他舞弊者能收到的地址。

　　在一些案例中，改变地址使账单无法送达，使之又回到了舞弊者的手中；还有的案例中，一旦员工可以接触这些账户，他就有条件做以下两件事：一是扔掉账单，但如果客户因没有收到已付的账单通知后要求提供信息，这种做法就不是特别有效；二是鉴于前一种情况，舞弊者经常窜改或伪造客户账单，使客户付款似乎看起来已被过账，然后，该员工向客户寄送伪造的账单，这些伪造的账单使客户相信付款已收到，因而不会有任何投诉。

3.8.2.3　虚假的会计分录

拦截客户的对账单会使客户对自己账户的情况一无所知，但是，只要客户的付款被截留，账户的逾期问题迟早会被发现，舞弊者必须使账户反映出最新状态以掩盖其犯罪。我们之前讨论腾挪手法是掩盖的一种方法，另一种方法就是在受害公司的会计系统中编制虚假分录。

3.8.2.3.1　借记账户

一名员工可能会在受害公司的会计分录中编制未发生的事项以掩盖截留的资金。例如，如果一笔付款是偿付应收账款的，正确的记录方式应该是借记现金、贷记应收账款。因为舞弊者截留了现金，那么他可能会编制出一个费用事项，也就是借记费用账户，采用这种方法，公司账簿仍然保持平衡，但收到的现金永远不会被记录；而且，客户的应收账款账户已被贷记，因此不会成为拖欠债务的账户。

3.8.2.3.2　借记现有的或虚构的账户

当舞弊者借记现有的或虚构的账户以隐瞒截留的现金时，也可以使用类似方法。例如，某案例中，一个医疗机构的办公室经理侵占了病人的付款，为了掩盖这一行为，她将侵占的款项金额增加到某个特定病人的账户里，因为该账户马上将作为无法收回的应收账款被注销。一般说来，使用这种方法的员工会将截留的金额增加到巨额账户或者账龄很长即将被注销的账户中，增加这些账户的余额不会特别引人注意。在上述案例中，一旦过期账户被注销，被盗资金也就随之被注销。

有的舞弊者不是使用现有的账户，而是设置完全虚构的账户，同时把截留的应收账款借记这些账户，员工知道这些账户的欠款是无法收回的，所以只需等着该虚构账户因账龄过长被核销，截留的收入就不会被发现。

84

3.8.2.3.3　注销账户

某案例中，一名员工盗取收到的现金并将相关的应收账款作为"坏账"注销。相似的另一个案例中，一个结算经理有权把某些病人的账户作为"困难补助"注销，他明明收到了病人的付款，却指示结算人员注销其账户，就这样掩盖了 3 万美元的被盗资金。

有的员工没有将应收账款作为坏账来注销，而是记录与收入账户相反的分录，如"折扣"等来掩饰他们已截留的收入。例如，如果一名员工截留了一笔 1000 美元的付款，那么他会创造一笔 1000 美元的"折扣"入账，以补偿丢失的资金。

3.8.3　填充存货记录

如果舞弊者侵占了存货，掩盖的难点就在于存货数量。商品的销售总是导致存货减少，并增加销售成本。当零售商卖出一双鞋，他的库房当然就少一双鞋。然而，如果这笔销售未被记录，那么与存货记录相比，实物就少了一双鞋子。在实物存货中减少，但在存货记录中没有相应减少，就称为存货盘亏。

因为服务交易中不涉及存货，所以当员工截留提供服务的收入时，不会有存货盘亏的说法，但当商品销售收入被截留，存货盘亏就一定会发生。由于顾客偷盗、商品损坏等原因，通常对存货盘亏的金额会有一个预计，但如果出现明显大额的存货盘亏，就可能是舞弊所致。第 9 章中将详细讨论用于掩盖存货盘亏的一般手法。

3.9 调查

调查截留收入舞弊，可以采用一些有效的方法。

3.9.1 分析入账或销售数额

可以分析入账或销售数额发现截留行为：

• 有效的分析程序，例如销售账户的纵向和横向分析方法，可以用于调查大额销售收入的截留，这些程序可以分析账户变化，并可能找出包括低报销售收入等截留行为。

• 比率分析，可以提供截留收入舞弊的调查要点。我们将在第 13 章中详细讨论。

• 详细的存货控制程序，也能用于调查因销售收入未入账导致的存货盘亏。存货调查方法包括统计抽样、趋势分析、验收报告和存货记录的审核、材料领用和运输文件的验证以及存货的盘点等。这些程序将在第 9 章中进行讨论。

3.9.2 关于支票承兑的调查

当员工试图使用被盗支票时，会出现预警信号：

• 银行或其他承兑机构的员工质疑该支票的有效性。

• 在支票承兑机构，二次背书不被允许或者需要进行验证。

• 需仔细审查被二次背书的已兑付支票。

• 发现了伪造的背书。

• 发现有员工开立了名称与受害公司相似的银行账户。

• 发现支票收款人或背书出现变更。

第 5 章中，我们将介绍其他支票调查技巧。

3.9.3 审查日记账

通过审查和分析所有的现金和存货日记账分录，也许能够发现截留收入的舞弊行为。要调查下列相关日记账分录：

• 虚假的存货账户的贷方记录，以掩盖未被记录或低报的销售收入；

• 与丢失、被盗或报废产品相关的注销；

• 应收账款的注销；

• 记入现金账户的非常规分录。

3.10 防范

3.10.1 入账和销售的内部控制

与防范绝大部分舞弊一样，内部控制程序是防范截留舞弊的关键。管理层与员工之间的沟通是制定控制程序的必要部分，控制员工不要漏记销售收入、低报销售收入或盗窃寄达付款是极其困难的。

3.10.2 支票的控制

银行和其他金融机构已经逐步提高了发现和防范舞弊的技巧，但舞弊者总是能找到漏洞，所以公司需与银行合作以防范支票舞弊。其他支票承兑与审改控制程序详见第 5 章。

3.10.3 总体控制

要以正式的书面政策和程序规定销售记录和总分类账的访问控制，而且这些政策和程序要经过管理层的直接沟通。通常，控制程序包括下述对象。

• 必须对分类账业务方面的交易实行适当的职责分离和存取控制程序，以确保没有人可以进行舞弊并随后进行掩盖。

• 必须按发生的金额、日期和科目适当记录交易业务。

• 采用适当的保护措施，限制账户系统的登录；采用其他措施确保公司资产的安全。

• 对分类账执行独立审核和内部审核。

3.10.4　截留收入的控制

防范支票和现金的盗窃，需要对发票程序进行适当控制，如果没有制定或执行下列典型的审计程序，可能是预警信号。

• 邮件是否由独立于出纳员、应收账款会计或其他可能编制或登记日记账分录的会计人员负责拆阅？

• 未拆阅的商业邮件是否被禁止传递给有权查阅会计记录的员工？

• 拆阅邮件的员工：

　　‣ 是否在所有收到的支票上注明限制背书（例如，仅限存入银行）？

　　‣ 是否负责编制现金支票和其他收据的清单？

　　‣ 是否将所有汇款转交给负责准备和办理银行日常存款的人？

　　‣ 是否将所有汇款的总额转交给负责将其与已认证的存款票据和已记录金额进行核对的人？

• 是否使用保险箱？

• 是否有现金销售？如果有：

　　‣ 现金收入是否预先编号？

　　‣ 是否每天对预先编号的收据进行独立检查，并与现金收款进行核对？

　　‣ 现金退款是否需要批准？

• 每日交存的现金收据是否完整？

• 是否有专门整理收据的员工？

• 应收账款的记录会计是否有以下限制：

　　‣ 是否可以准备银行存款？

　　‣ 是否可以得到现金收入登记簿？

　　‣ 是否能够访问客户的款项记录？

• 银行是否被告知必须按公司指示兑现支票？

• 出纳是否被禁止查看应收账款记录、银行和客户的对账单？

• 现金的物理放置是否得到合理保护？

• 登记总分类账的职责是否与进行现金收据和应收账款的职责相分离？

• 处理客户投诉的人员是否独立于出纳或应收账款职能的人员？

87

第 4 章　现金盗窃

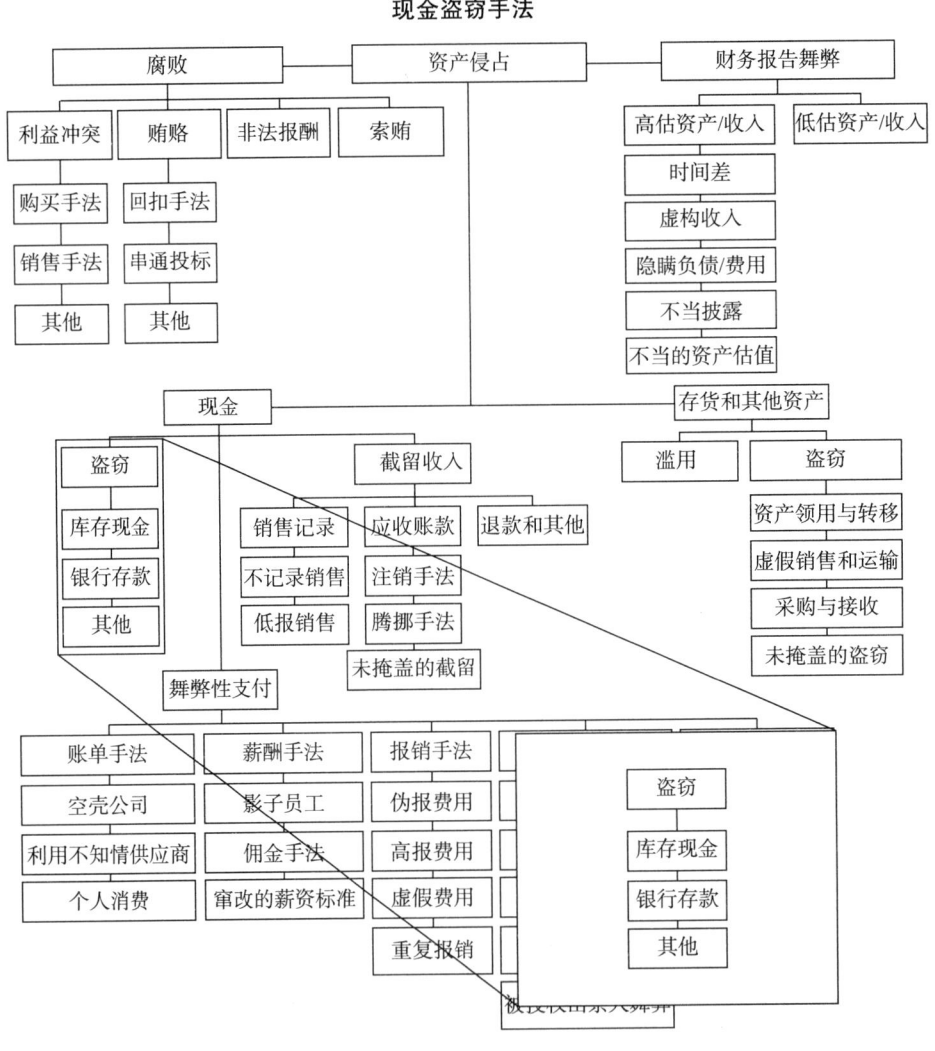

现金盗窃手法

案例研究 4—1　银行出纳成了小偷

Laura Grove[1]在田纳西州纳什维尔（Nashville）的罗基山（Rocky Mountain）银行工作了

---

〔1〕 为保护隐私，已对案例中的姓名和部分细节进行修改。

5 年。作为一个出纳，她经济方面并不宽裕。她和丈夫欠了约 1.4 万美元的信用卡账单，而且账单越来越多，在领养了一个 5 岁女孩后，他们的经济状况更差了。

后来，她被调往田纳西州的 Cheetboro 支行，并升职为出纳主管。在新的职位上，Laura 被授权可以和另一个出纳共同打开夜间存款库的门。为安全起见，银行只给每人一半金库密码。

每天早上，这两个出纳打开夜间保管库的门，并取走所有顾客的夜间存款。夜间金库中只安装了一个摄像头，在早上 8:00 开门营业时开启。

Laura 萌生了一个念头：进入夜间存款库并拿走存款袋，实在轻而易举。曾经有一个储户报告说他的存款不见了，银行没有详细调查就很快赔偿了，这件事让 Laura 更加坚信了她的想法，她认为自己可以在毫无风险的情况下盗窃。因此，一个星期五的早上，Laura 下定决心要拿走 1.5 万美元，但她还需要知道保险库的另一半密码。当她和同事 Frank Geffen 一起打开保险库时，她看到并记住了密码的前半部分，她随后转动后半部分密码，像往常一样打开金库，记录并拿走了每一个夜间存款袋，然后关上门。但是，Laura 并没有真的锁上金库，她打算让金库门一直开着，等到星期一回来取钱。不过，当天银行关门之前，出纳 Melissa Derkstein 再次检查了存款库，发现库门开着，就转了一下密码转盘将门锁上了。

那天，Laura 和其他员工一样都打卡离开了，但她整个周末都在琢磨这个计划：该不该一个人转动全部密码开锁偷钱呢？能不能把偷来的钱放在脚边继续工作一整天呢？

星期一早上，Laura 决定按计划行事。她 7:15 分到达银行，是当天最早到的人，输入安全密码进入银行柜台后，她把自己的手提袋和私人物品放在椅子上。然后立即走向夜间存款库，并转动了全部密码，但是，金库的门并没有开，她犹豫起来："也许行不通吧，太危险了。"又连续试了两次，就听见"咔嗒"一声，门开了。

Laura 从里面拿走了两个客户的存款袋，她知道，这两个存款袋装了大笔现金。她把这两个袋子放进自己的手提包里，然后回到出纳窗口，还把自己的日记本和钱包盖在上面作掩饰，然后将手提包挂在储物间，接着开始整理自己的工作区。

15 分钟后，支行经理 Harvey Lebrand 进来了，他意外发现 Laura 已经到岗，就问她怎么这么早，她答道："噢，我得早点来收拾一下，因为过会儿我得把我的烈马车送去修理，时间有点紧。"

Lebrand 先生说："你要去修车？为什么现在不去？"

她回答说："我想让我母亲开车送我回来，一会儿见，Lebrand 先生。"

Laura 冲向储物间，抓起手提袋，离开了银行。她直接开车回家，倒出手提袋里的所有东西，看到钞票和支票散落在床上。她非常激动，马上把支票和现金分成两堆，并迅速清点金额，大概是 1.5 万美元。Laura 把现金放进黄色信封藏在床头储物柜中，把支票放在一个小塑料袋里，然后打电话给她母亲约在汽车中心见面。

Laura 知道汽车中心附近有一座公寓楼，楼前有一个大垃圾场，她将那些支票藏在垃圾场里，然后开车去了汽车中心。她母亲后来确实开车送她回去上班了。

一天后，罗基山银行的审计调查员 Stacy Boone 接到银行经理的电话，说两位顾客在前一天晚上的存款没有过到他们的账户上，两笔存款均为 8000 美元。

通过调查，Boone 很快就对 Laura 产生了怀疑。首先，那天早上 Laura 第一个到达银行，

90

而且是在银行摄像头运行前进去的。作为主管出纳,她知道夜间存款库门的一半密码,其他员工也说"不信任她"。但当调查员们询问 Laura 时,她矢口否认。

Boone 说:"我们与她谈话时,她的脸一下就红了,这个表现有比较强的暗示性,虽然许多清白的人也会脸红,但她是当天与我们谈话的人中唯一脸红的。"

Boone 对 Laura 的怀疑还基于以前的事情,Laura 之前工作的那家银行"也曾出现过许多无法解释的丢失现金的情况,她也是当时的嫌疑人,却一直没有证据"。而且,她虽然登记了破产,却又买了很多新珠宝和贵衣服。

后来,Boone 接到了 Laura 丈夫的电话,他说在家里的阁楼上发现了银行的钱。他妻子也对他讲过被银行调查的事,但并不承认和这事有关。

Boone 说:"失窃那天,他们的女儿无意中听到了他们的谈话,当时,Laura 焦急地告诉丈夫银行调查的事。他女儿后来告诉爸爸,自己看到 Laura 把什么东西放了在阁楼里。因此,她丈夫趁她不在时去查看了一下,发现了银行的两个钱袋。"

Boone 说,Laura 的丈夫也怀疑自己的妻子,因为她以前撒过谎。Boone 说:"她说自己的母亲总会赢得很多奖品,甚至曾通过比赛赢了一辆汽车。有天晚上,他回家发现桌子上有一台新的大屏液晶高清电视机,Laura 也说是她妈妈赢的。当时他并没有在意,但几天后,那台电视的销售商——科比电子商店打电话询问 Laura 使用信用卡的事,提及 Laura 购买了电视机和录像机。"

在证据面前,Laura 和她丈夫归还了 1.6 万美元的现金。银行解雇了 Laura,她还受到起诉,但只判了缓刑。

一年后,Boone 接到罗基山银行一个出纳的电话,说他看见 Laura 在纳什维尔外的一家小城市的银行工作,Boone 打电给该银行人事部门的一个工作人员,并与之进行了交流。"那是一家没有指纹识别系统的银行,因此并不了解她曾经犯过罪,但 Laura 干了不长时间就又离开了。"

4.1 概述

在职业舞弊的范畴里,所谓现金盗窃,就是未经雇主同意或违背雇主的意愿,故意拿走雇主现金(包括货币和支票)的行为。上文 Laura Grove 窃取了雇主约 1.6 万美元,就是现金盗窃的例子。

如何区分现金盗窃舞弊与其他现金舞弊呢?不妨将现金舞弊划分为两个大类,有助于理解两者的差异:一是舞弊性支付;二是现金收入舞弊。舞弊性支付是以看似正常的方式从某些公司账户中进行款项支付,在舞弊性支付中,获取资金的方法很可能是伪造支票、提供虚假发票、窜改工时记录卡等。其中的关键在于,以看似合法的资金支出方式将现金从公司转出去。本书的第 5 章至第 8 章,将集中讨论舞弊性支付手法。

第二大类的现金收入舞弊,就是我们通常说的直接偷钱,舞弊者不依赖于提供虚假的文件或伪造的签名,他们只是简单地把现金带走。收入舞弊分为两类:截留收入(我们已讨论过)和现金盗窃。如我们之前区分的,截留收入舞弊被界定为盗窃账外资金,现金盗窃则是盗窃受害公司已入账的资金。

4.2 来自 2015 年 ACFE《全球舞弊调查报告》中有关 现金盗窃的数据资料

在我们的研究中，现金盗窃手法发生的频率最低，在调查过的所有现金舞弊案例中只占不到 13%。损失中值是 9 万美元，也是三类现金侵占中损失最低的。（参见图表 4-1 和图表 4-2）

图表 4-1 2015 年《全球舞弊调查报告》：现金盗窃案件的发生百分比

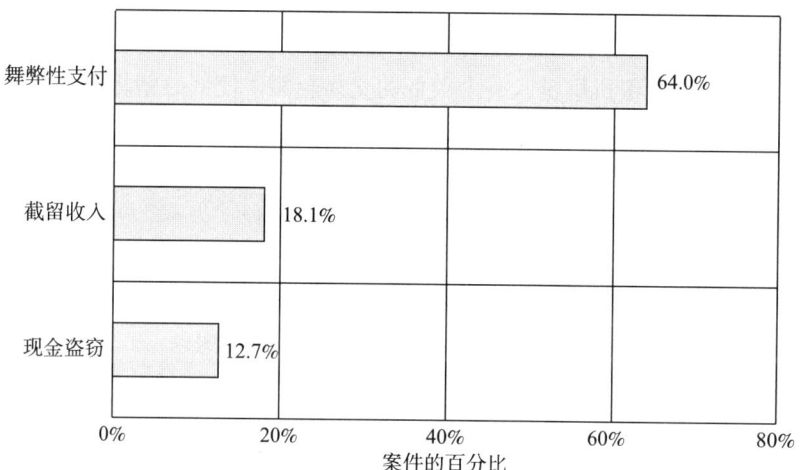

图表 4-2 2015 年《全球舞弊调查报告》：现金盗窃案件的损失中值

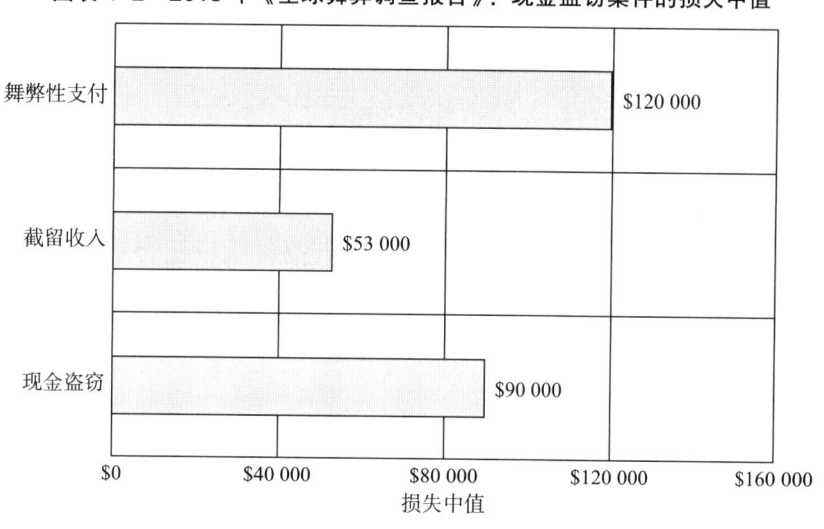

4.3 收入的现金（Incoming Cash）

93

4.3.1 从收银机里盗窃现金

在我们的调查中，从收银机里盗窃现金的舞弊手法占很大比例，理由很简单：收银机本就是存放现金的地方。收银机（或类似的存放现金的地方，如现金抽屉或现金盒）通常是员工最容易接触到现金的场所，因此也是现金盗窃频繁发生的场所。此外，员工通常需要在收银机附近进行许多业务，而且在处理现金时一般还伴有其他活动和交易，这些活动和交易可以起到掩盖的作用。当现金在顾客与员工之间频繁传递时，舞弊者可以动作迅速地偷偷将收银机中的现金占为己有。

最直接的现金盗窃手法是打开收银机并拿走现金。（参见图表 4-3）舞弊者可能在处理销售交易时盗窃现金，让盗窃看似是交易的一部分，或者舞弊者也可能在没人注意时从现金抽屉中偷现金。某个案例中，一位出纳简单地在收银机上做了个"无销售"处理，然后从收银机中拿走现金，用这种简单的方法，就偷走了 6000 美元。

我们上文说过，截留收入的好处在于交易未被记录，被盗资金永远不会进入公司账簿。截留收入的员工要么在收银机里键入一个较低的交易金额，使部分销售收入不被记录，要么根本不在收银机里键入任何记录，完全漏记这项收入。可见，因为收银机里没有任何被盗资金的记录，所以截留收入很难被发现；而在盗窃舞弊中，所盗金额已经反映在收银机记录里了，把钱拿走会导致收银机记录与实际现金数不相符，这种"失衡"可能是受害公司发现舞弊的预警信号。

图表 4-3　从收银机中盗取现金

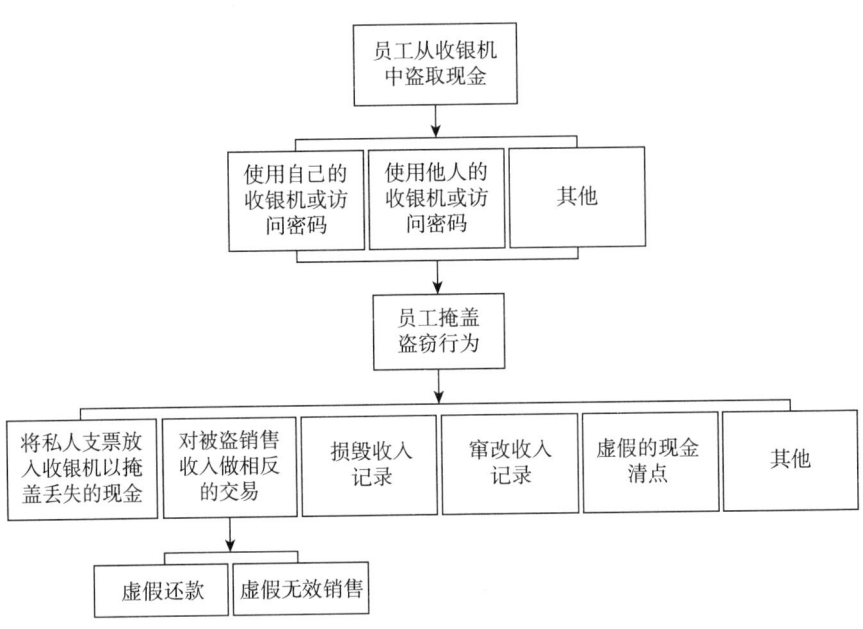

从收银机中拿钱的操作非常简单，只是打开收银机取现金而已，并没有什么新花样，但是舞弊者为了避免被发现会采用各种方法，正是这些掩盖手法将不同类型的盗窃区分开来。奇怪的是，很多案例中，舞弊者完全没有采取任何掩盖措施，究其原因，是因为很多舞弊被合理化了：舞弊者使自己相信，他们对被偷的东西是具有某种权利的，或者他们做的事并不是犯罪。当舞弊者相信自己只不过是在"借钱"作临时之需时，收银机盗窃就会频繁发生。这些人也许只是想把收银机的钱拿走几天，并自欺欺人地认为自己会在某天归还，还心存侥幸地希望在还钱之前雇主不会突击清点现金。

没有采取任何掩盖方法的舞弊是很容易被发现的，但那些想尽办法掩盖的人更危险。在我们调查的现金盗窃案中，有下列几种方法经常被用来掩盖销售点发生的盗窃案：

- 从其他收银机中盗窃。
- 少量多次盗窃。
- 改变现金计数或收银机记录。
- 反向交易。
- 毁损交易记录。

4.3.1.1 从其他收银机中盗窃

为掩盖盗窃行为，舞弊者使用的基本方法就是从别人的收银机中取钱。零售公司中，有的是每个员工负责一台收银机，有的是多个员工共用一个收银机，但每人有不同的访问密码。当某台收银机发生现金丢失时，嫌疑最大显然是这些收银员。因此，从他人的收银机中盗取现金或使用别人的访问密码，就可以把其他员工变成嫌疑人，例如，在前面讨论过的案例中，偷钱的员工一直等到别的收银员休息，然后键入别人的密码并按下"无销售"键后才拿走了现金，这就导致现金缺口呈现在诚实员工的收银记录中，真正的盗窃者反而没有被怀疑。在我们审查的另一个案例中，现金部门的经理盗窃了 8000 多美元，其中一部分就是从收银机中拿走的，还营造了出纳偷钱的假象。

4.3.1.2 少量多次盗窃

有一个并不复杂的掩盖方法，就是进行少量多次的盗窃，这是一种细水长流的盗窃手法。这里偷 15 美元，那里偷 20 美元，慢慢就能偷出一大笔钱。由于丢失现金的数额相对较小，缺口可能被认为是错误而不是盗窃。通常，舞弊者会越来越依赖这些偷来的额外收入，所以盗窃的金额或频率会逐渐增加，直至最后被发现。现在大多零售公司会追踪审核每个员工的现金超额或短缺，使得这种盗窃方法在很大程度上失效了。

4.3.1.3 改变现金计数或收银机记录

比较收款机的交易记录与存货现金的数量，可以发现收支是否平衡。如果对某期间的交易有怀疑，可以从一个已知的余额开始，结合销售数量、退货数量以及其他收银机业务量，综合算出该期间应有的交易数，再清点收银机中的实际现金总额，比较这两个总数就会发现问题。如果收款机记录上的应有现金比实际现金数额多，那差额部分可能是被偷走了。

为了掩盖现金盗窃，一些舞弊者会改变收银机上的现金数目，使之与他们的收银机的记录数额相符。例如，如果一名员工在收银机上记录了 1000 美元的业务，然后窃取了其中的 300 美元，那么现金抽屉里还剩下 700 美元，员工会伪造记录使手头的现金数量"看似"有 1000 美元，这样现金数就和收银机记录保持了平衡。在一个类似的案例中，舞弊者不仅删除了收银机记录，还重置了上面的数额，她减去了偷掉的那部分钱数，所以现金收入看起来与收银机记录保持平衡。在公司正常的监控下，这名员工本没有办法盗取现金，讽刺的是，同事们都称赞她乐于助人，因为她经常帮助他们"清点现金"。

4.3.1.4 反向交易

掩盖现金盗窃的另一种方法是进行反向交易，以调节收银机记录与盗窃后现金之间的差额。通过虚假的作废或退款处理，员工能够减少收银机记录中的现金数额。某案例中，一位出纳收到了顾客的付款，并在系统中做了记录，但她后来偷了这笔钱并销毁了相关收据。为了掩盖盗窃行为，该出纳作了一笔反向交易，冲销了收到上笔付款的记录，这笔反向交易使收入总额与当前现金总额保持了平衡（相关舞弊手法将在第 6 章作更为详细的讨论）。

　　有些员工甚至会手动窜改收银机记录或现金计数，而不是做反向交易，但目的相似，都是为了将一段时间内持有现金与应当收到的现金数目强制保持平衡。员工们也许会使用涂改液涂掉已被盗走的销售额，或者简单地删除或窜改收银机记录中的数字。在一个案例中，一位部门经理通过窜改并销毁收银机记录掩盖了持续4年之久的舞弊行为。

96　　#### 4.3.1.5　毁损交易记录

　　如果舞弊者无法让现金与收支记录保持平衡，那么下一步最好的办法是防止他人核算总额，以免发现两者的不平衡。他们甚至会毁损舞弊的收支记录，如果某个收银机的详细交易记录丢失或毁损，也许就是因为有人不想事情败露。

4.3.2　盗窃应收账款和其他销售收入

　　虽然我们研究的大多数现金盗窃案都涉及从收银机盗窃，但并非所有的收入都要经过收银机，员工也可以从其他地方偷钱。比如盗窃应收账款，收了钱却不入账，或者在入账之后盗窃，也是一种现金盗窃。（参见图表4-4）有这样一个案例，一名员工登记了客户的所有当期付款记录，但也偷了所有收到的现金，一共20多万美元，导致现金账户严重不平衡以至舞弊行为被发现。顺便说一下，这个员工竟然还以"本打算归还"为由进行辩护。这个案例说明，现金盗窃手法的致命漏洞是导致公司账户不平衡。比较看来，除了被盗收入已经被记入现金收入日记账外，这类手法与我们在第3章讨论的截留收入手法非常类似。同样地，成功实施这类盗窃的前提是，舞弊者必须掩盖舞弊造成的不平衡，可以采取以下三种方式之一：①强制平衡；②反向分录；③销毁记录。

图表4-4　其他类型的现金盗窃案件

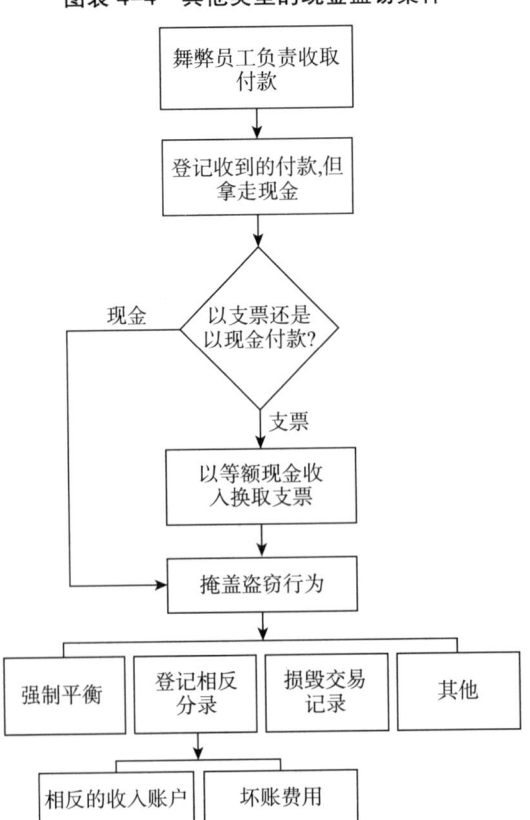

4.3.2.1 强制平衡

那些掌控公司会计系统的舞弊者可以克服账户不平衡的问题。某案例中，一名员工盗窃了客户付款，但还是将收款登记到了应收账款账户，她使用的方法与前文提及的舞弊者方法相同，结果也同样导致了现金账户的不平衡。不同之处在于，这名舞弊者有权控制公司的存款和所有分类账，因此她在账簿中编制了虚假的业务掩盖其罪行，这些虚构的记录使收入和账目之间产生虚假的平衡。这个案例表明，不恰当的职责分离能够让本来很容易被发现的舞弊行为永远不为人知。

4.3.2.2 反向分录

如果现金收入被记入公司的现金收入日记账，然后又被盗，这时做相反的分录可以平衡账户。例如，一名办公室经理从其雇主那里一共盗窃了大约 7.5 万美元的客户付款，她先将付款登记到该客户的账户中，之后又以未经批准的方式（例如，视为"客户特别折扣"）在账簿中做相反的分录。

97

4.3.2.3 毁损记录

还有一种并不高明的掩盖方法是简单地毁损可能证明舞弊的所有记录。尽管毁损记录并不能阻止受害公司发现财产被盗，但能够隐匿盗窃者的身份。在某个案例中，一位管理人员就使用了这种低级的掩盖手法，大概盗窃了 10 万美元，但因为她完全控制着所有账簿的管理，所以当上级对她产生明显怀疑时，舞弊者就在某天下班后潜入办公室，偷走了所有现金，毁灭了所有记录，其中包括她的人事档案，然后逃之夭夭。

4.4 盗窃存款

98

对于很多有收入的企业而言，必须有人定期把公司的现金或支票存入银行，对这些拿着包单独行动的人来说，存入之前都有机会盗走现金。

当公司收到现金，通常要有人填写收入凭证，登记付款形式（现金或支票），并填写一张存款单。然后，另一名员工，最好是一个没有参与准备存款单的人，会带上现金并将其存入银行。填写存款单的人会保留一份存款单副本，当存款处理好后，保留的副本要与收到的盖有银行印鉴的存款单副本相匹配。

尽管设计这个程序是为了防止有人盗取存款，然而盗窃行为仍会发生，而且通常都是因为公司没有完全遵守这个程序。（参见图表 4-5）例如，某个小公司可能是由同一名员工负责准备和处理存款、在公司的账簿上记录存款、并核对银行对账单这几个事项。假设这名员工从公司存款中偷了几千美元，他可以在账簿中编制虚假的分录，使账簿记录与虚假编制的存款单金额一致，这样就可以掩盖盗窃行为。与此相似，某个案例中，一家没有使用收银机的零售商店将销售收入记录在事先编号的收据上，商店的会计负责收取现金并处理银行存款，成了唯一能对编号收据上的收入总额与银行存款进行核对的人，他知道银行存款与每天收入的差异不会被公司发现，就借机盗取了部分存款。

程序上的另一种疏忽是没有将存款单的银行副本与公司预留副本进行核对。如果处理存款的人知道公司不核对这两个副本，他就可以在去银行的途中盗窃现金，并窜改存款单。有的案例中，销售额也会被窜改，使其与减少后的存款相匹配。

99

图表 4-5　从拟存款项中盗窃

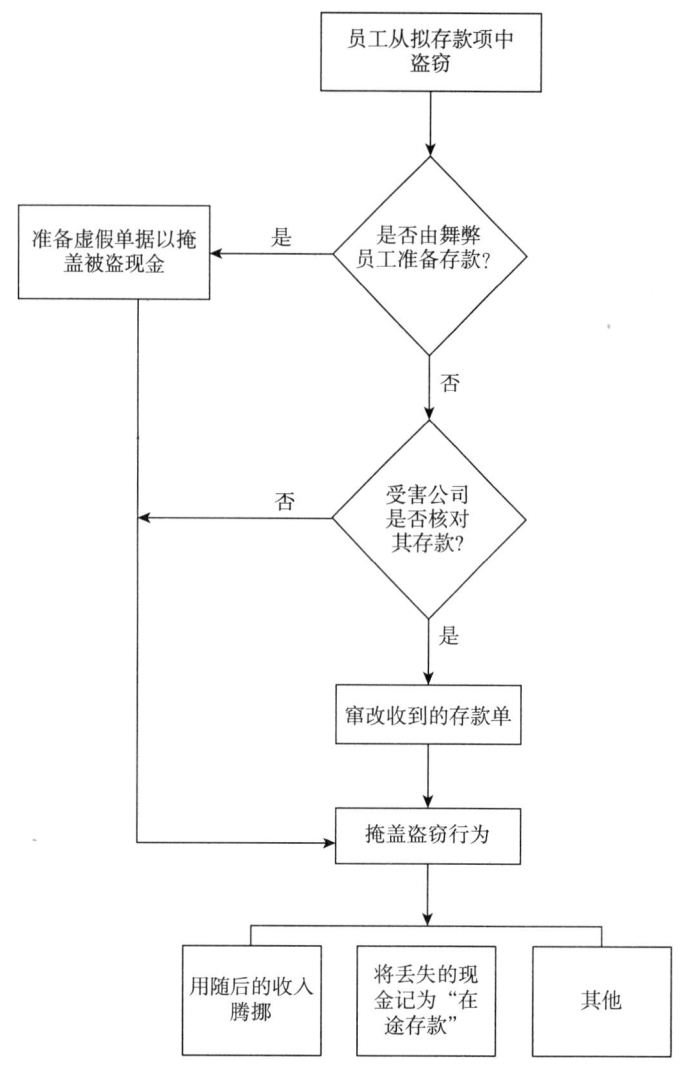

从存款中盗窃现金，收到的银行存款单金额自然就与公司存款单副本的金额不等（除非舞弊者也负责填制存款单）。为解决这个问题，有些舞弊者会在存款单生效后窜改其副本以使两项金额重新平衡。例如，某案例中，一名员工在一年内窜改了 24 张存款单和银行收据，以掩盖其 1.5 万美元的盗窃行为。为了与公司的现金报告保持一致，这些凭据被涂改液或圆珠笔窜改了。当然，由于现金被盗，公司账簿的余额与实际的银行存款余额还是不匹配，如果有另一名员工定期核对支票账户，盗窃行为就很容易被发现。

受害公司可能犯的另一个错误就是违反常识，将存款委托给错误的人，比如，安排一个仅仅入职一个月的会计负责存款，这当然是一个高风险的选择。并不是说所有新员工都不值得信赖，而是说在交给员工满满一袋子钱之前，应对其品格有所了解。

还有另外一个常识性的问题，就是在去银行的路上处理存款。一旦打算将现金和支票存入银行，那应该在存入之前将它们放在一个安全的地方。我们研究的几个案例中，存款都被

100

随意放在无人看管的地方。某案例中，一个兼职员工发现，如果公司的会计打算第二天早上把钱存进银行，就会下班前将钱袋提前放在办公桌抽屉里，于是他就在这个晚上偷了钱，并在一个地方银行以受害公司而非自己的名义取走了支票里的钱，因为他是一位社区大教堂的牧师，银行也没有对个人拿公司支票提现的行为质疑。

与所有现金盗窃舞弊一样，盗窃公司存款也是非常难以掩盖的。在大多数案例中，如果盘点现金的员工同时负责处理存款，舞弊行为才能得以隐匿。其他情形下，这种舞弊手法的成功主要是由于准备和核对存款的责任人太过疏忽大意。

4.4.1　存款腾挪

ACFE 的研究发现，存款腾挪是一种非常好的掩盖方法。一个员工在第一天偷了存款，然后以第二天的存款补上第一天的差额，再以第三天的存款补第二天的差额，如此反复，舞弊者总是要拖后一天使存款达到正确金额，但是，只要没人要求将银行存款与对账单当日核对，且存款规模没有急剧下降，那么一定时期内舞弊还是难以被发现，这就是存款腾挪。例如，一名主管从公司存款中偷了现金，后来，他以稍后某天收到的支票替代丢失的现金，这和我们在第 3 章中已经详细讨论的腾挪舞弊手法类似。

4.4.2　未达账项

对被盗存款的最后一个掩盖方法是将丢失的现金作为在途款项。某案例中，一名员工同时负责收款、签发收据、登记交易、核对账户并处理存款等多个事项，如此缺乏职责分离，公司极易受到舞弊攻击，这名员工在 5 个月中盗窃了 2 万多美元。为了掩盖盗窃行为，舞弊者将丢失的现金作为未达账项，似乎这笔丢失的资金会出现在下个月的银行对账单中，事实上，它永远不会出现，这笔现金在几个月中均被作为未达账项，一直到审计师发现了其中蹊跷，才终止了舞弊行为。

下面这个案例中，我们研究了一个员工如何偷窃公司的银行存款。Bill Gurado 是一个消费信贷融资公司的分公司经理，他拿着分公司的存款去银行，却把钱存进了自己的账户。为了确定他的舞弊范围，注册舞弊审查师 Harry Smith 审计了 Gurado 的分公司。这个案例提供了极好的例证：员工对公司控制机制的评价本身，对防范和发现舞弊就非常有价值。

案例研究 4—2　被玩笑发现的舞弊

有些人认为，审计师没什么幽默感，是一群极端严谨又刻板的家伙。当然，凡事都有例外，Bill Gurado 就对"审计师的幽默感"深有体会。

Gurado 在新奥尔良的一家消费信贷融资公司 Newfund 公司任分公司经理。他是这家成立时间最长、规模最大、业务最成功的分公司里极受尊敬的领导，口碑非常好，深受敬重，甚至成了其他经理的偶像，员工们都尊敬他，公司里的每个人都认为他是个好人。

但是 Gurado 却开始从公司偷东西，我们并不清楚他舞弊的动机，关键是他偷的钱并不多，而且偷钱的方式也不怎么高明。101

由于没有正确领会一个审计师的幽默感，他的舞弊行为刚开始几周就暴露了。

从会计和管理制度方面来讲，Newfund 公司有一个很不错的反舞弊控制系统。公司的内部审计师 Barry Ecker 最喜欢突击审计。正常情况下，一年至少一次、有时两次，他会突然宣布对 Newfund 公司下属的 30 个分公司中的任意一个进行审计，由于 Gurado 所在分公司的规模过大，Ecker 自己无法执行突击审计，他需要与外部审计机构合作执行。

Ecker 是一个极其严格的人，在突击审计期间，他会从一进入公司就掌握控制权。Harry J. Smith 是一个外部审计师，他的审计团队一直在 Ecker 的领导下执行审计，他将 Ecker 描述为"典型的、旧式侦探式的审计师，喜欢威慑员工的心理并从中获取乐趣，他通常会安静又坦然地进行卷宗调查，盯着各类账目搜索，寻找违规之处，简直让人心里发麻。他真正的乐趣在于观察人，当他从事审计工作的时候，完全融入其中"。

经过之前的几次突击审计后，Gurado 已经对 Ecker 的工作方式和调查范围非常了解。某个周末，他在一家商店偶遇了 Ecker，可能是做贼心虚，他认为 Ecker 可能会对其分公司进行突击审计。他们进行了简短的对话，Ecker 这样的人就是喜欢给别人制造一些恐慌感，所以他真的说打算对 Gurado 的分公司进行一次突击审计，还严肃地表示："好，我们星期一见，Smith 和我会对你的分公司进行一次审计。"而事实上，他根本没有审计计划。分别时，Gurado 很无奈："好吧，到时见。"

当然，Gurado 并不愿意见到 Ecker。他知道，如果启动调查，Ecker 会很容易查到他将公司的钱转到了自己的账户上。之前有一周的时间，Gurado 每天自己拿着现金到银行，然后存到自己的个人账户上。那一周，他像往常一样将所有日报单都送往总部，但没有提交部分银行存款单。虽然他只是偷了几千美元，但是没有机会补上这个漏洞了，在"突击"审计前，他确实没有时间掩盖舞弊留下的痕迹。

Smith 说："他相信，如果我们审计他的分公司，很快就会发现舞弊行为。Ecker 执行的是旧式审计，他会封存档案柜并立即控制现金柜和分类账，那是完全的即时控制，并禁止所有人接触，通过这种方式，我们很快会发现舞弊。我想，当时 Gurado 认为他死定了。"

那个周末，Gurado 进行了深刻的自我反省。星期天晚上，他给公司董事长打了电话，董事长是个管理严厉且极具个人权威的人。Smith 说："我知道，对 Gurado 来说，给董事长打电话是迈出了艰难的一步。"

星期天晚上，Gurado 在董事长办公室全招了，他说："我知道，明天早上审计师要来了。"随后，他承认拿了公司的钱，并立即被解雇。星期一早上，Ecker 打电话给会计事务所的 Smith 告知发生的事，然后说："瞧，咱们还真得去审计分公司了。"Smith 和 Ecker 立刻派了审计团队开始工作，以确保该分公司不存在其他舞弊行为。

审计团队发现了 Gurado 所报告的内容，但是并没有发现其他问题。回过头来看这个案例，Smith 确信，即使 Gurado 没有把 Ecker 的玩笑当真，他的舞弊行为也迟早会被发现。Newfund 公司采用了一种可以在 15 天内发现资金缺口的内部控制程序，基于这一事实，他猜想，Gurado 也许是为了掩盖某些短期债务偷了钱，他本来是想及时偿还的。

由于 Gurado 已经自首并且立即偿还了资金，公司并不想把事情闹大，所以没有对其提起刑事或民事诉讼。

尽管如此，消息还是很快传遍了全公司。一位受人敬重的经理给自己下了绊子，还被逮个正着，表明了强化适当程序的重要性。

Smith 说："人们通常只是以审计结果和建议的实质内容来衡量审计的效益，但审计在防范滥用职权方面的作用，其实很难用这种方法进行观察和衡量，因而常常不被认可。"这个案例就清晰表明，对审计行为的"预期"也会实实在在地影响人们的行为。

4.5 手法多样的现金盗窃舞弊

显而易见，正如 Bill Gurado 案例表明的，从雇主那里盗窃现金的方式很多，舞弊方法主要取决于受害公司的整体环境。我们接下来讨论几个有趣的案例，说明盗窃手法的多样性。

我们分析的大量现金盗窃案例来自金融业，银行会存放大量现金，现金盗窃在这些领域高发不足为奇。一个很著名的例子是，一个银行员工偷了一张 40 万美元的拟存入客户账户的支票，该员工把支票寄给在另一个州的同伙时，支票已然生效，并送到了验证处过账。同犯以存款人的名字开了一个账户，企图将支票存入这个伪装的新账户。幸运的是，该错误被发现了。

与其他类型的职务舞弊一样，在内部控制薄弱或没有内部控制的地方，容易滋生现金盗窃。有个典型的例子，一名员工从公司偷了 10 万美元的支票，因为这些支票只是被随意放在毫不起眼的标注着"出纳员"的篮子里，每一张都有公司的名称和账号，毫无控制，当然容易盗窃。

通常，现金盗窃由一个人（但并不总是）策划；也有的情况下，几个员工合谋盗窃公司资产；另外，员工也许还会寻求外部帮助。某案例中，一个经理在她负责的商店中囤积了约 15 万美元的现金和食品，然后安排一群同伙抢劫商店。

总体来讲，虽然我们研究中的现金盗窃手法最多样，但在特定公司内部，它们也是最容易被防范和发现的。这主要是因为，盗窃的员工仅仅是在几个特定的点上进行盗窃，这些点正是公司实际收取或分配资金的地方。所以说，审视一下公司职责分离和账户管理的状况，再加强现金处理程序的常规监控，就可以基本防范这类行为。

4.6 调查

4.6.1 入账记录

对现金收入及其记录流程进行深入分析，是发现现金盗窃舞弊的关键。分析范围包括：
- 邮件收发处和收银机销售点。
- 日记账和收入记录。
- 从收到现金到存入银行期间的安全性。

分析现金收付流程时，达到以下几个控制目标十分重要：
- 现金入账必须完整，每天必须迅速收取收入并全部存入银行。
- 必须确保已记录的每笔应收账款的合法性，并有支持性文件。
- 交易中包含的所有信息必须被核验，如金额、日期、账户号码和说明等。
- 现金存放在公司时，必须确保其安全性。
- 必须有合适的人员负责监督现金控制程序。
- 收支记录中的现金总额应与现金抽屉里的现金数额相符。
- 将收入交给出纳员或应收账款记录之前，应编制一份独立的现金收入清单。
- 核验现金收入表与核验存款单的职责应分离。
- 应当保存已核验的存款单，并使之与现金收入记录中的数据相符。
- 应当由出纳或应收账款记录者以外的其他人员处理银行存款事宜。
- 由独立于处理现金收入和应收账款职责的其他人员，将分录、现金收入日记账与以下单据进行比较：

> ‣ 已核验的银行存款单,
> ‣ 每份银行对账单中的存款。

- 必须合理确保现金处理场所的安全性。

4.6.2 分析性审查

对销售收入、销售成本、退货与折扣之间关系的分析能够使公司发现不恰当的退款和折扣。

- 如果怀疑存在严重的现金舞弊行为,那么对上述账户的彻底审查,可能会使调查人员认识到可疑舞弊行为的严重程度。

- 对退款、退货和备用金实际流动情况进行分析,可能会发现某些舞弊行为。退款会导致存货数量的改变,即便退回的商品已经受损;同理,退货也会导致存货数量的改变。

- 在相关范围内,销售收入与退货、折扣之间应当存在线性关系,除非存在其他合理解释,如制造过程的变化、生产线的变化或价格变化,否则这种线性关系的任何异常都可能意味着存在舞弊行为。

4.6.3 检查收银过程

- 收到现金(无论是通过收银机或邮寄)时,必须确保负责收取和记录新到款项的员工知道他们的职责并受到适当的监督,这点非常重要。

- 接触收银机的员工应受到严格监督,并应当确保访问密码的安全性。

- 应当安排收银员之外的员工负责编制收银机盘点表,并将其与收银机里的现金总额进行核对。

- 必须警惕常用的舞弊掩盖方法,如前面已讨论过的支票换现金、反向交易、毁坏或窜改收支记录单和销售额清点单,等等。

- 必须及时、完整地将收银机文件和现金呈交给适当的责任人。

- 有的案例中,现金盗窃案是由客户举报发现的,这些客户已经付款却没有收到相应的记录,也有的案例中,他们收到的记录与其已支付款项不一致。

4.6.4 现金账户分析

通过审查和分析现金账户的所有日记账分录,能够发现现金盗窃舞弊。这种审查和分析应定期进行,如果员工不能通过窜改原始文件(如收银机记录单)来隐匿舞弊,那么他们就可能直接虚构日记账分录。一般来说,日常业务活动中没有必要为现金开设独立的日记账分录(金融机构除外)。例外情况之一是银行服务费用的记录,然而,这是一个简易的日记账分录,易于追溯其原始凭证,即银行对账单。因此,所有直接为现金编制的其他分录都是可疑的,而且应当被追溯到其原始凭证或说明材料。通常,可疑的分录会贷记现金账户,相应地借记各种其他账户,如销售额的对销账户或坏账费用等。

4.7 防范

4.7.1 职责分离

防范现金盗窃的主要方法就是职责分离。无论何时,如果一个人有权控制全部会计交易程序(批准、记录和保管等),就为现金舞弊提供了机会。最理想的状况是,分离以下每一种职责：

- 现金收取；
- 现金清点；
- 把钱存入银行；
- 核对存款收据；
- 银行对账；
- 邮寄存款；
- 现金支付。

如果某个人有收取现金、存储收入、记录收入以及支付公司资金等多种权限，那么舞弊可能发生的风险就很高。

4.7.2　轮岗制和强制休假

许多内部舞弊行为是连续的，需要员工持续想办法才能掩盖其舞弊行为。强制性轮岗是发现现金舞弊的极佳方法，通过强制轮岗，掩盖环境会被打破和中断。如果公司规定了强制休假，那么在该员工休假期间，由其他人接替工作就非常重要。允许员工在休假期间保持工作状态，则强制休假失去意义。

4.7.3　突击现金盘点和监督程序

对突击现金盘点和监督程序进行适当运用，是有效防范舞弊的方法。重要的是要让员工知道，公司会偶然地、不定期地盘点现金。突击现金盘点，必须在从收到现金到存入银行这一程序的所有步骤中进行。

4.7.4　现金的物理安全性

- 确保关键职责人员的适当分离。
- 在突击现金盘点过程中以及在现金收入的实质性审计过程中，复核银行每天的存款余额与支票情况。
- 审查已印制且事先编号的收据的序列号，并验证这些现金收据（包括作废的凭证）是否被有序使用。
- 审查存款从各个场所汇集到中心财务部门的及时性。
- 现场观察各地点的现金收入操作。
- 根据收入报告、中心财务部门的现金收讫表、专业员工的建议等，编制并审查所有现金收入职能一览表。
- 根据目的、金额、保管人、日期和场所等，准备并分析所有定额备用金的详细目录。
- 审计整个商品循环中所有的收入来源。
- 定期使用比较分析审核方法，确定哪个职能岗位有不良倾向。
- 确定从前一个报告期以来收入发生变化的原因。
- 通过使用可选择的记录和实质性审计，进一步验证从管理人员处得到的答复。
- 坚持已宣布的突击现金盘点政策。

第5章 窜改支票

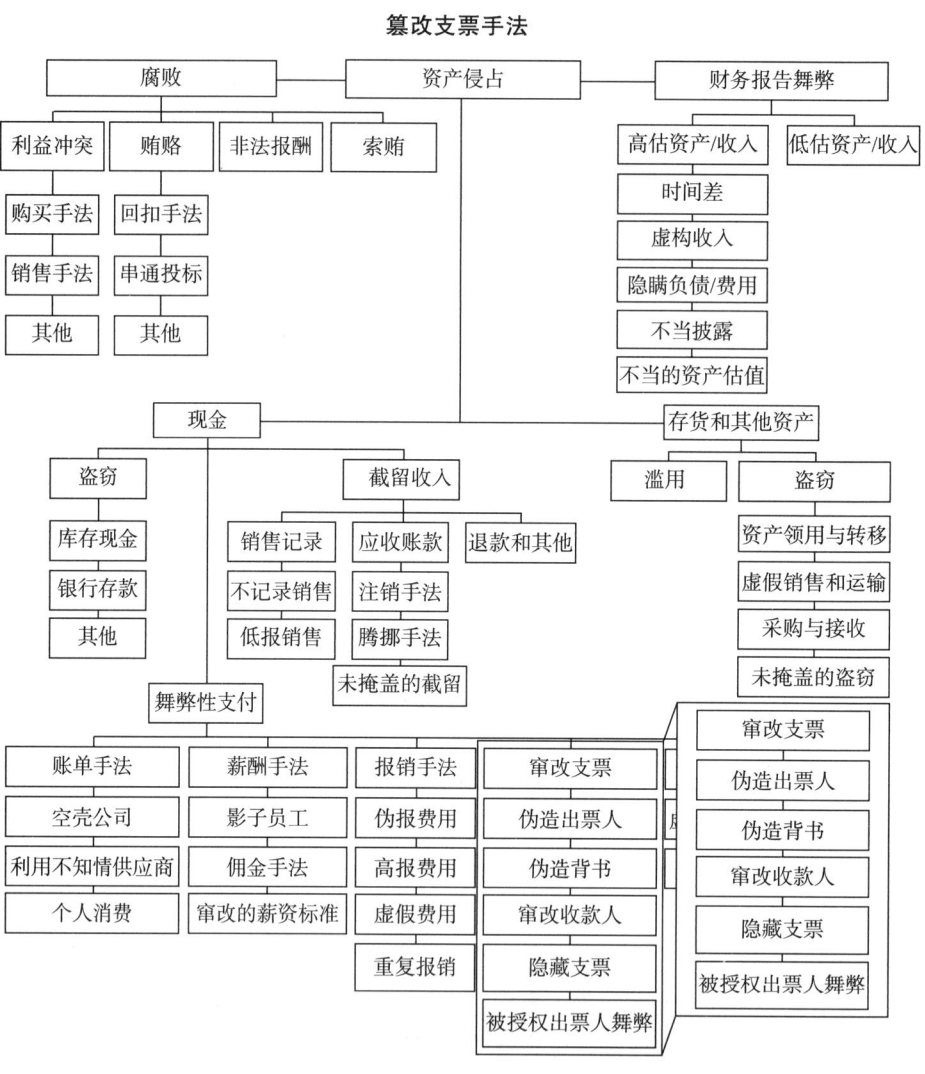

篡改支票手法

案例研究 5—1　披着羊皮的狼

Melissa Robinson[1] 是一位尽职的妻子，是两个孩子的母亲，她在孩子的学校热心积极、乐于助人，为社区的各种事务也是出钱出力，大家都很喜欢她。另外，她还是一家很有影响力

---

[1] 为保护隐私，已对案例中的姓名和部分细节进行修改。

的慈善组织田纳西分部的执行秘书，对工作非常尽心，她的同事和组织的会员们都觉得与其共事简直是"天赐之福"。注册反舞弊审查师兼注册会计师 David Mensel 也是该组织的成员，他回忆道："如果有人反映这位女士偷东西，董事会肯定会说：'不可能，她决不会做那种事。'"

然而，这些表象无法掩盖一个残酷的事实：Melissa Robinson 确实是个小偷。作为执行秘书，她是该慈善组织里有权力签发银行支票的两人之一，在她的舞弊行为被发现前的 5 年多时间里，一共得手了 6 万多美元。

与所有的慈善组织一样，田纳西分部也从事筹款活动，比如在假期的街头卖花生和糖果条，这些活动的收入偶尔有支票，但绝大多数是现金。

正如 Mensel 说："这个组织对现金筹款的收取完全没有任何监管，如果某个工作人员出去收现金，通常就是拿一袋子钱回来放在秘书桌子上就离开了。"

据 Mensel 猜测，如果算上经 Robinson 办公室流转但未被记录的现金数量，她偷的钱应该远远超过审计团队最终确定的 60 800 美元。Mensel 解释说："考虑到她在支票上的舞弊手法，我作出这个推测。另外，我们还发现，在一些参与多年的活动中，组织得到的捐款比往年减少了。"

田纳西分部的董事会管理松散，这给 Robinson 提供了舞弊机会。该组织的章程规定，组织每年都应进行独立审计，但在 Robinson 担任执行秘书期间，他们没有实施任何年度审计，Mensel 将那段期间的董事会称为"懒惰董事会"。

Robinson 之前是通过勤奋工作得到了执行秘书的职位，她非常敬业，而且竭尽所能地帮组织解决问题。但得到执行秘书的职位后，她就在开始寻找机会从组织的三个银行账户里一点点地偷钱。这些账户要求每张支票必须有两个人的签名，但 Robinson 自己签名后会伪造第二个人的签名，很容易就给自己和他人签发了支票。Robinson 经常给自己开支票，或将支票兑换成现金，并将这些交易记在组织的账簿上，从而成为一张合法来源的支票。仔细看一下那些账簿，很多是开给酒店和办公用品商店的。

Mensel 回忆："组织会定期在一家酒店或一家高级俱乐部举行会议，每个月的账单约 2000—4000 美元，所以 Robinson 会在登记支票簿时伪装向酒店付款，但实际上是开给别人。"

Mensel 还记得，Robinson 曾一再拒绝将人工系统升级为组织希望采用的计算机系统。如 Mensel 所说："我们现在知道原因了。"

Mensel 和另一位同事对 Robinson 管理资金非常关注，Mensel 发现，每当他向 Robinson 问及财务信息时，她要么拒绝，要么找借口，这让 Mensel 心生疑虑并向董事会进行报告。但是，当他提到自己从 Robinson 那里得不到财务资料不太正常时，董事会坚决地维护了 Robinson。

"董事会成员对我进行了严厉的批评，说我一定搞错了，还说我不讲道理"，Mensel 说，"既然我没有证据，只是出于一种不祥的预感……那就算了吧。"

Mensel 觉得，他似乎冒犯了现任财务主管，质疑主管没有好好履行监督职责，但主管仍然没有采取防范措施，也没有进一步核查 Robinson 的业务。

结果，这个本来"财务状况很好"的慈善组织分部逐渐感到财务紧张了，几乎没有足够的资金维持既往的运转。而这时，Robinson 又用了"聪明的"策略说服董事会：既然财务困难，不如退掉为她租赁的办公室以节省租金，而这间办公室正是组织的财务中心。Robinson 告诉董事会成员，她乐意退租喜爱的办公室并在家里办公。这看起来似乎是一番好意，董事会也就同意了。

如此一来，Robinson 就更方便进行小额侵占了。据 Mensel 回忆，Robinson 在此期间签发了几张 200—300 美元的支票，董事会同样没有采取任何措施阻止 Robinson 的舞弊行为，哪怕她不按要求公布财务信息。开会时，董事会成员有时会问及财务状况或要求看看账簿，Robinson 只是说她忘记带了。

在 Robinson 盗窃的最后一年，组织选举出新的行政管理成员，包括新的财务主管。该财务主管上任后的第一件事就是向 Robinson 要账簿，Robinson 仍然一再拒绝他的要求，没办法，新的分部董事长只能堵到她家门口要求看账簿。Mensel 回忆说，"董事长站在她门前的石阶上说，给出账簿之前不会离开。当董事会看到账簿，就发现了有些事肯定不对。"

将账簿与被兑付的支票进行比较，组织马上发现不仅有些支票被窜改或伪造，而且许多支票根本就消失不见了。此时，董事会才委派 Mensel 和另外两名组织成员，其中一名是注册会计师，调查 Robinson 的已然确定无疑的舞弊行为。当 Mensel 和另一位审计委员会成员看到那些支票时，他们发现，Robinson 几乎根本没采取任何措施去掩盖她的舞弊行为。

"她确实在物理上销毁了一些支票，也有的是在支票结算后用涂改液重签了收款人的名字"，Mensel 笑道，"当然，支票的存款人都是她的名字。"

在 Mensel 看来，奇怪的事情在于，Robinson 所签发的支票性质是不同的。Mensel 说，尽管有几张支票是签发给娱乐场所和周末度假场所的，但更多支票是签发给其他慈善机构和 Robinson 孩子就读的学校。显然，她并没有用偷来的钱来提高她的生活品质，她家的生活仍是"非常标准的中产阶级的生活方式，她和她的丈夫绝不是有钱人"。

Robinson 立即被免去了执行秘书的职务。她被大陪审团起诉，审判后被定罪，被责令赔偿组织及其保险公司。

Robinson 看起来是慈善机构里最具有奉献精神的志愿者，她付出了自己的时间和努力，周围的同事都赞扬她的慷慨大方和职业操守，但事实上，她一直在偷他们的东西。如果说有什么教训值得我们学习的话，那就是要发挥审计职能的作用，而且永远不要忽视这种作用。对这个慈善组织来讲，这是一个用惨痛教训换来的经验。

5.1　概述

Melissa Robinson 的案例是最常见的舞弊性支付手法之一，即"窜改支票"。窜改支票一般有两种情形：①员工用组织的资金签发假支票为自己谋利；②拦截组织为第三方签发的支票，并支取款项据为己有。需要强调的是，支票窜改是一种舞弊性的"支付"形式，仅适用于从受害组织的银行账户中支取款项的行为，如果舞弊者是从客户那里偷了一张付给受害组织的支票，这种行为应归类为我们之前介绍的"截留"或"现金盗窃"，关键的区别在于这张支票在被盗之前是否有记录（如果支票被"窜改"，组织账簿中仍有开立支票的付款记录；但对于从未收到的截留支票，组织账簿中并没有记录）。

窜改支票通常有五种手法：

（1）伪造出票人；

（2）伪造背书；

（3）窜改收款人；

（4）隐藏支票；

（5）被授权出票人舞弊。

由于美国的很多企业仍然使用支票支付，本章主要讨论舞弊员工如何操纵传统的支票支付，但目前越来越多的企业开始使用电子支付形式，如电汇、自动票据交换和在线账单支付服务等，付款给供应商和其他第三方。因此，本章最后一节单独讨论这类付款的具体影响和注意事项。

5.2 来自 2015 年 ACFE《全球舞弊调查报告》中有关 "窜改支票" 手法的数据资料

我们在第 2 章中介绍过，大多数资产侵占的目标是现金而不是非现金资产，舞弊树图中，现金侵占被细分为三类：截留收入、现金盗窃和舞弊性支付。前文已经讲过截留收入和现金盗窃，我们将在下面的 4 章重点讲述舞弊性支付。在舞弊树中，可以看到舞弊性支付分为五大类：

• 窜改支票手法；

• 收银机支出手法；

• 账单手法；

• 薪酬手法；

• 费用报销手法。

窜改支票是一种舞弊性支付的形式，指行为人通过伪造或窜改从企业银行账户中支取的支票或者窃取该组织合法签发给另一个收款人的支票，来转移组织的资金。

在 2015 年的研究中，超过 27% 的舞弊性支付案例涉及窜改支票，窜改支票成为第三大常见的舞弊支付形式，仅次于账单手法和费用报销手法。2015 年的调查中，支票窜改手法造成的损失中值为 15.8 万美元，是舞弊性支付手法中最高的。（参见图表 5-1 和图表 5-2）

112

图表 5-1 2015 年《全球舞弊调查报告》：舞弊性支付案件的发生百分比

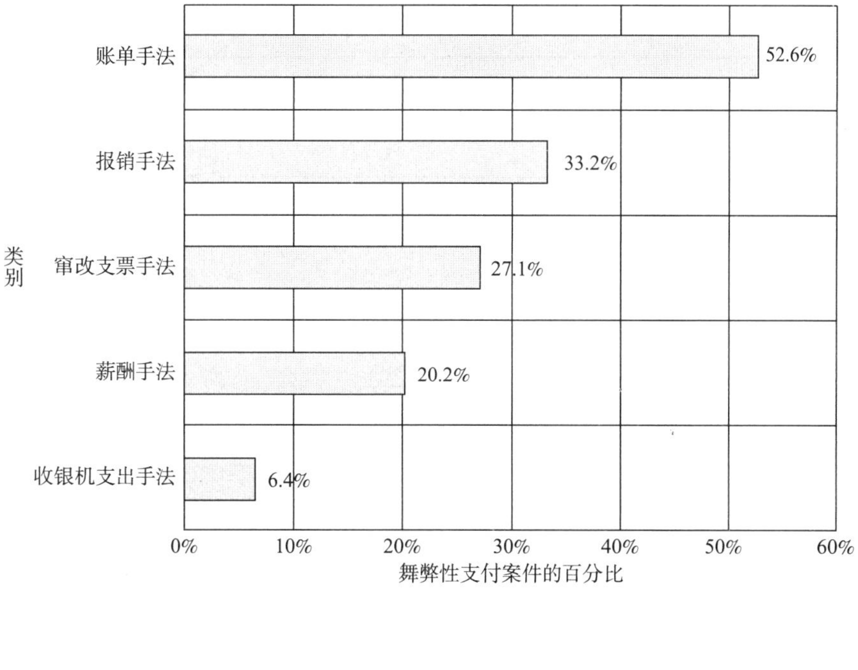

图表 5-2　2015 年《全球舞弊调查报告》：舞弊性支付案件的损失中值

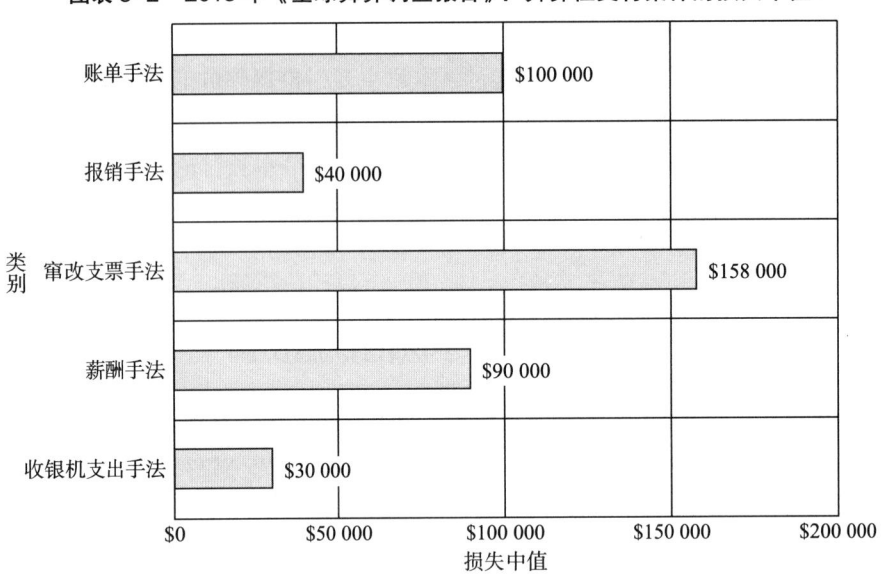

5.3　伪造出票人手法

"伪造"（forgery）的法律定义，包括任何"以欺骗为目的，为使其貌似真实而对文件进行的伪造或窜改"[1]，这个定义非常宽泛，它包含了所有窜改支票的手法，我们的界定缩小了这个术语的范畴，主要讨论个人窜改支票的各种方法。简单说，本文中的"伪造"仅限于那些在支票上冒用他人签名的案例。（参见图表 5-3）

113

图表 5-3　支票票样

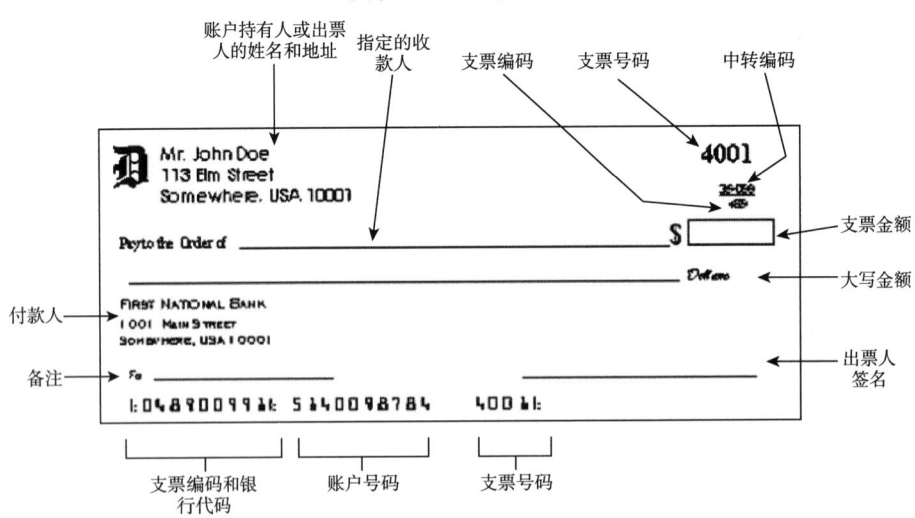

---

〔1〕《布莱克法律词典》，1999 年第七版，第 661 页。

签发支票的人被称为"出票人","伪造出票人手法"是指员工盗领支票后假冒被授权出票人在支票上签名。（参见图表 5-4）涉及其他类型的窜改支票舞弊，比如窜改收款人或变更金额，我们会单独分类。

图表 5-4　伪造出票人手法

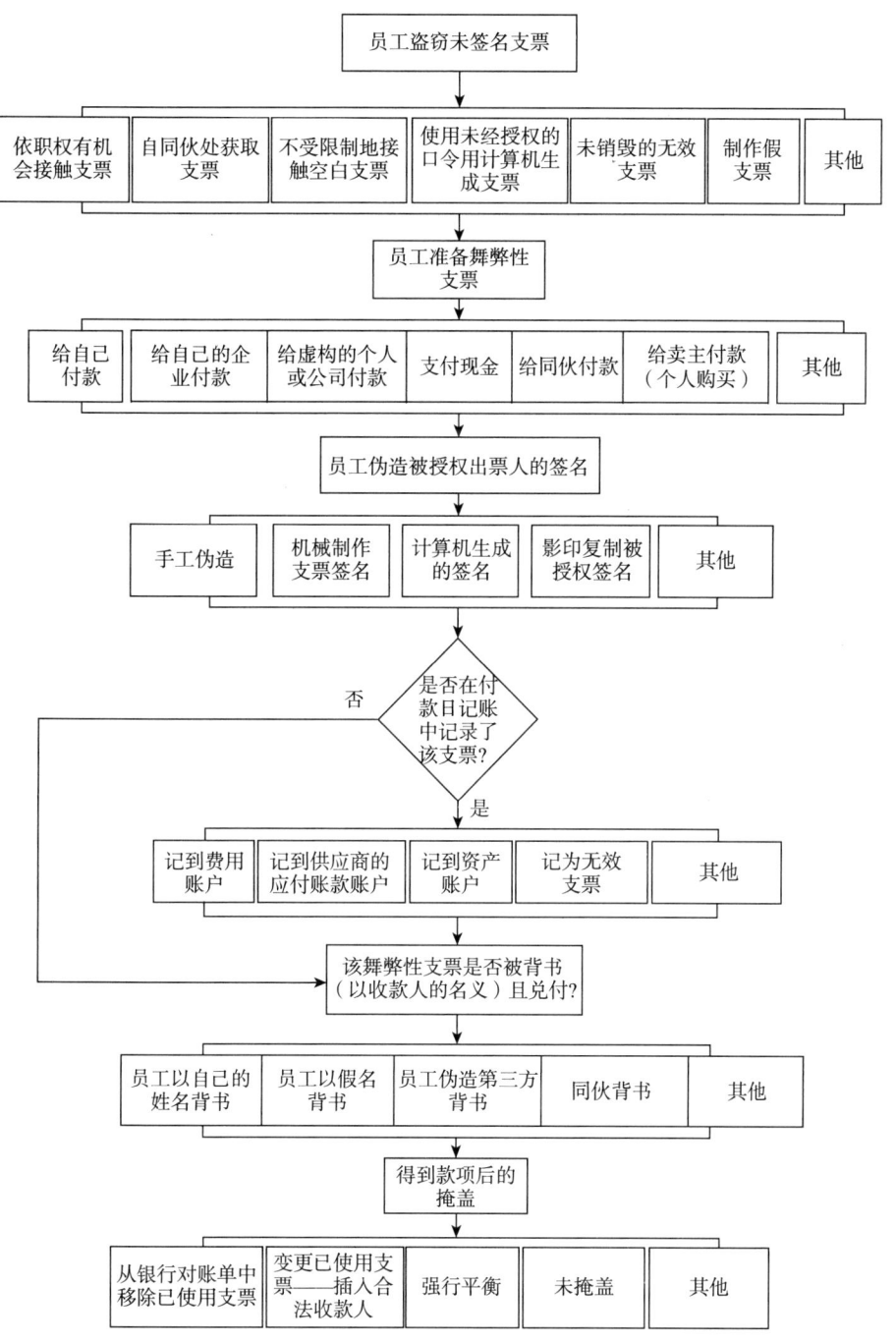

窜改支票，通常是无签名权员工采用的手法，Melissa Robinson 的案例有点例外，因为

虽然她有签名权，但组织的支票需要两个签名，所以 Robinson 不得不伪造另一个人的签名。

为了伪造支票，员工不但要有机会接触空白支票，还要能够伪造可信的被授权签名，而且必须可以掩盖其犯罪行为；如果不能对雇主进行有效掩盖，舞弊行为就很短命。在窜改支票手法中，掩盖是一个很普遍的问题，无论使用伪造出票人、拦截支票、隐藏支票等手法中的哪一种，舞弊者使用的掩盖方法非常相似，我们将在本章最后部分一并讨论这个问题。

5.3.1 获取支票

5.3.1.1 有机会接触公司支票的员工

不先得到支票，当然就谈不上伪造支票。伪造支票舞弊中，舞弊者面对的第一个问题是如何获得一张空白支票。我们的研究表明，绝大多数伪造支票案件是由应付账款办理者、办公室经理、会计或其他可以接触支票的员工实施的，Robinson 正是有这个职务便利。他们有机会接触公司支票簿，首先就处于有机会盗窃空白支票的最佳职位。一名有权填写支票的员工，如果刚好陷入个人财务困难，从逻辑上来说，只要向前一小步（但从道德上来说是一大步），就能通过为自己签发支票解决财务困境。我们从案例中一再看到，员工会根据他们的工作环境策划具体的舞弊行为，自然地，那些负责支票工作的人更容易伪造支票舞弊。

5.3.1.2 没有机会接触公司支票的员工

如果舞弊者不能通过工作机会接触到支票，就会寻找其他方式。他们侵占支票的方式主要取决于公司内部支票簿的管理方式，有的公司对支票簿保管非常不力，谁都触手可及；有的公司虽然把支票簿上了锁，但还是有人可以想办法拿到钥匙，甚至知道钥匙放在哪儿；另外，可能还有同伙为了分得一部分利益为舞弊者提供空白支票；甚至可能发生各种偶然情况，比如一位秘书顺走了放在经理桌子上的支票，或是有人发现放空白支票的抽屉没上锁，等等。

有些公司的支票是电脑生成的，这种情况下，知道密码的员工就可以得到任意数量的未签名支票。窃取支票的方法有很多种，取决于公司保管空白支票的方式。

如果公司没有适当处理未使用的支票，舞弊者也可能获得空白支票。某案例中，一家公司竟然用作废支票来测试打印工资支票的打印机，而且，这些作废支票并没有任何毁损，于是那个负责发工资的员工收集了这些作废支票，并用它们从工资账户中给自己发钱。

另一个案例中，舞弊员工使用了一种很特别的方法获取空白支票，他想办法找到了一个在支票印刷公司工作的同伙，这个同伙正是负责印刷舞弊者任职公司支票的人，于是，他们合伙伪造了 10 多万美元的假支票。这个案例说明了舞弊手法的创造性和复杂性，毕竟，舞弊的犯罪收益颇丰，他们确实会为了得到一张空白支票不辞辛苦、绞尽脑汁。

5.3.2 选择支票的收款人

5.3.2.1 支付给舞弊者自己

舞弊者一旦获得空白支票，就需要决定谁作为收款人才能让自己得到这笔钱。多数情况下，舞弊者为了兑付方便乐意付给自己。原因很简单，如果没有虚假的身份，兑换一张支付给第三方或某虚构的个人或企业的支票会比较难；但另一方面，与支付给其他人或其他实体相比，支付给自己的支票舞弊更容易被发现。可见，将伪造的支票付给自己，只是舞弊者的一个偷懒做法而已。

如果舞弊者拥有自己的企业或设立了一个空壳公司，他们通常就给这些企业签发舞弊性支票，比付给自己隐蔽了很多。当伪造支票上的收款人是一名"供应商"而不是受害公司的员工，这些支票就不会明显地被怀疑是舞弊性支付。同时，因为舞弊者实际控制这些实体，支票也非常容易兑现。

5.3.2.2　支付给舞弊者的同伙

舞弊者也可以将伪造的支票支付给他的同伙，然后由同伙兑现支票，并与之分赃。因为支票是以同伙的真实身份开立的，所以很容易被兑现。可以发现，拥有同伙的好处在于，相对一张被员工兑现的支票，一张被第三方同伙兑现的支票不太容易引起怀疑。当然，多一个同伙的明显缺点就是要多分一份钱。

然而，在有些案例中，"同伙"可能并不知道自己被卷进了舞弊。某案例中，一位会计从公司账户开了几张舞弊性支票，然后"借用"了一个朋友的账户存入这些支票，他对朋友谎称，这些钱源于自己经营的副业收入，为了防止债权人查封这笔钱才进行这个操作，他的朋友相信了，还帮忙取钱交给了这个骗子。

5.3.2.3　支付给供应商

如果把伪造的公司支票支付给供应商，舞弊者就得不到现金了，但是可以为自己购买货物或服务。这类案例中，舞弊者把伪造的支票支付给第三方供应商，但他们并不是同伙，比如 Robinson 就把几张支票支付给了俱乐部和酒店，显然是为个人度假用。

5.3.3　伪造签名

员工获得并填写空白支票后，还必须伪造一个被授权人的签名。提到"伪造"这个词时，我们最容易想到的也最简单的方法，是拿笔直接签上被授权人的姓名。其实，真实的情况要更多样一些。

5.3.3.1　手工伪造

在签写被授权出票人姓名时，舞弊者遇到的困难是如何写出合理的、与真实签名接近的签名。如果假签名看起来很逼真，舞弊者兑现支票就比较容易。事实上，伪造的签名不一定需要特别准确，许多舞弊者会选择在酒品店、杂货店或类似地方支付伪造支票，因为这些地方不会认真核验签名或身份。"伪造拙劣的签名"可能是一个明显的危险信号，为了防止伪造支票，调查过程中，应该仔细核查已付讫支票上出票人的签名。

5.3.3.2　复印的赝品

为了获得相似的假签名，有些员工会先得到真签名，再把它们复印在支票上，这样看起来会比较逼真。在某个案例中，一名会计用这种方法从雇主处盗窃了 10 万美元。她先从老板的商业信件中得到签名，然后把签名做成透明薄片放在复印机里，让签名印在支票中出票人的签名线上，这样就拿到了已签名的支票。这个案例中，她将假支票付给自己，但为了让支票看起来是开给合法的收款人，还篡改了支票登记簿中的相关记录。

5.3.3.3　自动签名支票

有些公司使用自动签名取代手工签名，比如印章签名或者电脑打印签名。显然，得到这种自动签名的舞弊者根本不需要伪造签名，所以，一个组织只要有最基本的控制程序，就应该严格限制这些自动签名的使用。然而，我们审查的几个伪造签名案例却都是使用印章签名完成的。某案例中，一个财务主管首先保留了一套公司里其他人不知晓的空白支票，然后很轻易地从自动签名保管人那里得到了印章签名，在 4 年多时间里，这名财务主管使用空白支票和自动签名，向自己开了 9 万多美元的舞弊性支票。

同样的原理也适用于计算机生成的电子签名，应当对签发支票的密码或程序进行严格限制，尤其要防止那些准备支票或核对银行对账单的人与之接触。某个案例中，舞弊者本身的职责是准备支票，她先设法从老板那里取得了签发支票的密码，然后使用密码给她自己经营的外部公司签发支票，一共骗了大约 10 万美元。

从舞弊者的角度看，自动签名支票的好处在于，它们能够在支票上留下"完美的假签名"，表面看起来没什么破绽。当然，因为是无依据的签发，核对银行对账单或复核账户记录时，还是可以发现其中的异常，舞弊者仍需要进行掩盖，我们将在本章的后面讨论掩盖手段。

5.3.4 对舞弊支票错误记账

在支出日记账中对舞弊支票进行错误记录，实际上是一种掩盖支票舞弊性质的手段。在本章的掩盖方法部分，我们将仔细讨论舞弊者将舞弊支票错误记录的方式。在这里要特别强调的是，只有那些有机会接触到支票簿的员工才有机会用这种方法掩盖舞弊；如果没有机会接触支票簿，就不可能对支票错误记账。

118

5.3.5 转让支票

为了拿到支票里的钱，经常要经过背书。背书需要由支票收款人做出，所以，如果舞弊者伪造支票给真实或虚构的第三方，他们还需要伪造其身份证明，而后才能背书转让给自己。如果没有伪造的身份证明，舞弊者很可能不得不以自己的名字背书，因此，如果已付讫支票上有员工的背书，显然是个非常危险的信号。

5.4　拦截支票（Intercepted Checks）

有些舞弊者会等到一个适当的时机盗窃支票：合法的支票已经备好并签名完毕，但是还没有转到适当的收款人手里。采用这种方法，并不需要伪造出票人的签名，舞弊者拦截的是已签名支票，拦截之后，他们还要至少满足下列两个条件之一才能拿到钱：伪造真实收款人的签名背书该支票；或窜改原支票中的收款人。与伪造出票人舞弊相比，这种手法更加复杂，拦截之后还需要进行下文介绍的伪造背书、窜改收款人等操作，这也会给掩盖带来更多的问题。

5.5　伪造背书手法

伪造背书是一种窜改支票的舞弊手法，是指舞弊员工拦截公司支付给第三方的支票，并在支票背书位置上冒签第三方的名称，把支票"背书"出去。（参见图表 5-5）有些案例中，舞弊者为了方便拿钱，甚至会把自己作为被背书人。"伪造背书舞弊"，这个术语看起来似乎和前面讨论的伪造出票人手法相似，确实，这两种舞弊都涉及在支票上伪造他人签名，但它们之间也有一些本质性的差异，所以"伪造背书舞弊"还是应被独立归类。

对舞弊行为分类时，需要特别注意舞弊的本质，要了解这类手法的关键要素是什么。在伪造出票人手法中，舞弊者通常使用空白支票实施舞弊，重点是得到空白支票并制作看起来可信的签名；而在伪造背书舞弊中，舞弊者需要窜改已签发的支票。可见，这两种手法涉及的舞弊问题是不同的，伪造背书舞弊的关键是时机问题，即在支票签发之后交到收款人之前拦截支票，如果能够成功拦截，"伪造背书"这个环节在某种程度上其实是次要的。正是出于这个原因，伪造背书舞弊被归类为拦截支票舞弊。

图表 5-5　伪造背书手法　

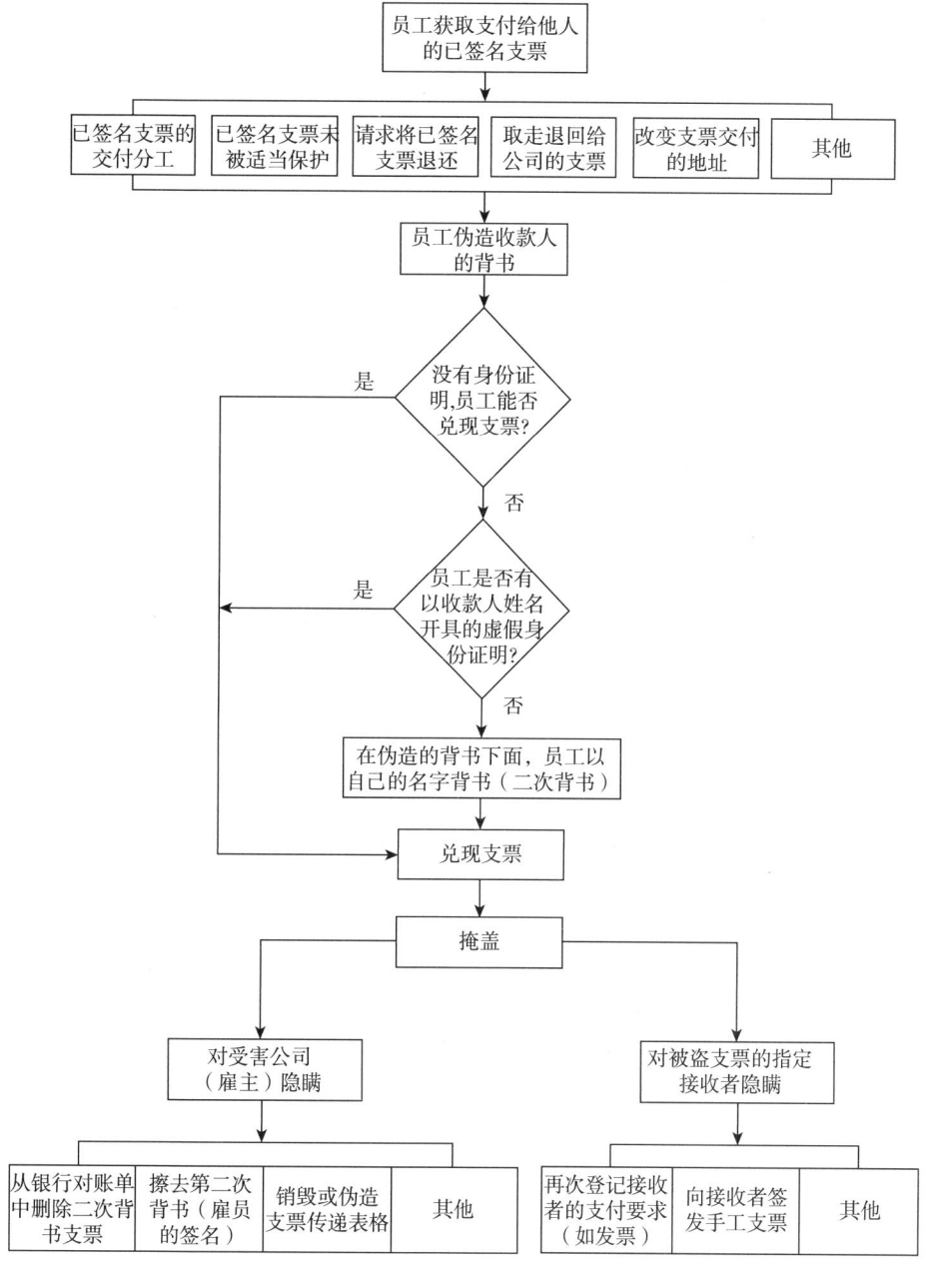

在伪造背书案例中，舞弊者的主要困难是得到已签发支票（与其他拦截支票手法一样）。舞弊者要么在支票签发点和支票交付点之间盗取支票，要么重新设计支票的交付路线把支票邮寄到一个他能掌控的地方。拦截支票的方式取决于公司交付支票的方式，任何可以接触已签发支票的人都有机会拦截支票。

5.5.1 在交付之前拦截支票

5.5.1.1 交付支票的员工实施拦截

显然，负责处理和交付已签发支票的员工是最可能拦截支票的人。最明显的例子是负责邮件收发的员工，他们完全有机会得到已签发但未向外寄送的支票，其他有机会接触这类支票的人还包括记录应付账款的员工、发工资的员工和秘书等。

5.5.1.2 对已签发支票的薄弱控制

不幸的是，由于薄弱的内部控制，很多舞弊者拦截到了已签发的支票。某案例中，由于支票处理没有完成，已签发的支票被随意放在办公桌上，一名夜间清洁工偷了这些支票，之后他伪造了收款人的背书，然后在一家酒品店花掉了这些支票。另一个内部控制薄弱的案例中，一名有权批准员工福利的高级经理通知应付账款会计人员将已签发的工资支票交还给自己，而不是立即交到指定接收者手中，尽管这个指令明显违背"职责分离"原则，但碍于该经理在公司的位置，会计没有怀疑就照办了，于是这名舞弊者拿着"退回"给他的支票，轻而易举地伪造了指定收款人的背书，最后把支票存入其个人账户。

这个高级经理的案例揭露了伪造背书舞弊案件中最常见的控制薄弱点，我们在案例中反复看到类似情况：已签发支票被退回到准备这些支票的人手中。主管签好支票并将它交给秘书或其他员工，而该秘书或员工又将其退回给该主管，这种情况时有发生，或许是由于疏忽，或许是由于该主管得到了高度信赖，别人不认为他会偷窃。适当的内部控制，可以使"批准公司付款的人"没有机会接触到已签发的支票，这种职责分工是控制的基础，其目的在于分割支付链，不能让一个人控制全部支付过程。

5.5.1.3 盗窃被退回的支票

得到已签发支票的另一种方式是盗窃已寄出但因某种原因，譬如地址错误，退回到受害公司的支票。有机会接触邮件的员工可以从中拦截这些退回支票，然后通过伪造指定收款人的背书来得到款项。某案例中，公司寄出的支票因地址改变被退回，一名经理拦截了这些支票据为己有，却号称丢失了，共获利约13万美元。这些支票的承兑银行非常熟悉这个经理，所以他就说是在为真正的收款人帮忙，"这些收款人太忙，来不了银行"。该案例中，由于公司业务的特殊性质，部分没有收到支票的收款人并不知道受害公司欠了他们的钱，因此不会向其投诉，所以舞弊者可以持续实施舞弊。此外，该舞弊者还能完全控制银行存款余额对账单，因此，对部分投诉了的收款人，他继续签发新的支票，然后把账户"强制平衡"，使银行余额与账面余额"看起来"是匹配的。盗取被退回的支票不同于其他拦截手法，其难点在于如何长期实施而且不被发现，其实也正如前面案例所说明的，它确实很难被发现，所以可能导致大规模舞弊。

5.5.1.4 更改支票交付路线

员工侵占已签发支票的另一种方式是更改支票的寄送地址，要么将支票寄到舞弊者能够重新拿到的地方；要么有意填错地址，以便在支票退回时可以盗取。如前文所述，适当的职责分离能有效防止前期准备付款的人参与支票的交付，然而，这种控制方法经常被忽略，比如让批准支票的人填写地址并寄送支票。

有些案例中，尽管企业设置了适当的控制，但舞弊者仍然能够使支票被错误交付。某案例中，舞弊者是一家典当行的客服部员工，她的职责是修改财产所有人的邮寄地址，典当行分给她一个密码，让她可以根据工作需要修改地址。后来，她被派到另一个部门，其职责之一就

121

是向财产所有者签发支票。不幸的是，其主管忘了废除她原来的密码，该员工发现了这个漏洞，就为某个财产所有者申请了一张支票，然后以老密码进入系统，改变了那个财产所有者的地址，于是支票就被寄给了她自己。之后，她又用密码重新进入系统并替换了正确的地址，这也同时消除了该支票被邮寄到何处的真实记录，这个行为导致典当行损失了 25 万美元。

5.5.2　兑现被盗支票

支票一旦被拦截，舞弊者通过伪造收款人的签名就能够侵占它，即"伪造背书舞弊"。在这个阶段，舞弊者可能需要或者不需要伪造虚假的身份证明，这取决于他们想要兑现支票的方式。正如我们在前面间接提及的，许多舞弊者会选择在不要求出示身份证明的地方使用被盗支票。

如果舞弊者被要求出示身份证明，但他们又没有收款人的虚假身份证明时，就可能选择二次背书，或者将支票存入银行。也就是说，舞弊者伪造收款人签名进行背书，就好像收款人已将该支票转让给他们，然后舞弊者以他们自己的名字兑现该支票。公司在核对银行对账单时，应该特别注意支票上的二次背书，尤其是第二个签名者涉及公司员工的情形。

5.6　窜改收款人手法

拦截支票舞弊的第二种类型是窜改收款人手法。这种手法中，员工拦截预定给第三方的支票，然后窜改收款人名称，以便自己或同伙能够兑现该支票（见图表 5-6），他们会在收款人横线处写上自己的姓名、虚构单位的名称或其他名称。窜改收款人名称的办法解决了许多兑现支票的难题，比如伪造背书舞弊中的身份证明等问题。窜改收款人就是把支票付给舞弊者（或其同伙），他们就以自己的姓名兑现或背书支票，因此没必要伪造背书，也没必要获取虚假的身份证明。当然，如果企业核对银行对账单时认真审查已付讫支票，那么其中支付给员工的支票还是很可疑，尤其是当收款人名称处的窜改痕迹很明显时。这是舞弊者在窜改收款人手法中面临的主要难题。

5.6.1　窜改他人准备的支票：更改收款人

舞弊者选择哪种方法窜改收款人的姓名，很大程度上取决于签发支票的方式和拦截支票的方式（同时，用窜改收款人的方法也可以顺便窜改支票金额）。前文"伪造背书舞弊"部分我们介绍了拦截支票的两种方法，也同样适用于窜改收款人手法中的拦截，拦截之后，舞弊者就可以想办法窜改支票了。一种方法是把真实收款人的名字改为虚假收款人的名字，比如用钢笔划掉或涂改液擦掉，然后添上其他名字，这种窜改方法简单粗糙，当然很容易被发现。

当舞弊者可以进入应付账款系统并窜改收款人名称时，会出现更复杂的方法。某案例中，一名负责应付账款的员工非常受信任，经理不在时她被允许使用经理本人的计算机密码，这个密码可以访问应付账款的地址档案。她先瞄准一家与该公司有很多业务往来的供应商，并找到他们的发票，下班后，她使用密码把这个供应商的名称和地址窜改为一个虚构公司的名称和地址，通过发票号码对应的应付账款系统，用新的名称和地址签发了一张舞弊性支票。虽然受害公司有一套自动的重复发票测试系统，但舞弊者以数字"1"替代字母"I"，以数字"0"替代字母"O"骗过了系统。第二天，该员工替换回供应商的真实名称和地址，并删除这次支票收款记录，于是这张假支票就被隐匿使用了，她用这个方法一共签发了大约 30 万美元的虚假支票。

122

图表 5-6　篡改收款人手法

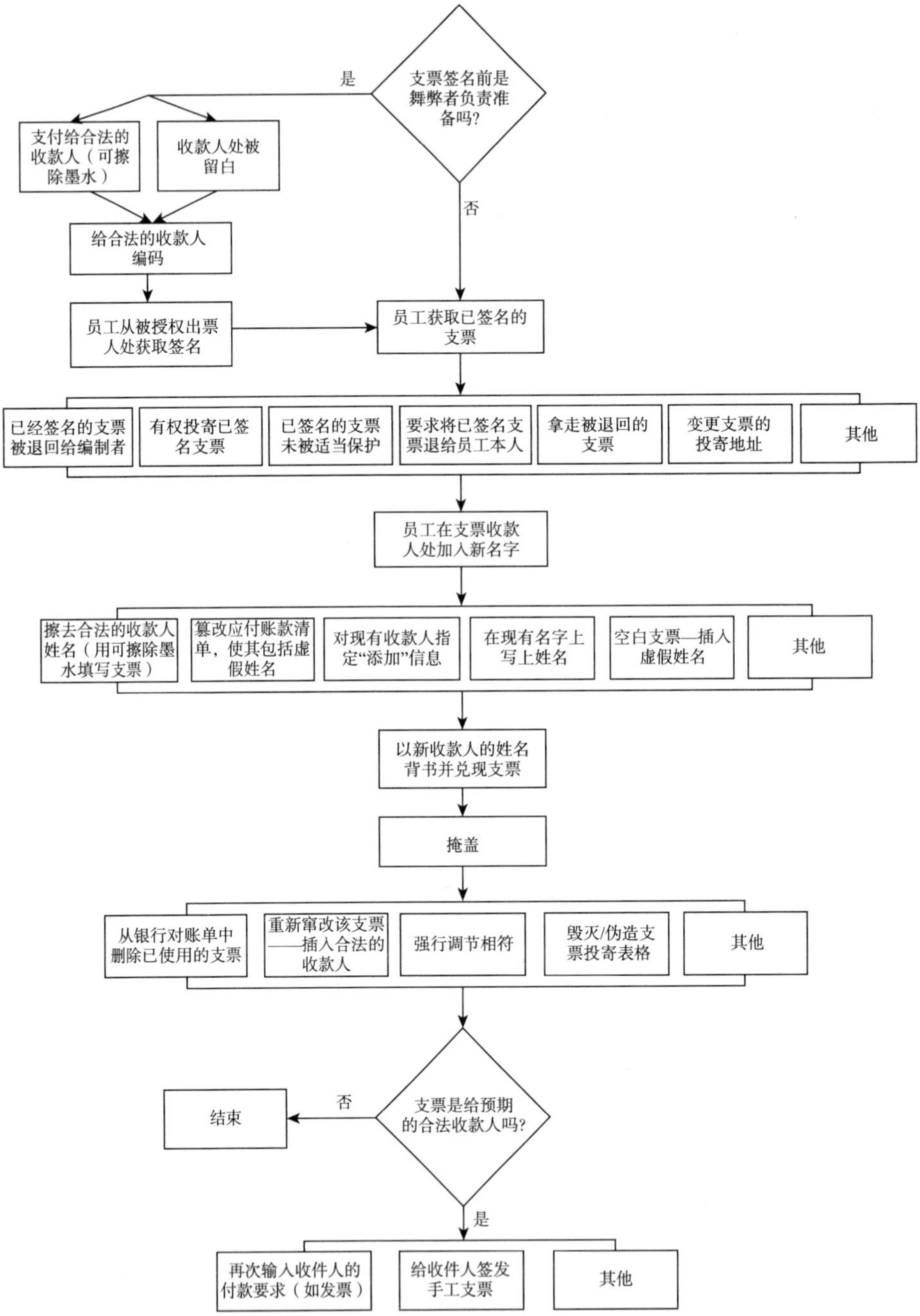

5.6.2　窜改他人准备的支票:"添加"

舞弊者窜改他人准备的支票的另一种方法,是在真实收款人的末尾添加额外的字母或单词,这种不常见的方法发生在这样一个案例中。一名员工拿了应付给"ABC"公司的支票,把它变为"A.B.Collins",然后存入以"A.B.Collins"为名开设的账户中。在这个案例中,其实只需要简单地在收款人签名后增加填充线,就可以避免 6 万多美元的损失。除了窜改收款人名称之外，如果签发支票的人粗心大意，在支票的"金额"部位为额外数字留下空白位置，舞弊者也可以添加额外数字窜改支票金额。

5.6.3　舞弊者自己准备支票：可擦除的墨水

如果舞弊者是准备支票的人，其手法要更复杂一点，显然，舞弊者会带着"预谋窜改收款人"的想法来准备支票。你也许会问，如果舞弊者自己准备支票，为什么不一开始就把支票付给自己或其同伙呢？答案是，准备人未必是被授权人，为了让被授权的出票人签发该支票，舞弊者必须使该支票看起来是出具给合法的收款人，获得合法签名之后，舞弊者才能着手窜改支票。

为窜改目的而准备支票的最普通的方法之一，是以可擦除墨水填写或打印收款人的名称（以及可能的金额），在支票由被授权出票人签名后，舞弊者重新拿到该支票，然后擦除收款人名称并填上自己的名字。这种舞弊手法的一个例子是，一名会计给一个当地供应商打印小额支票并让公司老板签发这些支票，然后，他用可擦除墨迹的打印机从支票上抹掉了指定收款人的名称和金额并填上自己的名字，还填了一个很大的金额。老板可能签了一张 10 元的支票，后来却变成了一张 1 万美元的支票，这些支票作为向供应商的付款被记入支出日记账，舞弊者用这个方法侵占了 30 多万美元。使用可擦除钢笔水，也能够实施同样的舞弊。有些案例中，舞弊者甚至拿着铅笔让授权人在支票上签名。

我们前文讨论过，采用适当的职责分离是个很好的办法，比如在支票被签发之后，准备支票的人不应再处理该支票。尽管如此，在大多数窜改收款人舞弊的案例中，这种情况仍然频繁出现。当舞弊者知道支票签发后会再次回到自己手中，当然就会怀着窜改支票的意图去准备支票。舞弊者最清楚，哪里存在控制漏洞。

5.6.4　舞弊者自己准备支票：空白支票

在处理已签发支票方面，给大家说一个最无效的薄弱控制的例子。该案例中，舞弊者负责准备支票时没有填写收款人，被授权出票人没有查看就签了名字并将其交给舞弊者。显然，既然指定收款人的横线处留了白，舞弊者指定自己或同伙作为收款人就易如反掌了。常识告诉我们，不要把已签名的空白支票给别人。然而我们研究中的这种情况时有发生，尤其当舞弊者是一个"值得信任的"老员工时。在某案例中，一名员工获得了老板的深度信任，可以在老板外出时签署空白支票作为办公之用，后来，该员工把自己填为支票收款人并取出现金，还在支票与银行对账单一起返回时对支票进行了修改，最终这个老板为他对员工的盲目信任损失了近 20 万美元。

5.6.5　兑现已被窜改的支票

像其他所有类型的支票舞弊手法一样，舞弊者可以用收款人的名义背书支票来完成取现。前面章节已讨论了舞弊性支票的兑现问题，此处不再赘述。

5.7　隐藏支票手法

如果控制系统存在重大漏洞，还会出现另一种舞弊手法，即隐藏支票舞弊。在这种舞弊中，员工准备舞弊性支票，并将它与合法支票混在一起交给出票人，如果后者没有仔细审查就签发支票，（参见图表 5-7）舞弊者就成功了。尽管这种方法与其他窜改支票的方法

125

几乎相同，但仍然需要说明一下其简单性、独特性以及防范的简易性。

图表 5-7　隐藏支票手法

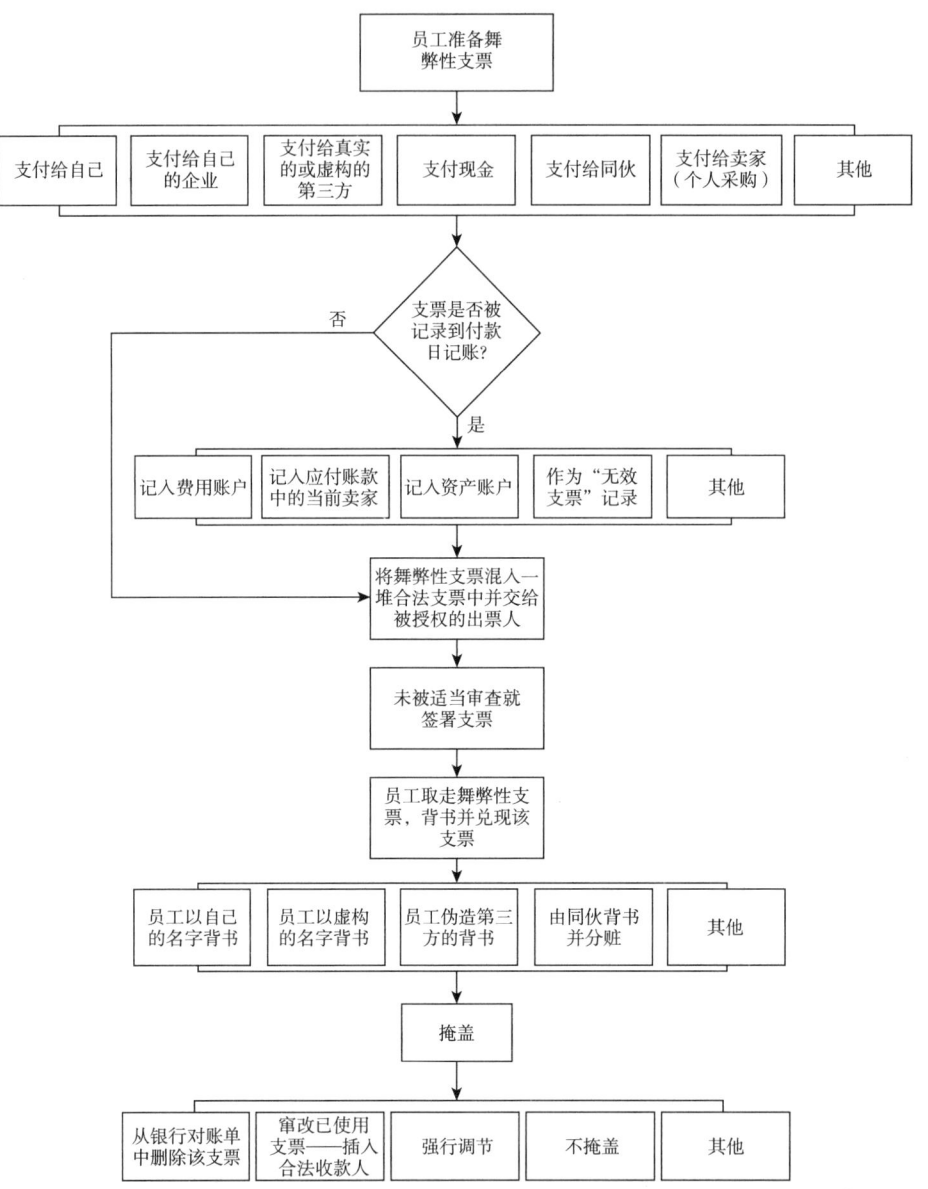

隐藏支票手法的舞弊者几乎都是负责准备支票的人，除了获得支票签发的方法不同外，其他步骤与伪造出票人手法相似，具体方式是：舞弊者准备一张开给自己、同伙或虚构的人的支票，然后把支票拿给出票人签发，根本不需要伪造出票人的签名。通常，该支票被隐藏在一堆等待签发的合法支票之中。最典型的方式是，舞弊者选择一个最繁忙的时间段把支票拿给被授权人，被授权人太忙根本来不及仔细查看支票。舞弊者还经常把支票摆成扇形放在桌子上，只露出签名线而挡住收款人名称，而且，舞弊者如果知道某个被授权出票人比较粗心大意，就会特意把支票交给他。

由于出票人太忙或粗心，或两者兼有，可能不会认真查看他正在签发的支票，既不看相关的支持材料，也没有采取措施验证支票的合法性。这些支票一旦被签发，就回到了舞弊者手里。这也正是本章下一个案例中舞弊者 Ernie Philips 用的方法之一。Philips 在一堆公司支票中塞进几张支付给自己的支票，然后拿给运营经理签发。显然，该运营经理没有核对收款人的姓名，不知不觉就签发了几张公司支票给 Philips。这种方法也出现在这个案例中：一名会计在几批拿给老板签名的支票中混入了支付给自己的支票，而这个老板签发支票时几乎从来不看谁是收款人。

隐藏支票舞弊的成功主要是因为支票签发者粗心大意。如果被授权人认真审查他将要签发的支票，就会发现这种舞弊。在这类案例中，舞弊者可能将支票支付给同伙、虚构的人或虚构的企业，而不是支付给自己，可谓简单易行且风险更低。

5.8 被授权出票人舞弊手法

我们最后要介绍的窜改支票手法，是被授权出票人舞弊，这是最难防范的一种方法。在这类舞弊中，具有支票签发权的员工为自己的利益出具舞弊性支票，（参见图表5-8）他们不必窜改支票内容或者伪造出票人签名，就可以自己作为出票人填写并签发舞弊性支票。

图表 5-8　被授权出票人舞弊

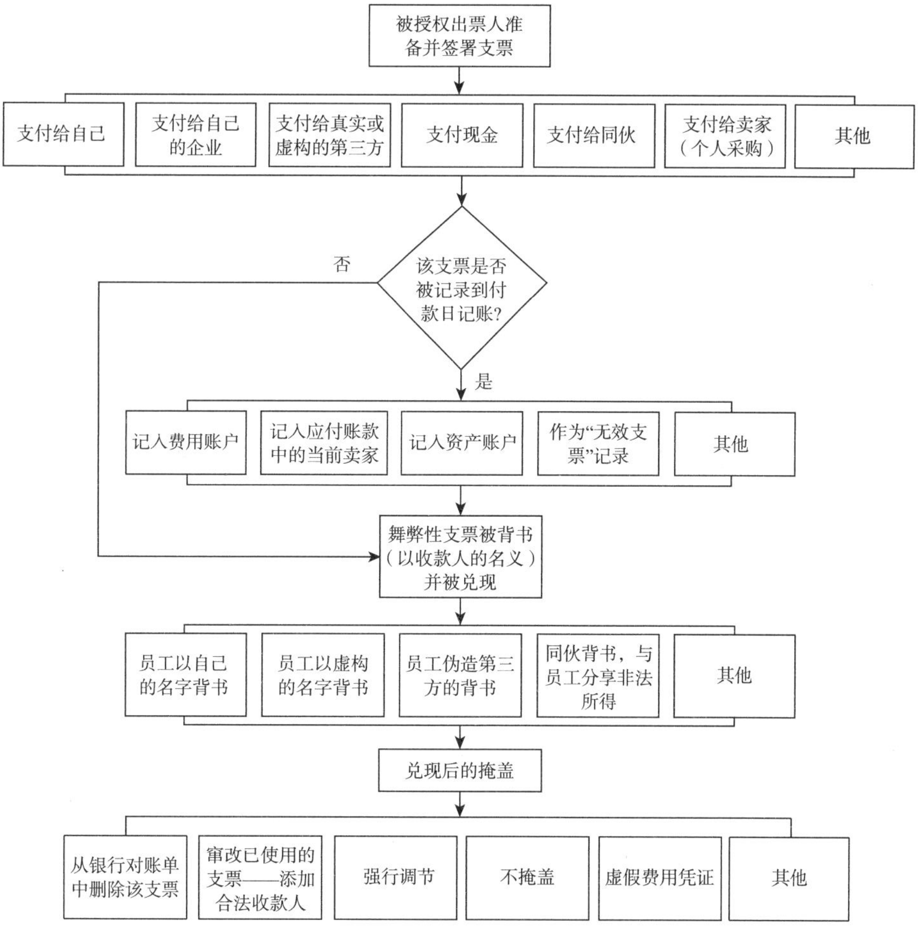

5.8.1 以权威／威胁逾越控制

对一个有权签发公司支票的人来说，准备支票非常容易，他只要简单填写支票内容，看起来就是一张合法支票。大多情况下，支票签发者是公司老板、行政主管或其他高管，他们本身就有得到空白支票的权力，即使公司政策禁止支票签发者处理空白支票，舞弊者也能利用其影响力克服这种障碍，试问，哪个员工会告诉首席执行官（Chief Executive Official，简称 CEO）他不能拥有空白支票呢？

被授权出票人舞弊的最基本方式，就是逾越反舞弊控制系统。既然被授权出票人在公司具有较大的影响力，就可以利用这种影响力消除对舞弊交易的怀疑。最普通的例子是，很多股东尤其是独资股东把公司当作自己的，直接从公司账户上支付私人开支，如果这种做法被披露并得到其他股东的同意，那就没什么违法之处，毕竟，人不能偷自己的东西。然而，如果全部股东并没有就此达成一致意见，那么这些支付行为就是侵占。有的舞弊者并不支付私人开支，而是直接开支票给自己、朋友或家人。而员工们呢，害怕自己的职位不保，不敢质疑这些交易。

129 高层经理或管理人员可以利用权力逾越公司控制。在一些高管舞弊的案例中，"威胁"在实施和掩盖舞弊中发挥很大的作用。某案例中，销售部经理在两年多时间里偷了大约 15 万美元，该经理有支票签发权，他滥用权力填写公司支票，支付数额不菲的私人开支，有些同事对此非常了解，但他们害怕丢掉工作，而且公司也缺乏适当的"举报"（whistle blowing）机制，使得这些员工不敢报告其舞弊行为。

5.8.2 薄弱的控制

虽然逾越控制看似是出票人舞弊最容易的方式，但并不是最普遍的方式。在更多类似的案例中，根本没人去审核这些账户，也根本没什么防范控制措施。某案例中，一个小公司的经理签发公司支票为自己经营的企业购买资产，一共侵占了大约 80 万美元，他还把这些失踪的资金隐藏在应收账款中，因为经理知道，那些账户一年才审计一次。每次审计之前，该经理就会从银行借钱填补这个差额，账目结转之后又重新开始整个舞弊程序，这场舞弊最后以悲剧告终，真相大白时，该经理和他的妻子自杀了。显然，如果这个案例中的账目受到更为密切的监控，或者在定期审计外设计突击审计的威慑，这种舞弊行为就不会持续太久，以致酿成如此惨剧。

缺乏对账户的密切监控，加上内部控制薄弱，尤其是在现金支付程序中缺乏职责分离，会给舞弊者留下了可乘之机。某案例中，舞弊者是个小公司的管理者，负责签发公司所有的支票并核对银行账户，这是个绝佳的职位，很方便为她自己和丈夫签发舞弊性支票。另一个案例与此相似，一个中型公司的会计负责支付所有账单并准备公司的工资单，她有机会使用自动支票签名仪，进行银行账户的全部控制，于是她给自己签发了额外支票并将其编进工资单，当支票和银行对账单一起被返回公司时，她再销毁掉已使用的支票。如果准备支票与核对银行账户的职责是分离的（本应如此），那么这名舞弊者就不可能实施这种舞弊。

5.8.3 特别项目账户

有时，员工被授权拥有某个专项账户的签名权，它不同于公司的一般账户，这些专项账户的资金是根据预期成本储备的，该员工的权力限于支付该项目的资金。在一个案例中，一名负责专项账户的员工为自己侵占了大约 15 万美元，他把项目物资的成本记入经常性账户而不是专项资金账户，这样专项账户上就留下了多余的钱，于是舞弊者就可以在自己的签发权限内填写舞弊性支票将其取走。

5.8.4 窜改授权名单

以上案例的舞弊员工都是被公司授权的签发者。在我们研究的案例中，也有员工能够秘密地将自己的名字添加到银行账户的授权名单上，进而从公司账户签发支票。

如果未经授权的员工的签名出现在支票上，那么调账期间，系统应该会发出提示。在一个特殊的案例中，一名员工通过在授权名单上添加"虚构"的姓名规避了被发现的风险：在授权名单上添加虚构的出票人，即使舞弊性支票被发现，也没人知道是谁干的。对受害公司来说，他们直到舞弊者退休，也就是舞弊行为 8 年之后，才对该账户进行审计，发现了 12 万美元的舞弊损失。

5.9 掩盖手段

对于舞弊者来说，窜改支票舞弊通常不会只有一次，而是持续进行，因此，掩盖舞弊就成为整个犯罪中最重要的一环。如果一个舞弊者打算偷一大笔钱后就逃到南美洲，掩盖手段并不重要；但多数舞弊者不是这样的，他们一边工作，一边在职务活动中持续盗窃，所以掩盖舞弊极为重要。掩盖舞弊，不仅意味着隐藏犯罪证据，还要隐蔽舞弊事实。最成功的舞弊应该是这样的：受害公司根本不知道舞弊行为的发生。一旦公司获悉它正在被侵害，当然会采取措施去终结舞弊。

窜改支票舞弊可能会带来非常棘手的掩盖问题。在其他类型的舞弊性支付中，如发票舞弊或薪酬舞弊，舞弊者使用的是假发票等虚假材料，所以处理款项的员工会误以为这笔钱是公司的合法欠款，并按正常交易进行记账。比如处理应付账款的员工为假发票签发支付单时，会以为发票是真的，所以付款也作为合法事项被记入账簿，单从账簿上看没有什么异常，所以舞弊者不必费心去掩盖账簿中的付款。

但对于支票窜改来说，掩盖就不那么简单了。在伪造出票人舞弊和被授权出票人舞弊手法中，舞弊者作为开支票的人，通常需要在付款日记账中为支票记账，所以他们必须合理"解释"签发支票的原因。而伪造背书舞弊与窜改收票人舞弊，用到的是其他人准备并进行记账的支票，虽不需要解释，但是被拦截的支票本是要支付给合法接收者的，如果他们投诉未收到支票，就会引发对遗失支票的调查，这是舞弊者绝对要避免的。所以他们不仅要费心对雇主掩盖舞弊行为，还要担心如何应对预定收款人。

5.9.1 利用核对银行对账单进行掩盖

我们研究的案例中，很多窜改支票的舞弊者都负责核对公司的银行对账单。正常情况下，公司收到的银行对账单附有之前的已付讫支票，因此，核对者可以进行某些掩盖，他们可能拿走舞弊性支票，或窜改银行对账单，或兼而有之。

在伪造出票人舞弊和被授权出票人舞弊中，舞弊者按规定必须在支出账簿上记录支票，这时掩盖的最基本方法是把它们编入"无效"支票，或者根本不列入支票清单。当随后的银行对账单到达时，舞弊者从一堆被返还的支票中将其拿走销毁，这样，舞弊支票既无实物，又未曾在日记账中有过记录，就像从没存在过一样。当然，银行有该支票的副本，但除非有人质疑这张遗失的支票，否则公司几乎没有机会发现这个问题。加之舞弊者就是核对银行对账单的人，于是更不可能有人注意到某张支票遗失了。

在支出日记账中漏记舞弊性支票，会带来另一个问题：银行对账单余额与账簿余额不相符。例如，如果舞弊者给自己开了一张 2.5 万美元的支票且未做记录，那么账簿余额将比银行余额多出 2.5 万美元（舞弊者从银行取走了 2.5 万美元，但没有登在公司账上）。通常，只有在舞弊者本人核对银行对账单且无人对其审查的情况下，他们才能从日记账中故意漏记违法支票，从而"强行"调节账户平衡，也就是说，明明银行对账单余额与账簿余额不一致，但舞弊者报告它们一致。这些案例中，很多雇主都过于相信员工的话，即公司账簿余额与银行对账单余额核对相符。

在我们的研究中，有些受害公司根本没有定期核对账户，既然无人核对，舞弊者自然能够持续填开支票而不进行记录。在一个控制如此松散的系统之中，几乎任何掩盖方式都是有效的，甚至根本不需要掩盖。

为了能很好地掩盖舞弊，有的人需要窜改银行对账单，使之与公司账簿余额相符。某案例中，一个伪造出票人的舞弊者从支票簿的后面几页盗取了空白支票，这些支票在序列号之外，也被列在银行对账单的最后。事后，该员工删除了最后这几张支票，并窜改了最后的总额以便与公司账簿相符。

某些案例中，舞弊者没有权利核对银行账户，但他能够拦截银行对账单，并通过窜改银行对账单来掩盖其犯罪行为。在下面的案例研究中，Ernie Philips 说服了公司的开户银行直接向他（而不是老板）递送银行对账单，然后通过窜改对账单予以掩盖。这个案例也描述了 James Sell 如何终结 Philips 的舞弊行为。

案例研究 5—2 朋友究竟是用来做什么的？

Ernie Philip 陷入了困境。他的背部动过几次手术，但仍然经常疼痛，而且他开始对减轻疼痛的药物上瘾；他的注册会计师（CPA）业务每况愈下，还需要养育 6 个孩子；不出所料，他患上了抑郁症和慢性焦虑症。有一天，Philip 遇到了他的老朋友 James Sell，从此他的好运来了。这两人曾在一家联邦机构共事，相识 20 多年，Philip 谈到他的近况，Sell 答应帮忙。因为 Philip 当时正在接受药物滥用的康复治疗，所以 Sell 告诉他，"你完成治疗后告诉我，我会为你提供一些工作。"

Sell 给 Philip 租了一间办公室，并安排了一些小项目给他。Sell 说："我想看看 Philip 会怎么做，他似乎在努力让自己平静下来。"Philip 按时完成了工作，表现很好。所以，当 Sell 在亚利桑那州和内华达州政府得到一个大客户时，就邀请 Philip 来做这个工作，他们商定了 6.8 万美元的年薪，6 个月后就升到 7.4 万美元。

Sell 被任命为亚利桑那州和内华达州 CSC 金融服务公司的接管人，这个机构的前任老板因侵占 550 万美元的客户托管资金被捕。这家公司的会计制度严重过时，缺乏监督和适当的控制，给侵占公款提供了机会。哪怕是监管部门发现了 CSC 公司的一片混乱之后，亚利桑那州的管理者还是允许违规业主继续经营了一年半之久，所以，当 Sell 接手时，面对着一个很大的烂摊子。他知道，这本身就是规则的一部分："当你接管一家公司时，就要尽力在现有的基础上生存下去。"这个破产管理计划涉及 1.5 万多个活跃账户，每个月有 3 万多笔交易，每年的内部支付约 2.85 亿美元。显然，收拾这个摊子并不容易，Sell 知道 Philip 很有经验，所以聘请他做这份工作，如 Sell 所说："我把他带来的原因之一，就是为了在以前没有控制的地方建立控制系统。"

但事与愿违，Philip 并没有在他的岗位上建立这种"控制系统"。

有一天。当 Sell 询问收发室的员工某个月的银行对账单时，却得知账单被 Philip 拿走了。Sell 问："为什么？那些信应该直接寄给我，Philip 无权处置。"员工说："Philip 说他需要拿这些对账单来核对下账目。"Sell 马上警惕起来，但不想反应过度。他说："我知道，公司虽然设置了控制系统，但对任何职位的控制其实都是有限的，尤其是对关键财务职位的控制力度不高，只要失去一个控制点，事情就会处于危险之中，所以必须采取有力手段去加强这种控制。"他和 Philip 就此事进行过讨论，貌似达成了共识。

Philip 和公司里的其他人也有矛盾。有一次，Philip 没在办公室，但运营经理急需一些账户资料，于是擅自从他办公桌上拿走了，Philip 知道后非常不满，两人进行了激烈的争论，这时，Sell 站在了营运经理一边。他觉得这不是什么大事，而且没有人想抢 Philip 的位子。

Sell 经常出差，而且需要在内华达州的办公室工作，所以他在亚利桑那州的办公室设置了一个开放性通道，可以进行非正式的监督。Sell 若有所思地说："世界上最好的控制之一就是制造一种不确定性（比如支持运营经理去拿账单）。一般说来，除非这个人觉得他可以完全隐藏自己的行为，否则就不会去盗用公款。所以，我想以这种制造不确定性的方法让事情正向发展。"

事实上，这种不确定性并没有阻止舞弊，但它的确有助于发现舞弊。运营经理在查找会计记录时发现了 Philip 的问题，他从 Philip 的办公桌上拿来一张支票给 Sell，那是一张以 Philip 为收款人的金额为 2315 美元的公司支票，并不是 Philip 的工资，会是什么呢？支票还没有付款，但其上 Sell 的签名明显是伪造的。因为还不能确定具体情形，所以 Sell 安排与 Philip 在公司外部见个面。

有天下午 Sell 说正在城外，想了解一些托管业务的新情况，因此顺便去了 Philip 的私人办公室。讨论结束后，Sell 从公文包里拿出了这张支票的复印件，说："我还想问你一件事，你是否可以解释一下这张支票？"

长时间的沉默。Philip 盯着那张支票，神情很不自然，双手抓来抓去几分钟后，他承认："是我拿了这笔钱。"

Sell 说："我从他的表情上看出事情不妙，最坏的情况被证实了。"虽然种种迹象表明就是 Philip 拿了钱，但 Sell 还是侥幸会出现一个不那么糟糕的解释。当然，他也准备了这种最坏的打算。因为支票还没有被承兑，所以 Sell 还带了一张支票复印件，故弄玄虚地让 Philip 以为他已经了解了很多舞弊的事情。"要查清这件事，意味着要核查很多银行对账单、查验很多支票和付款事项。在陷入这种麻烦之前，我想让他自己先说清楚，再决定有没有必要进行其他调查。"

谈话后，Sell 不再让 Philip 进入他的两个办公室，并开始追查他之前几个月的行为。Sell 的签名被伪造在一些支票上，并不是 Sell 的笔迹而更像 Philip 的笔迹；另外还有签名章的印鉴，印章应该被锁在另一个员工的办公室里，并且有限定的用途。不知 Philip 用什么方法拿出了签名章，盖在了他的支票上。

他打乱了支票的顺序，让它们出现在银行对账单的末尾，以此掩盖自己的行为。然后，Philip 会拦截银行对账单并对相关账目进行窜改，再把对账单复印件交给某员工存档。在该员工报告 Sell 说 Philip 拿了对账单后，Philip 就和银行协商，把对账单寄送给他本人。并没有任何授权，银行竟然就同意了，于是，Philip 就能够窜改、复制完成整个过程。如果有人怀疑其中一些不明付款，Philip 就说钱给了供应商，作为主管，他当然能说了算。有的时候，他竟然设法将舞弊支票混进一批合法支票中，提交给被授权在 Sell 出差时签发支票的运营经理。

Sell 非常懊恼，他建立办公室并聘请 Philip 是为了避免舞弊，而 Philip 恰恰进行了糟糕的舞弊，他只得承认："无论你设计的系统多么完美，一个熟悉的人总能从中发现漏洞……而且其计谋是在完全遵循预定程序的基础上完成的。我不知道世界上是否存在完美的反舞弊系统，其关键是要控制任何人的权限，这样的话，即使不能完美预防，但如果发生了坏事，至少能够发现。"

Sell 核算的损失数额约为 10.9 万美元。他首先得到了 Philip 任期内的一份完整银行对账单，确认了支票的先后次序、与公司账目的缺口，并且验证了这些支票的支付理由和收款人身份。这种审查方案需要一些策略，但不是特别复杂。有的支票是以一些带零头的金额开出的，如 4994.16 美元，但收款人是 Philip 自己。Philip 还提供了一些他个人的银行流水，这些流水记录表明其存款与他从 Sell 那儿得到的钱有关联（金额未必总是一致，因为 Philip 会从中取现，但它们与支票舞弊密切相关）。

Philip 简短而美好的历程结束了。他将舞弊所得用于奢华的家庭度假、新车、新电脑和装修房子，所以作为他被解雇的附带结果，Philip 被起诉了，房子也被查封了；同时，因违背职业道德，注册会计师协会取消了他的执业资格并进行罚款。在他的民事审判中，被判决返还 10.9 万美元的赃款并赔偿 3 倍数额的损失。他未作辩护，但在刑事指控的保释期间，他带着家人消失了，后来，Sell 通过网络搜到了 Philip 的消息，发现他在事后不久就死了。

Sell 很悲伤："他扔下一切走了，为了 10.9 万美元，他玷污了自己的生命和家庭。"

Sell 反思这件事时，总结了很多类似的案例。例如，Sell 调查过一名律师的助手，她不仅给自己签发支票，而且还将支票直接寄给县检察官办公室，以支付因开空头支票而欠下的罚款。"通常情况下，这些人不会花时间去建立一个新的虚拟身份或一个虚拟公司"，Sell 说，"他们只是想快速拿钱，并以他们所能做到的最容易的方式归为己有。"

Sell 说："长此以往，舞弊者甚至希望被抓住，比如 Philip，他知道自己已经失控，不仅做了违法的事情，也伤害了我们长年的友谊。在此后我们的一次交谈中，他告诉我：'你知道，第一张支票真的很难开，但我那么多负债，还要负担家庭的开销，有了第一次之后，后来就变得容易多了。'"

5.9.2 通过再次窜改进行掩盖

在窜改收款人舞弊手法中，舞弊者可能会将自己指定为收款人，这时，如果将已承兑支票与银行对账单进行核对，一张支付给员工的公司支票显然会引起怀疑。为了防止这种情形，这些人会在银行对账单到达时再次窜改舞弊性支票。我们之前提到，有的舞弊者在准备支票时使用可擦除墨水填写或打印收款人的姓名，而后将其擦除再填上自己的名字，相应地，当这些支票连同银行对账单一同返回时，他们也会擦掉自己的名字并重新填上正确的收款人姓名，看起来没有什么痕迹。在一个案例中，舞弊者使用这种再窜改方法掩盖舞弊性支票，金额高达 18.5 万美元。

再窜改方法不仅限于窜改收款人舞弊，在伪造出票人舞弊、被授权出票人舞弊和隐藏支票舞弊中，只要被再次窜改的支票与支出日记账中合法收款人的姓名匹配，这种掩盖方法就同样有效。

5.9.3　通过在支出账簿中登记虚假信息进行掩盖

有的舞弊者开了一张支付给自己的支票，他的掩盖方式不是在账簿中漏记或记为无效，而是把其他人列为收款人，比如常年的供应商等，他们经常从公司收到支票，所以这种付款不太引人怀疑。

开立舞弊性支票时，舞弊者还需要在账目中对应地做点手脚。有些案例中，舞弊者是对账簿中的现有信息进行窜改。例如本章开篇的 Melissa Robinson 案例中，她用涂改液和橡皮擦窜改了公司支票记录中收款人的姓名。显然，一旦在公司账簿中发现了窜改，就应当细心详查，确保它们的合法性。

舞弊者也可以通过在支出账簿虚列合法支票的金额来掩盖舞弊性支票。他们高报合法支出的金额，以便将舞弊性支票的金额混入其中。例如，假定公司欠某供应商 1 万美元，舞弊者就会开一张 1 万美元的支票给该供应商，却在支出账目中将该支票金额列为 15 000 美元，这样，该公司的支出就被高报了 5000 元。然后舞弊者给自己开一张 5000 美元的支票，并在支出日记账中将那张 5000 美元的支票列为无效支票。通过这种方法，舞弊性支票的金额正好被合法支票的高报部分抵掉，银行对账单就与账簿记录仍然相符。当然，已使用的支票与日记账中的分录是不匹配的，所以仍有证据证明潜在舞弊。但如果银行账户未被密切监督或核对工作由舞弊员工负责，这种掩盖方式仍是有效的。

5.9.4　通过对舞弊性支票错误记账进行掩盖

如果可能的话，舞弊者会将舞弊性支票记入几乎不受审查的现存账户（或其他比较灵活的账户）。某案例中，舞弊者将其舞弊支票编入一个应付账款账户，因为该账户只在年终才被审查，并且不会太详查，而且这个账户活动频繁，舞弊者希望侵占的金额能被淹没在该账户的大量交易中。在我们审查的案例中，大多数支票被记入费用账户或负债账户。

在掩盖舞弊性支票方面，这种特殊方法非常有效，尤其是在受害公司不怎么核对其银行账户时。例如，一家受害公司通过验证支票号码与支票金额核对其账户，但并不验证支票的真正收款人与列入账簿中的收款人是否匹配，所以没有发现有些支出账簿中的支票是有问题的。正如我们前面所说，如果舞弊者在核对银行对账单之前就将其拦截并再次窜改了收款人名称，自然就与支出账簿中登记的分录相匹配。

5.9.5　通过重开已拦截支票进行掩盖

在拦截支票舞弊中，员工既要考虑公司控制程序的常规发现机制，也要考虑来自支票预定接收者的投诉。毕竟，当收款人没有收到受害公司的付款时，很可能要反馈追问，这会引发舞弊调查。

所以，舞弊者有时会在投诉出现之前给真正的收款人重新签发支票。例如，某案例中，一名员工偷了给供应商的支票并存入自己账户，然后他把这张支票再次记入公司的应付账款系统，稍做一点改动（加个数码或字母），以避免计算机系统的重复支票控制，这样，供应商就会收到款项，自然就不会有什么投诉。用这个手法，舞弊者赚了 20 万美元。

还有一个关于"应付账款纠纷解决人"重开支票的案例。某公司的一个员工负责审计对所有供应商的付款，需要审查发票等支持文件并邮寄支票。每隔一段时间，他都有意截留一张支票，不寄给供应商。当然，那位供应商会打电话询问为什么没有收到应付账款，然后会被告知发票已经支付了，于是他就打电话给纠纷解决人来反映这个问题。不幸的是，该公司的纠纷解决人正是那个偷窃支票的人，他会告诉应付账款员工另开一张支票给卖主，而他会停止第一张支票的付款。然后，供应商就收到了钱，同时该纠纷解决人把第一张支票存入自己的账户。

这两种舞弊手法的差别在于，第二种掩盖方式是为一张发票开具了两张支票，所以以核查账目时存在风险，而第一个案例中的舞弊者不必担心这个问题，因为他为公司核对银行对账单，且能"强行"使总额平衡。可见，对掩盖窜改支票舞弊者来讲，能够接触银行对账单是关键之处。

5.9.6 通过伪造支持材料进行掩盖

有些舞弊者试图通过销毁支票、强行平衡银行对账单等手法进行掩盖，也有些舞弊者伪造支持材料来证明支票的合法性，这些虚假的材料包括假发票、假采购订单和（或）假验收报告等。舞弊者将支票开给自己之外的某个人时（例如，同伙或空壳公司），制造形式上真实的掩盖方法会很有效，试想一下，如果没有任何支持材料，开具支票显然很可疑。

从概念上讲，伪造付款凭证的想法似乎与窜改支票有点混淆。如果舞弊者使用虚假凭证，那为什么不将其犯罪行为归类为开具账单舞弊？我们需要加以区别。支票舞弊者的主要目的是侵占支票的金额，他们可能制作虚假支持材料以证实支票的合法性，但这不是必然的，即使没有假的支持材料，他们仍然会开具舞弊性支票，假单据只是一种掩盖手段。

而在开具账单舞弊中，舞弊者的虚假凭证本身就是付款的依据。舞弊员工本身不能开具支票，他要依赖于别人签发支票，没有虚假凭证根本就开不出支票。所以说，虚假凭证是产生无保证付款的手段方法，而不是一种掩盖方法。

5.10 调查

5.10.1 通过截止日对账单进行账户分析

银行应当在账目结算后的 10—15 天内发送对账单给企业，可以用这些对账单分析每月可能发生的现金舞弊。审计者通常会确定某个日期为截止日（比如每月 1 号），然后以每月的这个日期为一个期间，把一个期间内的收入和费用及时汇总并与银行对账单进行核对。如果员工在一个月的任何时候都可能被要求做一份对账单，那么现金舞弊的概率就会降低。

通常情况下，银行会定期给审计师（或外部人士）发送一份截止日对账单，以供其核对。在会计周期的任何时间，均可定制截止日对账单。如果出现未送达或未收到截止日对账单的情况，那应该在下一个期间进行补发，然后进行账户分析和检查。[1]

---

〔1〕 George Georgiades：《审计程序》，1995 年。

5.10.2　进行银行对账

应当获得银行对账和账户分析表的副本、所有支票和储蓄账户的银行资料、存款证明和其他有息和无息账户的证明，并对其进行以下九项测试：

（1）确认对账的计算准确性。

（2）检查银行对账单，确认是否有变动。

（3）将对账单上的余额追溯到银行对账单和银行确认单。

（4）把余额登记在公司的总账上。

（5）跟踪在途存款到银行对账单，以确保记录时间正常。

（6）检查已付支票，并将其与未付支票进行比较。

（7）核对大额支票的支持性文件。

（8）核对未付支票的支持性文件。

（9）分析非经营性现金或现金等价物账户（存单和其他投资账户）的准确性，包括：核查持有资金的机构、利率、到期日、期初余额和期末余额以及本期活动，还需比较账面余额和银行余额，并分析所有应计利息。[1]

5.10.3　进行银行确认（bank confirmation）

与截止日银行对账单相关的另一种方法是要求银行确认。与截止日对账单不同，银行确认这种方法只需报告某日期的账户余额，用以证实对账单余额及其他必要日期的余额。如果在银行对账单阶段发生了舞弊行为，那么这种独立确认就非常重要。

5.10.4　窜改支票舞弊的预警信号

无效支票可能源于员工侵占了支票并将其计入费用账户。具体做法是：先为支付费用签发支票，将其拿走后伪装为无效支票，日记账就可以登记平衡。所以，调查无效支票，应当对照支票的实物副本来对其验证，结合审查银行对账单，以确保无效支票未被承兑。

•遗失支票可能表明对支票实物安全保管的控制有所松懈。对所有遗失支票，应发出止付通知。

•除了定期的工资支票外，应该详细审查支付给员工的其他支票。这种审查有可能发现其他舞弊，如利益冲突、虚构的供应商或重复的费用报销。

•支票的窜改背书或二次背书表明有窜改的可能。

•有明显伪造或可疑签名背书的支票应当与原收款人进行核对。

•支票上被窜改的收款人应当与预定收款人进行核对。

•复制的或伪造的支票表明存在舞弊。通过银行支票的流程，可以跟踪到存款人。

•可疑的存款日期应当与相应的客户账户相比较。

•应当调查预付现金账户，确保所有预付现金均被适当记录，以及未向员工支付不适当的款项。

•应当调查客户未收到付款的投诉。

•如果收款人名称或地址可疑，应当对相应的支票和支持材料进行审查。

---

〔1〕 George Georgiades：《审计程序》，1995 年。

5.11 防范

5.11.1 支票支付控制

为了加强控制，应尽可能减少支票舞弊对员工的诱惑，应确保：

• 准备支票与签发支票的职责相分离。

• 支票签发后应立即发出。

• 严格遵守防盗控制程序。

• 确保应付账款的记录和地址不被窜改。

• 认真尽责地审查银行对账单，确保金额和签名未被窜改。

• 收到银行月度对账单后应立即进行银行对账。美国《统一商法典》（The Uniform Commercial Code）规定：要让银行承担责任，必须在银行对账单寄出的 30 天以内呈报不相符之处。

• 支票签发与核对银行对账单的职责相分离。

• 应当由两人或以上核对和审查银行对账单。

• 应当记载并遵循适当的职责分离。

• 应当将支票收款人与账目上记录的收款人进行常规核对。

• 处理和编制支票号码的责任人要定期轮换，确保相关人员数量最低。

5.11.2 银行协助控制

公司应与银行共同防范支票舞弊，可采取以下与公司核对账户有关的控制措施：

• 限定最大现金额度。若超过额度，银行将不接受该账户的支取款项请求。

• 采用积极的付款控制。其目的是增加公司与银行的合作，共同发现付款环节出现的舞弊。公司向银行提供每天签发支票的清单，银行按公司清单验证向他们提示承兑的付款项目，并拒绝支付清单上未列出的项目，还要对"非清单"项目进行调查。

5.11.3 物理防伪方法

列举部分物理性窜改的防范方法。有些机构正在使用这些防范方法，它们既可以单独使用，也可以结合运用。

• 签名线无效安全条（Signature line void safety band）。如果支票被复印，复印件上将会出现单词"Void（无效）"字样。

• 彩虹箔条（Rainbow foil bar）。水平的、彩色的箔条被设置在支票上，每根箔条间有渐进色，复印的铝销条则没有这种层次感。

• 全息图安全边（ Holographic safety border）。安全边通过反射光的方式形成一个三维图像，起到防伪作用。

• 其他化学无效字样。使用消字液窜改支票时，支票会显示出某种图形或无效字样。

• 微型打印（Microline printing）。小得无法用肉眼阅读的打印方法；复印时会发生变形。

• 高分辨率的微型印刷（High-resolution microprinting）。以高分辨率的形式在支票上制作图像，这种技术难以被复制。

• 安全墨水。支票签名墨水中含有与消字液发生反应的成分，这能够降低伪造者窜改支票的能力。

- 镀铬着色（Chrome coloring）。这种着色能够防止复印，复印后的镀铬图案或编码会产生实心的黑色。
- 水印。用水印的方法隐藏防伪图案，这种图案很难被复制。
- 紫外线墨水。在紫外灯下，这种墨水会显现图案或信息。

5.11.4　支票防盗程序

建立内部控制非常重要，能把支票窜改和盗窃的可能性降到最低，下列规则应当纳入公司政策和程序。

- 从诚信可靠、设计优良的支票生产商处购买新支票。
- 将未使用的支票存放在安全的地方，如保险柜、保险箱或其他上锁的地方，只有被授权人有权使用，且要定期更换储藏地的钥匙和密码。
- 审查所有招聘程序。打击舞弊最重要的手段之一是不雇用有可疑背景的人；应付账款部门要形成明确的职责分离，要针对每一个有机会处理支票的人——从收发室职员到 CEO，制定书面政策和程序。
- 采用电子支付处理大型供应商和投资付款，取消纸质支票的使用。
- 立即报告遗失或被盗支票。
- 适当且安全地储存已使用的支票
- 销毁已注销账户的未使用支票。
- 立即邮寄已打印并签发的支票。

5.12　窜改电子支付（Electronic Payment Tampering）

目前，越来越多的企业使用电子支付方式，如 ACH（Automated Clearing House，自动交易系统）支付、在线账单支付和电汇，舞弊者也会随之调整他们的手法。有的舞弊者滥用其授权进入雇主的电子付款系统，这类似于传统的被授权出票人实施的支票窜改舞弊。还有人通过社会工程学窃取密码，或利用雇主内部控制或电子支付系统的弱点，获得访问权限。不管通过什么方式登录系统，不诚实的员工最终是要将电子支付转移给自己或同伙。

与其他手法一样，员工也必须掩盖舞弊踪迹。由于缺乏实物证据和伪造的物理签名，掩盖电子支付的难度更低，其手法包括窜改银行对账单、在会计记录中对交易进行错误记录或向一家与某供应商名称相似的空壳公司发送虚假付款等，甚至会仅仅依赖于公司不对账目进行核对和监控就轻松过关。

5.12.1　调查与防范

内部控制

发现和防范电子支付舞弊的最重要内部控制措施之一是职责分离。例如，对于在线账单支付、通过网络银行或第三方 B2B 服务进行的支付，应该将维护支付模板、输入支付和批准支付的不同职责相分离；对于电汇款项，其登记、批准和实施支付的不同职责也应该分离。而且，参与支付过程的任何人都不应核对、哪怕是接触银行对账单。除了职责分离，公司还应考虑将银行账户按顺序分开，例如，可以分别使用单独账户进行纸质交易和电子交易，以实现更好地控制。

需每天进行账户监控和对账，以便迅速发现任何异常交易并通知银行。根据公司使用的会计软件和银行提供的对账服务，许多对账过程可以自动化。此外，许多银行除了提供已结清的付款清单外，还能提供每日的未付款明细报告。

为防止不当使用电子付款系统，必须妥善管理和保护用户的登录信息与账户资料：用户名和密码应该被严格保护；经常更改密码；任何无权用户都应立即停用其访问权限（如离职员工和换岗员工）。虽然大多数电子支付系统有"超时设置"，但当用户使用完系统或需要离开电脑时，即使只是很短的时间，也应立即退出登录。要知道，对于一个舞弊者来说，如果可以登录到支付系统，无异于得到一张银行账户的免费通行证。某案例中，一名员工负责公司的电子支付系统，他办公室的同事利用他去拿咖啡的几分钟时间，就登录账户将 3273 美元电汇给了他同伙的供应商，幸好受害公司每天都进行账户对账，所以舞弊行为第二天就被发现了，舞弊者被立即解雇，负责电子支付的员工也受到了批评。

5.12.2 银行安全服务

很多大型银行都提供充足的电子安全服务，可以帮助企业账户尽早发现和防范舞弊性电子支付。例如，ACH 系统允许账户持有人通知银行，某个支取方（无论是否授权）被禁止使用某特定账户；ACH 过滤器使账户持有人能够向其银行提供已定义条件的列表（例如，发送公司的 ID，账号和交易代码），银行可以根据该列表过滤 ACH 的系统记录并拒绝任何未经授权的交易；银行向其账户持有人提供的另一项安全功能是支付款项，其中银行将 ACH 付款的细节与账户持有人提供的合法和预期付款清单上的付款进行匹配，只有获得授权的电子交易才可从账户内取款；异常付款申请将报告给客户以供审查。

企业也可以设置他们的银行软件来限制特定银行活动的访问，如查询交易、查看银行对账单、提示电子支付或设置 ACH 模块或过滤器等。公司应将此种设定纳入其内部控制系统，以加强职责分离。例如，任何被授权付款的个人都无权设置 ACH 模块或过滤器，也不能提交工资付款申请。此外，企业可以自定义其银行软件，比如设定某些交易的双重授权、单日或某特定人的交易限额等功能。

企业还应使用银行的多元认证工具去核实使用者身份，以加强使用电子付款系统的保障。如银行令牌、数字证书、智能卡和声纹识别系统等各类工具，比单纯的用户名和密码更安全科学。

第6章 收银机支出舞弊

收银机支出手法

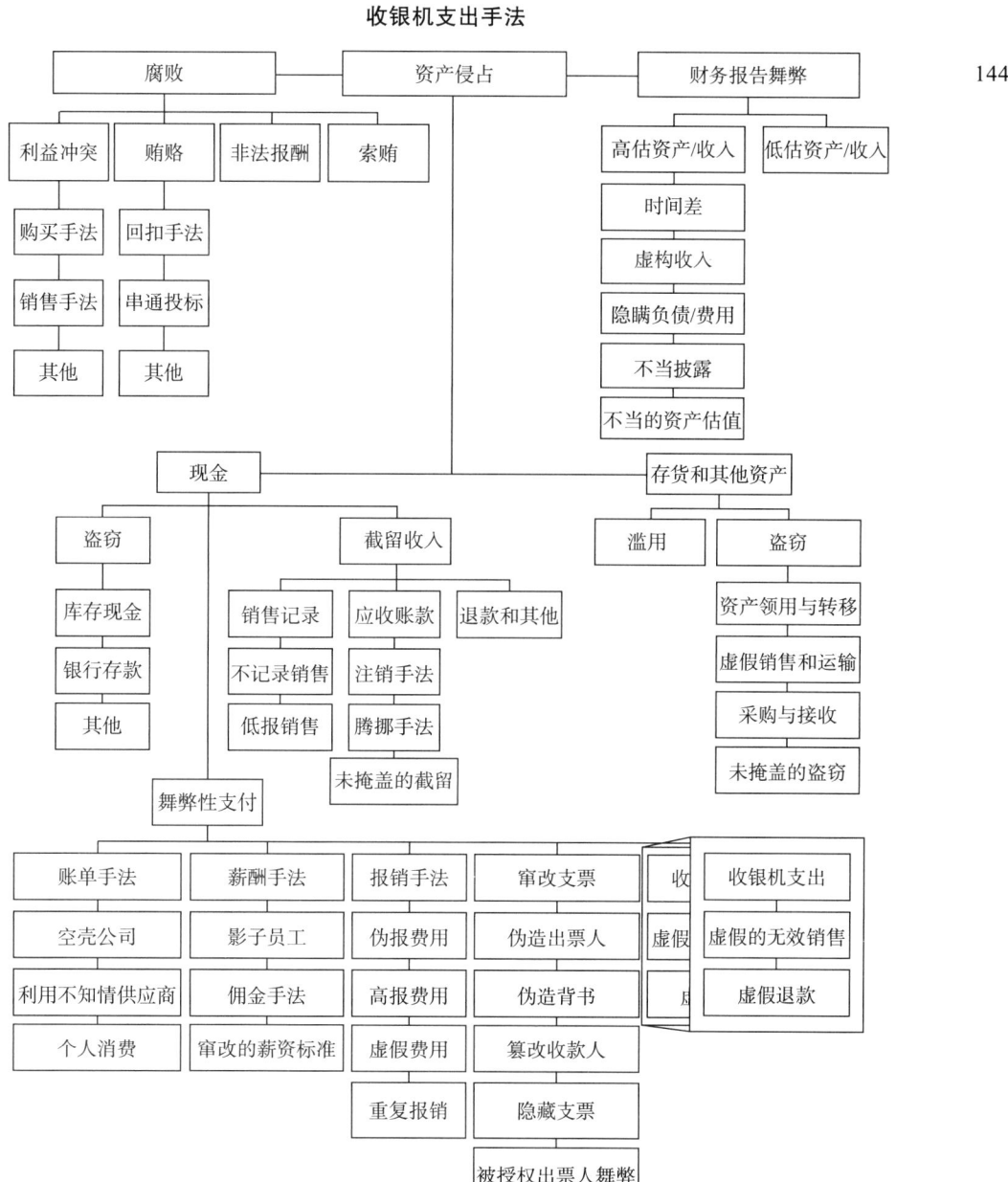

6.1 概述

目前为止，我们已经讨论了可以在收银台进行的两种舞弊手法：截留现金和现金盗窃。这些手法就是我们通常说的盗窃，都是偷偷把应该在收银机里的钱装进自己兜里。当钱以这两种方式从收银机消失时，没有留下任何交易记录。

本章中，我们讨论收银机的舞弊性支出。不同于其他收银机舞弊，利用舞弊性支出从收银机拿钱时会有记录留存，通常是一笔伪装为合法支出的虚假记录。下文案例研究中，Bob Walker 的舞弊性退款就是虚假交易的一个例子。

使用收银机有两种常见的舞弊性支出手法：虚假退款和虚假无效交易。这两种方案有很多相似之处，但也存在一些差异，下文分别进行讨论。

案例研究 6—1　降职诱发的报复性舞弊

在降职和降薪之后，Bob Walker[1]暗暗发誓要让老板付出代价。果真，Walker 在 6 个月内就非法获取了 1 万美元，而他的老板对此毫无察觉，直到有人提出警告。

举报人是 Emily Schlitz，她是 Thrifty PayLess 公司的周末兼职会计，这是一家在西部 10 个州有 1000 多家连锁药妆店的公司。

某年 10 月，Schlitz 在复核店内退款记录时发现了大量的违规退款，而它们大多是由主管出纳 Walker 处理的。例如，有的大额现金退款单没有记录客户的电话；有的退款单上记录了电话，但没有附销售收据，且备注"顾客希望保留收据"。Schlitz 对这些异常退款产生怀疑并通知了商店经理，商店经理打电话给总部的资产安全部门，要求他们来调查这些"奇怪的会计分录"。

Thrifty PayLess 公司资产安全部门的主管 James Hansen 十分重视这个电话，Hansen 已经在公司工作了 13 年，他统计过，与此案一样，57% 的舞弊案件都是由商店经理第一个报告的。

考虑到这些奇怪的账目，Schlitz 认为需要立即采取行动，于是 Hansen 派了一位名叫 Raymond Willis 的调查人员对问题进行核查，并对 Walker 的背景进行了简单的调查，他们发现 Walker 是一名为 Thrifty PayLess 公司工作了 5 年的 32 岁单身汉。

Willis 很快得知，商店经理 6 个月前因 Walker 表现不佳将他从经理降为主管出纳，月薪也减少了 300 美元。对于 Willis 来说，仅仅这个信息可能就意味着 Walker 有潜在舞弊动机，其他如个人问题或财务问题、生活方式改变或者压力增加、士气低落或者愤怒情绪等，都可能是舞弊行为的预警信号。

进一步的调查显示，Walker 对降级处分很不满，除这个信号之外，还有一些更重要的证据。Willis 打电话给退款单上的顾客询问他们所接受的服务，核查是否确有投诉退款；因为食品加工机是 Walker 处理最多的退货商品，所以 Willis 先算出这个商品最初的收货数与已销售数之差，再把这个应然存货数量与实际存货比较，发现了巨大差额。

Willis 只用了三天就对案件下了结论，Hansen 回忆："Willis 很快就发现了 Walker 侵占

---

〔1〕 为保护隐私，已对案例中的姓名和部分细节进行修改。

资产的行为，他加班加点地进行调查。这显然点燃了他的工作热情。"

Hansen 说："与多数情况一样，舞弊者已经失去了自控能力，一旦开始犯罪，他就变得越发贪婪；一旦变得贪婪，就会很粗心大意、急于求成。"虽然调查中表现得有些亢奋，但 Willis 还是尽量保持了镇定，他调查的对象仅限于 Walker 身边的两三名同事。"一些同事之前已经向经理反映过 Walker 似乎有些不满和焦虑，但看起来他的挫败感并没有达到要犯罪的程度。"Hansen 说。

进行现场调查的第三天，Willis 与 Walker 进行了面谈。首先，Willis 询问了关于商店政策和程序的一般性问题，然后针对出纳工作方法进行提问。Walker 一开始表现得很轻松配合，甚至提出了"对退款应当设置更多控制"的建议。

随着面谈的深入，Walker 越发紧张起来，从油嘴滑舌变得结结巴巴。Willis 问 Walker 是否知道"缩水"（shrinkage）的定义，他吞吞吐吐地回答道："缩水就是由于顾客或者员工偷窃而导致的现金或存货的损失。"

Willis 接着问道："你个人做了什么导致缩水的事吗？"长时间的沉默后，Walker 很低沉地说："如果我确实做了，后果会怎样？"Willis 讲明了后果，又继续对这位公司十分信任的老员工询问了一些问题。

Walker 以实际行动发泄了对经理的不满，他认为经理对自己的降级是"不公平"的。他承认自己用编造虚假现金退款的方式进行了报复，虽然发生在 5 月份的第一次舞弊行为只是个偶然，但舞弊的频率很快就增加了，而且越发明目张胆。起初，为了填写退款单中的顾客信息，他还会从电话簿中随机找个人进行填写，后来发展到随便编个名字和电话。随着贪婪的升级，还使用了新方法：窜改之前的合法退款单，增加其金额，然后把差额据为己有。

虽然公司规定退款总额超过 25 美元或者没有销售收据时，要经过经理批准，但是 Walker 故意无视这些规定，也没有人对这个刚被降级的经理的签名权提出质疑。

Walker 为自己辩护，还解释了自己的财务危机，尤其是月收入少了 300 美元后更是困难重重。最初，他用舞弊的钱还他的两项抵押贷款，每月约 800 美元，后来还用于缴纳保险和生活开支、偿还信用卡以及吃大餐。

在长达两小时的面谈中，Walker 说他没有算过一共偷了多少钱。但他承认自己越来越热衷于此，热情升级，钱的需求也升级了。

事实证明，Walker 在面谈当天就伪造了 3 笔退款。但得知舞弊总额高达 1 万美元时，他自己也很震惊，他每月的减薪额只有 300 美元，舞弊额是他过去 6 个月总减薪数的 5 倍半之多。对于一家年销售额 400 万美元的商店来说，1 万美元确实是很小一部分。在零售业中，这样的损失可以解释为店内盗窃、无效支票、会计或记录工作错误、商品破损、运输途中丢失或其他原因。Hansen 说："当然，职员行窃也是造成损失的一个重要因素。"

作为一名公司内部调查人员，Hansen 说："在我看来，一个全面的控制损失的方法是在防范和调查之间作出很好的平衡。"他认为 Thrifty PayLess 公司有很好的针对所有员工的培训计划，公司员工必须参加防范和调查舞弊方面的训练课程。对于反舞弊工作，成功的关键在于员工要认为自己本身就是公司反舞弊工作机制中的重要组成部分。Hansen 和他的资产安全部的员工经常访问各个店面，与店铺里的员工互相熟悉并保持着融洽的关系，而且在保密性方面建立了一定程度的信任。为进一步鼓励交流，公司还开通了热线，员工可以匿名举报

147

疑似舞弊与滥用职权的行为。

本案例中，兼职会计的怀疑和随后开展的调查证明，Thrifty PayLess 公司的各项反舞弊制度发挥了作用。资产安全部的管理人员说："不是我们的控制措施存在不足，而是当地经理没有恰当使用控制措施，他对一个'值得信赖'的员工放松了警惕。"（当然，该经理也因此事受到了处罚。）

为了吸取 Walker 事件的教训，所有金额超过 5 美元的退款都要经过经理审批，而且所有的退款单都必须附上销售收据。Thrifty PayLess 公司的内部审计和资产安全部门会定期检查其合规性。

"恰当的执行是关键。"Hansen 说："公司不可能 100% 地防范舞弊行为，能实现的最佳状态就是通过事前教育、建立预警意识和完善审计监督程序来减少舞弊的发生。当然，同时也要积极调查所有的预警信号或举报。"Hansen 的资产安全部门每年要调查 400 多起职员偷窃和舞弊案件，以及 3 万起顾客店内行窃案件。

由于偷窃金额较大，Walker 在接受面谈后立即被逮捕了，罪名为盗用资产，面临刑事与民事起诉。Walker 被保释后消失了，这也意味着所有的舞弊调查白费了。至今，Walker 仍然是一名逍遥法外的逃犯。

6.2　来自2015年 ACFE《全球舞弊调查报告》中有关收银机支出舞弊的数据资料

根据 2015 年的调查报告，收银机支出舞弊的发生概率并不高，大约占 7%。需要解释的是，我们调查中的受访者只报告他们调查过的某一个典型案例，而不是呈现一个特定组织内各种舞弊手法的发生频率。因此，收银机支出舞弊较低的报告率并不必然反映它的实际发生频率。另外，某个组织的业务性质也一定程度上决定了其内部舞弊的种类。例如，收银机支出舞弊最常发生在雇用数名收银员的大型零售商店，而不是完全没有收银机的律师事务所。再次强调，本书中的统计概率只代表我们的受访者所报告的案例中呈现的发生频率。（参见图表 6-1）

图表 6-1　2015 年全球舞弊调查：收银机支出舞弊案件的发生百分比

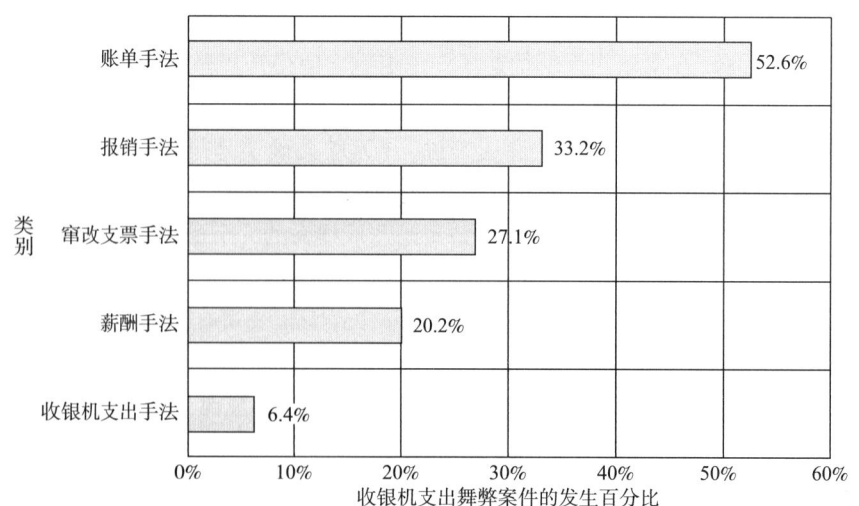

除了发生比例最低，收银机支出舞弊还是损失数额最小的手法，损失中值为 3 万美元，只是支票窜改手法造成损失的 1/5。（参见图表 6-2）

顾客退货时，收银机会记录一笔退款，表明该商品退回存货、相应的金额退还给顾客以及收银机中的现金减少。（参见图表 6-3）

图表 6-2　2015 年全球舞弊调查：收银机支出舞弊案件的损失中值

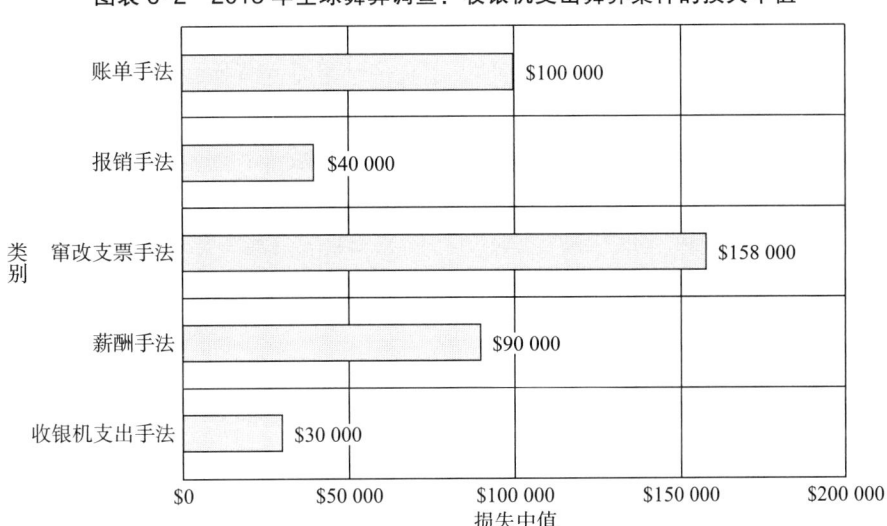

图表 6-3　虚假退款

150

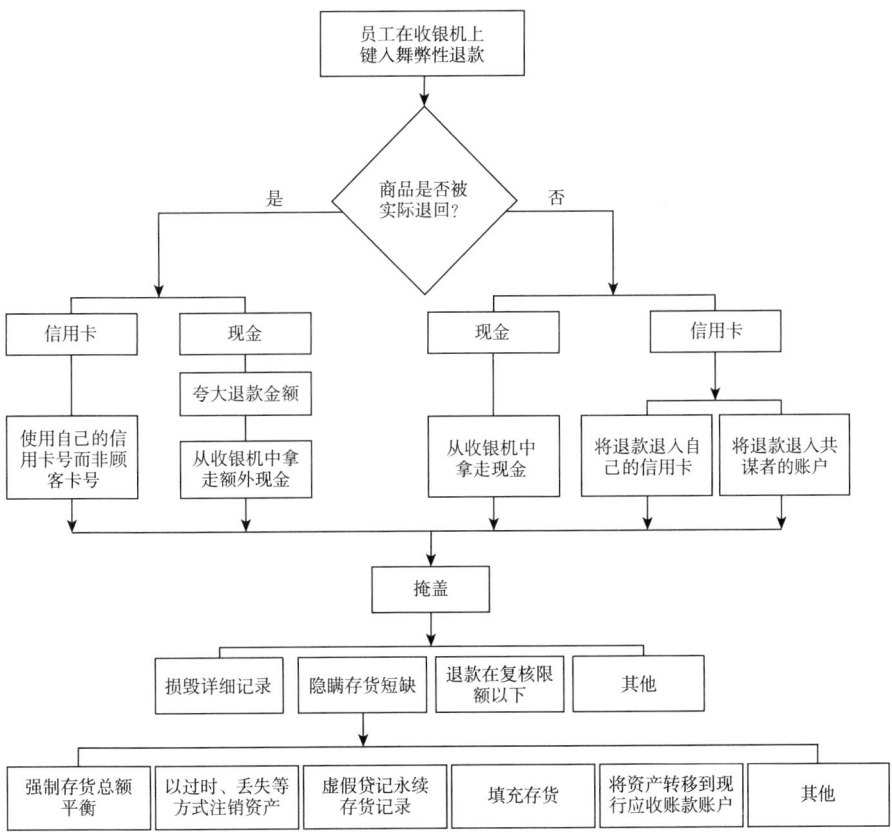

6.3 虚假退款

6.3.1 伪造退款

伪造退款舞弊中，舞弊者会伪造退货假象，这个虚假交易产生两个后果：其一，舞弊者从收银机中取走现金。因为记录显示货物被退回且金额返还给顾客，所以收银机中的现金数与交易记录是相符的，这看起来是个正常的操作，但实际上钱被舞弊者拿走了，Bob Walker就是用了这个手法。其二，存货数量被高估。退货的结果是存货增加，但虚假退货并不能使之实际增加。某个案例中，一位经理虚构了 5500 美元的虚假退货，导致存货的明显缺口，公司没有定期清点存货，所以这名经理的舞弊行为持续了数月之久，而且舞弊者本人还是负责存货清点的员工之一。

6.3.2 夸大退款

有的舞弊者不是完全虚构一笔退款，而是夸大正常退款的金额，然后将超额部分据为己有。

6.3.3 信用卡退款

如果顾客以信用卡付款，那么退款也会进入其信用卡账户而不是以现金返还。利用这个特点，一些舞弊者会在信用卡销售中创造虚假退款，这个方法的好处在于，舞弊者不用自己从收银机中取现并将钱带走，这其实是收银机舞弊中很危险的部分，因为经理、同事或者监控有可能在这个过程中发现端倪。而将钱退回信用卡账户，舞弊者就避免了这个风险。

信用卡退款舞弊中，有的舞弊者会把一笔信用卡销售业务在收银机上记录退款，但退款时，员工不使用顾客的信用卡卡号，而是替换为自己的信用卡。

下面要介绍的案例中，Joe Anderson 使用了更具创造性和使用范围更广的信用卡退款舞弊手法。Anderson 将退货款汇入其他人的账户，并从中收取回扣。注册舞弊审查师 Russ Rooker 发现了 Anderson 的舞弊手法，其行为给 Greene 百货公司造成了至少 15 万美元的损失，此案例也是一种贿赂舞弊，因为 Anderson 从虚构的退款交易中收取了非法回扣。这是一个解释如何用收银机盗窃的经典案例。

案例研究 6—2 无声的犯罪

"无声的犯罪"——Russ Rooker 这样描述他在底特律 Greene 百货公司发现的舞弊案件，他解释说："只需花 30 秒，就可以偷到上千美元。"

每周在百货公司鞋品部兼职工作 15 个小时的员工 Joe Anderson，是这种无声犯罪的行家——在收银机上记录虚假退货，然后把钱退到自己的信用卡里。

在这家商场工作的 5 年中，Anderson 反复实施这种舞弊，商店记录下来的损失至少有 15 万美元，Rooker 认为实际金额更接近 50 万美元，甚至可能超过 100 万。

Rooker 非常适合调查这个案子，当时 Rooker 已经在零售业的反舞弊部门工作了 10 年，经验丰富。起初，他是专门处理信用卡舞弊的调查员，负责核查退款客户等外部人员。后来，他进入内部调查领域，专门负责从内部找出舞弊员工。

Greene 商场的记录显示，因为退货率超高，鞋品部损失严重。Rooker 决定使用"追踪资金去向"（Follow the Money，FTM）的模式展开调查。

Rooker 从 10 个销售终端追溯之前 5 个月的销售记录，并将退款分为现金退款、专用卡（如 Greene 百货公司的卡）退款和第三方信用卡（例如 Visa 和 MasterCard 信用卡）退款三种类型。

他从中发现一种趋势，每月 28 日前后，一些卡号会收到约 300 美元的退货款，但商场之前并没有对应的销售收入。因为每个信用卡每月只被使用一次，所以如果调查者只选择一个月的数据进行研究，就难以发现这种行为。

最终，他找到了 200 多张的信用卡，分属 110 个人，这些卡里的钱都是由 Anderson 办理退款的。每个星期，Anderson 将 2000—3000 美元汇入他朋友、邻居和亲戚的信用卡中，作为回报，他们向 Anderson 返还其中的 50%。例如，如果某人月底需要 300 美元付房租，他就会打给 Anderson 想办法，甚至到了这种程度，当地很多人都知道："你缺钱吗？打电话给 Andersom，给他 150 美元，他会给你双倍。"

朋友们还会去 Anderson 和他女友的住处找他，有时约在酒吧或车上，也可以只是发信息给他，信息里输入他们的信用卡卡号即可。

不管用什么方法，Anderson 的朋友会给他提供自己的信用卡卡号，并答应支付 150 美元。然后，Anderson 就会在收银机那儿用 30 秒输入卡号完成"退货款"的操作，接着他通知朋友交易已完成，后者到自动提款机去刷卡查验后，就付给 Anderson150 美元。

通过这样的方法，一名每周兼职在 Greene 百货公司工作 15 个小时的人穿得像个百万富翁，"出入高级餐厅，佩戴昂贵饰品，开着改装的豪华汽车"。

并且，他的大多数"顾客"看上去也过着中上阶层的生活。当然，外表具有欺骗性，他们绝大多数人收入并不丰厚，是 Anderson 帮助他们提高了生活质量。有时，Anderson 不仅往他们的信用卡里汇上 300 美元，还会变通犯罪手法给他们一双价值 300 美元的鞋。这样，他们就可以到 Greene 百货公司的其他分店去退这双鞋，得到额外的 300 美元现金。Rooker 说，有个顾客的信用卡曾在一年内被汇入了 3 万美元。

另一个常客是 Anderson 的女友，她在当地的一家大银行任分行经理，但她没有被起诉。起诉对象由特勤局（the Secret Service）和联邦检察官决定，Rooker 发现舞弊者之后，会邀请他们加入调查行动。

事实上，Anderson 当时已经很有名，他的朋友和熟人随处可见。他每周只工作 15 小时，却非常富有，Rooker 认为他之所以舞弊，部分原因是他希望和中上阶层的人交往，融入他们的圈子。

所以，Anderson 很容易越陷越深，因为周围的人都把填补资金缺口的希望寄托在他身上，他们到商店去求助，觉得只有 Anderson 才能解决他们的问题。

特勤局的人告诉 Rooker，如果他能用监视器录下 Anderson 舞弊 1 万美元的行为，他们就可以采取行动了。因此，Rooker 在整个鞋品部和收银机附近都安装了监控录像，安装完的第一天，Anderson 就往信用卡中退了 5000 美元。

监控显示，Anderson 把手伸进自己的夹克内袋，掏出一张纸，然后按照纸上的内容在收银机中输入信用卡卡号。一天之内，他就给同一名顾客提供了 300 美元的现金退款、300 美元的信用卡退款和一双价值 300 美元的鞋。

Anderson 的退款舞弊给 Greene 百货公司的存货系统造成了严重破坏，假设存货系统显

153

示仓库中应有 10 双型号为 8730# 的鞋，但在 Anderson 处理了一笔 8730# 鞋的退款后，报告就会显示有 11 双鞋，但实际上的仓库中只有原来的 10 双鞋而已。

每天 5000 美元的退款会造成鞋的存货数量被多计算 17 双，按照这个数量乘以工作天数，最终导致 Greene 百货公司有大量"看不到的存货"。

监视器安装的 6 周之后，一共记录到了 3 万美元的偷窃行为；也就是说，鞋的存货数量被多报了 100 双。

百货公司的绝大多数退款都在月底产生，这是因为 Anderson 的顾客大多是典型的"月光族"，他们月底很缺钱。

Rooker 接着将信用卡卡号与顾客一一对应，如果是 Greene 百货公司的专用卡，这很好办；对于第三方卡，就有一定的难度，而第三方卡的退款量非常大。

鉴于专业关系，Rooker 可以接触到在各银行工作的舞弊调查师，他动用私人关系了解到"这到底是怎么回事"，还打听到 Anderson 的顾客通常都是他的朋友和亲戚。

讽刺的是，这位兼职员工自己并没有信用卡，他只喜欢现金消费，而且也没什么钱，唯一算得上资产的是那辆改装车，连和他女友共同居住的房子都是女友的。

特勤处部对 Anderson 监视了两周以后，搞清楚了他如何与外界联系。一整天，朋友、亲戚和邻居川流不息地来到他的住处，这样算来，他每周远不止 15 个小时的工作时间，通常，这些同一天到他家的人也会在同一天收到退款。

刚开始，Anderson 只把这事情当作好玩，收 10% 的回扣，渐渐地，他的欺诈手段日渐高明，名声也越来越大，回扣提高到 25%，最后是 50%。包括在鞋品部同事在内的很多人都知道他的勾当，但大家都不敢举报他，因为 Anderson 声称自己有枪。有多少人喜欢 Anderson，就有多少人害怕他。

当然，这丝毫不会阻碍到 Rooker 和特勤处的工作。Rooker 说："特勤处很有干劲，他们承诺要抓到每个获得 5000 美元以上退款的同伙。"他们到俄亥俄州见了一对中年夫妻（Anderson 的大多数顾客年龄都在 30 岁到 50 岁之间）。

这对夫妻曾在底特律居住。特勤处说服他们提供证据，Anderson 的全部罪行浮出水面。

此后不久，4 名特勤处工作人员进入商店，将 Anderson 拖出仓库进行抓捕。当时他的袜子里塞了 5000 美元现金，外套口袋里有个单子，记录了 15 个第三方信用卡卡号及相应的退款数额。

Rooker 说，凭这 15 个信用卡卡号就足以对 Anderson 提起诉讼。他调查后发现，过去的两年间这 15 张信用卡共入账 6 万美元退款。

地方和联邦政府以资产侵占和信用卡诈骗罪起诉 Anderson，他的 27 个同伙也在候审。

Rooker 迅速在 Greene 百货公司实施了新的内部控制。之后，他又查到了另外 50 多名员工采用过类似的舞弊手法，他们分别给公司造成了 1 万到 3 万美元的损失。唯一的区别在于，他们用的是自己的信用卡，而 Anderson 却是在 30 秒钟内悄悄把钱退给别人的信用卡。

6.4 虚假的无效销售

虚假的无效销售和虚假退款的手法有相似之处，它们都是通过收银机产生一笔支出。当收银机认定一笔销售业务无效时，通常会填写一个无效销售单，并附有顾客收据的副本和经理的签名，然后就以此扣除收银机里记录的金额。（参见图表6-4）为了伪造一笔无效销售，舞弊者要做的第一件事就是获得销售收据的顾客联，如果有员工准备进行无效销售舞弊，他们通常会在销售时直接截留顾客的收据，如果顾客索要，员工就给他，但多数情况下，顾客根本不会在意收据这回事。

图表 6-4　虚假的无效销售

156

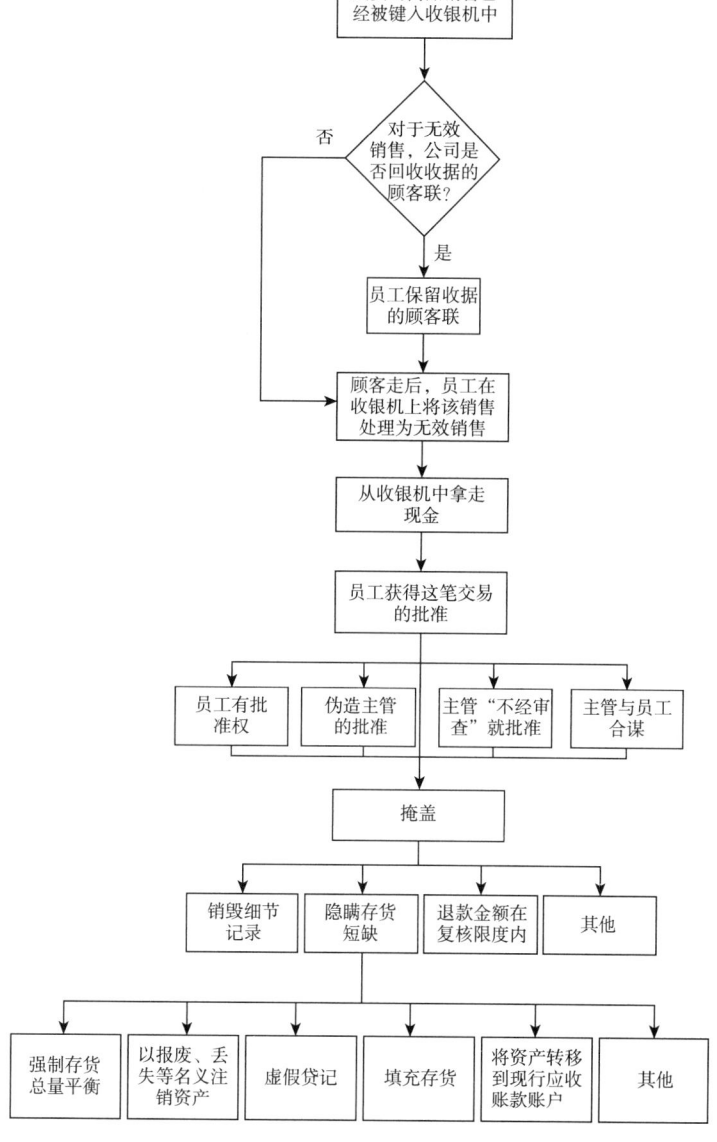

有了顾客的收据联，舞弊者就将这笔交易记录为无效销售，相应的金额看似退给了顾客，实际却被舞弊者拿走。

除了将顾客收据的副本附在无效销售单上，确认无效销售还要经过经理批准。在我们研究的很多案例中，经理很容易忽略核查无效销售的真实性，他们只是粗心地签发拿来的所有文件，让自己成为虚假的无效销售舞弊中的重要"帮凶"。某个案例中，一名零售商店收银员保留了顾客的收据，并将之作"无效"处理，商店经理没有进行任何核查就在无效销售单上签了字。还有另一个不进行核查的例子，一个员工用类似的方法虚构无效销售，还在换班时将一些很久以前的"无效销售"交给其主管审核，主管看都不看就签了字，到了会计部门，也没有发现这个员工处理的无效销售明显数额过大。

这绝不是偶然，这些舞弊者会选择对此不怎么敏感和认真的主管签字，于是这些主管成了舞弊得逞的关键。

当然，不是所有的经理都不认真，所以有的员工需要想些手段来得到"批准"，比如"伪造批准"。上文案例中的员工，因为频繁虚构无效销售，最后选择了伪造主管签名。

157 而且，经理也可能与收银员合谋。虽然我们汇总的案例中没有出现这种情况，但我们遇到过经理帮员工伪造考勤卡或伪造费用报销申请的案例，按照这个逻辑，经理也有可能参与虚构无效销售。

6.5 掩盖收银机记录

正如我们讨论过的，当一笔虚假的退款或虚假的无效销售被记入收银机后，会发生两件事：员工从收银机中拿钱和虚增存货，进而造成存货的实际数量少于记录数量。在零售行业，存在一定数量的存货损耗是不可避免的，但是大量的损耗就要引起注意，需要考虑是否存在舞弊行为。因此，舞弊者最关注的问题是如何掩盖存货短缺。

核算存货一般有两个步骤。第一步是存货的永续盘存制，即填写表格反映存货的应然数量，产生销售时，从记录中扣减这部分存货数量；第二步是定期对存货进行实地盘点，即派人去仓库盘点存货的实际数量。然后将两者进行比较，看永续盘存制下的存货数量（手头应当有多少）与实物存货数量（手头实际有多少）是否一致。

在收银机支出舞弊中，舞弊者经常虚报实地盘点中的存货数量来掩盖存货缺口。当舞弊者是清点存货的成员之一时，更能轻易夸大实地盘存数量，使其与永续盘存制下的存货数相匹配。我们在第9章中会详细分析掩盖存货短缺的方法。

6.5.1 小金额舞弊

为避免退款舞弊被发现，有的员工会使用小金额舞弊。许多公司都会设定一个退款额度标准，标准之下的退款不需经理审核。这种情况下，舞弊者为了规避审核会伪造大量的小额退款。某案例中，一个员工编造了1000多笔虚假退款，每笔金额都低于15美元，这个数额不需要审核，但最终其舞弊行为还是被发现了，因为他在商店营业之前就开始处理退款并被同事发现了，而且系统中还记录着营业前处理的退款。

6.5.2 毁损记录

与其他舞弊手法一样，掩盖收银机舞弊的终极方法就是毁损所有交易记录。绝大多数的掩盖是为了不让管理者察觉已经发生的舞弊，但如果一个员工开始毁损记录，通常就是管理层已经发现了舞弊，毁损记录只是为了防止找出证据。某案例中，一个员工编造了反映在收银机记录中的虚假存货，然后，她将所有正常的和舞弊的退款凭证都扔掉了，既然所有交易的文件都丢失了，就极难区分合法与非法交易，也就很难确定是否有盗窃。

6.6　调查

6.6.1　虚假退款和虚假无效销售

通过仔细核查与现金收据一起提交的文件，通常能够发现虚假的退款和虚假的无效销售。

- 一种调查方法是测评每个收银员或销售人员经手的退款与折扣。如果发现某个员工或某组员工比其他员工退款或折扣频率高，就要深入核查，以确定退款是否适当并被恰当记录。

- 在收银处明示标识，要求顾客索要并检查收据。将顾客行为纳入内部控制体系，有助于收银员和销售人员适当核算销售业务，并防止员工将顾客收据用于虚假的无效销售和虚假退款。

- 对退货或无效销售的顾客随机打电话，以验证交易的合法性。

6.6.2　收银机舞弊的预警信号

- 不恰当的职责划分，如收银员同时负责收银机的清点和核对。
- 由收银员（而不是管理者）负责退款和无效销售的关键环节。
- 收银员有权将自己经手的交易处理为无效交易。
- 不对收银机退款进行系统审核。
- 多个收银员操作一台收银机，但没有各自的访问密码。
- 在收银机记录中发现收银员的私人支票。
- 无效销售未被适当记录或者未经主管审核。
- 已作无效销售的现金收据表格（手工系统）或者无效交易的支持性文件（收银机系统）未被保留在档案中。
- 收银机记录有缺失或明显被窜改。
- 收银机记录的交易序号存在缺号。
- 收银机记录中存在退款、无效销售或者无销售的杂乱编号。
- 存货总额明显被强制平衡。
- 存在大量的刚好低于审批限额的退款或无效销售。

159

6.7　防范

使用收银机的企业应执行防范措施，以减少员工实施收银机舞弊的风险。

- 审查收银员的职责划分情况，以及他们主管的职责。
- 告知负责收取现金的员工其职责，并对之进行适当的监督。
- 应当由其他员工而不是收银员负责编制收银机盘点表，并将其与收银机记录总额核对一致。
- 必须及时、完整地将收银机文件和现金递交给恰当的负责人。
- 现金盗窃有时是被顾客揭露出来的。这些顾客已经从其账户中付款但没有收到相应的积分，有的案例中，他们积分账户中的记录金额与其已支付金额不一致；银行也可能频繁向公司投诉并提出询问。
- 应当严格监督对收银机的接触，并确保访问密码安全。

- 分析退款的数量，以便发现多笔小额退款。
- 沟通并遵守突击现金盘点的政策。
- 安排一名经理或管理者在收银机附近巡视，对盗窃行为起到威慑作用。
- 审查已作无效销售或退款处理的交易的支持性文件并验证其适当性。
- 审查收银机记录的完整性和编号的连续性。

第7章 账单手法

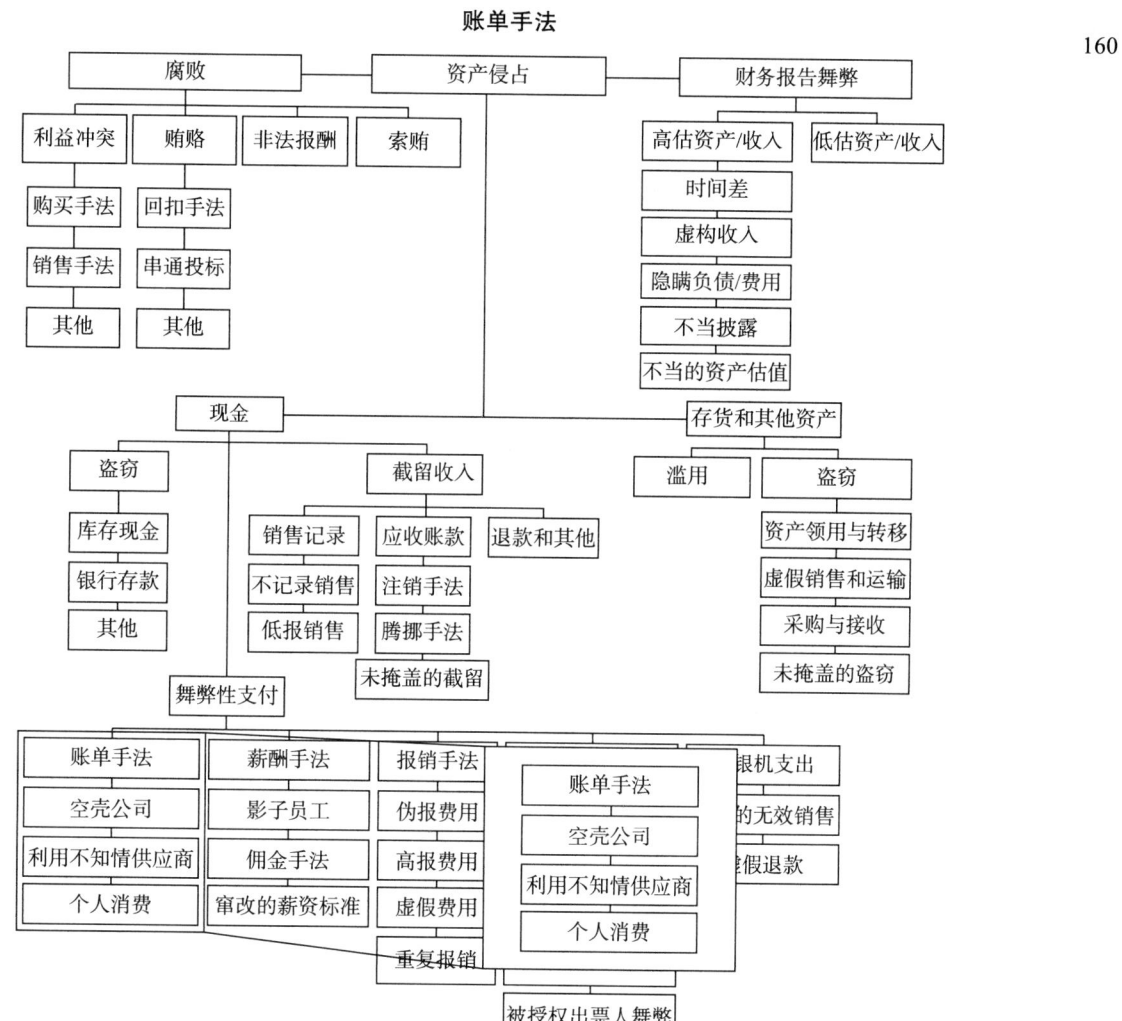

账单手法

案例研究 7—1 医学院里的舞弊和滥用

　　某一所医学院里，舞弊接连发生，开始只是因为发现了一位主管的小小违规行为，接下来却打开了该主管的助理长期舞弊的潘多拉魔盒。这位已婚主管叫 Bruce Livingstone[1]，负

----

〔1〕 为保护隐私，已对案例中的姓名和部分细节进行修改。

责一个学院里的三人办公室，他从学校的临时账户中提取资金带女友参加商务旅行，而且之后没有当月报销相关费用，违反了学院对超额差旅费的管理规定。

后来，学院管理层发现很多员工都懒于及时提交费用报告，所以打算调整临时账户政策加强管理，学院要求员工必须在发工资前解决自己的借款，否则会在工资中进行扣除。

Livingstone 为了掩盖他这次不慎重的"商务旅行"，必须要隐瞒携女友出游产生的额外费用，于是他递交了一份伪造的费用报告。在这份费用报告中，他不明智地将学校的另一名女性高级审计师作为旅行同伴，并在信函上伪造了她的签名。

巧合的是，这位审计师刚巧负责审查这份伪造的报告，她惊讶地发现自己竟曾与 Livingstone "一同旅行"，于是立即将伪造费用报告的事告诉了学校的内部审计主任 Harold Dore，Dore 马上派人进行了调查。

在与学校主管简短面谈后，Livingstone 承认了他的错误并立即遭到解雇。随后，学院的行政副校长授权 Dore 进行一次全面的舞弊审查，他们很快发现情况非常糟糕，Livingston 的婚外旅行只是冰山一角。

Dore 说："无论什么时候，只要发现舞弊行为，我都会立即执行我的'重大调查'（magnitude invetigation）。"他深知，舞弊者们并不会浅尝辄止，"只要有机会，他们就会实施舞弊"。

为了收集信息，Dore 打算会见一下 Livingstone 的行政助理 Cheryl Brown，这是一位 30 岁的女士，在 Livingstone 的办公室工作了三年多。

在 Dore 到达之前，Brown 却离开了，她告诉同事，因为叔叔被射伤，她必须立即赶往加利福尼亚州。她走得非常匆忙，连工资支票都留在了办公室。

这显然非常可疑，Dore 立刻封锁了 Brown 和 Livingstone 共用的办公室，并进行搜查。办公室里发现了许多价格不菲的牙科工具，意味着 Livingstone 多年来一直将这些工具私下出售给牙科专业的学生。

Dore 知道，采购者经常会从供应商那里得到回扣，而这个办公室的主要职责之一就是处理厂商递交的发票，因此 Dore 开始审查一些相关的主要文件。文件里有一份名单，列出了数万个曾为医学院提供过商品和服务的厂商的信息，他们的产品占了学校每年 500 万美元预算的相当一部分。Dore 从中选了 50 个厂商，其中主要是那些没有登记电话号码和地址的厂商。

然后，Dore 将选出的厂商名单拿到付款流程中的下一个流程——递交付款部门进行审核，比对文件之后，他很快注意到了一家供应商——Armstrong 供应公司。这家公司每月定期开出两三次名称奇怪的项目账单，这些项目都是 Dore 不熟悉的类型，而且额度总是在4500 美元以下，因此不需要双重批准，附在发票后的资金申请表上只要有 Livingstone 或者牙科学院院长两者之一的签字即可。此外，Dore 在档案中没有找到 Armstrong 供应公司的厂商申请表，也没有发现任何竞价过程。

这个舞弊审查师说："看到实体发票时，我很吃惊。"所有的发票都是打字机在很规则的白色打印纸上打印出来的，顶端有一名罗马士兵头部的标识，标识下面是 12 号的黑体字"发票"，有的发票有编号，有的没有，但都印有 4 位数的邮政编码，可邮局在多年前就变为 5 位数和 6 位数的邮政编码了。账单上的物品都是些"3 打 TPM 大头针"诸如此类的东西，这些商品的性质甚至让经验丰富的仓库经理都感到困惑。

基于 20 多年的审计经验，Dore 说："单从发票上我就闻到了伪造的气味。"更重要的是，他随后在 Brown 的书桌抽屉里发现了 Armstrong 公司的空白发票，它们直接被放在一台可疑的打字机下面，那里还有一张已经填完并准备递交的发票。

显然，Brown 离开得太匆忙，都没来得及处理这些舞弊的证据。

根据这些伪造的发票，付款部门会按其金额签发一张支票，在后附的资金申请表上，Brown 通常注明，她将亲自向 Armstrong 供应公司呈交支票。因为控制比较松懈，其实厂商和员工都可以取走支票，从一些已付讫的支票上看，是一位名叫 Claude Armstrong 的人在不同的支票服务公司转存了这些支票，有的支票背面还有 Brown 做的进一步核实。

更多的调查还揭露了另外一个小贿赂：办公室的邮件中有一张附有留言卡片的礼券，是一家厂商送给 Brown 的，以感谢她对最近业务的关照。

还有一家加利福尼亚州的厂商，他们就一批单价 500 美元、总值约 4.2 万美元的施乐复印机墨盒给学校开了账单，看起来是 Brown 处理了这张发票，但在学校的仓库和复印中心却没有发现这些价格奇高的东西。Dore 打电话给当地经销商核实，得知最贵的墨盒也只值 183 美元，后来他请私家侦探确定了该厂商的"公司总部"位于一个简陋的租赁单元里，但之后学校因为成本太高而放弃了对这笔损失的长途追击。

尽管 Dore 试图让这次长达 3 个月的调查悄悄进行，但校园里总是充满各种议论，Brown 的很多朋友，包括两位在付款部工作的同事，会不时将 Dore 的调查进度告诉她。

接下来，Dore 和 Livingstone 进行了一次谈话，主要是关于利用供应商舞弊和拿回扣的新证据，以及 Livingstone 秘密出售牙齿矫正器具的行为。Dore 发现，这位主管显然对 Brown 的账单手法毫不知情，是 Brown 单独实施了总值约 6.3 万美元的舞弊。Livingstone 也很意外，这件事就发生在他的眼皮底下，而且是自己非常信任的人干的。有时，是 Brown 伪造了 Livingstone 或学院院长的签字；也有的情况下，是这个不知情的主管亲自签了这些字。

在 Livingstone 接受约谈的同时，学校的法律总顾问接到了 Brown 律师的电话。律师询问，如果 Brown 承认所有事情，校方是否会网开一面。总顾问认为有这个可能性，并计划在 9 月份安排一次会议，由双方律师、Dore、大学的行政副校长以及 Brown 参加。Brown 自从匆忙离开后就一直没回来工作，只是经律师转达她的请求。她还带了一位朋友作为她的品德见证人，这人是一名护士，她证明这位收养了三个小孩的妈妈人品优良。

会议上，Brown 平静且合作。Dore 给她看了关于 Armstrong 供应公司的大量文件，这个公司正是 Brown 编造出来的，她很配合地确认了每一份详细证明其舞弊的资料和文件。她的舞弊行为始于她受雇后的 5 个月，说是一次急需现金的情形促使她实施了第一次舞弊。后来，Brown 发现在控制松懈的环境下实施舞弊非常容易，于是信心大增，提高了舞弊的频率且欲罢不能，用她的话讲："这种行为已经让我上瘾。"

为了证明自己急需资金，Brown 向 Dore 解释，自己的丈夫吸毒并酗酒，同时她也被影响开始吸毒，还说丈夫在自己染上毒瘾后就抛弃了她和孩子。说到这里，Brown 忍不住大哭起来，整个谈话过程中，她还哭过好多次。

Brown 接着说，为了戒掉毒瘾，她正在接受医生的治疗。当 Dore 问她治疗了多长时间时，她回答说下个星期会第一次去看医生。（几个月后，Dore 和一位曾经与 Brown 约会过的同事有过一次偶然谈话，这次谈话引起了他对 Brown 之前所说理由的怀疑。那位同事发誓说，Brown 从来没有接触过毒品和酒精。）

163

Brown 说，她的共犯 Claude Armstrong III 有吸毒史（背景调查表明，Armstrong 因服用毒品曾被逮捕和定罪，而 Brown 此前没有被判过刑或定罪），她也承认先前关于加州叔叔的故事是编造的。

Brown 对她伪造发票的行为表示后悔，Dore 询问她与假冒的墨盒供应公司的关系，Brown 却完全否认，她坚持说那些发票都是合法的，且墨盒就堆放在储藏室（但是，那些墨盒至今无人发现）。

Brown 不承认这次金额 4.2 万美元的墨盒骗局，而且对自己两年内从 Armstrong 公司的舞弊中净获 6.3 万美元似乎也感到惊讶。

鉴于这笔钱只占年度预算中一个很小的比例，大学对于提供外部审计的"会计师事务所未发现这个舞弊行为并不意外。审计合同声明：审计事项不可能毫无遗漏，也不是为了发现舞弊"，可见，一位审计师如果不想承担责任，就要依赖于对可能存在的过失责任的免责声明。"如果需要毫无遗漏的检查，是没有人能承担起这种外部审计的。"Dore 说，他同时也是一位注册审计师。

舞弊事件之后，学校进行了改革，设立了更强有力的控制系统，并采取措施确保其有效性。Dore 说，他的这次全面调查提高了大家对审计职能的尊重。"学校领导坚持对 Brown 进行刑事起诉，这可能会让学校的 500 多名员工提高一点敬畏感。"

在对 Brown 进行审判的过程中，地区检察官通知 Dore 说不需要他的证词，即便这个证词能够证明被告的恶意。在律师的代理下，Brown 与检方达成协议，最终判处缓刑和支付部分赔偿金。Brown 承担 3/4 的责任，Armstrong 承担 1/4 的责任，鉴于他们盗窃的一半资金来源于联邦基金，所以以需赔偿联邦出资机构 3 万美元。Brown 还被判 6 个月的禁足，只准许工作和去教堂。

7.1 概述

到目前为止，我们讨论的资产侵占手法包括截留收入、现金盗窃、支票窜改和收银机支出，这些手法都需要舞弊者从雇主那里实际拿到现金或支票。在典型的现金盗窃手法中，舞弊者以现金和支票形式将钱装入口袋；在支票窜改手法中，员工想办法利用支票将雇主的钱转为自己使用。

在本章和下一章中，我们将讨论其他的资产侵占手法，使用这些手法，舞弊者不必实际处理现金或支票就能够侵占公司资金，他们瞄准的是现金支付流程和支付周期，主要方法是通过向受害公司编造虚假付款请求以侵占资金，称为"虚假请求手法"。这种虚假请求手法诱骗企业为没有收到的产品和服务进行舞弊性付款，主要包括"账单手法"（这种手法攻击公司的采购职能）、"薪酬手法"和"费用报销手法"。其中最常见的是账单手法。

7.2 来自2015年 ACFE《全球舞弊调查报告》中有关账单手法的数据资料

在 2015 年的舞弊调查中，账单手法在舞弊性支付中占比最大，在 1015 起报告案例中的

比例超过一半，损失中值排第二位，为 10 万美元。（参见图表 7-1 和图表 7-2）

账单手法主要有三种方式：

1. 利用空壳公司开具发票；

2. 利用不知情供应商开具发票；

3. 利用公司资金支付个人消费。

图表 7-1　2015 年《全球舞弊调查报告》：舞弊性支出案件的发生百分比

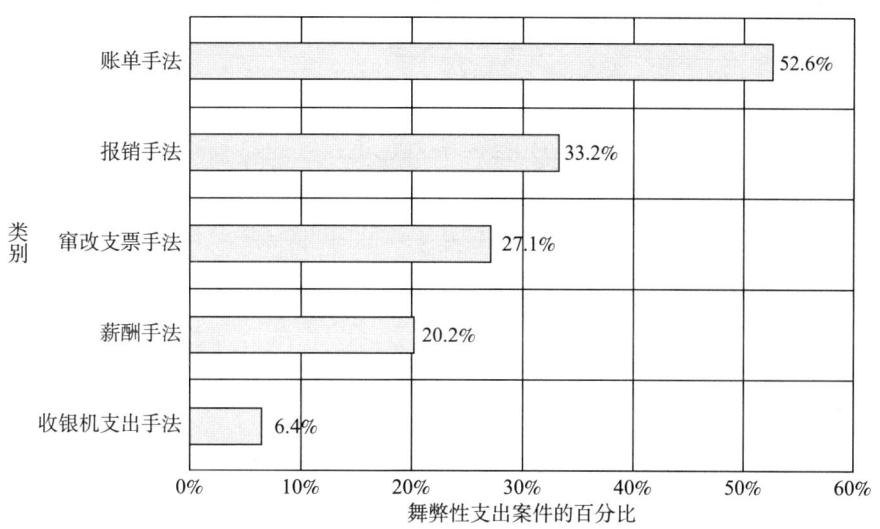

图表 7-2　2015 年《全球舞弊调查报告》：舞弊性支出案件的损失中值

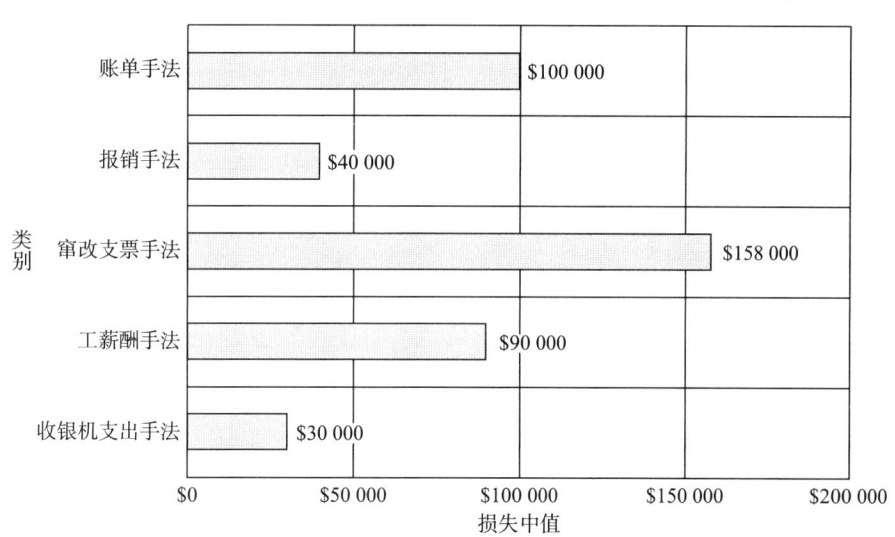

7.3　空壳公司手法

166

7.3.1　成立空壳公司

空壳公司（Shell Company），是指一个没有活跃的业务运作或重大资产的公司。广义的空壳公司不一定是非法或不合法的，但在本书中，我们将空壳公司定义为仅为实施欺诈而创建的虚构实体。正如我们在本章开头的案例研究中看到的，它们可能只是一个伪造的名称和一个邮寄地址，员工利用它们从虚假账单中收取退款。另外，由于收到的款项将支付给空壳公司，舞弊者还会以空壳公司的名义开设一个银行账户，将自己列为账户上的授权签名者。（参见图表 7-3）

167

图表 7-3　空壳公司开具虚假账单

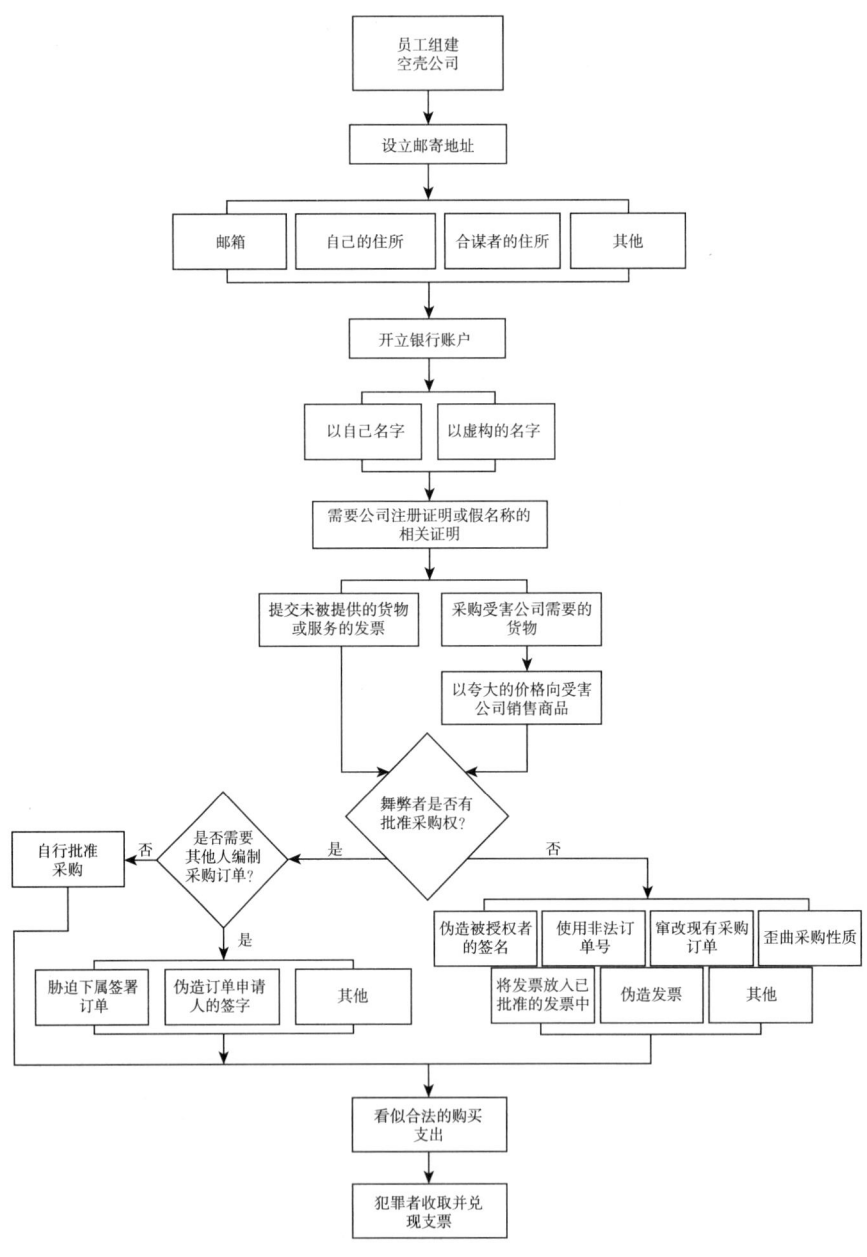

为了给空壳公司开立银行账户，舞弊者需要向银行出示公司注册证明，证明一般通过州或地方政府获取。在空壳公司手法中，舞弊者要提交必要的文件取得合法文件，通常会花点成本，但和舞弊成功的收益比较，这只是一点小钱罢了。

如果一家公司发现供应商开具了虚假账单，那么受害公司的审计师可能会调查一下供应商的所有权，这时银行的开户文件往往会露出破绽，帮助审计师确定谁是伪造账单的幕后黑手。如果员工以自己的名义成立空壳公司，答案就太显而易见了。

因此，舞弊员工有时会以他人名义成立空壳公司。某案例中，一名员工通过虚假账单从他的公司窃取了大约 100 万美元，账单来自他妻子以娘家姓氏设立的空壳公司。使用配偶的名字会增加一些缓冲地带。

为了掩盖与空壳公司的联系，一个更有效的方法是用虚假的名字成立公司。某案例中，一名员工先用同事的身份证件成立了一家空壳公司，然后以这个公司的名义向雇主开了约 2 万美元的虚假服务费用，并用公司账户收款，而后员工从 ATM 机把钱取走。

成立空壳公司涉及的另一个问题是公司的地址，也就是邮寄舞弊性支票的地方。舞弊者通常会租一个邮政信箱作为邮寄地址，有的员工也会写上他们的家庭住址。某案例中，一位部门主管以自己的住所为通信地址成立了一家空壳公司，并在两年时间内提交了超过 25 万美元的虚假发票。最后，这个阴谋被一个新员工识破了，她在处理发票时发现供应商的地址与上司的地址相同（巧合的是，这位员工当天为她的上司打印了一封私人信件，并记住了他的家庭地址）。问题在于，如果这位主管用邮政信箱地址代替发票上的家庭地址，那么他的舞弊手法也许会一直持续下去。

使用邮政信箱地址也有弊端，因为一些公司向邮箱信箱寄支票时特别谨慎，那本身就可能是舞弊信号。所以，舞弊者也许会以亲戚、朋友或同伙的地址作为收取舞弊性支票的地点。

7.3.2 提交伪造发票

一旦设立空壳公司并且开立了银行账户，舞弊员工就可以向雇主开具账单了。有很多制造发票的方法，只要配备上打印机、电脑或打字机就够了。正如我们在案例研究中看到的，虚假发票经常质量不高。据 Harold Dore 说，Cheryl Brown 通过 Armstrong 供应公司开具的账单，从表面上"就闻到了伪造的气味"，即便如此，她还是能够成功开出支票。

7.3.3 舞弊性发票的自审批

使用空壳公司手法的重点不是编造发票，而是让受害公司向他们付款，其中认可虚假采购并对账单进行付款是关键。我们研究的空壳公司案例中，很多舞弊者本身就有权力批准发票。例如，一位经理被授权为价值 600 万美元的发票进行付款，而这些虚假发票来自他成立的空壳公司；类似地，另一个案例中的一名员工成立了一家空壳货运公司，并亲自批准了为 5 万美元的伪造发票付款。那些有权批准购买行为的人是最有可能实施账单舞弊的员工，这很正常，因为他们需要面对的障碍比其他员工要少。

如果受害组织设置了职责分工的控制措施，要求由不同的人分别负责准备支票与批准支票，就可能要稍微调整一下舞弊方法。某案例中，舞弊者有批准权，但是没有准备权，因此他编造了虚假单据，并在单据上伪造了同事的签名，接着在自己的权利范围内批准了付款。表面上看，该付款有两位员工审核签署，符合了公司的控制要求。

当然，并非所有的公司在付款前都要求填写付款凭证，有很多企业的付款程序并不完备。某案例中，一家非营利机构的 CEO 简单地向会计部门递交了一份"支票申请"，当然，来自高管的"请求"很有分量，会计部门很快就准备了支票，并不会认真审查"申请"中的收款人和具体金额。舞弊者利用这些表格获得了超过 3.5 万美元的报酬，用于"支付"他成立的空壳公司提供的虚假服务。在这种情况下，甚至不需要提供发票作为付款的前提。支票申请单只是简单地列出了收款人、金额以及关于支票原因的简要说明，最终就让3家独立的公司同时向受害公司收费。作为CEO，本案中的舞弊者在公司内部有很大的自由度，不太可能受到下属的阻挠。这个案例也说明，如果不对付款程序进行支持性文件的要求，很容易导致舞弊。

7.3.4 "橡皮图章"（Rubber-Stamp）式的主管

如果员工不能自己批准付款，那么下一步最好的条件莫过于有权批准的人疏忽大意或过度轻信他人，这种橡皮图章式的主管很容易被不道德的员工盯上。在某案例中，一名员工和同伙成立了一家空壳计算机公司，为他的雇主提供零件和服务，因为舞弊者的主管对电脑不是很在行，完全不能准确估计账单是否过量甚至必需，所以主要靠这个舞弊员工负责具体审核采购的真实性，于是遭受了大约2万美元的损失。

7.3.5 依赖虚假文件

如果员工无权批准采购，也没有橡皮图章式的主管，他们就必须通过正常的应付账款程序来达到目的。这种手法能否成功取决于制作的虚假凭单表面看起来是否真实，如果舞弊者能够成功制作采购单和验收报告，就可以欺骗应付账款部门签发支票。

7.3.6 员工串通

如果不同岗位的员工们串通，那么即使公司建立了良好的内部控制程序，也会形同虚设。例如，在一家职责分工明确的公司里，批准采购、实施采购、接收商品或服务以及向供应商付款等职责是分离的，假设这一程序被严格执行，那么任何单个员工要实施伪造账单手法都是极其困难的。因此，舞弊手法就会升级：几个职位的员工互相串通，使雇主防范舞弊的措施失灵。某案例中，一名仓库领班和一名零件订货员串通，采购了近30万美元并不存在的供应品。首先，订货员获得下订单的批准，然后将订单交给供应商，这个供应商是两位舞弊者的中间人，他负责准备交给受害公司的虚假单据，同时，仓库领班会确认物品入库的虚假单据。犯罪者在没有超越其职责的情况下就为虚假采购编造出完整的凭证。类似的另一个案例中，3名员工成立了一家空壳公司，向雇主开具服务和物品的账单：第一位员工在生产部门，他负责零件和服务的订购；第二位是采购代表，通过比较定价后编制虚假的采购报告以批准这些订单，他同时也负责零件或服务的验收工作；第三个同伙是受害公司应付账款部门的经理，确保对舞弊性发票的付款。

这些案例说明，如果采购中本应职责分离的几个员工互相串通，舞弊就很难被发现。即使遵循了所有的控制程序，某种程度上说，一家公司也必须在一些关键控制点上依赖员工的诚实品格。职责分离的目的之一是防止任何一个人对一项特定经营职能有太多的控制权，它提供了一种嵌入式的监督机制，使每个人的行动以某种方式被另一个人核查验证。但是，如果每个人都腐败，控制程序同样会被攻破。

7.3.7 购买服务而非商品

在我们的调查中，大多数空壳公司手法涉及的购买对象是服务而不是商品，主要原因在于服务是无形的。如果一位员工设立空壳公司编造虚假的商品销售，因为商品并没有被收到，所以受害公司通过比较采购额与存货量可能会发现舞弊；相对来说，证实从未接受过的服务更困难一些，所以很多空壳公司舞弊者会向其雇主开具类似"咨询服务"这类业务的账单。

7.3.8　中转手法（Pass-Through Schemes）

如我们上文所说，受害公司因受欺诈会对完全虚假的采购商品或服务进行付款，这是空壳公司舞弊最惯用的方法，但这种手法还可以分出一个小的类别，将真实的商品或服务销售给受害公司，但是中间做别的手脚，即所谓的"中转手法"。

中转手法一般由采购员工实施。员工设立空壳公司，先让空壳公司从供应商那里进行采购，然后让其受雇公司再从空壳公司那里进行购买，当然，价格是虚高的，中间的利润被他们赚走了。

我们研究过一个采用中转手法的典型案例。一位部门主管负责采购计算机设备，因为他有专业知识且职位较高，工作完全不受监督，于是该主管在另一个州设立了一家空壳公司，并通过该公司采购二手计算机，然后以明显高价卖给其雇主，从中获利约 100 万美元。

171

7.4　通过不知情供应商开具发票

7.4.1　"支付—退回"手法（Pay-and-Return Schemes）

有些舞弊员工会利用不知情的供应商开具发票。"支付—退回"手法是指，舞弊员工不按流程准备和递交供应商的发票，而是故意对他们的款项做不当处理，（参见图表 7-4）典型方式是对发票进行重复支付。某案例中，一名秘书负责处理付款申请并批准付款，她故意对一些账单付款两次，然后要求接收者返回其中一张，再在中途截留退回支票并存入自己的账户。

图表 7-4　"支付—退回"手法

172

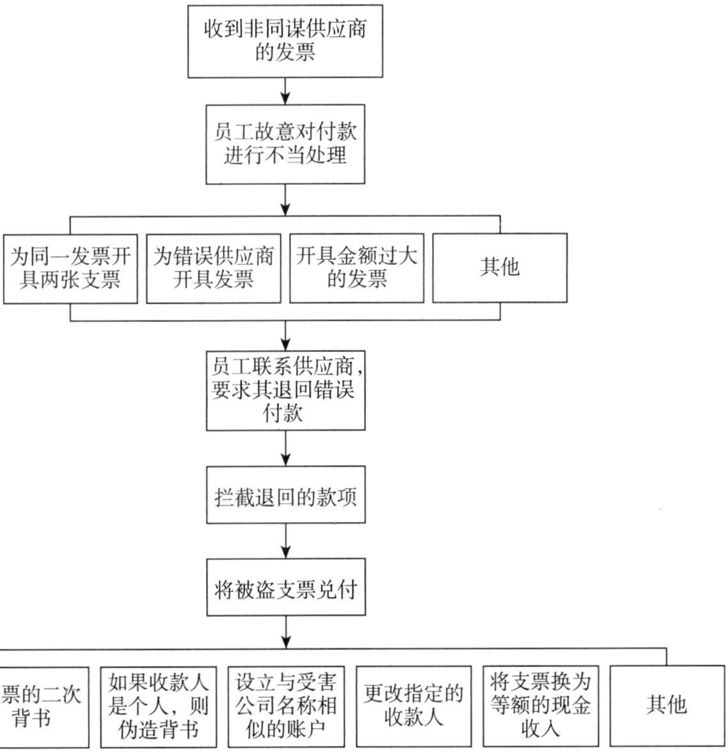

完成"支付—退回"手法的另外一种方式是，故意向错误的供应商付款。另一个案例中，一位应付账款部门的员工故意将供应商支票放进错误的信封寄出，然后打电话解释"错误"并要求其退还支票，在将退还支票存入自己的账户后，她再次通过应付账款系统制作凭证向合法的供应商付款。

还有一种类似方法，员工向正确的供应商付款，但是会故意多付。例如，一位员工可能故意向供应商开具一张比发票金额大的支票，然后要求供应商退回多付的款项后存入自己账户；同样地，这位员工可能会故意采购过多的商品，退回超出的部分，再将退款中饱私囊。

7.4.2 利用不知情供应商的发票夸大账单

在大多数案例中，员工通过空壳公司，无论是完全编造舞弊性发票，还是通过中转方式虚增付款，都不涉及供应商的真实发票。还有的案例中，员工会窜改供应商的发票来实施账单舞弊。接下来介绍的案例中，Albert Miano 复制了一张承包商的发票副本，然后使用生成的空白发票向其雇主开具了 100 多万美元的虚假工作费用，注册舞弊审查师 Terence McGrane 及时发现并终结了 Miano 的骗局。

案例研究 7—2 极为隐蔽的内部舞弊

有时，舞弊是被偶然发现的，下面要说的是一名杂志社员工的巨额舞弊案，而且其被发现是各种偶然促成的。

这是一本很受欢迎的杂志，拥有向全世界发行的直邮出版公司。后来，公司领导层决定将其大部分直邮业务外包给专业的邮件投递商，所以位于纽约 Pleasantville 的直邮订单工厂就需要转型，公司决定打造一个办公综合体，其中还要建造一个礼堂，设计上仿造了弗吉尼亚州一个历史悠久的礼堂。

当时，Terrence McGrane 刚刚任职杂志社的首席内部审计师，为了熟悉这个新公司，他打算与所有的副总裁进行面谈，第一个谈话对象就是管理服务部门的副总裁 Harold J. Scott，他负责很多项目的建设和维护服务，转型工程规模很大，收到数百张发票都不足为奇。

McGrane 来到应付账款部门，取回了一系列最近提交的与礼堂建筑工程有关的各种交易的发票。"我想要了解会计制度的执行状况如何——哪些是资本，哪些是费用，它们是如何被记录的，等等。"于是，他拿了一叠经过处理的带有会计代码的发票，来到施工现场，与副总裁进行了一个小时的面谈。

两人围着工地散步时，McGrane 问副董事长，能否向他解释一下会计制度。"他盯着发票足有 30 秒钟，然后说：'这发票上的名不是我签的！'他仔细审核一下这堆发票，然后发现似乎还有三四张伪造的发票。他对此感到十分困惑。"

最初的调查表明，所有伪造的发票都在油漆部门，这个部门的年预算大约有 50 万美元。公司只雇了一个人在这个部门监督工作，他叫 Albert Miano。

Miano 35 岁，年薪约 3 万美元。他的工作是根据油漆工、木匠、电工、水管工的工作情况调整工时和材料合同。这些工人每天都在辛苦工作，作为监督者，Miano 定期向主管服务部门的副董事长递交人工支出的发票。

刚开始，Miano 通过油漆工的工作制作虚假发票进行舞弊。他首先在油漆承包商那里得到了一张合法发票的副本，涂改信息后，在复印店做出了发票的复制品，然后就在家里打印上同类型服务的内容，这样就制作出一张发票，与承包商的工作记录稍有不同。

McGrane 讲述了 Miano 实施舞弊的一个可能场景："比如说，他知道二月份某个星期会有 27 名油漆工工作，也了解这期间的所用工时总数和材料总量，于是他就另外制作一张性质类似的发票，但记录只有 11 名油漆工的工作量。"Miano 会将发票制作得非常相似以至没有任何人怀疑。事实上，他在这些发票上编造的"虚假工作"根本没有工作订单，与实际的工作量相比，虚假发票上会少列人数和工作时间。

按照正常的工作流程，他定期把一堆交易发票拿到管理服务部门的副总裁的办公室签字批准，一两天后再来取，并将已批准的发票交到应付账款部门。McGrane 说："这是一个舞弊的机会。Miano 可以拿到已批准的发票，这样他就能够将自己复制的假发票塞进去，冒充获得批准的发票，这是他进行舞弊的第一个环节；第二个环节就是公司允许同一个人将这些发票递交到应付账款部门并拿走付款支票。" 174

发现将自己的假发票混入一堆合法发票如此容易后，Miano 越来越大胆。他开始了另一种舞弊：打电话给应付账款部门，声称一个木匠或油漆工已经到达工地，并"立即需要支票"；为了保证项目实施，应付账款部门的员工都会满足 Miano 的要求。Miano 已经在杂志社工作了近 15 年，很多员工都了解并喜欢他。

后来，应付账款部门的员工对这种情况习以为常，Miano 不需要编造理由就可以拿到支票，他每次收取支票时都把它们藏在衣服口袋里，回家后在支票背面伪造上承包商的名称，然后背书上自己的姓名，最后存进自己的银行账户。

McGrane 解释道，Miano 之所以能够舞弊成功，是因为内部控制的失误和员工没有遵循标准的会计程序。"对于任何公司的交易来说，需要有一些基本的控制程序：一是，发票应当被单独递给具有批准权的主管；二是，发票一旦经过签字批准，就应当被直接送到应付账款部门；三是，当应付账款部门准备好支票后，应当将支票直接寄给第三方。强有力的内部控制系统中，不应该允许员工或承包商直接进来收取发票，能够直接接触应付账款部门，对某些试图侵占资金的人来说太具有诱惑力了。"

应付账款部门也没有将这些发票汇总起来作为单独的一张支票，而是为每张发票都开具一张支票。"如果他们只开具一张支票"，McGrane 说，"Miano 的假发票就会加总到合法工人支出的月度发票汇总中，相应的支票就会被寄给合法的承包商。"应付账款部门没有认真查看发票上的伪造签名，会计部门也没有追查已付讫支票的二次背书，而这些都是侵占资金的预警信号。

Miano 的第一次交易总额为 1200 美元，第二次交易额攀升至 6000 美元，第三次是 1.2 万美元，最大的一次数额达到 6.6 万美元。Miano 在真实发票的基础上调低金额开假发票，以此掩盖自己的阴谋。McGrane 说："如果真实的油漆工作一个月递交 2 万美元的发票，Miano 就会递交 1.4 万美元的假发票；如果油漆工递交一张 6000 美元的发票，他就会递交一张 3000 美元的假发票。"由于施工一直在进行，审计师完全没有警惕各个发票的金额。

Miano 在公司的行为和往常一样，穿着同样的衣服，开着同样的车，和其他同事分享一点自己的私人生活，兢兢业业，4 年多没有休过假，老板甚至认为应当给他升职（Miano 拒绝了一次晋升，其中的原因现在很明显了）。实际上，他背地里却是个小偷。 175

　　还有个凑巧的事情，McGrane 的秘书不仅是 Miano 在保龄球队的队员，也是他的邻居，他们定期约在保龄球场，秘书注意到 Miano 的行为变得有点奢侈。起初，他喜欢为球队买饮料，这个行为得到了队友的赞赏。然而，当他开着一辆崭新的奔驰轿车（他购买的 5 辆车之一）出现在球场并向队友谈起他价值 1.8 万美元的新船时，这位秘书开始疑惑钱的来源。Miano 还为价值 41.6 万美元的第二套房子付了首付。

　　一天晚上，Miano 给球队买了 800 美元的饮料，McGrane 的秘书问他："你是不是中奖了？还是有什么别的好事？" Miano 说他的岳父去世并给他和妻子留下了巨大的遗产。实际上，Miano 的岳父还活着，但没有人会去核实他的说法，也没有人认为 Miano 做了坏事或犯法的事。他所有的朋友都认为他"沉默寡言"，怎么可能会是个骗子，甚至有人将其描述为"不声不响如一箱石头"。

　　4 年多没有休假之后，Miano 开始了认为值得一游的大西洋城之旅。可刚去不久，他就被电话召回。可以想象，当他不得不离开赌场返回公司时有多么懊恼，当然，他当时并不知道，回去之后会更糟。

　　一回到办公室，Miano 就看到了审计师、副总裁和两位来自地方检察官办公室的检察官，他爽快地承认了罪行。"他说以为自己早就会被抓住"，McGrane 说，"他所做的一切都源自贪婪，没有其他人参与，并坦白其舞弊总额约为 40 万美元。"然而，内部审计师发现 Miano 在 5 年的时间内伪造了 50 多张支票背书，总额达 105.7 万美元。奇怪的是，审计师能够确定只有 38 万美元花费在有形的项目上（船、小轿车、房款的首付等），尽管查到 Miano 从银行至少提取了 70 万美元，但并不知道资金的去向。

　　Miano 被判处 8 年监禁。在他被起诉期间，他的妻子申请离婚，并声称对丈夫的罪行一无所知，Miano 向监狱的记者吐露：失去家庭和名誉是一个很大的教训。

　　"无论是小到一枚硬币，还是大到 500 万美元，这一切都不值得"，Miano 说，"你享受了金钱带来的一时欢乐，却是以骄傲、自尊和家庭为代价，这并不值得，金钱不能挽回这一切。"

7.5　以公司资金购买个人物品

176

　　除了侵占现金，也有很多账单舞弊者只是用公司资金购买个人物品，也就是用公司账户给自己、自己的公司和家人买东西。某个案例中，一位主管为自己的儿子开了一家公司，并将雇主的业务分给儿子的公司；还让雇主为该公司买了很多必需的材料和物品；此外，他还用雇主的钱买来原材料给家里新建了一个房间。加总起来，一共用了 5 万美元。

　　从概念上讲，或许有人疑惑为什么通过采购进行舞弊不被归为盗窃存货或其他资产，而将其称为账单手法中的个人采购。关键在于，账单手法中，舞弊者使用公司资金采购物品，然后将采购物品占为己有，在我们刚才讨论的案例中，主管就是这样私自占用了建筑材料和物品。这和第 9 章要讨论的偷窃物品和材料的舞弊手法有何不同？乍一看没什么区别，事实上，采购舞弊的核心不是占用存货，而是采购物品。换句话说，当员工实施盗窃存货舞弊，他们偷的是公司本身需要的物品，盗窃对公司造成的损害既包括获得资产的成本，也包括资产自身的损失；而在采购舞弊手法中，受害公司订购和支付了本不需要的资产，因此对受害公司造成的损害是采购特定项目中的资金损失，这就是两者的区别。

7.5.1　通过伪造发票购买个人物品

在我们的研究中，如果员工打算实施采购舞弊，大多通过在应付账款系统中批准有问题的发票完成购买。他们购买物品并将账单交给雇主，说是为公司买了东西，（参见图表7-5）其目的是让公司为该发票付款。当然，该员工递交的发票是不合法的，因此舞弊者克服的主要障碍就是避免对虚假发票的仔细检查，才能得到付款。

图表 7-5　通过伪造发票购物　　　　　　178

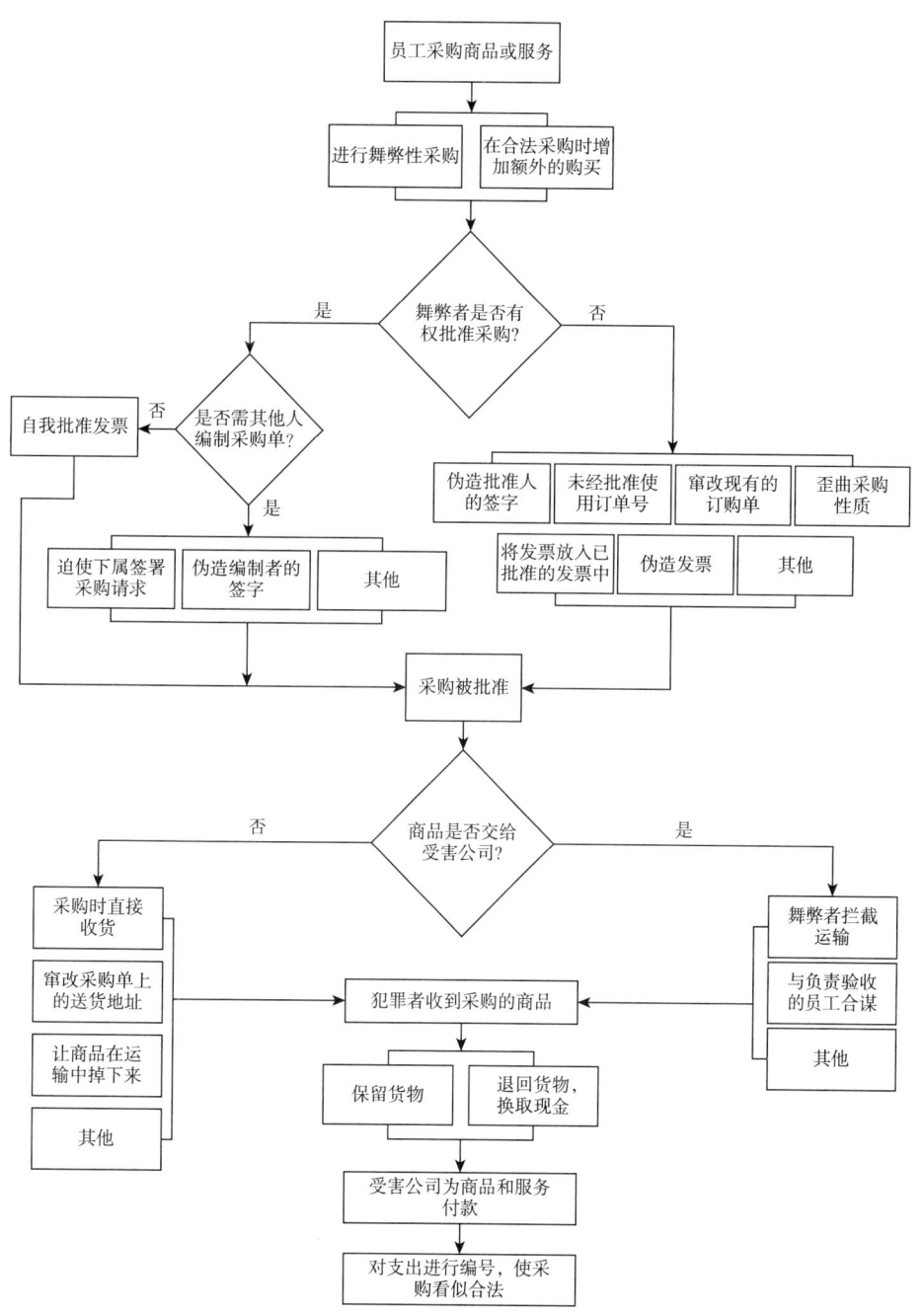

7.5.1.1　有权批准发票的舞弊者

与空壳公司手法类似，实施采购舞弊的人一般手握采购批准权。显然，适当的内部控制应避免任何人批准自己的采购行为，但如果公司的职责分工不明确，就只能靠员工的良心防止舞弊了。我们看到，确实有许多公司的控制存在这种疏漏。另外要强调的是，很多舞弊行为是一种"机会型犯罪"，它们产生的部分原因是舞弊者察觉到有犯罪机会，相对一个知道其行为被全方位监督的员工，感觉无人监督的员工显然更可能舞弊。

下面这个典型案例，说明了薄弱的控制是如何导致舞弊的。一家地处偏僻的大型上市公司的一位经理同时有两个权力：批准订购物品和批准对供应商付款。在一年多的时间里，这位经理进行公司采购时经常把自己所需的物品，如技术设备和家具等，加进公司的订单。既然经理有权批准自己的采购，当然很容易进行舞弊。除了订购个人物品，他还窜改某些送货地址，直接把货物送到自己家或自己的公司，受害公司共为这些额外支出了近30万美元。另一个类似的案例中，一位同时控制物资采购和运输存储的员工用公司的钱买了大约10万美元的供应品，然后运到自己的公司生产产品。从这些例子中可以明显看到，不仅薄弱的控制为舞弊埋下伏笔，对采购职能缺乏监督也使员工舞弊成功。

有些情况下，舞弊者虽然具有采购的批准权，但内部控制系统不允许他们提出采购申请，这个程序控制就可以杜绝上文案例的舞弊类型。但另一方面，有采购批准权的人通常是公司的高层管理人员，他们在很大程度上能够控制其下属，利用自己的影响力强迫下属协助其实施采购舞弊。例如，某家公司规定，金额低于1000美元的采购可以使用限额采购订单（Limited-Value Purchase Orders，简称LPOs），这种订单只需要两个人的签字：采购申请者和采购批准者；一张金额少于1000美元的发票附上限额采购订单，应付账款部门就可对其付款。在这个案例中，一名经理利用公司账户为自己进行小额采买，并为这些交易开具限额采购订单（有时，限额采购订单会对货物进行虚假描述以掩盖采购性质）。准备好后，经理就强迫其部门的一名员工签署交易申请单，员工迫于压力不会主动去质疑订单的真实性，所以订单有了两个签字，具备了形式上的条件，账单就会被支付。

7.5.1.2　伪造文件以获得批准

不是所有的舞弊者都有采购批准权，没有批准权的人必须想其他办法。在各类付款凭证中，采购订单是主要的控制文件，如果员工想采购商品或服务，首先要向主管者递交采购申请，订单被批准后会寄给供应商，但其副本仍保留在付款的相关单据里，以证明这项交易已获批准；收到商品和服务后，再将订单副本与相应的发票和验收报告一起提交给应付账款部门，后者才会开出支票。

为了使他们的采购看起来是真实的，一些舞弊者会制作虚假的采购订单。例如，一位员工在采购订单上伪造了部门主管的签字，以这种方式用公司的钱为自己买了3000美元的商品。另一个例子中，一位在教育机构工作的兼职员工获得了一个未被使用的订单号，然后以虚构的姓名用这个订单买了计算机，并在学校门口拦截商品将其卸到自己的车上；尝到甜头后，这位员工甚至开始伪造订单号采购物品，但不小心选择了一家真实的供应商，舞弊手法因此暴露。

7.5.1.3　窜改现有的采购订单

有的员工也会窜改采购订单，以期用雇主的钱给自己买东西。我们的研究中有这样的一个案例，几个员工合谋，为他们自己买了 200 万美元的材料，主谋是一位职位较低的主管，他控制着材料领用与接收的计算机系统，这位主管进入计算机系统，要么提出超量的材料订单申请，要么窜改现有订单以增加正申请采购材料的数量，由于受害公司的内部控制比较薄弱，没有将项目的已使用材料与已订购材料总额进行比较，所以一直未发现夸大数量；另外一名同谋员工负责验收运到的材料，他们能够转移多余的材料，并伪造接收报告以进行隐瞒，因为受害公司没有实施有效的运输控制措施，员工轻而易举地就用私家车从供应商那里提走了材料，侵占多余的商品非常便利。当然，从整个案件看，作为主谋的低职位主管能够发起虚假订单或窜改真实订单，是舞弊成功的关键。

7.5.1.4 伪造采购申请

员工获得虚假采购批准的另一种方式是改变采购性质。在许多公司，有批准权的人也许会玩忽职守，如果有个"值得信任的"下属提出采购申请，繁忙的主管就会给予"橡皮图章式"的批准。此外，员工有时会伪造他们正在采购的物品的性质，以便通过其主管的草率审查。某案例中，一位工程师可以直接与供应商交易，并负责采购材料的验收，所以他能够谎报采购商品性质为"维护项目"，并把供应商的发票窜改使之一致，从而采购了价值 3 万美元的私人物品。

当然，当物品运抵时，出现的是犯罪者的个人物品而非采购申请列明的经营物品，这会成为一个障碍。在刚才讨论的案例中，犯罪行为之所以未在接收阶段被发现，是因为舞弊采购的工程师同时负责该商品的验收，他能够伪造验收报告使舞弊行为不被发现。我们也遇到过一些案例，如采购部门与验收员工共谋，从而成功舞弊。

躲避验收阶段检查的另一种方法更改运送地址，比如直接送到家里或者其他公司。某案例中，一位应付账款部门的主管通过在应付账款系统输入凭单为其自己的公司采购物品，并将货物送到自己的公司。

7.5.2 以公司信用卡或其他账户实施个人采购

有的情况下，舞弊员工不使用发票舞弊手法，而是利用公司的信用卡、购物卡或与供应商合作的账户实施个人采购，（参见图表 7-6）其中的要点同样是如何避免被发现。然而，与发票舞弊手法不同的是，以信用卡实施采购不要求事先获得批准。一位持有公司信用卡的员工，只需在采购时签上自己的姓名（或者伪造他人签名）就能够采购所需物品；但漏洞在于，只要检查信用卡对账单，就可能发现舞弊性采购。在发票舞弊手法中，实施采购舞弊的人通常有批准采购权，信用卡舞弊手法也是一样，例如，有位经理有权审查和批准他自己的信用卡对账单，所以能在两年时间里一直以公司信用卡进行舞弊性采购。

当然，只有某些特定的员工会被授权使用公司的信用卡，如上面案例中的经理。对于没有这个权利的员工来说，会设法获得一张公司信用卡去进行采购，所以信用卡有时会被盗或从有权持有者那里被"借出"，在另一个案例中，有个舞弊者将自己的姓名加到了有权员工的名单上。

某案例中，一位行政秘书用公司信用卡给自己买了几十万美元的东西，然后销毁了采购收据和信用卡月度对账单，后来，公司因为没收到对账单就重新从银行拿了一份对账单副本，因此发现了舞弊行为。也有的舞弊者会销毁真实的对账单，然后伪造一份删除其舞弊性采购的假副本，这一手法能够使雇主对账户的真实情况毫不知情。

图表 7-6　使用公司账户或信用卡购物

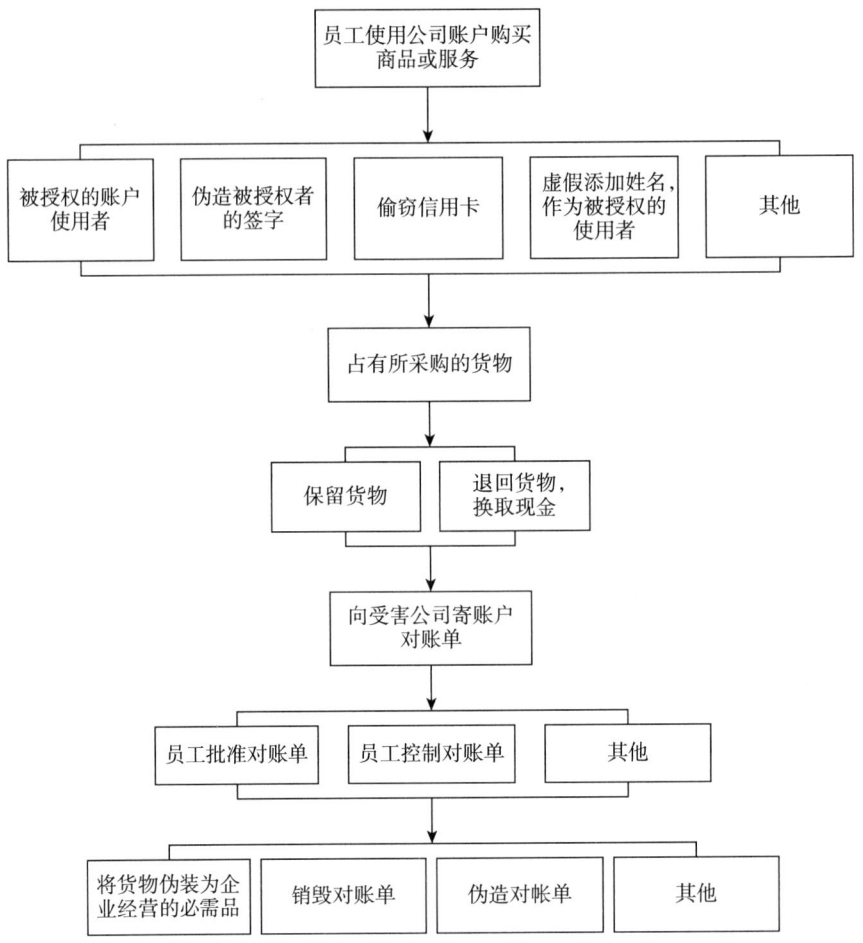

7.5.2.1　使用赊账账户

如果与某些供应商有常规的业务往来，一些公司会使用赊账账户，典型的如办公用品供应商。以赊账账户实施采购需要签字或者其他形式的授权，显然这位被授权人就有机会利用公司账户采购个人物品。

其他员工为达到同样的目的，可能会在进行舞弊性采购时伪造被授权者的签字。在一些非正式采购中，仅仅一个电话就能确认采购行为，这使得实施舞弊性采购非常容易。

7.5.2.2　退货换钱

到目前为止，我们本章讨论的所有案例都是以占有商品为目的，但也有部分舞弊者采购商品是为了退货换取现金。某案例中，一名员工利用公司的差旅费账户进行舞弊性付款从而获得收益。一开始，该员工通过公司的差旅费预算为自己和家人购票，不完善的职责分离允许她同时负责订票、收票、准备付款请求并开具支票，只有一位繁忙且不尽责的主管监督她的行为，审批时完全没有要求任何支持性文件。于是，员工升级了她的舞弊手法，开始用类似方法购买机票，并退回换取现金，还联系了一个旅行社的员工做同伙。为了掩盖，她将票据重新记录，看起来像是舞弊者自己支付了票款，所以航空公司直接向舞弊者而非其雇主支付退款。两年的时间里，这位员工盗窃金额超过 10 万美元。

7.6　调查

调查账单舞弊手法的预警信号时，可以参考以下几个方面：

- 公司是否有采购部门？如果有，该部门是否独立于以下三个部门：①会计部门；②验收部门；③运输部门？
- 是否只有相关部门的经理在采购申请单上签字后才能实施采购？
- 是否所有的采购行为都需将采购订单寄给供应商？或者只是超出预定限额的采购才这样？
- 采购订单是否详细说明了商品的名称、数量、价格、条款、运输要求和日期等信息？
- 是否保留并定期检查尚未填写的采购订单？
- 采购订单表格是否预先编号？是否定期记录序列号？
- 是否对已批准供应商的名单进行编册？
- 是否只在获得竞争性报价后才能采购商品？如果是，那么是要获得所有采购的竞争性报价，还是只需要获得超过预定限额的采购的竞争性报价？
- 是否保留了所有收据的记录？
- 验收部门是否为接收的所有商品编制验收报告？如果是，那么验收报告是对所有商品编制，还是只编制有采购订单的商品？接收报告是否被预先编号？
- 验收商品时，是否有独立于采购部门的工作人员在接收之前核对商品的说明、数量和状态？
- 验收报告的副本是否向以下三个部门提供：①会计部门；②采购部门；③验收部门？
- 是否对汇总采购订单进行监督？超出已批准总额的数量是否全部退给供应商？
- 对于部分抵达的货物的交付，会计核算程序是否适当？
- 采购和验收职能是否独立于发票处理、应付账款和总分类账职能？
- 在记录相关债务之前，供应商发票、验收报告和采购订单是否相匹配？
- 是否根据价格、数量、总额、运输费、折扣和信用条款审查发票？
- 是否有足够的控制，以确保所有可用的折扣已被考虑？
- 在付款前，采购行为是否被记录在采购登记表或凭单登记表中？
- 是否有负责任的员工恰当管理总分类账账户，并将发票过账？
- 是否有充分的程序确保发票已被处理，足以防止重复付款？
- 是否有负责任的主管对发票进行审核？
- 是否有合理的程序，确保把从供应商处购买的商品直邮给买家客户时立即向后者开具账单，并同时记录为应收账款和应付账款？
- 退还给供应商的货物记录是否与供应商的通知单相匹配？
- 是否对不匹配的收货报告、采购订单和供应商发票进行定期审查和调查，以确保正确记录？
- 每月是否对应付账款分类账或凭单登记簿进行核对，使其与总分类账相符？

- 供应商的报表是否定期审核并与已记录的负债进行核对？
- 调整应付账款（例如：注销借方余额）是否需要特定主管的批准？
- 是否使用了预算额度？如果有，那么预算是否经过负责任的主管的批准？是否对实际支出与预算总额进行了比较？是否分析和解释了两者之间的差异？
- 如果怀疑存在超额采购，是否核查这些采购物品已在适当的地点到货（收货报告）？收货报告或发票检查可能会显示其他装运地点。

7.7 防范

下列防范措施也许有助于遏制账单舞弊：

- 记录并遵守有关采购订单、开具发票和付款的批准程序。
- 定期检查供应商的应付账款清单，关注陌生的供应商和地址。
- 核查内容异常的付款记录。
- 对异常水平的供应商采购进行月度和年度分析。
- 比较和分析采购与存货水平。（参见第 9 章）
- 建立控制体系，对发票副本和采购订单号进行检查。
- 对批准、采购、验收、运输和会计核算等岗位建立职责分离制度。
- 定期检查凭证的支付情况，确保正确的文件记录。
- 检查验收报告和运输报告的完整性与准确性。
- 资产信息应当包括采购过程信息和其他信息。
- 严格、详细地检查存货账户的日记账。
- 定期执行适当的银行存款核对和检查程序，检查异常供应商和背书。
- 经常检查信用卡和购物卡账单以发现异常。
- 验证邮政地址发票的有效性。
- 对退回寄件人的支票建立适当的接收和处理程序。

184

第8章 薪酬手法和费用报销手法

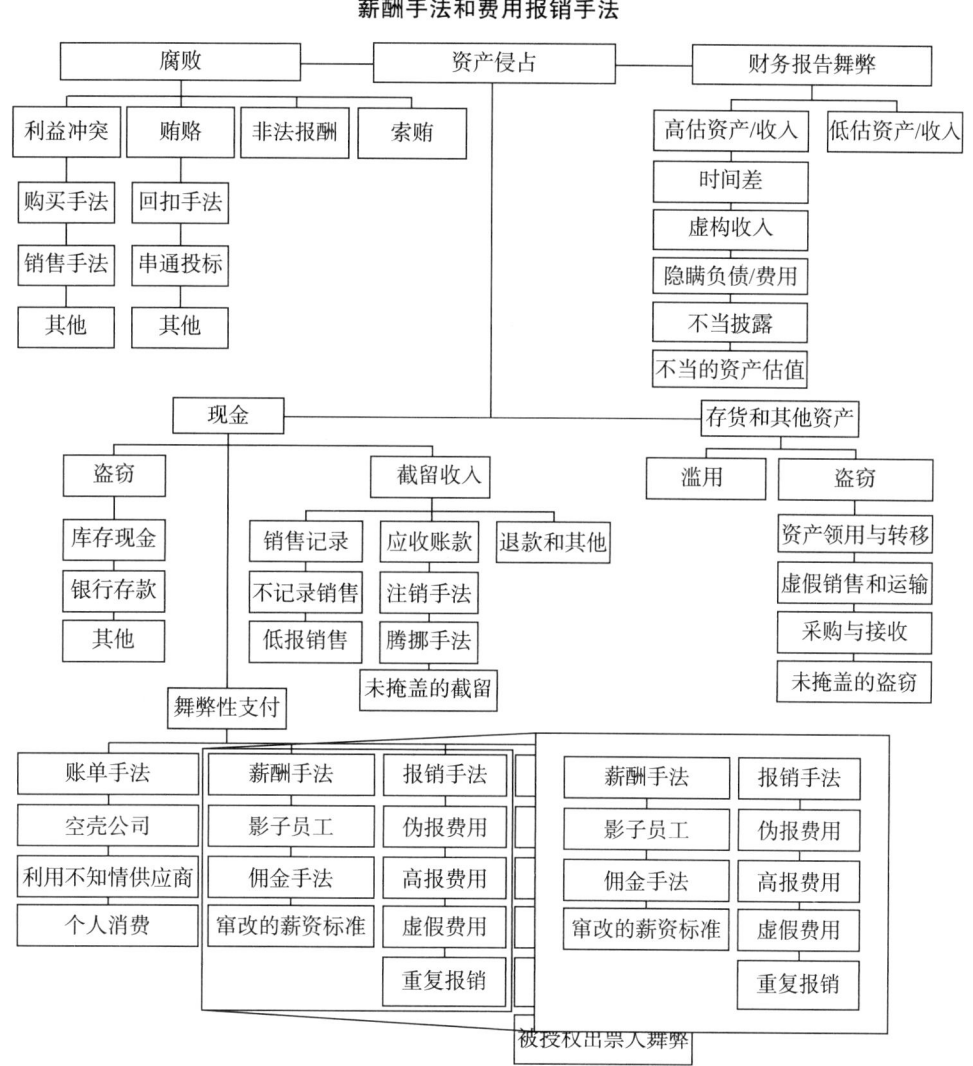

薪酬手法和费用报销手法

案例研究 8—1　可笑的舞弊

每隔一段时间，就会有人设计出一套精密复杂到几乎无法察觉的舞弊方法，骗取数百万美元却不留痕迹，几乎没有机会被抓到。

但我们要讲的 Jerry Harkanell[1]不是这种人，他的手法非常简单，其薪酬舞弊不到半年就被主管发现了，而且只得手了 1500 美元。

Harkanell 在 San Antonio 的一家大型医院的某个部门做行政助理，主要负责文书工作，包括为单位记录薪酬。

Harkanell 的 3 月份加班考勤表有点奇怪，他列出了需要支付加班费的 8 小时工作时长，但这段时间是医院的低峰期，通常不需要任何人加班，尤其是秘书。

被主管要求解释时，Harkanell 坦白说自己列出的这些加班时间是虚报的，他现在经济拮据，而且妻子也说要离开他。他随即提交了辞职信，医院的一位管理人员接受后，Harkanell 就离开了医院。

该医院管理人员把这件事的详细情况告诉了 Oscar Straine，他是这家医院的内部审计主任，也是一名反舞弊审查师。Straine 认为："没有人会仅仅因为虚报了几小时的加班费而离职，肯定存在更多的问题。"

Straine 深入调查记录时，发现事情正如他所料。Harkanell 从前一年 10 月份就开始高报工作时间：虚报并没有加班的时间，把加班时间转移到报酬较高的时段，把休假时间报成工作时间。总之他不仅得到了额外的工资，还得到额外的休假。

对于 Harkanell 来说很糟糕的是，他的舞弊留下了齐备的书面记录。作为部门秘书，他向主管提交单位考勤表，主管签字后会保留记录副本，Harkanell 负责把考勤表送到薪酬部门，但他在送之前窜改了原始考勤表。令人惊讶的是，他用铅笔填写考勤表，这使他可以简单地擦掉原来的数字并进行窜改。

审计人员把主管的考勤表副本与薪酬部门的存档考勤表进行比较，两者显然不同。调查发现 Harkanell 在 26 周的时间里骗得 570 美元。

从与其同事和主管的访谈中可以看出，如果他们在发现 Harkanell 形迹可疑时仔细追问一下，那么 Harkanell 的舞弊行为早就会被揭露出来。

187　有一个发薪日前的周五，Harkanell 本来是放假的，但他还是在快下班时来了医院。这其实很麻烦，他没有车，还特意坐公交车来，目的就是亲自让考勤表获得批准。那时，没有人怀疑他为什么不简单地叫其他人帮个忙。

调查结束后，医院向地方检察院提交了指控，证据包括经过批准的考勤表副本、已被窜改的考勤表和 Harkanell 的主管的宣誓证言。

负责此案的一个地方助理检察官接到案子后做了一些例行的背景调查，她发现了 Harkanell 过去的一些情况，于是电话告知医院：通过网络搜索，Harkanell 有犯罪记录并刚刚被假释，他此前曾因持枪抢劫被判终身监禁。

原来，医院在不知情的情况下雇用了一个重罪犯，这消息让 Straine 很苦恼。他发现，医院虽然会对应聘员工进行背景调查，但其调查程度受到成本和可查阅记录范围的限制。医院按惯例会在 Bexar（医院所在地）和应聘者工作过的其他地方检查犯罪记录，但出于成本和时间的考虑，医院不可能调查全州的记录，尤其是在雇用像 Harkanell 这样低薪员工的时候。

---

[1] 为保护隐私，已对案例中的姓名和部分细节进行修改。

对 Harkanell 的指控很快递交给大陪审团，有 Straine 作证，大陪审团提起控告并批准逮捕 Harkanell。但是，Bexar 的治安部门几次找 Harkanell 未果，毫不奇怪，他搬走了，没有留下新地址。地方检察院办公室只能通知医院：Harkanell 失踪了，但目前他们还没打算马上寻找。

Harkanell 逍遥法外几个月后，医院的好运来了，确切说，是 Harkanell 的愚蠢带来了医院的好运。正如他在考勤表中留下线索一样，这次他也留下了暴露行踪的线索，就像是给医院送了一张附定位的请柬。

有一天，Straine 约人力资源部门的一位员工谈话，这位员工曾对 Harkanell 的案子提供过帮助，Straine 提到他很担心医院无法对潜在员工进行更全面的背景调查，并咨询这位女士的看法。谈话期间，那位女士问："顺便问一下，你看了几周前的报纸吗？"

"什么意思？"

"哦，Harkanell 的照片登在《Express》的商业版面。"

"你是开玩笑的吧！"

事实是，她没有开玩笑。Straine 立即从网上搜到了这个新闻，这是一个非营利组织帮助低收入家庭以低利率和零首付方式购房的文章。

文章上有照片，Harkanell 和家人端坐在非营利组织帮他买的房子前，文内还详述了 Harkanell 的故事，说他为了买房多么艰辛地工作。里面虽然没有提到地址，但有足够多的信息能定位房子的位置，Harkanell 家住在一个新开的沃尔玛超市旁边，他们家是附近唯一的新房。Straine 离开办公室后只花 10 分钟就找到了那座房子。

Straine 说："我开车很快就找到了那条街，一眼就认出他的房子，跟报纸中的一模一样。"

回到办公室，Straine 马上打电话给助理检察官，Harkanell 第二天就被捕了。

Harkanell 向帮助他买房的非营利组织求助，非营利组织同意帮助他，条件是他认罪。该组织联系了医院请求撤销指控，或者至少减轻指控。

医院表示拒绝，非营利组织为 Harkanell 的案子辩护，指出他有妻子和一个生病的孩子，如果他被判处重罪，他的妻子和孩子就将不得不依靠救济生活。

Straine 明确指出医院会追究，不管是重罪还是轻罪，Harkanell 至少应当面对审判。随后，助理检察官透露，考虑到 Harkanell 的前科，如果他被判处重罪，会面临 25 年的监禁。

当 Harkanell 还在为减轻指控努力时，他过去的所作所为又惩罚了他，另一个组织向地方检察院提起了伪造罪的指控。非营利组织得知这一事件后，不再向 Harkanell 提供任何额外的帮助。

法官最终判处 Harkanell 35 年监禁，他被从法庭直接送到了监狱。

8.1　概述

薪酬手法与报销手法和账单手法很相似，舞弊者都是制造虚假文件，使受害公司在不知情的情况下发生舞弊性支出。账单手法中，虚假文件通常是发票（与虚假验收报告、虚假采购订单和虚假采购授权等结合使用）；薪酬手法中，虚假文件通常是考勤表或工资登记表等，比如前述案例中的 Jerry Harkanell，通过虚假考勤表欺骗雇主多付给他工资。与账单手法的主要区别是，薪酬手法和报销手法的舞弊款项是支付给内部员工而不是向外支付。

8.2 来自2015年ACFE《全球舞弊调查报告》 中有关薪酬手法的数据资料

在我们2015年的调查中，就频率而言，薪酬手法在舞弊性支出中位列第四，有20%的案例涉及某种形式的薪酬舞弊。（参见图表8-1）薪酬手法舞弊造成的损失中值为9万美元，排名第三。（参见图表8-2）

图表8-1 2015年《全球舞弊调查报告》：舞弊性支出案件的发生百分比

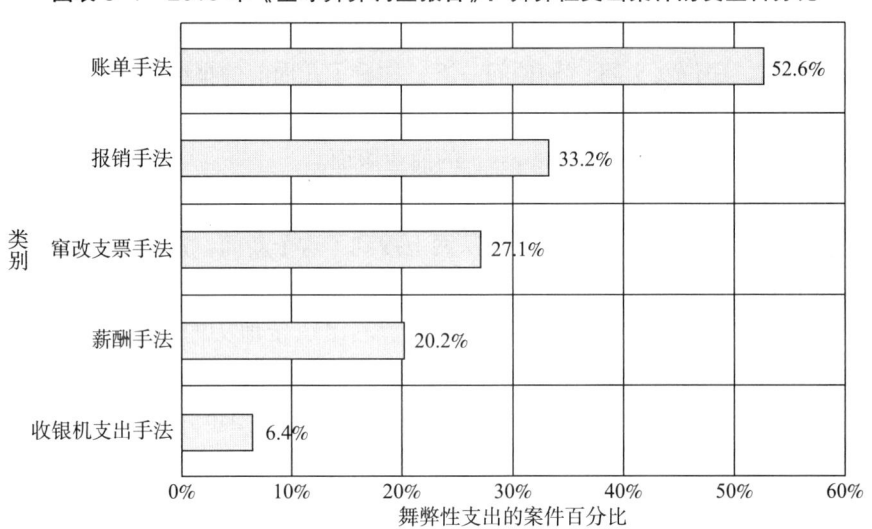

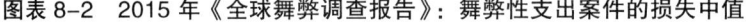

图表8-2 2015年《全球舞弊调查报告》：舞弊性支出案件的损失中值

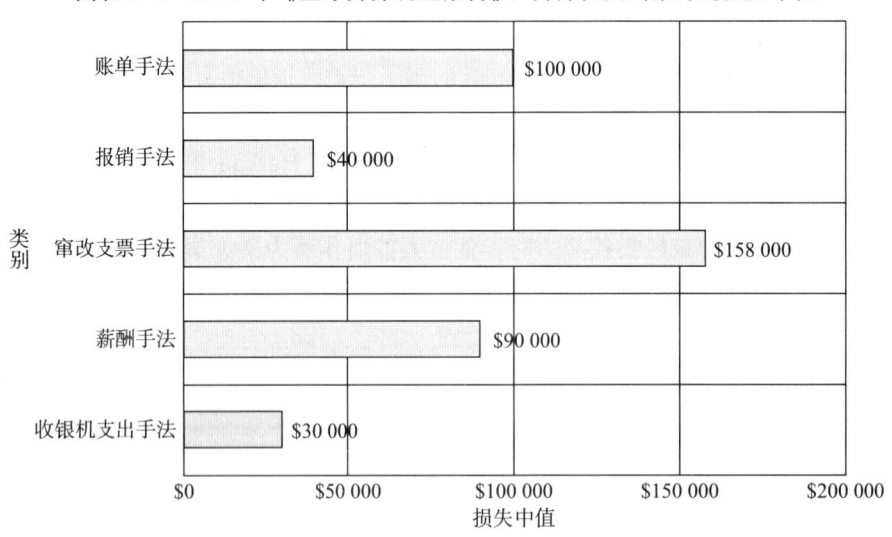

190

8.3 薪酬手法

薪酬手法主要有三种类型：

• "影子"员工；

• 虚构工时；
• 佣金手法。

8.3.1 "影子"员工

影子员工，是指一些在工资表上出现但实际上没有为公司工作的人。通过虚构人员或薪酬记录，舞弊者可以向影子员工签发薪酬支票，然后，舞弊者或其同伙会兑现这些薪酬支票。(参见图表 8-3) 舞弊者使用影子员工手法可以给家里增加第二份收入，"他"可能是一个虚构的人，也可能是一个真实存在但不在受害公司工作的人；如果是个真实的人，大多是舞弊者的亲朋。有一些案例中，虚构的员工是舞弊者的同伙，他负责兑现支票，并与舞弊者分赃。

图表 8-3 影子员工

191

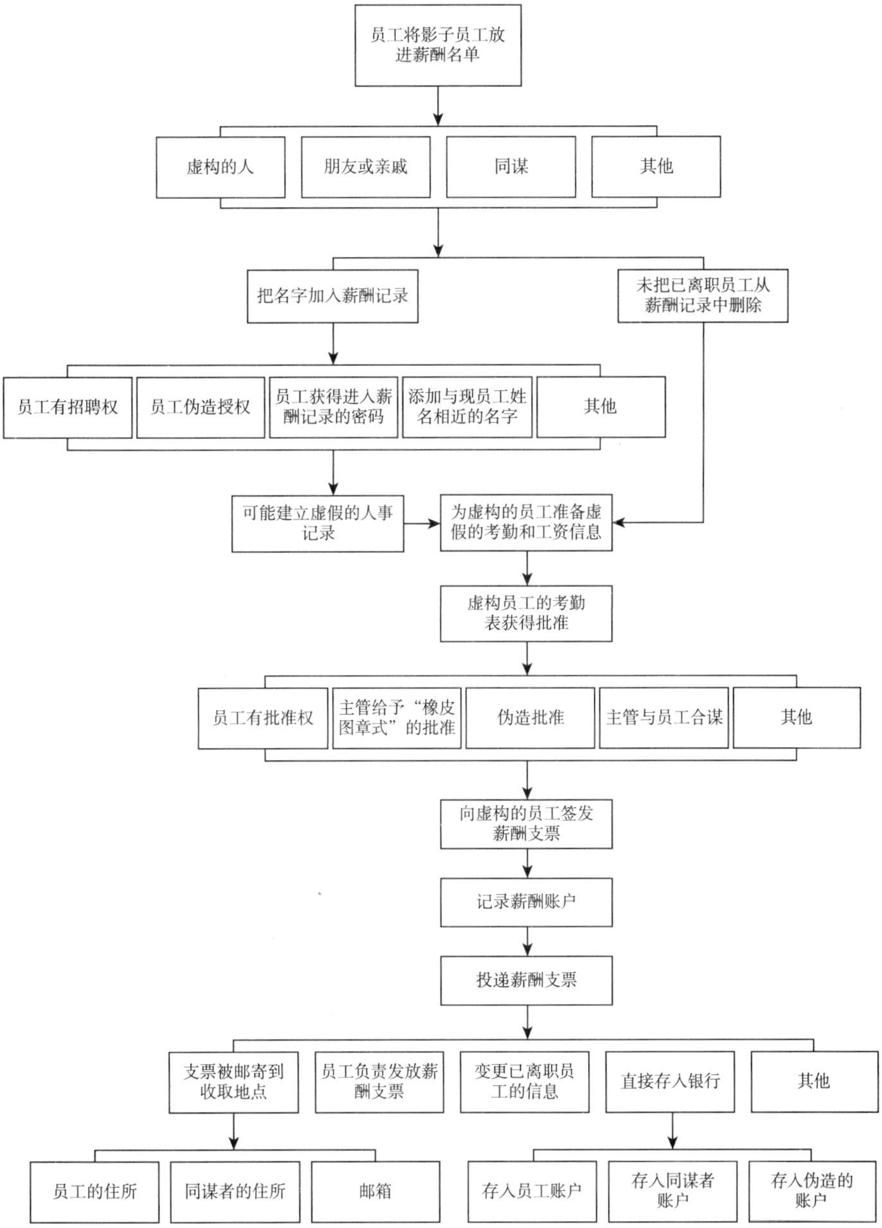

影子员工手法要起作用，必须做到以下四点：

（1）把影子员工加入薪酬名单；

（2）收集考勤信息和工资标准信息；

（3）给影子员工签发的薪酬支票；

（4）薪酬支票必须交给舞弊者或其同伙。

8.3.1.1 把影子员工加入薪酬名单

影子员工手法的第一步是把虚构的员工名字加入薪酬名单。有的公司把所有招聘工作都通过一个集中的人事部门完成，也有的公司把人事招聘分散在不同部门，无论新员工招聘如何，有权力在工资单上添加新员工的那个人或那些人就是有这种便利的人，他们有权把虚构的员工名字加入薪酬名单。例如，一位负责招聘和安排保安的经理在他的薪酬名单上加了80名虚构员工，这些员工是实际存在的人，只是他们并不在这个公司工作。这位经理为虚构的员工填写考勤表并使它们得到批准，然后把薪酬支票拿给虚构的员工，后者将其兑现后与该经理分赃。这位经理拥有聘用和管理员工的权力，因此他能够实施这个舞弊。

另一个有机会添加影子员工的地方是薪酬核算部门。按照程序，列在工资单上的姓名应该与人事记录相符，以确保那些领工资的人都是在为公司工作，但实际操作中并不总是这样。所以，薪酬核算部门的人可能在名单中加入虚构的员工，因此要严格限制薪酬记录的访问权限，比如只有经理才能访问并修改，这也使他们成为影子员工舞弊的潜在嫌疑人。有时，级别较低的员工也会因内部控制较差或其他秘密渠道得以访问薪酬记录，某案例中，一名薪酬核算部门的员工被授权向薪酬系统中添加新员工、更正薪酬系统信息、分发薪酬支票等，由于主管对他很信任，只给予"橡皮图章式"的批准，缺乏职责分离和监督，使其很容易就向系统里添加了一名影子员工。

隐藏影子员工的方法之一是给他起一个与某真实员工相似的名字，这样，如果有人只是简单看一眼，很难发现其中蹊跷，某案例中，一名会计用这个方法侵占了3.5万美元的舞弊性工资。也可以不添加新名字，而是保留已离职员工的名字，舞弊者会拦截这些薪酬支票为自己所用。例如，一位会计推迟提交某些员工的辞退通知，并为他们虚构考勤表使之看起来还在工作，因为她同时负责向所有员工分发工资支票，所以只需在发工资时从一堆合法支票中拿出舞弊支票给自己就行了。

8.3.1.2 收集考勤信息

要向影子员工签发工资支票，第二件事就是收集和计算考勤信息。舞弊者必须提供薪酬核算资料，包括考勤卡或其他反映工作时间的东西，这些信息，连同人事或工资档案中包含的工资标准（wage rate，即薪资水平、薪资标准）信息，是计算工资支票的基础。

考勤记录有多种记录方式。在多数组织中，员工的工作时间是通过电子方式记录的。考勤软件有计时器功能，自动跟踪员工的工作时间；也有的机构中，员工可能手动输入工作的小时数。在不太复杂的系统中，员工可能会在考勤表上人工输入工作时间，也可能会打卡记录工作的起始和终止时间。

使用影子员工手法，必须为其伪造一份写有工作时间的考勤表，以反映影子员工所谓的"工作时间"。如果依靠正常程序来记录工作时间，舞弊者需要登录考勤软件伪造工作时间，或者建一个考勤卡，为影子员工打卡并签名，等等。对于舞弊者来说，准备考勤卡并不太难，关键在于这个考勤记录必须获得批准。

考勤记录得到主管的批准，意味着该员工真的在记录上标识的时间工作了，但其实影子员工并没有工作，所以要用欺诈手段才能得到批准。如果主管本身是舞弊者，他创造影子员工，然后以影子员工的名义填写考勤记录并批准，舞弊自然非常简单。如果是非主管使用影子员工手法，则可能伪造主管批准，然后绕过主管直接把假的考勤表给薪酬部门。

在电子系统中，通常不需要主管的签名，而是由员工在每个发薪期向主管提交自己的考勤信息，然后主管使用自己的用户名和密码登录考勤系统进行审批。如果实施"影子员工"的舞弊者能够访问主管的密码，那么他可以进入系统随意操作，"经审批"的假数据就进入了工资系统。

如果舞弊者创建的影子员工是月薪制员工而不是计时薪酬制员工，就没有必要收集考勤信息。不管他们工作多长时间，月薪制员工在每个月都会得到固定金额的工资。因为避开了考勤记录，舞弊者虚构一个月薪制的影子员工会更容易，但另一方面，月薪制员工通常较少且多是管理层成员，因此虚构这类员工可能更容易被发现。

8.3.1.3 签发影子员工的薪酬支票

一旦影子员工进入薪酬系统且其考勤已被批准，第三步就是实际签发薪酬支票。影子员工手法的关键步骤是伪造薪酬记录和考勤信息，伪造完成后，舞弊者在支票签发中一般就不再发挥"积极"作用了，只需要等着薪酬部门根据虚假信息签发支票就行了，与签发其他员工的薪酬支票是一样的。

8.3.1.4 薪酬支票的交付

最后一步是向舞弊者分发薪酬支票。薪酬支票可能在工作时亲手发给员工，或按其家庭地址邮寄，或直接存到员工的银行账户。如果支付现金，大多是面对面交付。

理论上说，负责薪酬分发的人不应当插手其他任何环节。例如，在薪酬系统中录入新员工的人不应有权分发薪酬支票，正如我们在案例中所看到的，那个推迟递交辞职通知的会计可以在薪酬系统中添加虚构的员工，然后还负责支付薪酬，所以她只需从合法支票中拿走其支票，舞弊就成功了。显然，如果有机会添加影子员工的人同时负责邮寄支票，或者在工作时分发支票，那么就很容易把影子员工的薪酬支票发给自己。

在多数案例中，舞弊者没有权力分发支票，因此需要确保支票寄到他可以接触到的地方，如果支票不是现场分发，那么就要邮寄给影子员工，或者直接存入影子员工的账户。

如果舞弊者将影子员工添加到工资或者人事记录中，那么薪酬支票的分发就不成问题了。当影子员工的信息进入系统，舞弊者就会简单列出一个接收地址或银行账户，如果员工是纯粹虚构的，那么接收薪酬的地址通常是舞弊者自己，银行账户同理。两个员工（舞弊者和影子员工）在同一个接收支票地点，表明舞弊行为正在发生。为避免暴露，一些舞弊者把支票发往邮政信箱或独立的其他银行账户。在一个例子中，舞弊者以影子员工的姓名建立了一个银行账户，并安排把薪酬支票直接存入这个账户。

我们说过，影子员工并不总是虚构的人，也可能是个真实存在的同伙。某案例中，一个员工把他妻子和朋友的姓名列在公司的薪酬名单上，当同伙的姓名列在薪酬名单上，舞弊者通常会负责将支票送到他们手里或存到账户上，以此避免地址重复问题。

当影子员工是没有从薪酬名单上除名的前员工时，分配会更困难。某案例中，主管为已

193

194

离职员工继续提交考勤记录，可薪酬地址会显示已离职员工的银行账号或地址，此时，舞弊者就会采取两种方法取走支票：其一，如果薪酬支票是通过手工分发或放在某个供员工领取的集中地点，舞弊者可以轻易地拿出舞弊支票；其二，如果支票是通过邮寄或直接存入账户，舞弊者就必须进入已离职员工的系统并修改地址或账号。

8.3.2 伪造工作时间和工资标准

可以发现，成功实施影子员工舞弊并不容易，舞弊者需要修改人事记录、计时记录和工资账户。只需将人事记录与工资记录相比较，就很容易发现"影子员工"的存在。目前为止，最常用的侵占薪酬资金的方法是多领工资。对于计时制员工来说，薪酬的多少取决于两个基本因素：工作时间和工资标准，所以，伪造工作时间或改变工资标准是增加薪酬的两个路径。（参见图表8-4）比较而言，月薪制员工不会基于工作时间获得更多报酬，所以他们会通过提高工资标准来产生舞弊性工资。

195

图表 8-4　虚报工时和工资

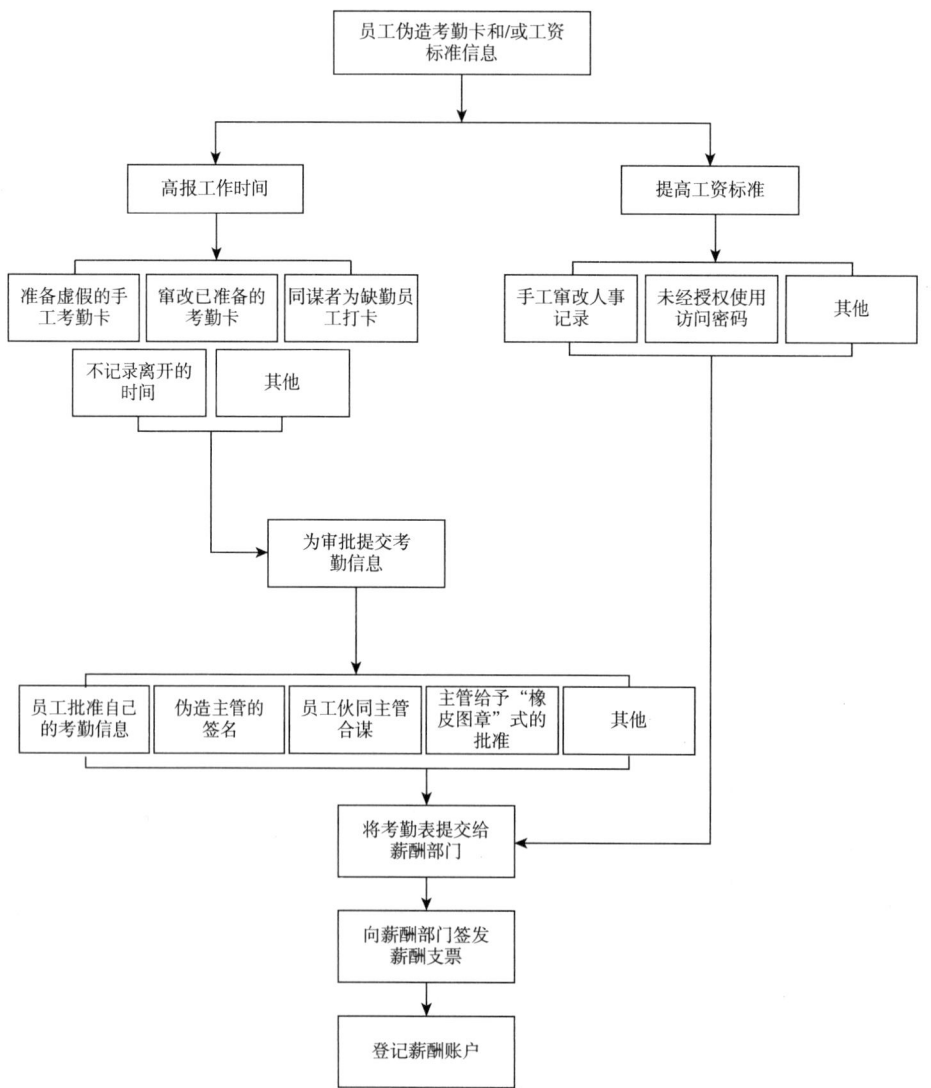

要研究虚报工时的薪酬舞弊，我们首先要明白组织如何记录员工的工作时间。正如前文讨论的，主要有三种记录办法：考勤打卡机，记录员工工作的起始和终止时间；计算机登录，根据登录密码等记录员工的工作时间；员工自己编制和填写的电子或纸质考勤记录，需由经理批准。

8.3.2.1　手工准备的考勤记录

当工作时间由手工记录时，员工填写考勤表后送给主管批准。主管审核考勤记录的准确性后签字确认，然后把它送到薪酬部门。我们在调查中发现，大多数薪酬舞弊都存在对这个程序的滥用。

显然，如果员工自己填写考勤卡，就很容易伪造工作时间，但舞弊的关键不在于伪造考勤卡，而在于如何让主管批准这张"伪造的考勤卡"。员工获取授权的方式主要有三种：

（1）伪造主管的批准。使用这种方法时，员工通常会保留考勤表，伪造主管签名，然后把它夹到一堆业已批准的考勤卡中，送往薪酬部门。

在电子工资单环境中，为了登录系统并批准舞弊考勤表，员工必须输入主管的密码，这样，伪造考勤表到达工资部门时，似乎已经得到了主管的批准。

（2）与主管串通。第二种获得批准的方法是与审批主管串通。在这类舞弊手法中，主管故意签署虚假的考勤表并与之分赃，甚至可能收取所有多付的工资。某案例中，主管给了一个员工更好的工作岗位，于是员工伪造加班时间多得报酬，并把多得部分全部返给主管。对于这种串通舞弊，作为控制措施重要一环的主管审核失灵了，舞弊就很难被发现。

在某些合谋中，主管并不总是从多付的款项中分得一杯羹。有个案例中的一个临时员工，虚报了自己的工作时长，她没有得到直接主管的批准，而是得到了来自另一站点管理员的批准，因为他们是亲戚。另一个案例中，一名主管为了防止某个员工离职另谋高就，批准了 1 万美元的虚构加班费。我们遇到的最独特的伪造工时案例是由两名兼职员工干的，舞弊者甲在 9 个月里没有做过任何可证实的工作，舞弊者乙两年内从未出现过，但他们的考勤卡都得到了各自主管的批准，因为甲是乙兼职工作的主管，乙也是甲兼职工作的主管，他们互相舞弊都保住了第二份工作。

（3）"橡皮图章式"的主管。第三种让舞弊考勤表获得批准的方法，是主管没有认真审查就进行批准。这种依赖于懒惰管理者的方法看起来很侥幸，会被认为是个别现象，但实际上它经常发生。在我们的调查中，"依赖于其他人的疏忽大意"是个反复出现的问题，当员工发现一个能额外挣钱而不被发现的机会时，很可能会大胆尝试一次。可以说，一个玩忽职守的主管可能是诱使员工从公司盗窃的重要因素。

某案例中，一名临时工发现他的经理并没有按月审核费用账户，因此并不清楚已经向该员工的派出机构付了多少钱。于是，舞弊者伪造了考勤记录并交到派出机构，这使受害公司多支付了 3 万多美元的舞弊性工资。因为舞弊者控制了邮件，且这个经理不会去检查费用日记账，所以这个极简单的手法很长时间都没被发现。在缺乏监管的另一个案例中，一名负责准备薪酬支票的会计通过虚增加班时间多填了自己的数额，在被另一个会计师发现之前的 4 年里，她给自己多发了 9 万多美元，根本原因也是监管虚置。

8.3.2.2　薄弱的监管程序

在我们调查的一些案例中，有一种无效控制的形式，即没有对考勤记录进行适当的程序控制。在一个正常运行的系统中，一旦考勤记录经过管理层批准，它们就应当被直接送往薪酬部门，而且准备考勤记录的人不应当再接触它们，如果没有遵守这个程序，那么准备考勤记录的人就能利用这个机会审改它们。我们的研究中有好几个类似案例，例如，案例研究中的 Jerry Harkanell 同时负责每周编制考勤表（包括他自己的）、拿给主管批准，并将已批准的表格送到薪酬部门，所以他可以等到主管签名后，高报自己的工作时间或把工作时间移到高工资时间段，因为考勤表已经通过了主管的批准，所以薪酬部门就认为那些申报记录是合法的。这就是一种无效的程序控制。

8.3.2.3　虚报带薪休假

还有一种伪造工作时间的方法是虚报带薪休假，例如事假、年假、病假或节假日等，与伪造考勤记录相比，这种方法不太常见，但仍有可能。通常，员工每年有一定数量的带薪休假时间，如果一个人没有报告就擅自离岗，这段时间就不应算在带薪休假的范围里，如果虚假报告，那么员工就会得到比规定更多的休假时间。工作时间变少但工资一样，这也是 Jerry Harkanell 增加其工资的另一种方法。还有一个例子是，一个高级经理允许一些员工不向人事部门提交休假申请就离开工作岗位，结果这些员工不劳而获地多拿了 2.5 万美元。

8.3.2.4　考勤机与其他自动计时系统

在使用考勤机来收集考勤信息的公司中，薪酬舞弊手法通常不太复杂。一般来说，员工要在上班和下班时用考勤机进行记录，相应地就应该设置相关的监督以确保员工不能给缺席的同事打卡，但是这个简单的控制通常被忽视，偶尔会有同事替缺席员工打卡。

8.3.2.5　薪资标准

虽然前面讨论的重点是员工如何多报工作时间，需要强调的是，员工也可以通过改变薪资标准多得钱。员工的人事或工资记录反映了他们的工资水平。如果员工自己或其同伙能够审改这些记录，他们就可以获得更多的工资。

8.3.3　佣金手法

佣金，是根据销售人员或者其他员工实现的交易额的百分比来计算报酬的一种形式，它是一种独特的报酬类型，与工作时间或年薪无关，主要根据员工的营业额来计算。一个佣金制员工的工资受两个因素的影响：所实现销售收入的金额与提取销售收入的百分比，换句话说，佣金制员工有两种方法来舞弊性增加他们的收入：①伪造销售额；②提高佣金比例。（参见图表 8-5）

8.3.3.1　伪造销售额

员工有三种方式伪造销售额，第一种是虚构销售。例如，某保险公司的激励性佣金政策规定，在保险单生效的第一年，每 1 美元的保费可以得到 1.25 美元的佣金，一名没有职业道德的保险代理人利用这个政策，给虚构的顾客填写保单并交付保费，从中得到利润差。例如，舞弊者每支付 10 万美元的保险费，就得到 12.5 万美元的佣金，扣掉成本还有 2.5 万美元的利润。当然，一年之后，舞弊性保单就不会再续费了。

虚构销售收入的方式取决于行业特点，可能是舞弊性销售订单、采购订单、信用授权、包装收条或发票等各种方式；或者舞弊者只是在收银机上输入虚假的销售记录。成功的关键在于，使虚构的销售收入看起来合法，而且会因此给舞弊者签发佣金支票。

图表 8-5　佣金手法

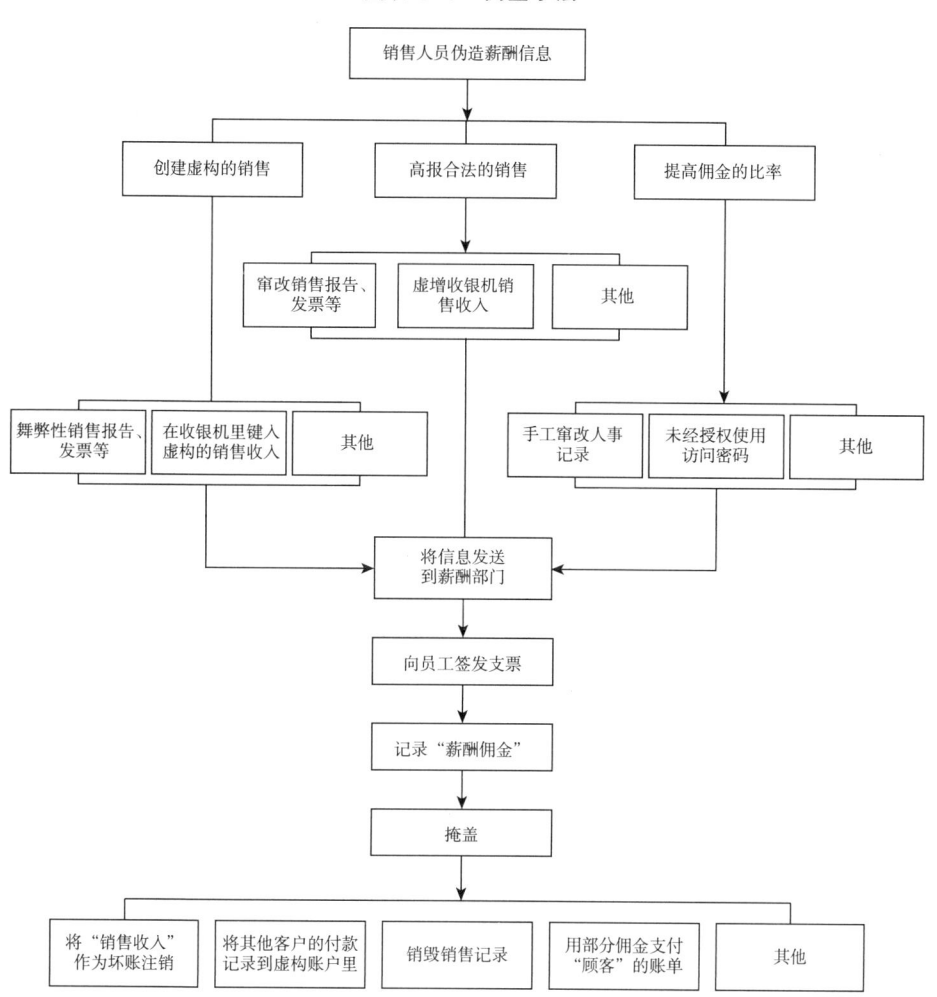

8.3.3.2　窜改销售额

伪造销售额的第二种方法是窜改销售文件上列出的价格，换句话说，舞弊者向顾客收低价，而在公司账簿上申报高价，这样支付的佣金就大于应得数额。某案例中，一名销售人员向他的顾客报了某个低格，并按这个价格开具账单和收款，但他在销售报告中高报价格，而舞弊者的佣金是根据其销售报告计算的，因此就多得了报酬。

8.3.3.3　将他人的销售额变为自己的销售额

员工高报销售额的第三种方法是把其他员工的销售放到自己名下，显然，这种方法只在有限的几种情况下使用。多数情况下，销售员 A 不能把销售员 B 的销售收入据为己有，因为 B 自己也要申报销售收入。但也有特殊情况，某案例中的一家公司以分期预付的方式出售商品，这些销售的佣金直到完成分期预付合同才会支付给员工，所以从最初的销售协议到支付佣金之间有一段时间，如果这期间有销售人员辞职或被调职，就不会有人得到佣金。有位经理想了个办法，当客户支付完最后一笔款项时，这位经理就利用他的权力取消原来的分期预付合约，并允许现职的另一个销售人员以其名义重新签约，当然，后者得到了佣金，经理得到了下属的忠诚。

如前所述，操纵佣金过程的另一种方法是改变员工的佣金率，这可能需要更改工资或人事记录。正常的控制程序中，这些记录不应向销售人员开放。

8.4 薪酬舞弊手法的调查

8.4.1 独立的薪酬交付程序
通过薪酬部门以外的员工交付薪酬支票，并认真确定收款人身份，可以发现影子员工。

8.4.2 分析收款人地址或账户
如果薪酬支票通过邮寄或自动存入银行账户，重复的地址或者重复的存款账号可能发现影子员工或重复付款。

8.4.3 重复的社会保险号码
因为每个员工都有唯一的社会保险号码，所以重复的社会保险号码可以发现影子员工。

8.4.4 加班批准
员工加班需经主管的批准，主管要负责审核考勤记录，并直接把考勤记录提交给薪酬部门，这会防范加班的滥用。另外，薪酬部门应当审核考勤记录并质疑明显的加班滥用。例如，一个部门的考勤记录上如果只有一名员工加班或者有过多的加班，通过核查原始文件，可能会发现未经批准的加班时间和伪造工时。

8.4.5 佣金
分析销售数据可以发现佣金舞弊。
- 比较佣金费用与销售数字，检验其比例关系。
- 编制员工已赚取佣金的比较分析表，验证比率和计算的准确性。如果某个员工的佣金收入异常高，可能存在舞弊信号。
- 分析销售人员名下的应收销售收入金额。
- 确保佣金金额计算的职责是适当分离的，佣金的计算应当由销售部门之外的人员独立进行。
- 随机联系客户样本，以确认销售收入。

8.4.6 分析薪酬支票的扣减额
对薪酬扣减额度的分析可能会发现影子员工，影子员工通常没有预扣税、保险或其他正常的扣减项目，因此，没有这些扣减项目的人员可能是一名影子员工。

8.5 薪酬舞弊手法的防范

有两项基本的防范薪酬舞弊的措施：职责分离和定期薪酬审查与分析。

8.5.1 职责分离
下列与薪酬有关的职责应加以区分：
- 准备工资表；
- 转账（把薪酬转入工资账户和代扣代缴税款账户）；
- 工资的发放；

- 工资单的银行对账;
- 人力资源部门的职能。

如果工资表分别由不同的人进行编制、发放和核对,任何人都很难增加影子员工。但在规模较小的公司,为了降低运营成本,薪酬职能通常统一处理。

在编制薪酬支票之后,会计部门应负责从普通账户到工资账户的转账,人事部门负责工资支票和身份证明,这种分工可以减少把影子员工添加到薪酬单中的机会。如果公司有出入证的话,可以添加出入证作为身份证明。

如果工资账户的银行对账功能再被进一步分配给上述职责之外的人,那么所有的薪酬账户功能都被一一分离了,任何添加影子员工的手法都会很容易被发现。

8.5.2 定期检查和分析薪酬

定期对薪酬进行独立审查,可能会发现内部控制程序没有正常运转。把存款日期与薪酬支付日期或转账日期进行比较,有可能发现影子员工。一次偶尔的薪酬交付也可能发现影子员工。

某些重复或遗漏可能是影子员工存在的信号:

- 超过一名员工使用同一个地址;
- 超过一名员工使用同一个社会保险号码;
- 超过一名员工使用同一个账号;
- 员工没有被扣减所得税或其他项目。

8.5.3 薪酬舞弊的预警信号

以下问题有助于发现薪酬舞弊的预警信号,并有助于建立控制程序:

- 人事记录职能是否独立于薪酬和考勤职能?
- 薪酬核算职能是否独立于总分类账职能?
- 是否只有在人事部门把经批准的通知发给薪酬部门后才可以变更薪酬?
- 是否核实了新员工的推荐信和背景?
- 所有的工资标准是否得到了特定人员的书面批准?
- 当员工的薪酬有特殊扣减时,是否有书面签名批准?
- 奖金、佣金和加班是否经过事先批准?是否遵守公司政策?
- 是否根据公司政策对病假、假期和假期进行审核?
- 员工是否完成并签署了适当的表格,以表明其薪酬扣减或免除扣减经过了批准?
- 是否对照已离职员工的人事记录定期检查工资表?
- 如果使用考勤机,考勤记录①打卡时是否有监管;②是否由主管在发薪期结束时签字?
- 是否检查考勤记录和生产记录,并将其与薪酬记录和生产计划进行比较?
- 在支付薪酬之前,是否检查并批准了薪酬记录上的以下内容:①员工姓名;②工作时间;③工资标准;④扣减额;⑤与薪酬支票核对相符;⑥其他不正常项目。
- 所有员工是否均由单独的银行工资账户支付工资?
- 薪酬支票是否预先编号并按编号签发?
- 是否对接触未签发的薪酬支票和签名表的人员进行严格限制?
- 领取并签署支票的指定官员是否:①准备薪酬;②接触会计记录;③监管现金资金?
- 薪酬支票的交付是否由部门主任或准备薪酬表之外的其他员工来执行?

• 薪酬支票的交付职能是否会不预先通知就在不同员工之间进行轮换？

• 核对银行工资账户的指定员工是否：①不涉及薪酬准备；②不签署支票；③不处理支票发放？

• 薪酬银行账户核对程序是否包括将已付讫支票与工资表进行比较，并仔细检查已付讫支票的背书？

• 工资登记簿是否进行核对以使其与总分类账控制账户相符？

• 是否为一定时期内无人认领的薪酬设立了负债账户？如果是，那么：①这些薪酬是否被重新存入一个特殊的银行账户；②随后领取时是否需要身份证明？

• 工作时间的分配（直接和间接）是否经过监督人员的审核和批准？

• 实际薪酬数额是否经过检查并与预算数额相比较，是否定期分析两者间的差异？

• 是否存在充分的程序及时且正确地准备和申报个人所得税等税金？

• 员工福利计划是否与员工调查数据一致？

• 对带薪休假和带薪病假是否有适当、详细的记录？如果有，是否定期进行核对，检查其与总分类账的控制账户是否相符？

205

案例研究 8—2　出差者的频繁舞弊

案发时，Marcus Lane 已经在 Smith & Carrington 公司的一个地方办公室工作了 10 年，这家私企的客户各种各样，包括政府机构、建筑公司、石油公司和资金雄厚的制造商等。这位 35 岁的博士是位专门从事环境管理和工程服务的地质学家，身为公司项目团队的经理，Lane 经常被派往各地监督钻井作业、执行抽样测试或协助进行现场分析。他总是出差，足迹跑遍了整个北美，在路上的时间比在家还多，经常是在电话里向妻子道晚安。

作为空中飞人，Lane 一直遵守商业旅行的基本规则：首选安静的顶层，远离电梯和制冰机；在飞机上申请一个紧急出口的宽敞座位；任何差旅费都要有文件证明，等等。但他违反了一条基本的道德准则：永远不要在报销单上作假。

他的舞弊行为是被 Heidi Mc Cullough 发现的，她是 Smith &Carrington 公司东海岸总部的一名会计，在处理 Lane 的报销记录时，她注意到一张机票（从明尼阿波利斯飞往圣安东尼奥的 4578 次航班）的起飞时间与收据上的时间不一致，收据上显示时间是下午 6:15 起飞，而登机证上显示是上午 6:15。McCullough 认为这个差错应该是航空公司的失误，毕竟，Lane 是一位深受信任和尊重的员工，但出于谨慎考虑，她还是向审计部门的经理 Tina Marie Williams 报告了这个事情。

当时刚刚获得注册舞弊审查师资格的 Williams 回忆说："我立刻起了疑心，虽然可能是航空公司出了错，但更可能是收据、登机牌或两者都被窜改了。"Williams 做的第一件事就是联系航空公司，核实航班号和起飞时间。经证实，航班是真实的，并在下午 6:15 起飞了。但 Lane 是用自己的信用卡预订的航班，航空公司没有确认他是否真的乘坐了这个航班。

接下来，Williams 开始仔细检查 Lane 去圣安东尼奥旅行的其他记录，有两项收据比较特别。其中一项是租车费用，显示该车是在他飞往圣安东尼奥的那天中午取走的；第二张是航班当天在圣安东尼奥国际机场附近的一家餐馆吃午饭的收据。

Williams 怀疑 Lane 实际上并没有登上 4578 航班，而是用了一张假的登机牌，让人 206
以为他真的上了飞机。作为经验丰富的审计师，Williams 熟悉一种常见的费用报销方案，
即员工预订价格差别很大的两张飞往同一地点的机票，使用便宜的机票，把贵的机票退
款，但报销的却是那张贵机票。

Williams 说："公司要求员工必须通过公司的指定旅行社预订所有旅程，但在我就职之
前，Lane 就已经开始自己预订旅行机票了，我曾就此向管理层反映，但他们告诉我不必担
忧：Lane 是一名忠诚的、值得信赖的员工，没什么可担心的。"

按规矩办事。Williams 打电话给公司的法律部门，向其通报了这一情况，并征求程序上
的建议。法律部门将消息封锁起来，以防止 Lane 发现自己被调查了。

随后，她将自己收集的证据连同对机票报销手法的详细分析，连夜交给了 Lane 的直属
上司，上司又尽快将其呈报给他的上级。两位经理约好在下周一早上与 Lane 私谈。

会谈时，一位经理直接问 Lane："你去圣安东尼奥的航班在下午 6 点起飞，为什么中午你
就到了圣安东尼奥取租车并吃午饭呢？"Lane 知道自己被发现了，立即承认自己重复预订航班、
并利用家中电脑制作了假的登机牌。他解释说，由于最近离婚，他遇到了暂时的经济问题，需
要一些钱来渡过难关，他说自己打算尽快还钱，并发誓说 "我只做了 4 个月"。他说自己只在
这一小段时间做了假，还让上司们去检查他过去十年报销的所有单据，也自愿交出了个人信用
卡和银行记录，并同意提供自己的舞弊证据。

总而言之，Lane 骗取了公司 4100 美元。他同意偿还赃款：首先一次性偿付 2000 美元，
之后每两个月月付 150 美元。

Lane 立即被解雇了，但 Smith & Carrington 公司决定不起诉这名地质学家，对这次
调查活动也没有声张，"除非通过小道消息，否则没有人知道这件事，而且有所耳闻的人
也只是知道有人在报销费用方面进行了舞弊"。

按照公司果断处理舞弊行为的宗旨，Williams 和她的团队从开始调查到真相大白只用了
不到一个月的时间。"这是我们办过最顺利的案子。"

"我们发现，这是一个非常容易实施的骗局，制造假机票和登机牌实在太简单了。"Williams 207
后来发起了一项目标审计，以发现其他出差舞弊，不出所料，Lane 的骗局并非孤案。

Lane 舞弊事件之后，Williams 得到了公司高层的全力支持去解释并执行一项政策：
整个公司（包括所有 50 个地方办公室）的所有旅行必须通过公司指定的旅行社进行预订，
且必须使用指定的信用卡。"这让我们的审计工作轻松多了，给了我们更好的控制方法和
更直接的消费数据。"Williams 说。

Williams 还建议员工只使用公司指定的信用卡来支付所有其他的工作支出，公司管理层
也接受了这个方案。Williams 很高兴，因为公司信用卡的账单信息集中清晰，为审计工作提
供了很多便利。

8.6　来自 2015 年 ACFE《全球舞弊调查报告》中有关报销手法的数据资料

在我们 2015 年的研究中，33% 的舞弊性支出案例中提到了费用报销舞弊，位列第二。相比

而言，报销舞弊造成的损失数额排倒数第二，损失中值为 4 万美元。（参见图表 8-6 和图表 8-7 ）

图表 8-6　2015 年《全球舞弊调查报告》：舞弊性支出案件的发生百分比

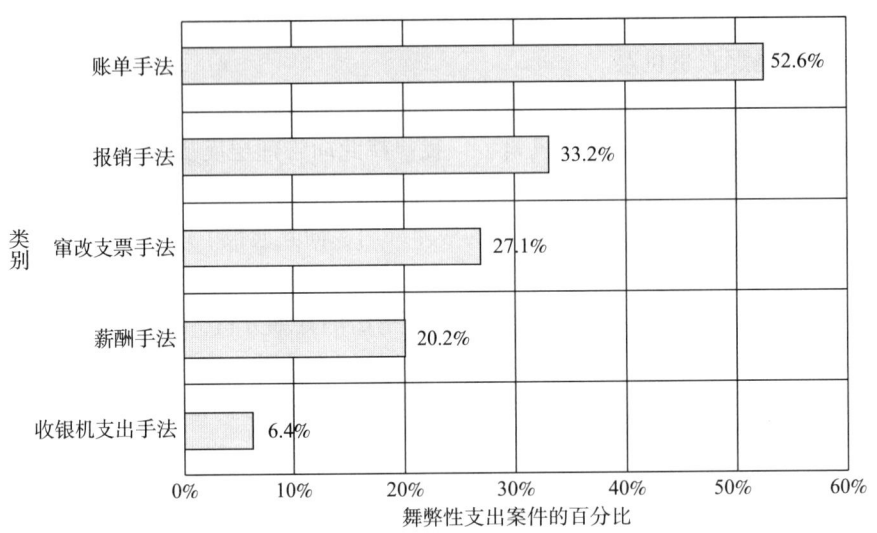

图表 8-7　2015 年《全球舞弊调查报告》：舞弊性支出案件的损失中值

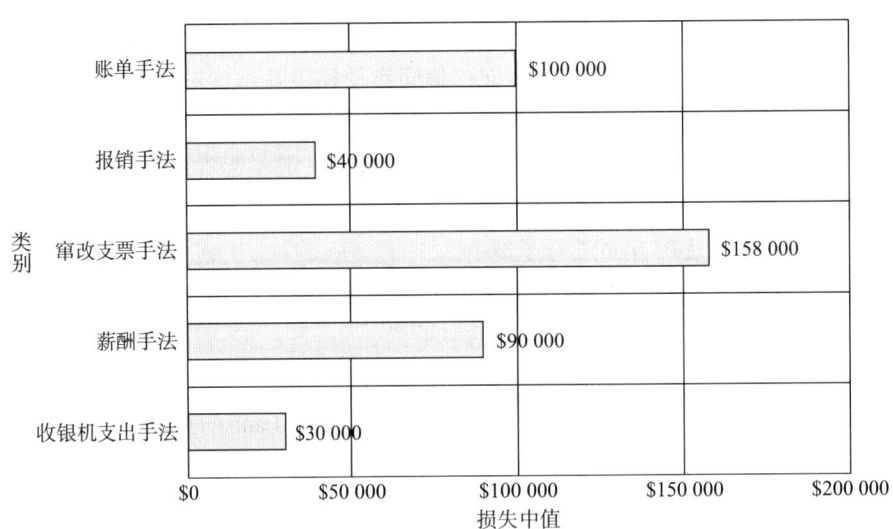

8.7　费用报销手法

　　员工通常是这样报销费用的：员工提交一份报告，详细说明为工作目的产生的费用，比如与客户共进商务午餐、与商务旅行相关的机票或酒店账单，等等。在准备费用报告时，员工必须说明费用的业务用途，以及产生费用的时间和地点，将发票等支持性材料附在报告后面作为证据。如果没有发票等材料，那么只要能证明费用的具体用途，个人信用卡账单或其他文件也是可以的（当然，应该限制这种情况的范围）。然后将费用报告提交给主管，审核并授权支付。

　　然而，不诚实的员工可以找到方法来操纵或规避这一程序，以下是四种主要的费用报销舞弊手法：

- 伪报费用性质；

- 高报费用；

- 虚构费用；

- 重复报销。

8.7.1 伪报费用性质

大多数公司只报销员工特定的费用，其范围依据政策而定，一般来说，主要报销与业务相关的交通费、住宿费和餐费。一种最基本的报销舞弊手法是报销私人费用，并号称与业务相关。（参见图表 8-8）典型例子就是把私人旅行报成业务出差、把朋友聚餐报成"业务拓展"等，舞弊者可能在提交的报告中附带私人消费的发票，并为之提供虚假的业务理由。

图表 8-8　伪报费用　　　　　　　　　209

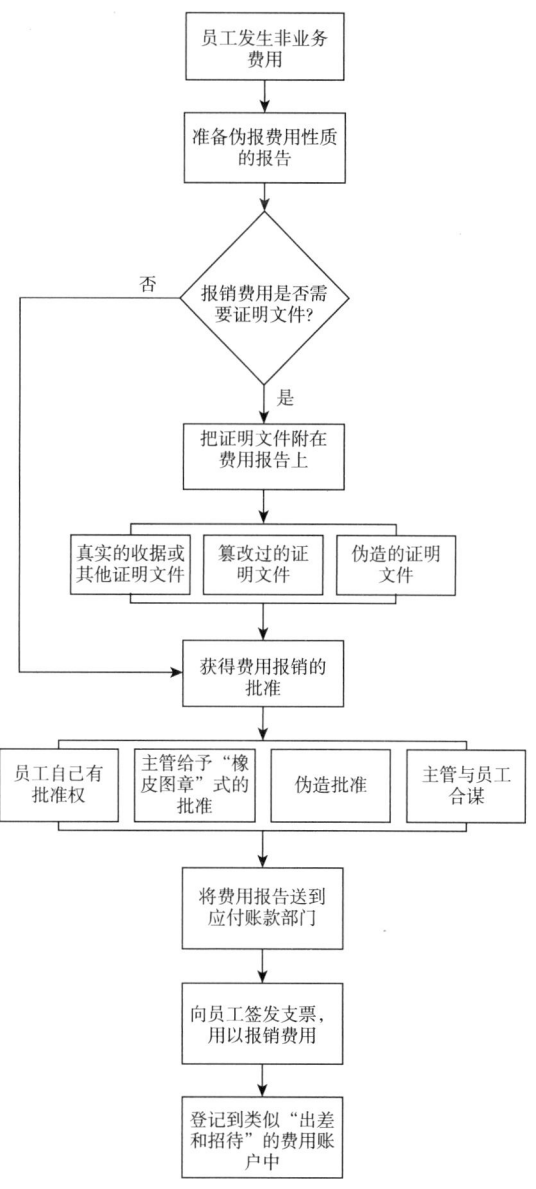

210   在涉及机票费用和宾馆费用的案例中，只要简单地比较员工的费用报告和日程安排，有时就能发现伪报费用性质的问题。可见，详细的费用报告是进行类似比较的基础，有助于防范这种舞弊手法。

要求详细的信息，不仅指证明文件，还要提供所购商品的准确清单（包括时间和地点）。某案例中，舞弊者提交信用卡对账单作为费用证明，但只提交了该对账单的费用总额部分，没有提供详细的购物清单，其实他所报销的费用中有 95% 以上是私人费用。这是个特殊的例子，舞弊者的手法非常简单，但其身份是公司的 CEO，所以没人质疑他的费用报告。

有趣的是，在我们的调查中，大部分伪报费用性质的舞弊者都是高层员工、大股东或高管。许多情况下，舞弊者本身就对报销有管理权，所以不会提交详细的费用报告，甚至是完全不提交报告。显然，如果公司可以在没有任何验证文件时进行报销，员工就会加以利用。然而，即使进行了提供详细报告的控制，伪报费用性质的手法仍有空子可钻。举个例子，某个正在出差的销售人员自己在旅馆花了一大笔酒吧费用，他留下收据，并在费用报告中将其列为"业务招待"，那么从时间、地点等信息上并不能看出这是舞弊性支出，除了与"受到款待"的客户联系外，几乎不可能认定这笔费用的性质。伪报费用性质是一个很简单的舞弊手法，对舞弊者来说，就像是撒了个小谎。

最后，值得注意的是，伪报费用性质的舞弊手法导致的损失可能会非常高，他们并不总是吃饭之类的小便宜，有时也会金额巨大。某案例中，有两名中层经理在两年多时间里花了100 多万美元的不当费用，出差缺乏监督、费用报告也没有经过仔细检查，这使他们能够花大量的公款出国旅行，甚至大方地招待朋友并购买贵重礼物，却号称这些费用都是招待客户的。这个案例的损失远高于这类舞弊手法的损失中值，更加警示我们，如果费用报销程序未被仔细监管，就会发生潜在的严重危害。

8.7.2　高报费用

有些员工不是报销个人性质的费用，而是夸大实际的业务费用（参见图表 8-9），其中有多种方法。

212   #### 8.7.2.1　窜改发票

高报费用的基本方法是，员工窜改发票或其他证明文件，多报销比实际多的支出。在提交费用报告之前，员工可能使用消字液等方法修改收据上标明的价格；如果公司不要求附上原始证明文件，舞弊者就会把收据等进行复制作为证明文件，与原件相比，复制件的窜改痕迹更不明显。正是基于这个原因，许多公司在费用报告上要求有原始收据和墨水签字。

与其他费用舞弊相似，高报费用手法的得逞也源于控制不力。例如，在不要求证明文件的公司，舞弊者只需撒谎说他们为业务费用支付了多少钱，由于公司没有保留费用的支持文件，也就不能证明员工的虚假费用。

8.7.2.2　额外购买

Lane 的案例说明了另一种高报报销的方式，即业务费用中的"额外购买"，Lane 为他的业务出行买了两张机票，一张贵的和一张便宜的，他在旅途中使用较便宜的机票而将贵的机票退款，却保留了乘客收据联用它来多报费用，从而得到了比其实际支出多的钱。

8.7.2.3　高报其他员工的费用

除了费用使用者，负责费用报告的其他人也可能实施这种舞弊。例如，一名备用金出纳在其他员工的出差预付款申请表上使用涂改液改成一个更大的金额，然后，出纳支付了正常的出差预付款，把剩余的钱装进自己口袋。除了出差预付款，这种方法还可以用在报销费用和预付旅费方面。

图表 8-9　高报费用

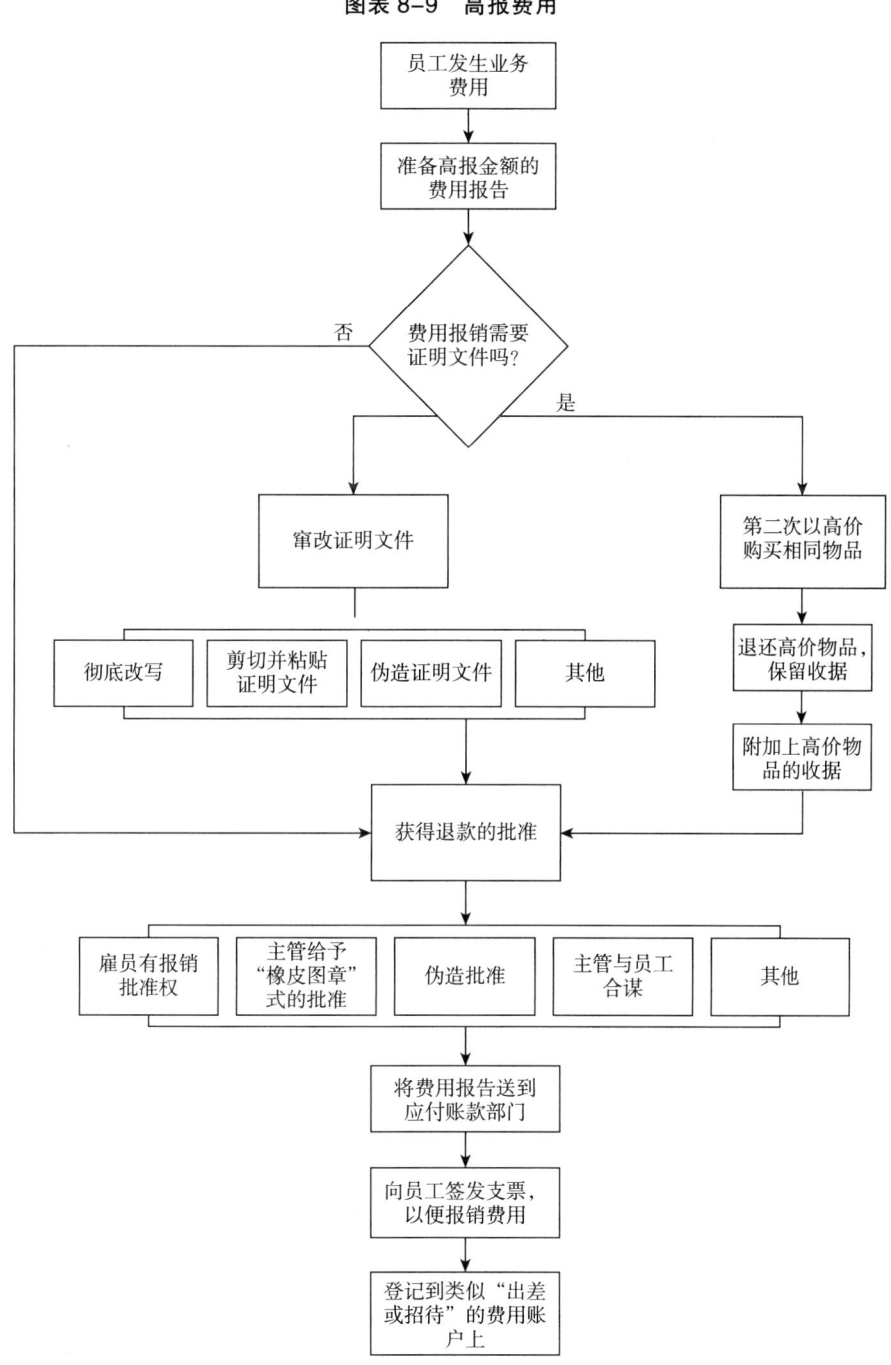

这类手法更可能出现在以现金而非支票报销费用的系统中，因为舞弊者不可能分解支票，却可以抽取一部分现金。

8.7.2.4　命令他人高报费用

最后，员工也可能按照上司的指示伪造自己的费用报告。某案例中，一个部门领导强迫其下属高报他们的费用并把多余的收益给他，员工怕丢工作就顺从了，该舞弊持续了 10 年之久，导致受害公司损失了大约 600 万美元。类似的另一个案例中，一名销售主管为了充盈小金库，命令他的销售人员高报他们的费用，小金库的钱用来支付贿赂和为客户提供不恰当的招待。

213

8.7.3　虚构费用

员工有时会报销完全虚构的项目费用，他们不需要高报真实的业务支出，也不需要为个人支出寻求报销，他们只需发明一种需要报销的购买方式。（参见图表 8-10）

214

图表 8-10　虚构费用

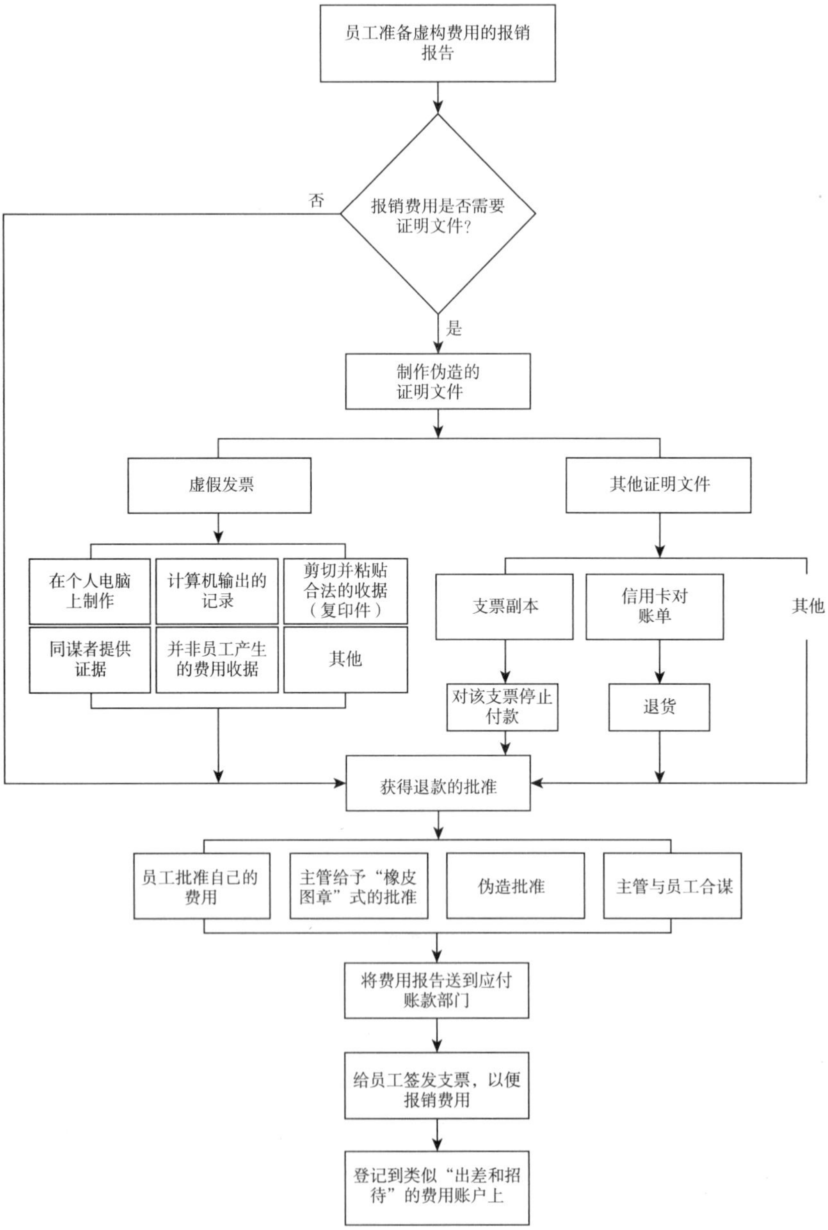

```
        ┌──────────────────┐
        │  员工准备虚构费用的报销  │
        │       报告        │
        └─────────┬────────┘
                  ↓
             ◇报销费用是否需要◇ ──否──┐
             ◇ 证明文件? ◇           │
                  │是               │
        ┌──────────────────┐        │
        │    制作伪造的      │        │
        │    证明文件       │        │
        └─────────┬────────┘        │
         ┌────────┴────────┐        │
    ┌────────┐        ┌──────────┐  │
    │ 虚假发票 │        │ 其他证明文件 │  │
    └────┬───┘        └────┬─────┘  │
```

| 在个人电脑上制作 | 计算机输出的记录 | 剪切并粘贴合法的收据（复印件） |
| 同谋者提供证据 | 并非员工产生的费用收据 | 其他 |

其他证明文件：支票副本 / 信用卡对账单 / 其他

支票副本 → 对该支票停止付款
信用卡对账单 → 退货

获得退款的批准

| 员工批准自己的费用 | 主管给予"橡皮图章"式的批准 | 伪造批准 | 主管与员工合谋 |

将费用报告送到应付账款部门

给员工签发支票，以便报销费用

登记到类似"出差和招待"的费用账户上

8.7.3.1 制造虚假发票

报销虚构费用舞弊的关键是制作虚假证明文件，比如假发票。由于许多发票都是电子生成并通过邮件发送给客户，因此更容易伪造。例如，当通过航空公司网站购买机票时，客户会收到一份电子发票和航班信息，类似的方式还有酒店预订、专业培训，等等。电子发票可以作为公司报销政策的支持，而且通常很容易窜改。

现在，有各种软件可以帮助舞弊者制作出逼真的假发票。某案例中，有个员工使用图片编辑软件伪造发票，这些发票完全能够以假乱真，连商店的标识都一模一样。

8.7.3.2 从卖主那里获得空白发票

如果舞弊者不伪造发票，还有其他几种方法可以从合法供应商那里获得发票。例如，一名经理只是简单地从服务员、酒吧侍者和其他人那里索要空白发票，然后填上数字就"创造"了业务费用，他还用现金支付所有费用，以防止被审计追踪。但百密一疏，因为发票上大部分价格的最后一位是0或5，频率太高了，所以一位精明的会计注意到这个异常，对他费用的真实性提出了质疑。

在一起类似的案件中，一名员工的女友在受害公司附近的一家餐厅工作，女友从餐厅拿了些信用卡发票给舞弊者，后者把这些发票混入自己的费用报告一起提交给公司。

8.7.3.3 报销他人支付的费用

舞弊者使用真实发票产生不当退款的另一种方法是，提交由其他人支付费用的费用报告。例如，一名员工申请报销实际上由客户支付的旅馆费用，因为合法的旅馆账单的复印件被附在费用报告之后，看起来就像是员工本人付了房费。

正像我们提到的，不是所有公司都要求把发票附在费用报告之后，员工签署的支票或者私人信用卡账单副本也可以作为证明文件。某案例中，一名员工说他用私人支票支付了业务费用，并把支票复印件附在报销表上，实际上，他没用这张支票购买任何东西，原件在复印之后也被销毁了，这使舞弊者能够在没有发生费用的情况下从其雇主那里收到报销款。信用卡也可以借助同样的方法，员工说买了礼品给客户，并附上信用卡账单的副本，但之后舞弊者就会退货并拿走退款。

很多报销舞弊手法中，舞弊者根本不需要提交任何证明文件。这样，编造并没有实际发生的费用就更容易了。

8.7.4 重复报销

根据我们的调查，最不常用的报销舞弊手法是重复报销，它是指多次提交同一费用报告来获得多次退款，其中最常见的例子是为同一费用提交多种类型的证明文件。某案例中，一名员工把航空机票的票根和旅行社发票用在不同的费用报告上，然后让他的部门主管批准一份报告，让副主管批准另外一份，于是他就为一次乘机获得了两次报销款。此外，有的舞弊者会在提交完一份报告后留出一个月的间隔再提交另一份报告，这样，重复退款就不太引人注意。

如果公司不要求原始文件作为证明文件，一些员工甚至可能使用同一证明文件的多份副本产生多次报销。

员工可能会使用公司信用卡购买物品，保留发票并把它附在费用报告上，就好像是他们自己付款购买了这些物品一样，这样，受害公司就为同一费用付了两次款。

在我们的调查中，有个非常有趣的重复报销的案例。有一名负责两个地区预算的政府官员，他出了一次差，然后分别向两个预算部门都提出了出差报销申请，并得到双份款项。有些时候，他甚至事先已把费用算到了备用金里，但仍然向这两个预算部门提交报销申请，从而产生了三重退款。最后，这个人明明待在家里还伪造出差，导致其舞弊手法败露。

8.8 报销舞弊的调查

有两种基本方法可以调查员工的报销舞弊手法。一是，检查并分析费用账户；二是，对具体的报销费用进行详细核验。

8.8.1 检查并分析费用账户

一般来说，对费用账户进行检查时，会使用历史比较法或预算金额比较法。历史比较，是比较当期的支出总额与以前类似期间的支出总额，使用这种方法时要考虑营销服务或公司其他运营情况的变化。

预算金额比较，是对完成任务所必需的资金和时间的估计，需在过去经验的基础上考虑目前和未来的业务条件进行核算。因此，比较实际发生费用和当时的预算费用，可以甄别过高的费用，也能甄别不准确的预算。

8.8.2 详细核验报销费用

总的来说，最好的调查方法是仔细检查员工的报销费用。这种方法要求调查者应当熟悉公司的出差和招待政策，并确定出一个期间和这一期间该员工的日程表。另外，以下两个方法有助于调查和防范员工的报销滥用：

（1）在报销款被支付以前，要求员工提交他们的报销申请表以便进行详细检查。如果员工知道报销之前必须核查报销申请，可能就不敢随意编制申请表。

（2）定期核查员工的报销申请，尤其在员工绩效考核前进行会特别有效。

8.9 报销舞弊的防范

详细的费用报告：提交与审查

详细的费用报告应当包括这些信息：

• 发票或者其他证明文件；
• 费用的解释，包括具体业务目的；
• 费用发生的期间；
• 费用发生的地点；
• 金额。

只是提交详细的报告，但是不经审查，显然起不到防范的作用。建立定期审查费用报告的政策，并配以详细的适当审查，有助于遏制员工报销私人费用。

第9章 存货和其他资产

存货和其他资产的侵占手法

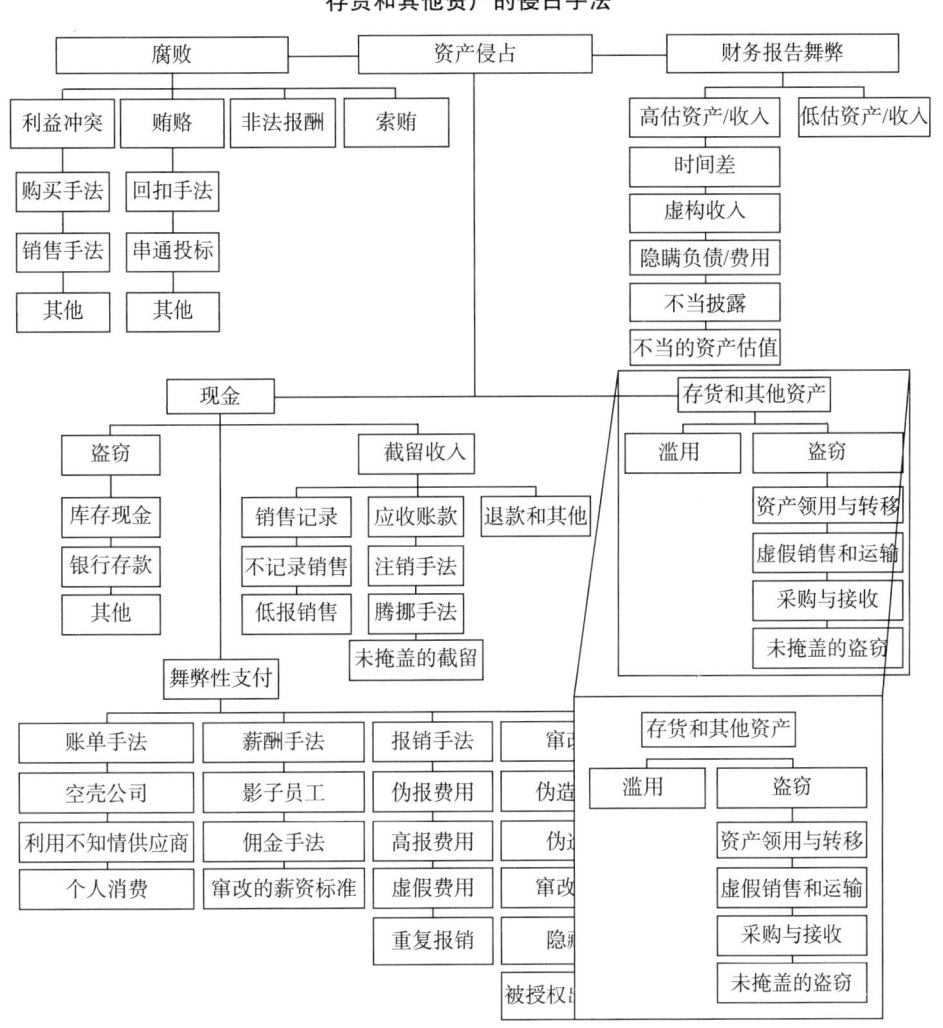

案例研究 9—1 高科技公司盗窃案的破获

19 岁的 Larry Gunter[1] 对计算机知之甚少,但这不妨碍他在一家计算机制造厂当仓库送

---

[1] 为保护隐私,已对案例中的姓名和部分细节进行修改。

货员。像硅谷的许多其他公司一样，这家公司生产大量的电脑芯片。

芯片是在"无尘大厦"里制造的，Gunter 并不在这栋楼里工作，公司需要把芯片和其他电脑配件在大厦隔壁的仓库进行处理和存储，Gunter 正是负责这两个地点之间的运输。在公开市场上，一个压缩了各种零件的计算机芯片虽然只有指甲那么大，却价值约 40 美元。通常，1000 多块芯片被包装在塑料存储管内，然后放在有公司标记的纸箱里。

Gunter 知道它们值钱，但不知道究竟值多少钱。一天，他从仓库的箱子里拿了一块芯片给他女朋友的父亲 Grant Thurman 看，Thurman 经营计算机回收业务，对此比较在行。

Gunter 告诉 Thurman，公司把这些芯片当成"废料"丢掉，并询问他是否认识可能会买这些"废弃芯片"的人，Thurman 说他认识。Gunter 承认："一两个星期后，我偷了三箱计算机芯片，经由 Thurman 卖给他的朋友，又一个星期后，我从 Thurman 那儿得到了一张 5000 美元的个人支票。"

Gunter 当然知道这些芯片不是废料，因为这些鞋盒大小的盒子上印有标志，证明芯片是完好的。而且，厂家有一套处理废弃芯片的标准程序，即把废弃芯片放到公司地下室的另一个仓库，密封好后再运输到另一个工厂进行销毁。

Gunter 把盒子藏在工作车的底部，上面盖一些空箱子推出仓库，装作要把空箱子送到垃圾场，于是顺利通过了警卫的检查，一旦到了没有警卫的停车场，他就把芯片装进自己的车里。

盗窃事件发生后不久，一位负责存货管理的员工发现少了很多芯片，就立即向仓库经理报告。经理证实丢失了约 10 箱芯片，价值 3 万多美元。他们联系了负责运营的公司董事，该董事决定增加存货盘点的频率，由每月一次变成每周一次。

Gunter 说，他发现偷东西竟然很容易，这一行为完全没有引起警卫的注意，而且轻易避开了仓库里的监视器。在他第一次盗窃后的两个星期，就又偷了 4 箱新芯片，Thurman 这次给了他 1 万美元。Gunter 难以抑制再次成功的兴奋，将这个轻松赚钱的方法告诉了他的年轻朋友兼同事 Larry Spelber。他告诉 Spelber，每人一次偷 6 箱芯片，两人就可以分得 3 万美元，这些钱足以让他们离职后继续学业。

此时，公司发现芯片再次丢失，于是联络了私家侦探和舞弊审查师 Lee Roberts。Roberts 是一家保护与调查公司的负责人，与这家计算机公司的律师共事过。

"他们准确地知道丢失了多少产品"，Roberts 说，"因为除非有采购订单产生的装货单，否则产品是不允许离开这栋楼的。"但是，这个系统有一个缺陷，公司的运营在相隔 300 英尺的两栋楼内，把产品从一栋楼运到另一栋楼的过程中，员工只是简单地用车推着这些产品通过长 300 英尺的停车场；有时存储仓库的东西太多，还会再运回生产大楼。而且，这些来来回回的运输并不需要生成内部报告，有些人仅仅说一句"我把这些产品拿到二号楼"就可以了，反之亦然，警卫们也习以为常，没有什么警觉。

Roberts 说："凭我的第一感觉，如果芯片在订货过程中丢失了，就会涉及主管和运输人员。"那将是一项规模巨大的调查工作，这是工厂最担心的。

Roberts 首先怀疑，盗窃事件也许发生在大厦之间的转运过程中，运输工人有 30 多个，存在许多潜在的嫌疑犯。

为了抓到这些小偷，需要在仓库内安装一个新的监控系统。"我们检查了一下他们

219

的监控系统，发现摄像机的安装位置不太合适，而且没有长时间保留磁带资料供回头查看。"Roberts 的公司非常擅长进行警报和安全防护，他们在公司仓库里增加了 16 个隐蔽的摄像头，还在停车场装了摄像机。

"我们一致假装什么都没发生"，Roberts 说，"这会给嫌疑犯一种错误的安全感，公司也同意继续储存计算机芯片。"

仓库经理和他的助手开始每日秘密跟踪大厦之间产品的转运。通过工作记录和新的摄像头监控，他们能够停顿画面图像，以便观察员工运输车的所有角度，这样，仓库经理就能确切地知道每个员工拿了多少箱子到另一栋大厦。

Gunter 和 Spelber 对这些安排毫不知情，完全被蒙在鼓里，所以仍然照旧行事。摄像机记录了他们在走廊和仓库其他地方的谈话，日常的存货检查记录也显示，这两名员工拿的箱子经常比他们应该运输的要多。

一天下午 3:30，Gunter 和 Spelber 又从架子上拿了 6 个箱子放在工作车的底部，再盖上空箱子把车子推出来停在停车场，随后 Spelber 把箱子装进自己卡车就返回去工作了。下班之后，他们驾驶自己的车到街上，把箱子转移 Gunter 的车上。

回家后，Gunter 取掉芯片上的公司标签，开车到 Thurman 家。Thurman 答应为这些货付 5 万美元。

但是，Gunter 和 Spelber 再也看不到这些钱了。第二天，公司的保卫部门向他们出示了证据，他们很快就承认了，并交代 Thurman 是赃物的接收者。当警察在 Thurman 家跟他面谈时，他说自己不知道这些芯片是偷来的，并承认把芯片转售给了一个叫 Marty 的熟人，得到了 18 万美元的现金支票。

但是，Marty 的证言和银行记录显示，Thurman 收到的钱比 18 万多得多：Marty 为这些芯片付了大约 69.7 万美元给 Thurman（这样算来，Thurman 的利润比 Gunter 的大多了），尽管调查员们不能找回被盗的芯片，但是他们相信 Marty 把它们卖给了某航天工业公司，可能还卖了一些给联邦政府机构。

第二天，当 Thurman 试图从银行大量提款时，警察逮捕了他。Thurman 和 Gunter 因盗窃和侵占财产罪被判在政府监狱服刑一年多；Spelber 参加了 9 个月的社区劳动。尽管 Marty 因售卖这些芯片在公开市场上赚得最多，但警察不能对他进行指控，因为他们不能证明他明知这些芯片是赃物。

Roberts 说，这个案子的特别之处在于它是加利福尼亚州历史上最大的内部盗窃案，涉案金额超过 100 万美元，尽管公司不能追回大部分被盗财产，但从这次舞弊事件中汲取了深刻的教训。最终，经理们对两幢大厦之间的货物运输采取了更严格的控制、更频繁的存货审查和更完善的货物安全措施，包括在两幢大厦之间用链条建起栅栏。

Roberts 说："我认为这种舞弊事件是很难被发现的，因为他们的控制系统和方法并不适当。作为舞弊审查师或调查者来说，我们经常看到，公司花很大成本建立控制系统，建立实物安全措施，安装警报器和摄像头等。而我要说的是，仅仅安装一些设备或设置一些程序是不够的，还需要一位训练有素、经验丰富的专家来告诉你们怎样做以及如何使用他们。如果做法不正确，只有设备是不起作用的。"

220

9.1 概述：来自2015年ACFE《全球舞弊调查报告》中有关非现金侵占的数据资料

9.1.1 频率和成本

在我们的调查中，非现金舞弊不如现金舞弊常见，仅占资产侵占案件的 23%。此外，与现金舞弊相比，非现金舞弊的损失中值更低。（参见图表 9-1）

221

图表 9-1　2015年《全球舞弊调查报告》：现金与非现金手法

案件类型	在资产侵占案中的占比	损失中值
现金舞弊	78.9%	109 000 美元
非现金舞弊	23.0%	70 000 美元

9.1.2 被盗的非现金资产类型

在我们的研究中，实物资产，包括存货和固定资产，是最常见被侵占的非现金资产。在涉及非现金舞弊的案件中，73% 的诈骗者盗用了实物资产。（参见图表 9-2）

图表 9-2　2015年《全球舞弊调查报告》：按资产类型划分的非现金舞弊案件的百分比

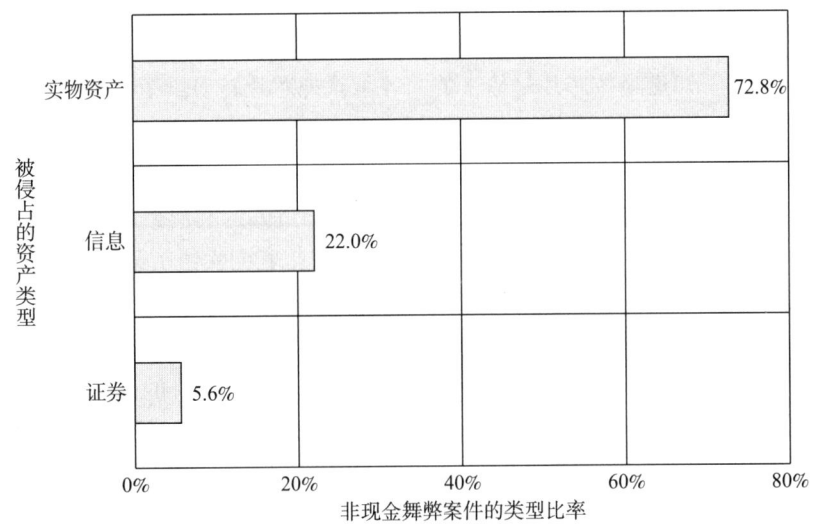

尽管证券是最不可能被侵占的资产（占案件的 6%），但涉及证券盗窃的案件的损失中值明显高于任何其他类别，为 25.4 万美元。（参见图表 9-3）

9.2 存货和其他资产的滥用

侵占公司资产有两种基本方法：滥用（或"借用"）和侵占。显然，滥用是其中不太恶劣的。被滥用的资产通常包括公司的车、办公用品、计算机和其他办公设备等。例如，如果有员工私自使用公司车辆去外地游玩，还对使用性质做了书面或口头的虚假工作申请。最后，

图表 9-3 2015 年《全球舞弊调查报告》：按资产类型划分的非现金舞弊案件的损失中值 222

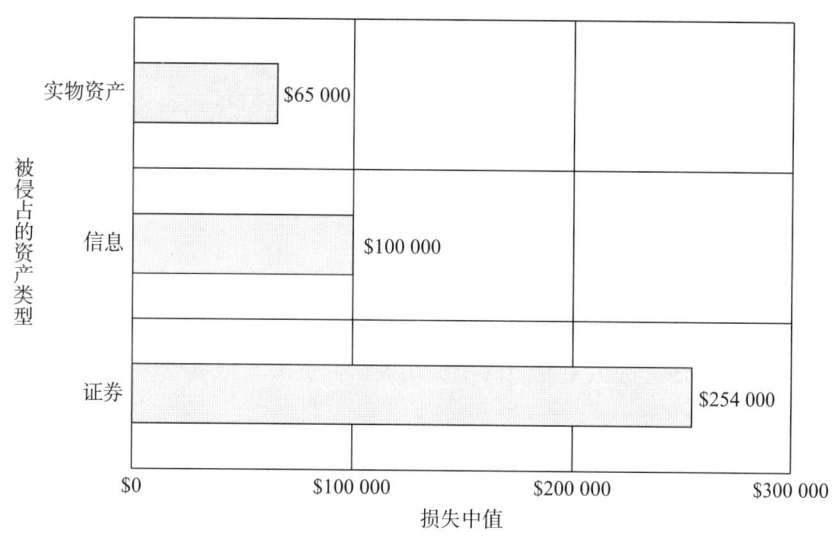

只要车辆完好归还，公司只是损失了几百美元费用而已。但是，未经授权使用公司财产，而且进行了虚假陈述，这确实是一种舞弊。

有些员工还用电脑、办公用品和其他办公设备在上班时间做私人工作，比如员工可能会在工作时写邮件、打印发票，或者做其他与其兼职业务相关的工作。而且许多情况下，这些副业与雇主的业务性质相近，因此员工本质上是在利用雇主的资源与雇主竞争。一个类似的例子中，一群员工偷了公司的原材料后，用雇主的设备把偷来的原材料制造成他们自己的产品，随后将产品从雇主的公司运走销售，而且是与雇主有竞争关系的销售。另一个案例中，舞弊者用雇主的机器经营自己的除雪和挖掘业务，他通常在周末和下班后做自己的工作，还伪造了公司机器的里程记录，并修改设备使用日志。其实，这个员工以前也是老板，这些机器都是他的，但经营不善只得出售给新老板并为其工作。事实上，他一直在经营自己之前的业务，持续了大约 9 个月。

前面的例子很好地说明了一种简单的舞弊手法可能包含多种舞弊类型。这个案例中的舞弊者滥用公司的原料和设备，是侵占资产型的舞弊；他们又与雇主竞争业务，存在利益冲突。区分舞弊手法的类型有利于我们分析特定类型的舞弊，关注其中相同的因素、受害者和犯罪手法等；但是防范舞弊的人们也应当知道，每项犯罪都不会只有一种类型，舞弊者会根据具体的时机和需求，寻找适合他们的方法，一个小规模开始的舞弊有可能发展成大规模的犯罪，甚至摧毁整个企业。

滥用的舞弊成本

223

滥用的舞弊成本很难量化。在很多人看来，这类舞弊并不是犯罪，而是"借用"。对公司而言，这种舞弊的成本可能是微不足道的，比如舞弊者借用一个订书机或者为家庭维修而将工具带回家，那么只要把财产原样归还，公司就没有耗费什么成本。

但是，滥用手法的舞弊成本也可能很大。例如上面讨论的案例中，员工在工作期间使用公司的设备经营自己的副业，就很难认真履行自己的本职工作，雇主的生产力遭受了损失。如果一直是这种很低的生产力，雇主可能就要雇用额外的员工，这就意味着更多的成本。如果员工自己的业务与雇主有竞争性，那么雇主还可能失去潜在客户，这又多了额外成本。没有授权而使用设备意味着额外的磨损，与正常条件下的使用相比，设备的报废期缩短。另外，当员工"借用"公司财产时，并不能保证该财产会被归还，一些盗窃手法就是以这样的"借用"开始的。我们认为，滥用资产并不总是微不足道的。

9.3　存货和其他资产的盗窃

财产滥用是个问题，但相对而言，财产盗窃明显更值得关注。正如我们所看到的，公司财产被盗的损失可能达上千万美元。盗窃的方式很多，从简单的盗窃（如随手拿走公司财产）到伪造公司文件和账簿，甚至更复杂的手法。盗窃存货和其他资产的手法主要有以下几种：

- 偷窃；
- 资产领用与转移；
- 采购与收货手法；
- 虚假发货。

9.3.1　偷窃

一般概念中的"偷窃"（larceny）涵盖了所有类型的资产盗窃，对本章讨论的内容来说范围过大，为了更具体地理解"盗窃存货和其他资产"中的手法，我们需要缩小范畴。就我们讨论的范围而言，偷窃就是指最基本的存货盗窃，表现为员工从公司拿走存货，而且没有试图在账簿和记录中进行掩盖。（参见图表9-4）在其他舞弊手法中，员工可能伪造文件来证明商品发出的正当性，或者窜改存货记录以掩盖丢失的资产，相对来说，偷窃手法更直接，舞弊者拿走公司资产，但并不试图为资产的消失"寻找正当理由"。例如，案例研究中的Larry Gunter，他直接拿了价值几十万美元的计算机芯片走出了仓库。

图表9-4　非现金偷窃案件

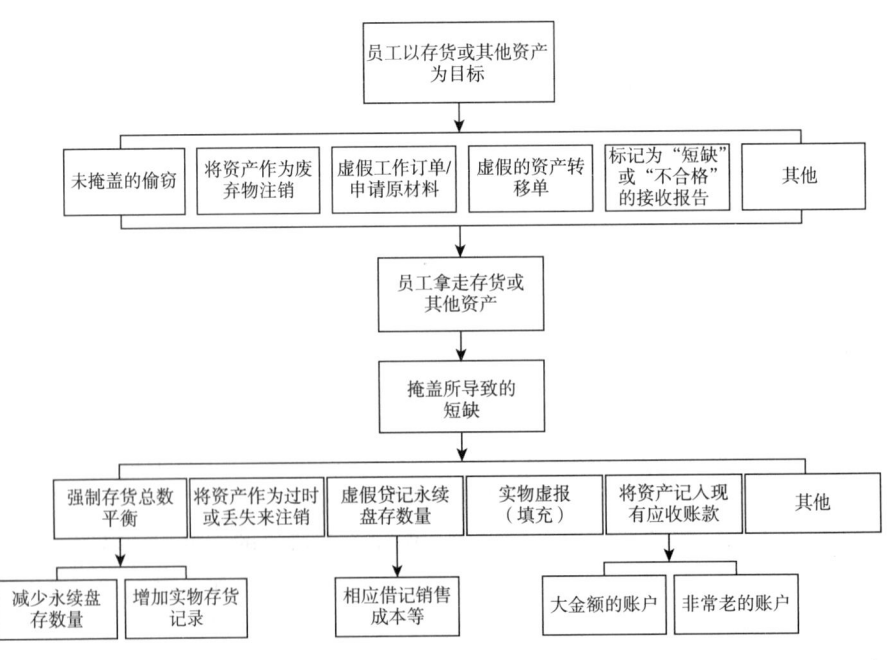

大多数非现金盗窃并不复杂。通常，非现金盗窃由能够接近存货和其他资产的员工（如仓库人员、存货管理员和运输管理员）实施。这类案件如此简单，稍有技术性的方法就是所谓的预留手法（set-aside scheme），负责向顾客装运货物的员工可以实施这个手法，具体操作是指，他们在装运时截留一些货物，放在一边以便日后盗用。某案例中，一个舞弊者在执行装运工作时，将目标存货放在仓库地板上，因为这些货物"光明正大"地放在那，反而没有人怀疑这是"要被偷掉"的东西。即使有人注意到货物短缺，也只会认为是出于疏忽而非故意。当然，大部分案例中根本没人注意这些货物，舞弊者回头就把它们轻松拿走。如果顾客投诉收到的货物少了，公司就会补货，而不一定会去查看丢失的货物。这个案例中，是因为有人发现短缺货物的运输经常都是由这个特定人负责的，才发现线索抓到了他。

提到偷窃，我们往往会联想到深夜在仓库里偷偷摸摸的人影，或者一个紧张的员工回家时匆忙将东西掖到衣服底下，虽然有时员工确实这样做，但在很多情况下，舞弊者不一定用这种简单而极端的方法。在我们研究的几个案例中，很多舞弊者是在上班时间、在同事的眼皮底下大大方方拿走了物品。这是为什么呢？因为人们习惯认为自己的朋友和熟人不会偷东西，当他们看到一个值得信赖的同事将东西带出办公室时，他们会认为应该有什么正当理由，而不会往舞弊上想。某案例中，一位大学老师要到新的学校任职，他被准许带少量物品离开，可他装了满满两卡车价值几十万元的大学实验设备和电脑，光明正大地将这些资产和他的个人物品一起打包，然后开车离开。

当着同事的面侵占资产，虽然有时他们毫无疑心，但确实也有一些员工清楚知道某位同事正在偷窃，不过他们并不举报。这种对非法行为视而不见的原因很多，包括对朋友的责任感、管理层与普通员工的对立心态、舞弊者的恐吓，或者缺乏沟通渠道等；他们有时甚至会协助偷窃。当高管实施类似舞弊时，员工因为害怕丢掉工作更是经常装作没看见。某案例中，一位学校督导不仅盗用学校账户的钱，还偷学校的物品，案发后搜查他住所时，发现地下室装满了学校的东西，其实，很多学校同事都知道或怀疑这位督导偷东西，但他权力太大，人们害怕报复而不敢举报。结果，他的偷窃行为待续了好几年。相似的另一个案例中，一位市政官员命令下属将公家的空调安装在几位高官（包括他自己）家里，这做法毫无疑问是违规的，但政府部门缺乏合适的举报程序，所以没人告发这位官员。

讽刺的是，偷窃存货的员工经常是组织内部被高度信赖的人。这种信赖使他们有机会靠近保险柜、物料库等被限制区域，甚至能够拿到一些办公室的钥匙，从而更容易侵占公司资产。例如，某个承包商的一名老员工一直掌管着零件库房的钥匙，并负责给各个工地发放零件。后来，他利用职权偷了一些高价存货卖给了另一个承包商，这个偷窃手法本身并不复杂，但由于他是老员工且深得信赖，存货清点没有任何监督，所以他的舞弊一直持续了两年多，公司损失了 20 多万美元。

对于掌管钥匙的员工来说，为了避开同事和保安人员的注意，他们会选择在非工作时间里偷窃资产。我们遇到过类似的舞弊手法，一名员工会在上班前和下班后去仓库里偷东西。某案例中，一家制造厂的两名管理人员在下班时把完工产品放在一边，第二天上班前早早来厂里转移这些产品，他们有钥匙，可以进进出出，所以几年时间就从公司转移并卖了 30 万美元的存货。

舞弊者将存货或其他实物资产带离公司并不是最佳选择，其最大的风险和尴尬之处在于，有可能当场人赃并获。一些舞弊者为了避免这种情形，会选择邮寄方式，这样就不用担心安检、经理和其他潜在观察者了。例如，一位备用零件的保管人偷了价值几千美元的计算机芯片并把它们邮寄到一家与其雇主没有业务往来的公司，然后再将这些商品收回，这样，快递业务就成了最好的作案工具。

9.3.2 虚假销售

有时，舞弊员工会串通进行资产盗窃，许多案例中的舞弊员工利用外面的同伙帮助偷东西，虚假销售就是一种靠同伙才能成功的方法。跟大多数存货盗窃一样，虚假销售并不难。舞弊员工的同谋先进行所谓的"商品采购"，但这位员工既不记录销售收入、同谋也无须支付就拿走了商品，这时，虚假销售就发生了。在一些不细心的人看来，好像就是一次正常的销售业务，员工将商品打包，并假装该笔交易正在被键入收银机，但实际上，销售记录没有任何变化。该同伙也可能会花一笔象征性的金额，以完成虚假交易，例如，有个舞弊者用一些虚假销售交换到了同伙的礼物，更多的案例中，同伙们会瓜分被盗商品。

有时，同伙也是一个销赃渠道，当员工自己并不需要这些商品，又没有再销售的途径时，就会把货物卖给同谋，存货也就变成了现金。

9.3.3 资产领用与转移

资产领用，是一种将非现金资产从公司的一个地点转移到另一地点的方式，会让资产盗窃变得更为方便。舞弊者利用"领用单、运输单"等内部文件可以接触他们平常无法得到的商品，当然，与虚假销售不同，转移商品的文件并不能解释商品的丢失，但至少能让舞弊者把资产从一个地方转移到另一个地方。转移的过程中，舞弊者可以把这些商品据为己有。（参见图表9-4）

最基本的方式是，员工以"与工作有关的项目"为名申请原材料，然后再将之盗窃。在一些案例中，舞弊者会夸大完工所需的物料或设备数量，然后偷走多余部分。一些更极端的案例中，舞弊者可能会完全虚构一个项目，以得到他们想要的某种资产。例如，一家电信公司的员工利用虚假项目文件申请价值10万美元的计算机芯片，号称是为了更新公司的计算机，因为这类申请需要有另一位发起者的口头授权，于是该员工设计了一个精心安排的电话舞弊手法让"项目"获得批准。这名舞弊者利用他对公司电话系统的了解，将4条不同的电话线路转接到自己的桌子上，当验证电话打来时，舞弊者假装是另一个授权人接起电话并核准了该项目。

有时，不诚实的员工会伪造财产转移表，以便从仓库或储藏室挪走存货和其他资产，然后把它们带回家。例如，一位经理申请把公司仓库里的商品放到展览室去陈列，但这些商品从没出现在展览室里，而是被装上卡车运回家了。另外，他居然在其他员工的帮助下，光天化日地拿走了这些东西。这类手法的漏洞在于，如果商品丢失，转移商品的人通常是首要的怀疑对象。但在许多案例中，舞弊者只是侥幸依赖各部门间欠缺沟通就能蒙混过关。这个案例中，舞弊者本来很自信完全不会被发现，因为这些商品是使用管理层的安全密码通过计算机申请的，这个密码由几个经理共用，所以无法知道是哪一个经理订购了这些商品。然而不幸的是，公司查到了是他的计算机终端最初提出了这个申请，从而揭露了其舞弊行为。

在有的案例中，存货被放在不同的地方，经常要从一栋楼转移到另一栋楼，这就给员工盗窃创造了机会。案例研究中，当 Larry Gunter 在公司的两个大楼之间转移存货或处理废料

227

时，把偷来的芯片藏在工作车上，只需简单走一个弯道，就在工作间隙把偷来的 100 多万美元芯片装到了自己车上。与许多企业一样，当产品在两栋楼之间转移时，Larry Gunter 的公司不要求内部的书面文件，因此很难跟踪资产的转移，舞弊者也就很容易盗窃商品了。

9.3.4　采购与接收手法

舞弊员工为方便盗窃存货和其他资产，还可能操纵公司的采购和接收系统。（参见图表 9-4）粗略一看的话，有人会把所有采购手法都归类为虚假账单手法，其实，虚假账单采购手法与非现金盗窃的采购手法有所区别，如果员工让公司采购了并不需要的商品，就是虚假账单手法，这种手法对公司的损害在于为并不需要的资产付款。例如，一名木工负责小型建筑项目的原材料采购，因为缺少监督，所以他采购了超量的木材，然后将多余部分运回家为自己建了个栅栏。这个案例中，舞弊的核心是采购不需要的原材料。

公司通常是因需求而采购资产，如果这些有需求的资产被舞弊者侵占，就被称为存货盗窃。前面的例子中，假定受害公司为特定建造目的在仓库里存了一定数量的木材，如果有员工把木材拿回家，这个行为就是盗窃存货舞弊。不同的是，第二个案例中，公司不仅丧失了为这些木材支付的现金，木材本身也丢了，现在不得不采购更多的木材来代替丢失的木材；而在第一个案例中，公司仅仅损失了为其不需要的原材料采购所支付的现金。

伪造到货量（Falsifying Incoming Shipments）

作为受害公司负责接收货物的人，如仓库监管员或者接收人员，他们滥用采购与接收功能的最普遍方法是伪造到货量。某案例中，两名员工串通，把装货量标记为短货以侵占存货。例如，如果收到 1000 单位的某种特定商品，舞弊者标明只收到 900 单位，侵占了没有记录的 100 单位的商品。

这种舞弊手法的明显漏洞是，如果接收单和卖方发票不匹配，就会存在付款问题。在上面的案例中，如果卖方账单是 1000 单位，但是应付账款凭证显示仅仅收到 900 单位的商品，就需要解释另外 100 个单位商品的去向。明显地，卖方将表明货物是足额的，因此受害公司就会查询接收单的签收者。

本案例中，舞弊者通过改变发票副本来避免这种问题。被送去登记应付账款的副本显示收到了足额的装货量，因此卖方全额收到款项，而用于记录存货的副本登记的是短缺存货量，以便与存货的实际资产相符。

舞弊者也可能以未达到质量标准为由拒收部分货物，而不是将到货量标记为短缺。然后，舞弊者会自己保留"未达标"商品而不是把它退给供应商，其效果与少记录到货量是一样的。

9.3.5　存货和其他资产的虚假发货

为了掩盖存货盗窃，舞弊者有时创制虚假的发货文件或销售文件，使丢失的存货看起来不是被偷了而是被卖了。（参见图表 9-5）通知运输部门的发货文件通常是装箱单，通过伪造假的装箱单，舞弊员工把存货交付给他们自己或同伙。反映在装箱单中的"销售"一般是将商品销售给虚构的人、虚构的公司或者同伙。例如，一位仓库管理员利用职位伪造虚假文件，向同伙运送了价值 3 万多美元的存货，然后卖掉货物分赃。利用虚假运输文件来侵占存货和其他资产的好处是，产品是被他人而非舞弊者自己转移出仓库，没有被现场抓住的风险，相反，受害公司还会在不知情的情况下自己把"被盗"资产交付给别人。

228

229

依据虚假的装箱单，存货物品会从受害公司运送出去，但是对舞弊者来说，这不能掩盖存货减少的事实。为了掩盖盗窃行为，舞弊者可能伪造一份销售记录，使丢失的存货看起来像是被发送给了顾客，这样一来，存货好像又有了下落。根据受害组织的经营方式，舞弊者可能会伪造一份来自"买方"的虚假采购订单、虚假销售单、虚假销售发票和一份虚假运输单，以便创制虚构销售。

230

图表 9-5　存货和其他资产的虚假运输

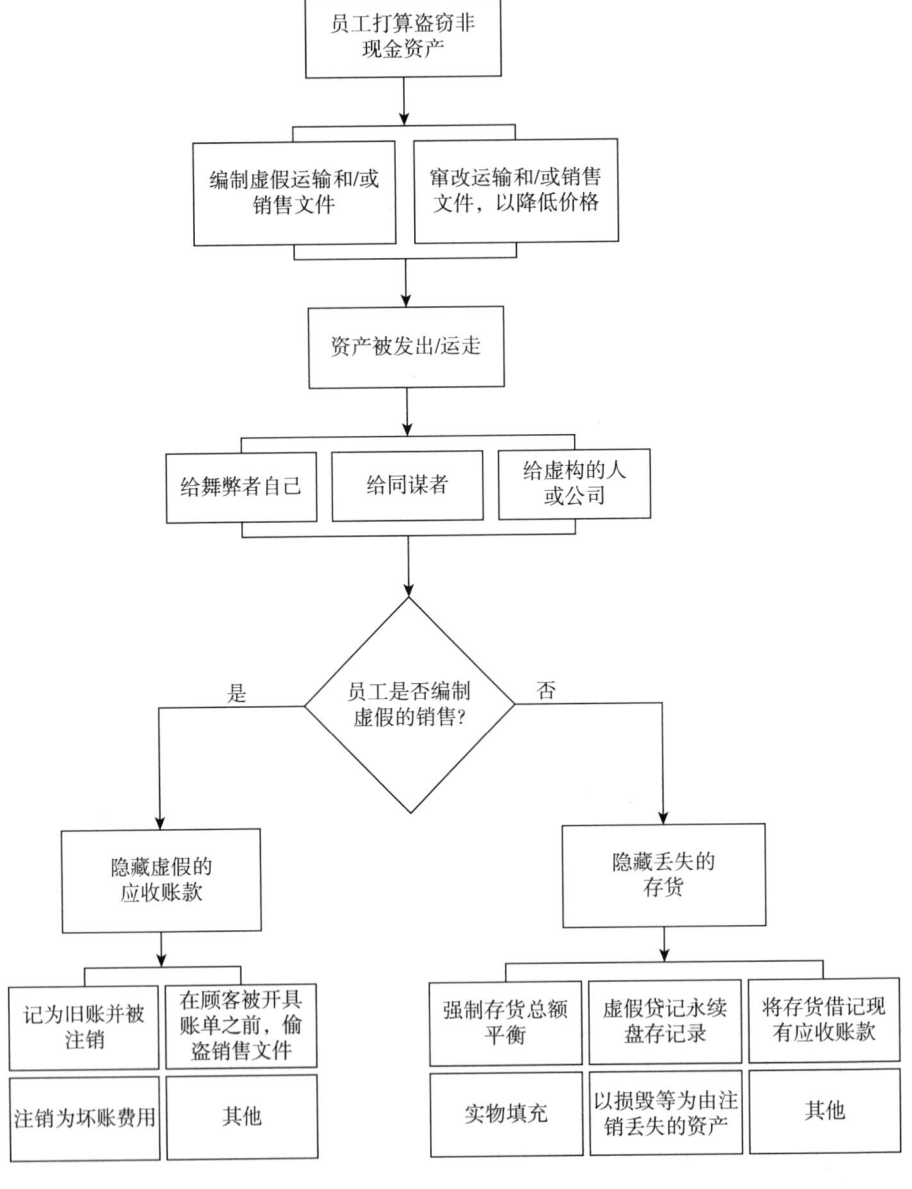

其结果是，一个虚假的应收账款被登记入账，其数目是存货商品的价格。明显地，这些商品的"买家"永远不可能支付款项，舞弊者怎样处理呢？在一些案例中，舞弊者只是简单地让这些应收款项长期挂在公司账上，直至最终以无法回收为由注销。也有的案例中，员工可能会采取进一步的行动，将这笔销售和由此产生的应收账款从账簿中删除。某案例中，舞弊者伪造了发票并把他们交付给公司仓库以供发货之用，然后，该发票被标上"已交付"的字样并被送往销售部门，在发票开给虚构的客户之前，舞弊者处理了文档中这份发票的所有副本。有时候，舞弊者可能会自己注销应收账款，某案例中，有一位舞弊 5 年之久的经理，他拿了公司的存货，并通过设置虚假销售来掩盖丢失的资产，在这项虚假销售被登入"应收账款"的几个星期之后，舞弊者又以"资产丢失或被盗"为由注销了这项应收账款。更常见的是，虚假销售在折扣、备抵或坏账账户上被注销。

　　与完全虚构销售不同，有的舞弊者会少报合法销售，因此，与实际运货量相比，同伙支付的金额比收到的货值要少，也就是说部分商品被免费出售了。某案例中，一名销售人员填制运输单，并将其递送到仓库，但在商品被发运之后、运输单被送到开发票的部门之前，他以有"其他工作需要"为由，让仓库员工将运输单返还给自己，这位销售人员要做的"其他工作"就是窜改运输单，减少商品数量，同伙买家收到的账单也就少于其真实收到的数量。

231

　　下文的案例研究中，舞弊者采用了典型的虚假运输手法。一名营销经理在运输职员的帮助下，将一些计算机硬盘卖给一家计算机公司，案例中的受害公司内部控制比较薄弱，商品在没有发票的情况下也可以运送，因此很容易进行这种舞弊骗局。注册舞弊审查师 Harry D'Arcy 调查了这起犯罪，并最终把舞弊者送上了法庭。

案例研究 9-2　硬盘与厄运

　　有人从多伦多的一家计算机仓库盗窃了 400 个硬盘，东西被偷是确定无疑的，但问题是：谁干的？这个答案意义重大，与公司的命运生死攸关。Swainler's Technology 公司年均销售额约 800 万—900 万美元，但利润率很低，只有 8%，财务上并不宽裕。这家企业由一群紧张的投资者监管着，公司购买了盗窃险，但其中有条很棘手的条款：投保范围不包括 Swainler 公司自己的员工实施的盗窃。为了得到这 60 万美元赔偿金，投资者不得不证明这起盗窃是外部人员所为。

　　他们的报告就是这样写的：员工和经理都认为，装硬盘的包装一直安全完好，直到 Swainler 公司的竞争对手 Hargrove 公司派司机来换货，显然，是 Hargrove 公司的人在 Swainler 公司仓库工作的 7 天里实施了偷窃。Hargrove 公司和 Swainler 公司的员工有时需要一起工作，这两个公司正处于激烈的竞争中，双方都有业务和员工流失到对方那儿去，因为所有的 Swainler 公司员工都被检查过，所以管理层认为一定是 Hargrove 公司的员工干的。

　　Doug Andrews 是 Swainler 公司投保的保险公司聘请的一名独立理赔核算人。除了进行常规的损失核算之外，他还是一名注册舞弊审查师，正如他所说，他希望自己能够"看到别人没有看到或者选择忽视的事情"。虽然 Swainler 公司的董事会向 Andrews 保证这是一个简单的案例，但他并不相信。Andrews 分析："我觉得 Swainler 公司内部一定存在问题，因为有太多疑问没有答案，比如，Hargrove 公司的员工如何偷走材料而不被别人发现？管理层认定的损失日期看上去也很随意，我猜测应该有 Swainler 公司的某位员工也卷入其中。"他需要有人来帮助他证实这些直觉，所以聘请了 Harry D'Arcy 来帮忙，D'Arcy 作为一名注册舞弊审查师和调查员，曾在加拿大保险犯罪预防局工作。他俩约谈了仓库和公司董事会的每一个人，

232 对有的人还询问了多次。他们追踪硬盘的序列号和可能的分销路线，以期找出它们的踪迹。D'Arcy 说："我俩每星期至少见面两次，探讨解决方法，像是组成了一个智囊团，互相交流想法和方案：'现在应该用什么方法？应该去加利福尼亚吗？需要去渥太华的那家商店吗？'我们被这些问题困扰着，必须要找到一种方法去解决目前的障碍。"

烦扰 D'Arcy 的关键问题是，董事会一直强调这是一个极其简单的案例，于是每个人都在这方面配合得天衣无缝，他们的陈述太完美和熟练了，更加让人无法相信。董事会的成员一再强调：Hargrove 公司的员工来之前的星期五还看到了硬盘，可随后就不见了；他们有理由怀疑幕后黑手是他们的竞争者。高管们知道，如果这件事是自己员工干的，保险公司就不会赔偿。更重要的是，Swainler 公司的董事会非常相信他们的员工，从工人到仓库保管，许多员工都与管理层是亲戚或朋友，D'Arcy 和 Andrews 被给予了很多误导性信息。

在 D'Arcy 搞懂了 Swainler 公司的运作系统后，有了新一轮的询问素材。他注意到，准备装运时，全部商品都会被包装在厚厚的塑料纸里，再从仓库的地板上转移到装运码头，于是他问一个董事："如您所说，如果这些硬盘准备在星期五运输，那时候它们应该已经包装好了，对吗？"

"是的。"

"如果已经包装好了，您怎么知道看到的是什么呢？透过厚包装纸不可能看得到。"

"我知道那批原材料应该在下个星期发出去。"那人回答。

"那么，这些货应该已经被转移到发货码头了。"D'Arcy 插话。

"我不明白你什么意思。"

"你说你看到它们在仓库"，D'Arcy 提示道，"按照程序，如果下星期发出，货物应该已被转移到码头，那你不可能在仓库看到。"

这位"目击者"强辩说："喔，也许那时候它们还没有被运走。"

D'Arcy 对这位原本健谈的管理者提了许多问题：为什么他会在特定的某天注意到这些硬盘货物？为什么他对这次发货的记忆如此确切？管理者多久巡查一次仓库的日常存货？D'Arcy 说："一旦我使他的意志有所动摇，就会直截了当地问他是否在说谎。这个人最后承认，实际上他没有看到硬盘。"

"你和其他董事会成员讨论了这些吗？"D'Arcy 问。

"是的，我们在董事会会议上谈了。"对方答复道。

233 "当您提供一份陈述，他们全都同意你所说的吗？"

"没有。"

"但是，你们所有的陈述都是一致的。"

"我们一致认为，我们记得那天这些硬盘在那里。"

Andrews 感觉有些厌烦，面对一连串的答非所问，他感觉这谈话变得没有意义。

Swainler 公司自己也聘请了一名私家侦探 Harry。D'Arcy 和他进行了交谈，他竟然被董事会说服是外部人进行了盗窃。这位私家侦探曾去 Hargrove 公司和那里的员工交谈过，其中一位还曾经在 Swainler 公司工作过，这人说："我不知道这里是否有人拿了硬盘，但是 Swainler 公司的那些家伙是罪有应得。"他声称，Swainler 公司要求员工长时间工作，但薪水和福利很少，员工被压榨得厉害。所以，Harry 认为，这就是一个离职员工表达愤恨（舞弊的通常借口）的典型案例。

D'Arcy 不同意 Harry 的意见，但是这位私家侦探坚持自己的观点。Swainler 公司声称为这次调查花了 12.5 万美元，光是私家侦探就在一个星期内开了 4.5 万美元的账单。Swainler 公司的行政副总裁还曾得到一个匿名举报，说被盗的硬盘被放在安大略州的某个地方，私家侦探带了一队人马和设备前去，经过一个周末的监视，他们看到一个人来到了这个地方，最终却只找到了一些个人用品，完全没有硬盘的踪影。

同时，D'Arcy 和 Andrews 继续着他们自己的调查，他们通知整个加拿大和美国的厂商代表监视一套序列号。加利福尼亚的一名经销商打来电话，说其中的一个硬盘因维修出现在市面上了，收据显示，这个硬盘是从纽约北部发货，被加拿大渥太华的一家商店采购，而渥太华商店是从蒙特利尔的一个经销商那里买到这个硬盘的。Andrews 去了蒙特利尔仓库，但仓库已经空了，他们询问周围的邻居，得知租用这间仓库的人已经搬到蒙特利尔北部的另一个地方去了。

Andrews 去了那个地方，问了那里的四五个工人，工人说自己从没听说过 Swainler 公司，也丝毫不知道被盗的硬盘。但是，当 Andrews 让这几个人和他查看存货记录时，发现了与丢失硬盘序列号相匹配的货物，其中一个丢失的硬盘在仓库里被翻出来了。

尽管如此，Andrews 并没有觉得大功告成："我感到很累，我们花费很多时间来回奔波、一再访谈，我甚至想再也找不到真相了。"他看到的发票日期比 Swainler 公司列出的硬盘被盗时间早了 5 周，这个时间差有力地反驳了公司"外部盗窃"的说辞，但也让案件的很多状况变得更加混乱。Andrews 开车回多伦多时，接到了 D'Arcy 的电话："根据你发现的情况，我在继续其他调查，等你回来时就会形成证据链了。"因为 D'Arcy 现在知道至少有一些商品是经过蒙特利尔这个仓库转移出去的，所以他就从 Swainler 公司的通话记录中查了来自那个城市的电话，最终发现，营销经理 Frederic Boucher 接到了许多从蒙特利尔打来的电话，这些电话正是来自 Andrews 到访过的仓库，也就是其工人声称从没有听说过 Swainler 公司的那个仓库。

D'Arcy 再一次与 Swainler 公司的仓库人员对话，其中有一个仓库人员承认硬盘的丢失时间比之前报告的要早。他猜测，实际丢失日期比管理层所给的日期要早大约一个多月，这样才与 Andrews 在蒙特利尔仓库发现的发票吻合。在特别会议上，董事会审查了 D'Arcy 所发现的情况，并就指向 Boucher 的证据质询了他，Boucher 否认了此事与他有关，而董事会支持了他的说法。

可第二天早上，Boucher 就承认了，他与妻子和律师进行了交谈，准备说实话。他承认在之前的一次会议上见了一名来自蒙特利尔仓库的人，他们合谋了一个办法，Boucher 以优惠的价格向他们提供硬盘，在 Swainler 公司发货员工的帮助下，Boucher 发了 60 个低价硬盘到金士顿（那是蒙特利尔和多伦多之间的一个地方），并得到 2 万美元的现金。Swainler 公司的环境有利于这类犯罪的发生，按照 D'Arcy 的说法："公司的记账系统没有监督，没有收据也可以随意发货。公司只是靠信任经营和运作，上层领导都是老朋友，他们又雇用认识的朋友和亲戚，公司完全是靠盲目信任和裙带关系经营着。Boucher 和他的同伙在首次成功的激励下，接着做出了更大的舞弊：运送 1400 个高质量的硬盘，获利 60 万美元，而且 Boucher 一点也不急于掩盖他们的犯罪踪迹，因为他知道管理层为了保险赔偿只会急切地指

234

证外部人员。

有了 Boucher 的供词，Andrews 为其客户做了一个满意的报告，保险公司不需要进行理赔。Boucher 被判退回赃物和两年监禁（缓刑），他的负责货运的同伙和蒙特利尔的经销商各被判处一年监禁（缓刑）。根据 D'Arcy 的证据，Swainler 公司的高管们"因与此事有牵连"而被警告，Swainler 公司算是在损失中生存了下来，后来被一家著名的加拿大投资集团收购。

除了执行调查之外，Andrews 还就保险舞弊问题进行演讲并撰写文章。他发现，人们并不认为 Swainler 公司这样的案例是真正的犯罪。

Andrews 说："有一种观念认为，针对保险公司的舞弊是一种无受害人的犯罪，所以不算真正的犯罪。但实际上，这些行为经常发生，而且精心策划、数额巨大。加拿大的保险公司没有特别强的商业形象，所以人们会把保险看成是一种不露面的官僚机构"，每天都有巨额资金在保险行业易手，"人们有一种心态，认为保险行业很平和……直到他们自己支付保费，才会感受到并非如此。"

9.3.6　其他手法

员工会根据公司的安保系统、记录保存系统、建筑布局和其他日常运营情况具体设计其盗窃手法，所以盗窃存货和其他资产的方法各不相同。前面的类型包括了我们研究的主要手法，但是还有许多没有归类的手法，简单予以介绍。

通常情况下，"注销"是在资产被盗后的一种掩盖手段，也有一些案例，注销资产本身就是为了盗窃资产。某案例中，一名仓库主管滥用职权申报存货陈旧，并以此注销了质量完好的存货，然后"赠送"给一家他秘密注册的皮包公司，舞弊金额约 20 万美元。而且一旦资产被认定为"废品"，舞弊者就很容易掩盖他们的侵占行为。舞弊者可能被允许拿走"没用"的资产，低价卖给同伙，或者直接赠送资产。

另一个特别的案例涉及这样一种手法：一位基层经理说服他的主管采购一台新的办公设备以替代原有设备，于是旧设备看似"被报废"了，实际上舞弊者把新设备拿回家了，旧设备仍留在那里工作，老板并不知情，他看都不看就以为办公室的设备换新了。这个案例说明，有时管理者稍微留意一点，就会揭露出舞弊行为。

9.4　掩盖

偷了存货之后，舞弊者最重要的问题是如何掩盖存货缩水。存货缩水，是指由于盗窃行为导致的公司存货不明原因的减少。例如，假定一个计算机零售商有 1000 台计算机存货，一天下班后，一名员工偷了 10 台计算机，那么公司实际有 990 台计算机，但是因为员工拿走的 10 台没有任何记录，所以存货仍显示为 1000 台，于是有了 10 台计算机的存货缩水。

存货缩水是舞弊的预警信号之一。当商品丢失而又无法解释时，问题就是"哪去了？"，追究答案时很可能会发现舞弊行为。舞弊者需要掩盖舞弊行为，所以要努力防止他人去寻找丢失的资产，根本方法就是掩盖因资产被盗而产生的缩水。

一般来说，存货和其他资产的清点要经过一个两步程序。第一步是记录永续盘存，这是一个变化的数字，记录存货应该有多少。例如，当收到货物时，它们就被记入永续存货；同样，出售货物时，它们就会从永续存货记录中扣除。这样，公司就能每天记录其存货情况。

第二步是实务清点。公司应当定期对存货资产进行实物清点，检查储藏室和仓库，并清 点在库的每一件东西。实物存货数量应该等于永续盘存记录的资产数，两者之间的差额就是缩水，很多企业都会发生一定数量的缩水，但大额缩水就可能是舞弊的预警信号。

掩盖存货缩水

9.4.1　窜改存货记录

隐藏存货缩水的最简单方法就是窜改永续盘存记录，使它与实物盘点数量一致，这也被称为强制账户平衡（physical inventory count）。一般来说，舞弊者只会改变永续盘存记录，例如，一名参与盗窃存货的主管贷记永续盘存记录，借记销售成本账户，使永续盘存数量与实际存货数量一致。一旦做出这些账目调整，存货检查中就不会发现缩水。

对一位可以接触存货盘点记录的舞弊者来说，他并不需要调节账目，只需简单窜改实际存货记录就可以掩盖舞弊。以上文计算机存货为例，假定公司每月清点存货，并与永续盘存记录进行核对，那么现在实物盘点的数量应当是 990 台，如果舞弊者是清点人，就会写上存货有 1000 台。

9.4.2　虚假销售和应收账款

我们提到舞弊者会伪造虚假销售来掩盖资产被盗。上面的例子中，如果舞弊者对永续盘存记录和销售成本账户进行伪造，漏洞在于，其他账簿（如应收账款）上没有与之匹配的交易记录。舞弊者想要解决这个问题，就会借记应收账款，并相应贷记销售账户，如此操作一番，丢失的货物看起来就像是被销售了。

当然，接下来就出现了付款问题，因为没人支付这些"已销售"货物的款项，舞弊者可能采取两种方法。

第一种是将销售记入现有账户。在某些案例中，舞弊者将虚假销售记入应收账款账户，该账户的账目多、金额大，舞弊记录根本不会被注意到；也有的舞弊员工将这些"销售"记 入长期挂账、很快将被注销掉的账户，当这些账户被清除时，舞弊者所盗存货就会永远消失。

第二种调整方法是将其注销到折扣账户或坏账账户。某案例中，一位员工有权每次注销 5000 美元无法收回的销售额，于是他使用这种授权来掩盖其虚假存货销售，价值达 18 万美元。

9.4.3　注销存货和其他资产

我们提到过一个案例，这个案例中的一位舞弊员工以陈旧为由注销存货，然后把这些存货"送给"了他所控制的空壳公司。在资产被偷之前或之后，"注销"都是一种将资产从账目中消除的普遍方法，也解决了非现金资产盗窃案件中舞弊者最头疼的存货缩水问题。另一个案例中，一位维修主任将部分固定资产报告为损毁，然后据为己有。

9.4.4　填充存货

窜改存货记录的掩盖方法有两种，一是窜改永续盘存记录，二是在实物盘点过程中错误计数，包括"填充存货"，让存货看起来比实际的更多，如把空盒子堆在货架上，弄成很多额外存货的假象。某案例中，员工从储藏室偷走了蒸馏酒，但还是摆着很多空容器在货架上，看起来像是有东西，但其实只是些做样子的空箱子，用这种简单的掩盖方法，舞弊员工 18 个月就偷走了 20 万美元的货品。

在我们的研究中，有个存货填充的恶劣案例。舞弊者在仓库的一个角落建了一个完工产品的外挡墙，并封锁该区域"闲人勿进"，尽管账面上看有价值 100 万美元的产品在库，但实际上这堵完工产品墙后面什么都没有，建造外挡墙完全是为了制造一种额外存货的假象。

9.5 调查

9.5.1 统计学抽样

存货账户一般会有很多相关的原始支持文件。使用统计学抽样的方法，舞弊审查师可以通过核对其中一小部分（样本）来审查某些关键属性，例如，审查师可以随机选择一个经过批准的采购申请书，以确定所有采购申请都经过了批准。统计学抽样能使审查师预测总体的发生率，一定程度上认定错误率或舞弊的可能性。

可以在统计基础上进行抽样的其他项目包括：

•验收报告；

•永续盘存记录；

•原材料采购申请书；

•运输文件；

•工作成本表。

在这些文件上审查的内容可能包括具体日期、项目或地点等。

9.5.2 存货盘点

存货盘点能发现存货缩水，但是，由于舞弊者通常已经用其他方法解释了缩水的原因，所以还需要对存货进行历史分析。此外，如果舞弊者意识到发现舞弊的唯一方法是年终的实物盘点，那他们就有一整年的时间来设计掩盖方法以避免被发现。

9.5.3 分析性审查

通过分析性审查，可以发现存货舞弊。例如，如果商品销售成本增加，但采购价格、采购数量或产品质量没有发生改变，那么导致销售成本不成比例增长的原因可能是以下两者之一：其一，期末存货由于被盗而减少；其二，编制了虚假的会计账目记入存货账户，以掩盖盗用。

对货物成本的所有组成部分执行分析性审查，能够给审查师指明进一步的审查方向。例如，假定采购的存货类型相同，并且制造过程和采购价格没有改变，但销售额和销售成本从 5 650 987 美元和 2 542 944 美元分别提高到 6 166 085 美元和 2 981 880 美元，说明了什么呢？首先，销售额增长了 9.12%，但销售成本增长了 17.26%，利润下降了 3%（从 55% 到 52%）。根据这些数据，舞弊审查师应该进一步查看存货的构成，如期初存货、采购成本和期末存货。如果期初存货为 1 207 898 美元，采购成本分别为 2 606 518 美元和 2 604 972 美元，期末存货为 894 564 美元，那么存货矩阵如图表 9-6 所示。

图表 9-6 存货矩阵

	第一年	第二年	变化率
期初存货	1 207 898 美元	1 271 472 美元	5.26%
采购成本	2 606 518 美元	2 604 972 美元	-0.06%

续表

	第一年	第二年	变化率
可供出售的货物	3 814 416 美元	3 876 444 美元	1.63%
期末存货	（1 271 472 美元）	（894 564 美元）	-29.64%
销售成本	2 542 944 美元	2 981 880 美元	17.26%

期初存货占销售的百分比，从 46.13%（1 207 898/25 294）降为 42.25%（1 271 472/2 981 880）。从这个例子中，我们能够推测：①期初存货第一年被提高了，并反映到第二年；②第二年的销售增长是意料之外的，存货没有与之同步；③存货中可能存在一些舞弊。经过一般性调查后，如果舞弊审查师不能确定一个合理的解释，例如以上的①或者②，那么就需要进一步查验期末存货。

舞弊审查师下一步可以比较实物盘点程序，看看程序差异是否会导致第一年或者第二年年末的盘点数更（或更不）精确。如果没有其他合理解释，那么有必要进一步调查，了解存货中出现的异常情况。

9.5.4　电子化的趋势分析

利用计算机，可以很方便地检索特定属性的项目清单。如在木场经营中，可以用计算机用搜索出所有 4×4 英尺规格的雪松栅栏的采购情况，也能够检查清单上显示的所有原始文件。通过检查每一次采购的原始文件，可以制成趋势图，确定下面（或其他）模式的发生情况。（参见图表 9-7）

图表 9-7　通过检索查找现舞弊迹象

240

查找的关键词	舞弊迹象
卖家的采购	是否有同一个卖家受到优待
按类别和日期制定的存货级别	是否采购是重复购买，或者订购过量存货
按地址发运的存货	是否供应商的地址与一名员工的地址或者与另一个供应商的地址相同
每个项目的成本	折扣是否被适当地贷记采购
项目的直接人工	是否有过量的人工小时数被增加到一份特定的工作或项目上
项目的直接材料	原材料是否被合理地分配到工作中（太多或错误的材料）
每个存货项目的费用	费用是否被适当地应用，并且只被应用一次
先处置，然后再订购	可使用存货是否被过早地指定为报废物品
短缺的存货项目	存货是否被盗或者再订购系统不发挥作用
退货和折扣	是否存在特别高的退货率和折扣
销售折扣	销售折让是否被适当地贷记促销折扣

查找的关键词	舞弊迹象
买方	买方是否在授权范围内进行购买

9.5.5 详细的审计方案

以下审查方法有利于建立存货控制：

• 是否存在充分、详细、书面的存货说明和程序？存取存货的程序是否适当考虑了存货的地点和安排？

• 存货的相关使用程序是否适当考虑了存货的鉴别和描述？

• 确定存货数量的方法（例如重量、清点等）是否有具体说明？

• 用于记录已清点项目的方法是否恰当（是否有清点表、预先编号的标签等）？

• 是否使用存货标签？如果有：①标签是否预先编号？②存货标签的审查是否充分？是否包括对已使用标签、不使用标签和作废标签等的控制？

• 是否有恰当的程序来识别已清点存货、确保所有项目都被清点并防止重复清点？

• 陈旧的、流动性慢的或已损坏的存货是否被适当识别和分离？

• 会计记录中有关存货的分类是否合理（如完工程度的描述）？

• 存货清点是否需要：①由初始清点之外的人员全部重新清点？②只对有重大价值的商品重新清点？③由监管人员随机抽查？

• 执行存货清点的员工是否与存货保管和记录保管职能相分离？

• 是否存在适当的会计控制和程序，将存货中客户的商品排除在外（例如顾客的商品、寄售品等）？

• 是否存在适当的会计控制和程序，将不在库存的商品包括在内（如在仓储的存货、外出修理的存货、委托保管的存货等）？

• 是否将不同区域的相同存货累计，以便分析汇总后的数目？

• 在实物清点期间，存货的转移是否被充分控制（例如暂停发运和验收）？

• 在会计和存货记录被调整为与实物清点数量一致之前，实物清点数量和详细的存货记录之间的重大差异是否经过调查？

• 在偏僻地方的存货数是否被清点？

• 是否需要特殊的计数程序或数量转换（如过磅计重等）？

241

• 如何计算在制品的存货数量？

• 如何确认在制品的完工程度？

• 存货清点中是否有其他应关注的事项？[1]

---

[1] George Georgiades：《审计程序》，1995 年。

9.6　防范

如果适当建立并实施下列四种基本措施，可能会防范存货舞弊：

（1）适当的书面文件；

（2）职责分离（包括批准权的分离）；

（3）独立检查；

（4）实物保护。

9.6.1　适当的书面文件

预先编号与控制：

- 申请书；

- 验收报告；

- 永续盘存记录；

- 原材料申领单；

- 运输文件；

- 工作成本单。

但是，并不是所有的存货都是采购的原材料。这些情况下，适当的书面文件可能采用被预先编号与控制的销售单据和发票的形式。

9.6.2　职责分离

应分离以下职责：

- 存货的申请；

- 存货的收货；

- 存货的支付；

- 将存货转为废弃物；

- 处置废弃存货的收入发票。

9.6.3　独立管理

应该由不负责采购和仓储的人员进行存货的实物管理，执行实物管理的人员应具有存货方面的丰富知识。

9.6.4　实物保护

所有商品应在物理上被保护和上锁；只有授权人员才能接近商品。例如，安保人员的合理布局有助于发现和遏制潜在的舞弊，应使用照相机、摄像监控设备等电子方法。但是，任何设备的有效性都依赖于员工的认知，即员工要了解如何进行实物保护以及可能被侵占的存货类型。

9.7　盗窃无形资产

9.7.1　盗用信息（Information）

除了侵占有形的非现金资产外，舞弊者还可能盗用专有信息，这也会损害组织的资产、声誉和竞争优势，并承担法律责任。根据 2015 年 ACFE 的《全球舞弊调查报告》可知，在

242

涉及非现金侵占的案件中，有22%的舞弊者盗用了信息。（参见图表9-2）

为了保护信息不被外部窃取，公司往往进行大量的技术投资，但是，最大的威胁通常来自内部，员工是最可能盗用雇主信息的人。毕竟，员工或前员工才拥有更多的内部信息，并且有访问专有记录和数据的权限。

信息盗用，是指员工窃取竞争性敏感信息，如客户名单、营销策略、商业机密、新产品或开发现场的详细信息，等等。某案例中，一名员工因为参与了一项新产品的设计而觉得自己应该享有某些权利，于是他偷了设计跳槽到竞争对手的公司。另一个例子中，一名心怀不满的离职员工将公司的商业秘密卖给了竞争对手，以报复他认为自己受到的不公平待遇。其他常见的目标信息还包括客户支付数据（如信用卡账号）、员工身份资料（如社保号码、地址和银行信息），等等。

公司必须确认其最有价值的信息范围并对其采取保护措施。这个过程需要多部门人员的努力，包括公司安全/风险管理部门、信息技术部门、人力资源部门、市场营销部门和研发部门等领域的专家。如果没有内部能力，公司可以聘请信息安全专家设计一个有效的信息安全系统，其中也包括对员工信息安全意识的培训。信息安全系统包括以下措施：限制对网络、系统或数据的访问，没有合法访问资格的人不得访问；使用防火墙和病毒扫描软件保护公司资料；在适当情况下实施和执行保密协议和限制性协议；对员工进行足够的背景调查；制定并实施安全政策，等等。

9.7.2 侵占证券资产

243

根据2015年ACFE的《全球舞弊调查报告》可知，虽然证券侵占的案件比例最低（占案件总数的6%），但涉及证券侵占案件的损失中值最高，为25.4万美元。（参见图表9-2和9-3）为了防范侵占证券资产的行为，公司必须对投资行为保持适当的内部控制，包括适当的职责分离、限制访问投资账户权限和定期核对账户等。

在一个特别的案例中，有个财务主管负责管理公司的投资账户。某一天，在他离开电脑的几分钟里，另一名高级会计师登录了公司账户，卖出了价值1.5万美元的投资，并将收益转回公司。由于内部控制松懈，这位高级会计师得以拦截支票并将其存入了自己的银行账户，而且，这名员工负责核对投资账户，并且可以记录账簿，所以她在费用账户上冲销了这笔投资"损失"掩盖其舞弊行为。直到一年后审计人员审查公司账目，这个事情才被揭露，可那时，肇事者已经辞职了。

腐　败

第10章 赂赂

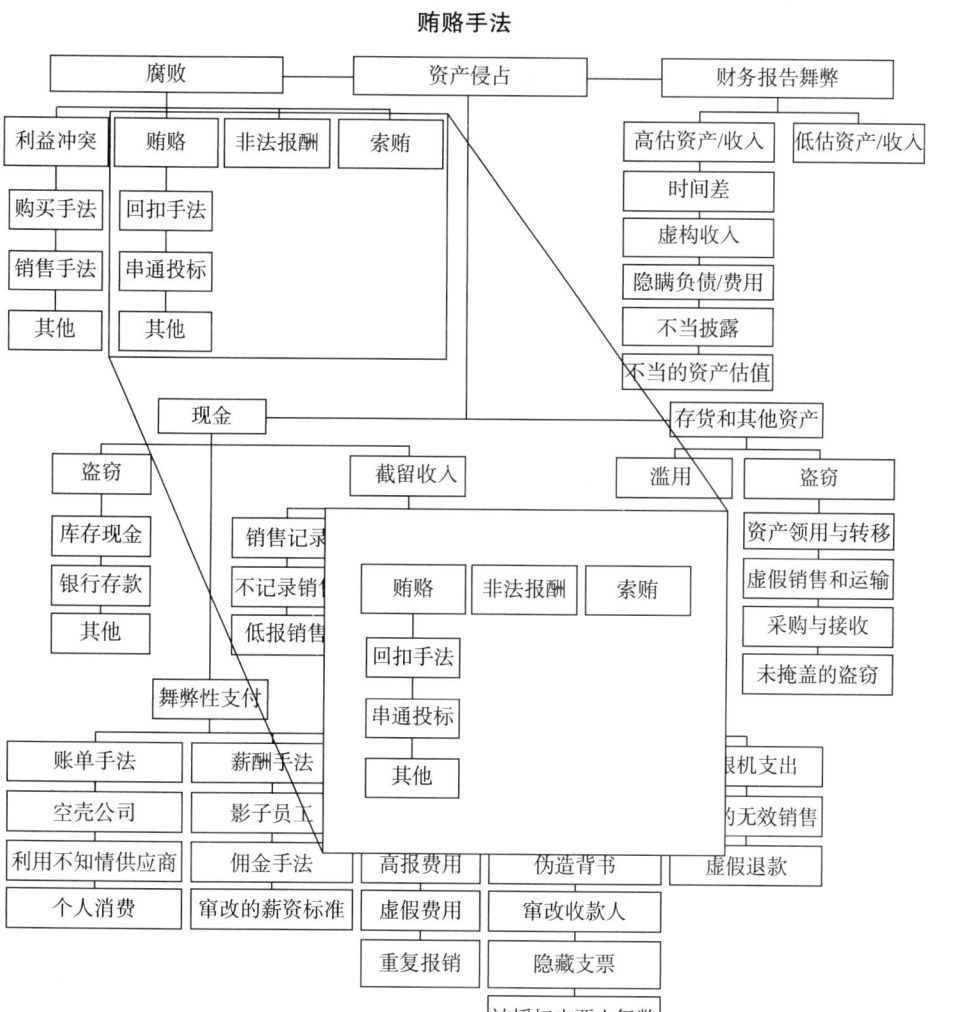

赂赂手法

案例研究 10-1 家具怎么散架了?

多年前,《华盛顿邮报》登载了一系列指控总务管理局(the General Services Administration,简称 GSA)的文章,其中详尽描述了这个有"联邦政府管家"之称的部门的浪费、舞弊和滥用职权等行为。文章特别提到了这件事:一个新泽西州的家具制造商在十余年间粗制滥造了 200 亿美元的劣质家具,而买家正是总务管理局。

尽管客户对这些家具和设施的质量抱怨多年，但是管理局并没有对家具的制造商——Art Metal U.S.A[1]公司展开详细调查。在领用这些家具的政府部门客户中，如国税署、中央情报局和国务院等，经常会发生家具散架、桌子塌掉和椅子短腿这些糟心事。

当这些联邦员工向 GSA 投诉时，要么被视而不见，要么被直接拒绝。GSA 会有各种托词：“你填的表格不对”，“你必须支付将家具运回合同方的运费，而且两年后才可以收到所要调换的商品”，等等。这样的情况延续了几年，人们自然会猜到——其中肯定有贿赂和腐败。

《华盛顿邮报》这一系列文章引发了国会的注意。Peter Roman 先生，时任美国参议院委员会政府事务分会的首席调查官，回忆起该分会主席、佛罗里达州参议员 Lawton Chiles 先生把他叫到办公室时的情景：“主席先生要求我们对 GSA 的所有活动进行彻底调查。”事实上，国会的调查并不是简单的私人审计，它涉及对财务和经营记录的全面调查，必要时还可能采用约谈、宣誓证言等方式。如果有足够的证据证明存在犯罪，美国司法部就会立即提起诉讼。Roman 说：“这个案子是参议院多年来调查的为数不多的白领舞弊案件之一，是调查分会进行犯罪调查的一个例外。”

对这类案件调查的第一步，是举行一个对联邦支出情况和政务公开的一般性监督听证会。在第一次听证会中，Art Metal 家具公司的董事长 Phillip J. Kurans 并没有被传召，但他主动申请到听证会为自己辩护。他告诉 Chiles 参议员，自己公司的家具质优价廉，分会需要对这种怀疑提出证据，他还邀请参议员到位于新泽西州 Newark 的工厂实地调查。

Roman 回忆：“Chiles 让我第二天早晨到他的办公室，说我们要接受邀请去新泽西州查个水落石出。”于是，Roman 从其他部门抽调人手组成了一个调查小组，主要成员包括：来自财政部的注册舞弊审查师 Dick Polhemus；注册舞弊审查师和注册会计师 Marvin Doyal；来自美国审计总署的 Paul Granetto。Roman 说：“我们一致认为科学的方法是作现金流分析，如果这些家具不合格，那就一定有人要用现金去贿赂他人使其接受劣质家具。我们所有人对追查现金都很有经验，于是就赶到 Newark 去一探究竟。”

随后，调查小组来到了 Art Metal 公司，Kurans 先生很不情愿地把大家带到一个大房间，里面装着这个公司过去 30 年的财务记录。在以前的调查中，这些账目曾顺利通过了总务管理局两位调查官的检查，公司内部的审计人员也未报告过任何异常。调查开始后，小组的一半成员开始审查支票，包括业务支票和薪酬支票；另一半成员则用已付讫的支票去做模型分析。

“Doyal 和我到现在还在争论，是谁先发现了那张支付给分包商的可疑支票——一张被提现而不是转存的支票。”Roman 说：“当我们开始审查业务支票时，发现了一些疑点，其中一个疑点是一组支付给同一家公司的支票，却用了三个不同的名字：I.Spiegel、Spiegel 卡车公司以及 Spiegel 卡车股份有限公司。”是会计粗心写错了公司名吗？调查者发现，与其他账户不同的是，支付给 I.Spiegel 的支票（被叠成三折，似乎是某人把个人支票折起来以便放进钱包）被一个名叫 Isador Spiegel 的人取了现金，也就是说，这张支票并没有存入 I.Spiegel 公司的任何商业账户，似乎只是为了提取现金。而那些支付给 Spiegel 卡车公司的支票，“看起来像是被用来运输家具到 GSA 的各个仓库或客户手中。”

另一项引起调查官注意的是一组简单记为“拍卖费用”的支票，这些支票的每笔金额是

249

---

〔1〕 为保护隐私，已对案例中的姓名和部分细节进行修改。

相同的。 Kurans 解释说，那是因为公司从东海岸的拍卖行买了一些二手机器，所以支付了大量现金。

但是，调查组打电话给拍卖行询问时，对方回复说他们会要求买家先用保付支票（certified check）付 10% 的预付款，余款也要用保付支票来支付，根本没有现金支付。4 年多的时间内，Art Metal 公司用这种所谓的拍卖费套取了 48.2 万美元现金。再加上支付给 Spiegel 的 80 万美元也被提取了现金，这些证据足够传唤 Kurans 了，通过这次传唤，分会从 Art Metal 公司获得了"毫不夸张的一卡车资料"，Roman 说："这些资料堆满了 Russell Senate 办公楼的一整间地下室。"

随着这 100 多万美元的现金浮出水面，调查小组的下一步行动就是寻找贿赂的证据。他们不辞辛劳地调查了总务管理局第二区的所有家具检查员，并最终从一个前地区检查员身上发现了疑点。在过去的 4 年里，这个人购买了平均价格为 1.3 万美元的 11 匹赛马，这显然大大超出了一个家具检查员的收入水平。此时，Chiles 参议员授权引入了一名特别律师 Charles Intriago 先生，他曾是迈阿密警察快速行动部队的检察官。在法庭上，这个检查员使用了《美国宪法第五修正案》[1] 中的权利，因此调查组不得不寻找其他证人，他们找到一个名字叫 Louis Arnold 的人，他是 Art Metal 公司的一个退休会计。

Arnold 作证说：Art Metal 管理层曾向总务管理局的检查员支付现金，并揭发了现金的第三个来源——小额现金备用金，共计约 10 万美元，用以支付这些检查员的午餐和酒店费用。

根据 Arnold 的证词，调查官向 3 家银行进行了调查，调取了这 3 家银行对其现金交易的录像。"从录像里，我们发现公司的出纳、经理，偶尔还有一些其他同伙拿着这些所谓'拍卖费用'的支票去银行，并以 20 元面额纸币的形式将其提走。"

在参议院听证期间，几位政府官员都作证说这些家具质量很差。Roman 花了很多时间去工厂调查，看到了许多拙劣的工艺。比如，尽管工厂经理们声称他们购买了一台高质量的喷漆机给档案柜上漆，但 Roman 看到的只是一个戴着防毒面具的工人，拿着一个手工喷壶随便把漆喷在传送带快速运送的橱柜上，"就像一个小孩在玩激光飞标，目标每隔半秒出现一次，他就朝目标射过去，只是希望自己能够射中目标而已。"

Doyal 证明了 130 万美元现金的存在，一个家具公司高管也承认这笔钱已被用来贿赂总务管理局的检查员（未提供姓名），但公司高管和检查员们都使用了《美国宪法第五修正案》中的权利从而不提供证据。而且，分会和司法部之间产生了各种内部问题，导致最终没有达成对一名前总务管理局官员的辩诉交易，这时，Chiles 参议员和他的团队确定，分会已经竭尽所能且无计可施。

为什么 Art Metal 公司没有企图掩盖这些舞弊行为？ Roman 认为："首先，他们认为没有人会查；其次，他们之前已经被总务管理局委派的调查官查过，但并没有发现任何有价值的东西。"

调查结果让 Chiles 参议员和他的团队感到非常失望。

可这并非毫无意义，Chiles 参议员之后说："最终，我们完成了作为立法部门的任务。虽然没有达成辩诉交易，我们的努力也没有得到应有的回报，难免有些失望，但是我们确信已

---

〔1〕 译者注：《美国宪法第五修正案》主要是关于犯罪嫌疑人权利保护的规定，此处指"不得在任何刑事案件中被迫自证其罪的权利"。

经引起了总务管理局的关注。"

确实，分会的发现使总务管理局感到非常尴尬，随后终止了与 Art Metal 公司的政府家具定购合同。在失去了唯一的顾客之后，Art Metal 很快就破产了，它的工厂经理和总顾问在随后两年内因相关指控获罪。事实上，对总务管理局的调查也促成了对该部门的内部整顿。听证会进行的时候，该局有 2.7 万名员工，而现在只剩 1.3 万名，这个机构作为联邦政府主要采购部门的角色被大大削弱了。Art Metal 的案例也说明，集中采购并不一定是好选择。

10.1 概述

在第 1 章中，我们了解到职务舞弊主要分为三类：资产侵占、腐败和财务报告舞弊。我们已经在第一部分讨论了各种形式的"资产侵占"，这一部分我们主要关注"腐败问题"。

《布莱克法律词典》给出了腐败的如下两个定义：

251　　1. 堕落、歪曲或玷污；对正直、美德或道德原则的损害；尤指公职人员因受贿而违反其职责。

2. 故意违反职责并有损他人利益而给予某人好处的行为；受托人或公务员利用其地位或职务为自己或相关方谋取利益，并损害他人利益。[1]

被联邦调查局从德克萨斯州的埃尔帕索调到纽约时，我有机会第一次正式接触贿赂案件。在我被调来的时候，大约七分之一的特工被派到了曼哈顿的办公室，组成了一些专门小组，每组大概由 20 名调查员和 1 名主管组成。

因为"贿赂和腐败调查小组"刚好有一张空桌，我就被派到了那里——这不是玩笑，是真实的主要原因，当时我对这类调查一无所知，不过确实也想学一些这方面的东西。误打误撞地，在接下来的几年里，我部分或全程参与了这个小组调查的几百个案例，其中最著名的是对前检察官 John N. Mitchell 在水门事件中所扮演角色的调查，我们最终把他送进了监狱。这似乎是一项伟大的成就——他犯了罪，也坐了牢；多年后被释放时，媒体已不再关注这事，Mitchell 最终潦倒离世。而我自此却对这一信念由自豪变成了同情，正如 Lord Acton 所言："权力导致腐败，绝对权力导致绝对腐败。"也许，如果处在和 Mitchell 一样的位置，许多人都会成为这种诱惑的受害者。

水门事件是我办的最著名的案件，但并不是第一个案件。对于从事调查工作的人来说，最初遇到的案子往往是最难忘的，我的第一个行贿案是关于政府高级公务员 Herman Klegman 的，他当时在移民与归化局（the Immigration and Naturalization Service，简称 INS，即现在的美国公民与移民局，the U.S. Citizenship and Immigration Services）担任地区主任，其管辖区域覆盖了整个新泽西州。

作为 INS 的地区主任，Klegman 拥有在其管辖区内签发绿卡的最终权力。绿卡，意味着给一个非美国国籍公民在不成为永久公民的情况下在美国生活和工作的身份，合法获得绿卡是非常困难的。当时，中国公民的绿卡申请被拒绝的可能性非常大，因此有许多非法移民。到美国后，这些非法移民一般会设法进入华人社区；在纽约，他们中的许多人在唐人街的餐馆工作。

---

〔1〕《布莱克法律词典》，1999 年第七版，第 348 页。

当时，关于 Klegman 的受贿传言已经在移民局的圈子里传了很多年，后来有人（大概是一名工作人员）给 FBI 写了一封匿名信，声称 Klegman 是纽约市一家中餐馆老板 Stanley Yee 的"卧底"。没有任何细节，我们当时不知道从哪里着手调查。

就此，我咨询了"反腐败小组"里最有经验的探员 Boyd Henry，他曾调查了 1000 多起行贿案，对此非常在行，我问 Boyd 如何调查这个案子。　252

Boyd 说，"如果有人收受贿赂，那么他一定会做一些通常不应该做的事情，找出这个事情，答案就会浮出水面。Boyd 用两句话就总结了腐败调查案件的本质，我一直铭记于心。"

以 Klegman 为例，我猜测他一定在以某种方式给 Yee 的员工发放绿卡，以换取回扣，但这个推理中有一个环节对不上：Klegman 的职权范围在新泽西州，而 Yee 的 20 家中餐馆都位于纽约。

我和 Boyd 讨论了这个问题，他说："Klegman 可能用某种方式通过他新泽西州的办公室给纽约市的人发绿卡，你要查出他是怎么做的。"他的建议非常有意义，移民局的 Sol Saletra 向我解释，绿卡申请者需要向居住地的政府提交申请，也就是说，如果纽约的工人们报了新泽西州的住宅，就可以通过 Klegman 发放绿卡，否则，移民局的合规审计人员在定期检查绿卡发放程序时，一定会发现疑点。所以，开始调查的第一步，就是找到 Yee 的 20 家餐馆的中 400 多员工的人事记录。于是我们向所有的餐馆发出传票，要求他们提供人事记录，随后根据这些名字去比对纽约和新泽西移民局的记录。

果真，我们有了重大发现。

这次调查揭示了一个神秘的模式。有十几个移民最初都在纽约提出移民申请，随后，他们在不同的时间给移民局写了一封信，说他们已经从纽约"搬"到了新泽西，自然地，他们的绿卡申请随后被送到了新泽西州移民局的办公室，而且，这些申请都是 Klegman 本人处理的。绿卡签发后，这些移民每人都给新泽西州移民局办公室写信说他们已经"搬"回了纽约。有趣的是，哪怕是用肉眼看，所有的信件都是在同一台打字机上打出来的。

我又去找 Boyd，请他多提些建议。他说："你已经找到不少东西了，接下来，你要证明 Klegman 确实做了一些他职务上不该做的事。"首先，Boyd 综合考虑了一些具体情况，认为像 Klegman 这样位高权重的移民局官员虽然有权、但其实不会亲自审批绿卡申请。国际移民服务局的 Sol Saletra 也证实，地区主管很少会亲自审批十几份移民申请表。

但是 Sol 的这个说法还需要被进一步证实，才能成为法庭的证据，方法只有一个：检查新泽西州的每一份移民文件，并核对审批官员的签名。于是，我们费了很大劲安排人员去做这个事，经过数百个小时的枯燥劳动后，终于在几千份移民申请中找到了需要的东西：　253
Klegman 的签名只出现在十几名中餐馆工人的申请上。

我们询问了餐厅的工作人员，他们全部否认曾为取得绿卡而行贿。但我们在调查中得到了这些员工的银行账户信息，查找流水记录后发现，每个餐厅员工都曾从账户中提取过 1 万美元现金，而且取款日期与移民申请的批准日期相近。

Boyd 对于我在案件中的进展表示满意，他说："为了证明这是一起受贿案，你必须证明 Klegman 得到了法律规定的'有价值的东西'。大多数情况下，'有价值的东西'都是钱。如果你找到了 Klegman 藏匿赃款的地方，就有足够的证据定罪了。"事实证明，找到藏钱的地方比想象中要困难得多。Boyd 建议："出于某种原因，很多人会把一部分或全部现金存入自已的银行账户。然后把钱花掉，先看看他的银行对账单。"我查了，但是一无所获。然后我们整理了下 Klegman 的财务状况，他非常低调——没有新房子、汽车或其他值钱的玩物。后来，美国助理检察官 Robert "Bolt" Beller 把 Klegman 带到了大陪审团面前，Klegman 没有要求使用《美国宪法第五修正案》——他全力配合，但全盘否认。

随后，按照腐败案件调查的规则，Bolt 向 Yee 提出了一项他无法拒绝的交易：与政府合作，我们会减轻你的罪责。最终，Yee 和他的律师接受了这个交易，Yee 为减轻指控提供了关键信息。他承认曾付钱给 Klegman，他们的协议是：每得到一张绿卡，移民就会给 Yee 付 1 万美元，Yee 再将这笔钱给 Klegman。这种交易持续多年，估计至少已行贿 25 万美元。

但是 Klegman 把这些受贿款额藏在哪里呢？ Yee 说，Klegman 在以色列的特拉维夫设立了一个秘密银行账户，我们之后也通过国际协查证实了这一点，最终 Klegman 被控受贿，他在审判前几天接受了辩诉交易，判了较轻的刑期，Yee 没有被判刑。

从如此棘手的腐败案件中，我们可以认识到，此类案件通常很难证明。而且几乎在所有案件中，都需要与 Yee 这样的"行贿者"达成协议，虽然这种协议让我非常恼火，但在刑事司法体系中，我们必须目标明确、学会取舍，取能取之物，否则 Klegman 这样的人就可能永远逍遥法外。

腐败的分类

在我们的研究中，腐败手法分为四类：贿赂（Bribery）、索贿（Economic Extortion）、非法报酬（Illegal Gratuities）和利益冲突（Conflicts of Interest）。前三个分类性质相似，在本章讨论。利益冲突在第 11 章进行讨论。

在讨论腐败如何运作之前，我们必须先了解贿赂、索贿及非法报酬等案件的异同。贿赂可以被定义为提供、给予、接受或请求（Solicite）任何有价值的东西来影响某一公务行为（Official Act）。"公务行为"在这里的使用意味着，传统的贿赂法规只包括为影响政府官员或政府职员的决策而支付款项的行为，正如 Art Metal 案件中所述，家具供应商贿赂政府检查员，让他们接受不合格的商品。

然而，许多职务舞弊手法往往涉及商业贿赂（Commercial Bribery），商业贿赂与贿赂的界定类似，但也有所区别，商业贿赂的目的是提供一些有价值的东西来影响商业决策行为，而非政府公务行为。当然，"支付行为"每天都在影响商业决策，包括完全合法的支付，比如双方签订合同，其中一方交付得到金钱，这是一个商业决策，当然会受到商品报价的影响，显然，这种交易并不违法。而商业贿赂，是指员工在没有雇主同意的情况下收受款项。换句话说，商业贿赂案件处理的是收受私下的暗中支付，以换取对商业交易的某些影响。但要注意的是，即使从未进行过非法支付，提供支付本身也可能构成贿赂。

非法报酬与贿赂方法类似，但它是指给员工一些有价值的东西来奖励决策，而不是影响决策。在非法报酬手法中，某项决定对某个人或公司有利，虽然这个决定并没有受什么好处费的影响，但受益方还是会奖励作出该决定的人。例如某案例中，一家公用事业公司的员工将数百万美元的建筑合同签给了某个供应商，而后该供应商给了他一辆汽车。

乍一看，如果业务决策不会受到"好处费"的影响，那么非法报酬的方式似乎是无害的，但大多数企业的道德规范仍然禁止员工接受供应商未报告的礼物。其中一个原因是，非法报酬可能（而且经常）会演变成贿赂。一旦员工的行为获得了奖励，例如将业务导向特定的供应商，就可能会达成一种"心照不宣"——对某个供应商的有利决策可能会获得某种未来奖励。此外，即使没有明确的"好处费"的承诺，员工也可能把生意引向某些公司，以期得到金钱或礼物回报。

索贿，是一种"不付钱就不办事"的腐败手法。贿赂手法是支付款项以影响商业决策，而索贿则是一个人要求另一方给予好处，如果不给好处会导致一些损失，比如生意损失。某案例中，一名员工要求供应商提供好处以换取项目的分包权；如果供应商拒绝，分包合同就会被分给他们的竞争对手，或者一直把合同拖延到这个员工拿到钱为止。

10.2　来自 2015 年 ACFE《全球舞弊调查报告》中有关腐败的数据资料

255

频率和成本

在我们 2015 年调查的 2410 起案件中，35% 涉及某种形式的腐败。虽然腐败手法远没有上述"资产侵占"那么普遍，但它们的损失成本更高，损失中值为 20 万美元。（参见图表 10-1）

图表 10-1　2015 年《全球舞弊调查报告》：主要的职务腐败类别

案件类型	在腐败案中的占比	损失中值
挪用资产	83.5%	125 000 美元
腐败	35.4%	200 000 美元
财务报告造假	9.6%	975 000 美元

腐败手法的分类

腐败手法可以分为四类：利益冲突、贿赂、索贿和非法报酬。如图表 10-2 所示，我们审查的腐败案件中，57% 涉及利益冲突，48% 涉及贿赂。

图表 10-2　2015 年《全球舞弊调查报告》：各类腐败案件的发生百分比

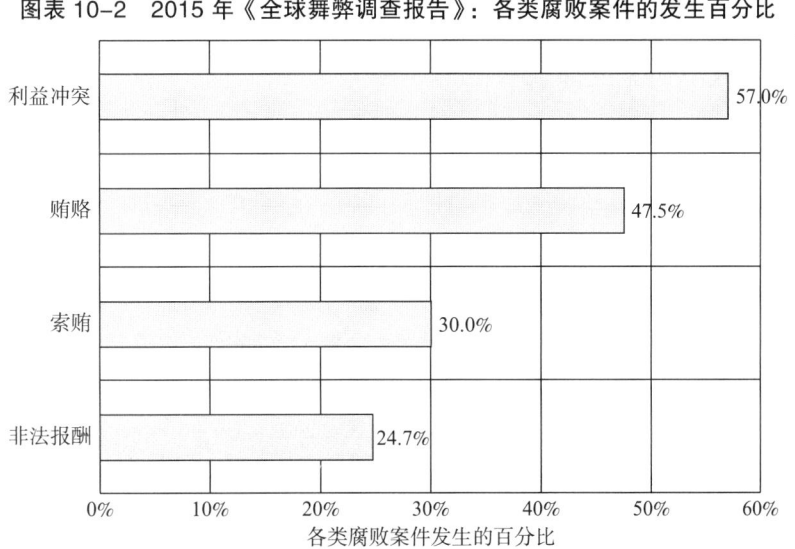

各类腐败案件发生的百分比

10.3 贿赂手法

贿赂，本质上可以说是一种商业交易，不过是非法或不道德的交易。比如总务管理局的
256 家具案例，家具公司用贿赂款"购买"了一些"东西"，即受贿者的影响力。贿赂手法一般
分为两大类："回扣"和"串通投标"。

回扣，是供应商向采购公司员工支付的未披露金额，其目的通常是让舞弊员工提高报价，
但有时只是为了从采购公司获得额外的业务；如果某个员工在公司的招标中以舞弊手法帮助
某个供应商中标，便是"串通投标"。

10.3.1 回扣手法

收受回扣的手法，其表现形式常常与本书第一部分描述的账单手法相似，它们也涉及提交
货物和服务的发票，这些发票要么定价过高，要么完全虚构。（参见图表 10-3）

257

图表 10-3 回扣手法

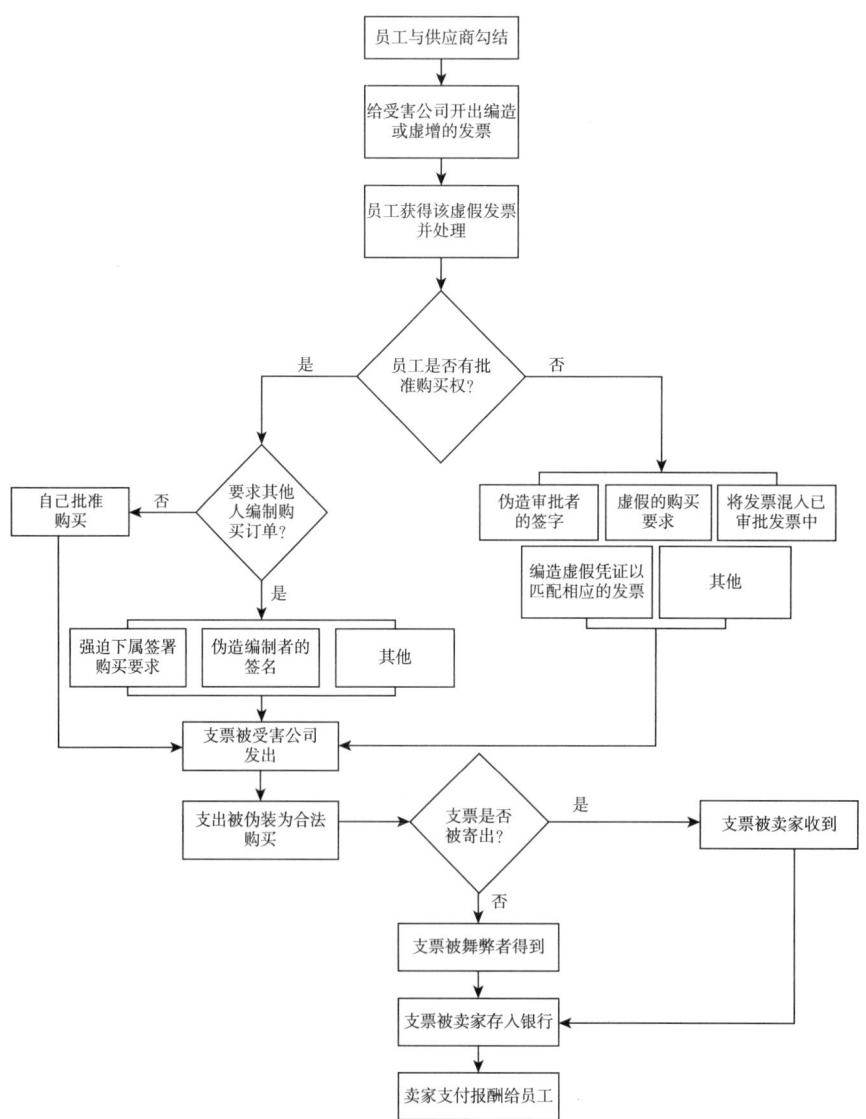

　　之所以把收受回扣归类为腐败手法，而不是资产侵占，是因为这种方法涉及内部员工与外部供应商之间的勾结。一种常见的回扣手法是，供应商向受害公司提交假的或夸大的发票，公司内的舞弊员工想办法让这个假发票付款成功，当然，这个员工会从供应商那里得到某种形式的报酬，这笔钱就是回扣。

　　回扣手法几乎全部发生在公司的采购项目上，因此，这类舞弊通常是采购人员进行的，采购人员与供应商有直接联系，有机会互相勾结。某案例中，一名采购人员给合谋的供应商追加了订单，作为回报，供应商向采购人员支付了追加订单的一大半利润。

10.3.1.1　将业务交给供应商

　　有的时候，舞弊员工会仅仅因为将业务交给供应商而得到回扣，这时可能不涉及超额收费，供应商支付回扣只是确保获得稳定的业务流。某案例中，一个软件供应商向采购方的员工提供了其公司一定比例的股权以换取一份重要合同；另一个案例中，一家旅行社向一家零售公司的行政助理提供了免费的旅行券，作为回报，这位助理同意在这家旅行社预订其公司高管的所有商务旅行。

　　如果收受回扣不会增加公司多余的成本，人们可能觉得没什么损失。假设供应商只是想获得采购方的业务，而不提高未交付货物和服务的价格，采购方受到了什么损害呢？问题在于，供应商一旦买通了采购公司的一名员工，就不会再受市场正常竞争压力的影响，既然不需要与其他供应商竞争业务，自然就丧失了提供物美价廉商品的动力。这种情况下，采购公司本质上为购买的商品或服务支付了过高的价格，或者得到的比支付的少。在上述的旅行社案例中，受害公司两年内在这家旅行社预订的机票比使用其他公司多了 1 万美元。

　　一旦供应商知道自己是独家采购，他们就会提高价格来补偿已支付回扣的成本。大多数贿赂手法即使一开始没有超额账单，最终也会走上这条路，这就是我们的商业道德准则禁止员工接受来自供应商的未报备礼物的原因之一。从长远来看，公司肯定会因员工的们不道德行为付出代价。

10.3.1.2　超额账单手法

10.3.1.2.1　具有批准权的舞弊者

　　多数情况下，回扣手法以超额账单的方式开始，供应商会给受害公司开出包含额外金额的发票，这些虚假发票会夸大实际商品和服务的价格，甚至是完全虚假的销售。某案例中，一个有绝对权力的员工为供应商的 100 多张虚高舞弊发票付了款，之所以能够成功，是因为没有人复核她的决定，即使她批准了高于正常水平的发票，也不必担心被发现。

　　采购（进而发展成授权舞弊性采购）权通常是收受回扣的关键要素。上文提到的舞弊者有权从同谋的供应商那里购买商品，所以不到两年就批准了价值约 30 万美元的虚报账单。另一个案例中，某经理有权为其公司购买固定资产，合同里显示着高质高价的产品，实际收到的是质量很差的产品，自然地，公司支付的价格与实际价格之差成了经理的回扣。

　　采购权对收受回扣至关重要，如果舞弊者能够自行决定这个交易，他们就不必向上级提交购买申请，而这个上级本可以质疑该交易的有效性。

10.3.1.2.2　没有采购权的舞弊者

　　虽然大多数回扣案例涉及的都是有采购权的人，但这不是一个必要条件，有的员工虽然自己无权决定舞弊性购买，但是如果他们能够绕过应付账款控制系统，仍然可以策划一项回

258

259 扣舞弊。有时候，他们要做的仅仅是填报一张采购申请；如果一个颇受信任的员工向上司汇报说公司需要某种材料或服务，就足以让这个有瑕疵的付款得以实现。当具有批准权的人疏忽或在采购事务上过于依赖某个下属的建议时，这种手法一般都会成功。

腐败员工也可能编制虚假凭证，使舞弊性发票看起来是合法的。在有适当内部控制制度的企业，应付账款在付款之前都要求有完备的凭证。那么对舞弊者来说，他需要编造与供应商的舞弊性发票相匹配的采购订单，这样才能完成回扣手法。他们可能会在采购订单上伪造授权人的签名，以表明该项采购已获批准；在计算机支付系统下，一个知道密码的员工也可以进入系统，并对这些舞弊性发票进行付款。

也有一些简单的方法，比如一个舞弊员工可能只是从供应商那里拿到舞弊性发票，然后再把它混到一叠手续完备的发票中，并一起作为应付账款被支付。对于虚假发票的处理方式，本书第 7 章有详尽的描述。

回扣手法可能很难被发现。从某种程度上来说，受害公司通常易受到两方面的攻击：从外部看，腐败的供应商提交假发票，欺骗受害公司在不知情的情况下为那些并没有收到的货物或服务付款；从内部看，受害公司的一个或多个员工就在等着支付这些假发票。

10.3.1.3 其他回扣手法

并不是所有的贿赂都需要员工去处理假发票，有时候贿赂的方式可以是外部人士从受害公司的员工那里寻求其他舞弊性援助。在本章开头的案例研究中，Art Metal 公司向质检员支付了巨额贿赂，其目的是使不合格设备被总务管理局接收，供应商的报价并不高，他们的不当得利源于那些不符合采购标准的劣质产品。

贿赂并非总是来自卖商，也可能来自买家，尤其是一个希望得到较低价格的买家。在我们审查的一个案例中，一个广告销售人员除了销售，还可以开立发票和收款，并有权提供折扣优惠，于是，公司的客户就为他提供免费旅行、免费住宿和各种礼物，这样就得到了优惠力度很大的广告折扣，甚至是完全免费，这个销售人员完全控制整个过程，无人监督，最终受贿了 2 万多美元。另一个案例中，会展中心的经理接受了来自展会推广人员的礼物，作为回报，他允许这些人用较低的价格租用会议中心。

260 ### 10.3.1.4 支付回扣

每一笔贿赂都是一种双方交易，一方受贿，另一方行贿，两者发生的频率是一样的。为了获取资金，行贿者通常会把公司的钱转入一个非公司账户，作为行贿基金；如果行贿者的公司没有同意其行贿，那他就必须自己筹集款项。因此，从行贿者的角度看，犯罪的关键是如何把钱转到行贿基金账户上。舞弊公司通常有两种办法，要么开立支票给一个虚构的"皮包公司"，要么由"皮包公司"开一个假发票交给舞弊公司要求付款。某案例中，一家大型医疗机构的一名高管私建了一笔基金，用于收买政府官员并影响相关立法。这个高管先以各类费用为名签发支票进行支付，把钱转给了公司的一名"代理人"，而后"代理人"再将这些钱放进一个专门账户，用于提取行贿资金。在这个案例中，绝大多数支票都以"咨询或其他服务"费用的名目进行划转。

将舞弊性支出放在诸如"咨询费用"这类性质模糊的账户中是很普遍的。相对来说，如果是购买实际货物，可以用存货等方式进行比对审查，但对服务支出来说，因为没有实际存货，验证起来更加困难。

10.3.2 串通投标手法

如前所述，当某人向他人行贿，其目的是利用受贿者的影响力并从中获益。在竞争激烈的投标过程中，几个供应商或承包商会想尽办法中标，这实在是产生贿赂的好土壤。在这个领域，任何一个供应商相较于竞争对手的优势都是极其重要的，如果他们能利用受贿者的"内部影响"得到一份抢手的合同，很多供应商愿意为此付出代价。

在竞争投标过程中，所有的投标人都是平等的，他们在相同的条款和条件下根据采购方规定的标准进行竞争，并提交保密标书以说明其价格。

招标舞弊的方式在很大程度上取决于腐败员工的影响力。一个人在投标过程中拥有的权力越大，就越有可能影响供应商的选择。因此，参与投标舞弊的员工，如收受回扣的员工，往往对竞争性投标过程具有较大的影响力或参与机会，包括买家、合同官员、工程师和技术代表、质量或产品保证代表、分包商联络人员以及任何有权授予合同的人。

串通投标的具体方式，可以根据舞弊者施加影响的不同阶段进行分类，包括招标前阶段、投标阶段或提交标书阶段。（参见图表 10-4）

261

10.3.2.1 招标前阶段

在竞标过程的预决策阶段，也就是正式招标之前，贿赂方法分为两种：第一种是"确认需求型"，即向采购公司的员工支付款项，让他们说服公司需要进行某种采购；第二种是"确认规格型"，即直接根据特定供应商的产品优势来定制招标合同。

10.3.2.1.1 "确认需求"手法

确认需求手法的典型舞弊方式是采购方和供应商之间的串通。采购方员工收受贿赂，于是"创造"出公司对某一特定产品或服务的"需求"。其结果是，在受贿人的错误引导下，受害公司会向供应商购买本不必要的货品或服务。

有些信号可能表明存在"确认需求型"舞弊。存货量如果过高，可能预示着有舞弊员工正试图找借口从特定供应商那里进行不必要的采购。员工也可能冲销大量剩余存货，当这些物品离开仓库腾出空间后，就可以购买其他不必要的商品了。另一项线索，是限定只有某一供应商或承包商才能满足的"需求"。此外，如果负责人拿不出一份数量正常的后备供应商名单，可能也预示着对主要供应商的异常依赖——因接受贿赂而产生的依赖。

10.3.2.1.2 "确认规格"手法

招标前舞弊的另一种类型是"确认规格"型。招标合同需要具体列出项目的要素、材料、尺寸等各类规格，这是为了协助卖家进行投标，告诉他们需要做什么，并为投标和接受投标提供良好的基础。

这个过程中的典型舞弊，表现为受贿者为某个供应商"量体裁衣"。具体说来，就是供应商贿赂采购方的某个定制合同规格的员工，该员工则依据供应商产品的规格来具体限定其公司招标的产品条件。某案例中，一个供应商贿赂一家公共事业单位的员工，让他写合同规范，最后成文的条款非常具有"排他性"，有效排除了所有竞争对手，所以这家供应商 4 年来一直在这个大项目上中标，受害的公用事业单位为此多付出 200 多万美元。

"资格预审"也是一种在招标中限制竞争的方法，是一种大家心知肚明的淘汰某些竞争对手的程序。某案例中，招标合同要求投标者拥有一定比例的女性或少数民族股权，这样的要求并不违法，但如果是因为受贿而非其他原因把这种要求写在招标合同里，就会使某些供应商受益——这是一个明显的腐败案例。

图表 10-4 串通投标手法

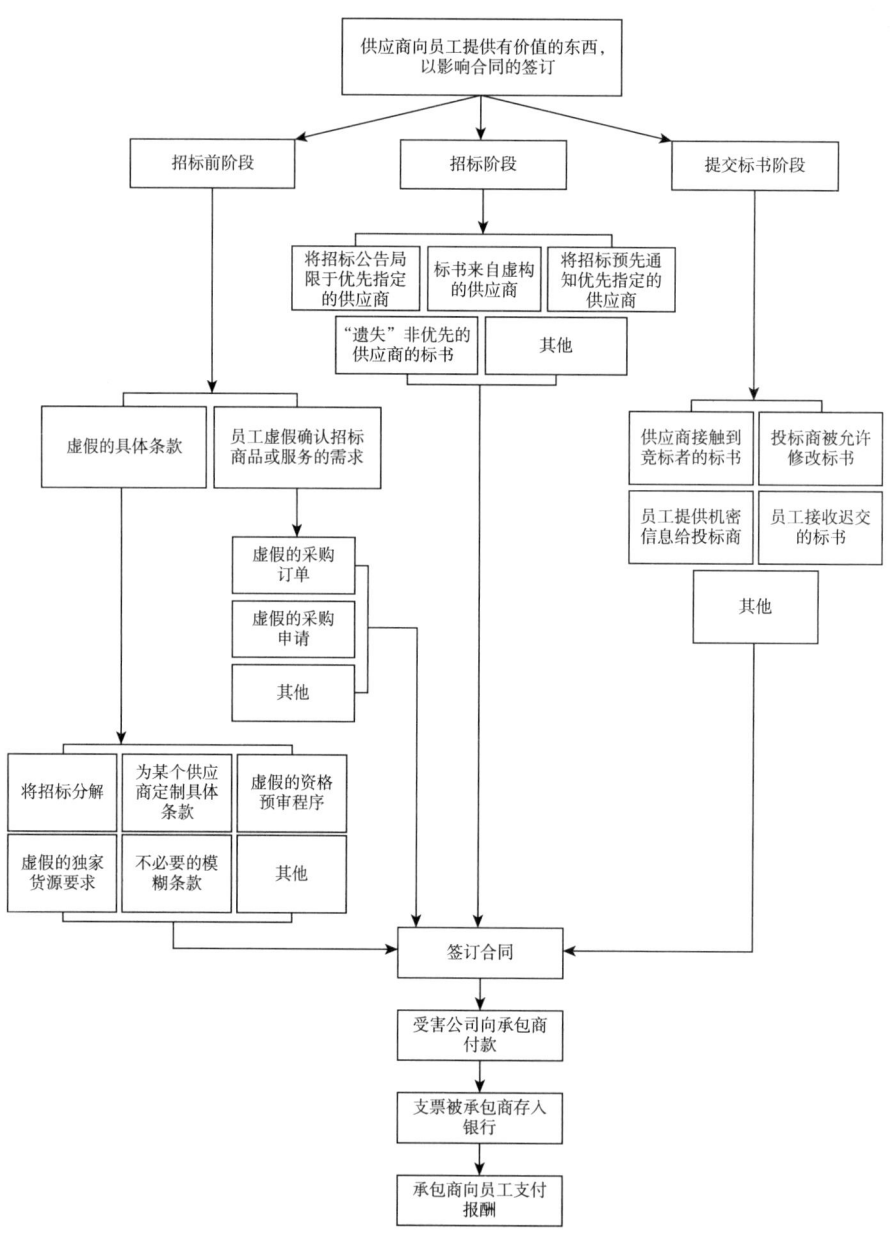

"唯一来源"或"非竞争性采购"等理由也可用于消除竞争、将合同导向特定供应商。某案例中，一个投标者要求变更招标合同条件，他投诉说招标合同的具体规格要求其实在指定唯一的投标者，其他的竞争性投标完全不在考虑范围。公司启动了审查程序，发现确实存在问题，相对其他投标者的竞价，所谓"唯一来源"项目的支出要多 7 万美元，这名员工把合同定制给承包商，是为了换取将来受雇的承诺。另一个案例中，一个国家机关的管理人员收受卖家的贿赂，授权购买了大约 20 万美元的固定资产，也没有考虑竞争性投标。

　　另一种"确认规格"的方法是有意编写模糊的规格说明。使用这类方法，供应商会贿赂采购公司负责制定规格的员工，一开始，部分规格会写得比较模糊，随后会修改明确，供应商以低价中标，但在明确规格时提高价格。随着采购方的需求变得更具体或更详细，供应商可以说：如果早知道采购方想要的是这种规格，他原本会定更高的价格。所以，为了按照修改后的规格完成项目，他必须提高价格。

　　还有一种形式是分解标的。某案例中，因为联邦法规要求对超过一定价值的项目必须进行竞争性招标，所以当某员工负责一项大型维修工作的招标时，将其分解成几个小合同，使每个分段项目都低于强制招标标准之下，最终，他的姐夫不参与竞标，就通过得到每个小合同的方式得到了整个大合同。

　　还有一种虽轻微但仍不公平的舞弊形式，供应商向采购方员工进行贿赂，从而比竞争对手更早看到规格说明。这里的舞弊者不需要应供应商的要求更改规格，但会为其提供信息进行计划和准备工作，这段额外时间会使供应商在准备投标方面比竞争对手更有优势。

10.3.2.2　招标阶段

　　招标阶段，舞弊者会通过限制竞标者的数量影响招标方的选择，比如，贿赂采购方员工使其他的一个或多个竞争对手不能参与竞标，从而增加自己的中标机会。

　　实施这种方法，常用手段之一就是找销售代表搭桥，这些销售代表通常同时代理多个潜在投标者。销售代表去贿赂那些负责签订合同的官员，以确保只有其所代表的投标者中标，因此，采购方的这种现象屡见不鲜——"要求"投标者必须委托某些特定的销售代表或制造代表。这些代表会向员工支付回扣以维护其客户的利益，采购方公司因此失去了得到最优合同价格的机会。通常，这些"被维护"的投标方实际上并不需要通过激烈竞争才能中标，而是参与"联合投标"就可以了。

10.3.2.2.1　联合投标

　　所谓联合投标，是指几个投标者合谋将合同分解，以确保他们中的每一方均可获得其中一部分业务。与一般的标书保密原则不同，这些供应商会一起讨论他们的标书以期共享采购方的合同。例如，如果 3 个供应商 A、B 和 C 分别想获得 3 个独立的项目部分，他们可以进行协商：A 的出价在第 1 个合同中最低，B 的出价在第 2 个合同中最低，C 的出价在第 3 个合同中最低。虽然 3 个供应商都没有得到全部项目，但可以确保至少得到其中的一部分。而且，因为他们提前串通了标书，所以可以通过合谋来提高价格，相对地，采购方公司就会遭受损失。

10.3.2.2.2　虚构供应商

　　投标过程中，另一种消除竞争的方法是虚构供应商。在上文的标的分解案例中，那个姐夫以几个不同公司的名义呈交标书，并且以这些公司名义施工，其中虽然不存在保密性投标，但是舞弊者利用其姐夫的几个虚构公司的报价来说明中标合同的价格是合理的。用虚构的报价去证明中标价格的合理性，其实是"合理的高价"。

10.3.2.2.3　其他方法

　　还有一些例子，招标方对提交标书的时间进行了严格的限定，这样也会排除一部分竞争者。这种情况下，通常会在招标前就把合同内容告知了某个投标方，使之能提前准备标书，在短时间准备标书的情况下，提前知情方会在竞争中占据明显优势。

受贿的采购方员工还可以用各种方法为其同伙限制竞争对手：在不知名的刊物上发布招标公告，使其他供应商不太可能会看到这个公告；还有的案例在假期发布招标公告，使"不知情"的供应商失去投标机会；更过分的案例中，投标者的标书被接收后神奇"失踪"了，或被采购方的舞弊员工认定为"不合要求"。

265　　　通常，当供应商贿赂采购方员工以协助其进行任何一种形式的招标舞弊时，贿赂成本都被计算在供应商的标价之中，所以最终都是采购方公司以更高的合同价格承担了这笔非法支付。

10.3.2.3　提交标书阶段

在提交标书阶段，所有标书被正式提交给了招标方，这时还有一些舞弊方法可以使某个特定的供应商中标，主要是对密封标书的滥用。毫无疑问，竞争性标书应该保密，且应密封到某个指定日期，在那一天，采购方公司会将所有标书拆封并查看。可以接触到密封标书的人，通常就是供应商们寻找的潜在目标，例如，某个供应商向公司的股东送了礼物和现金，以换取招标过程中的特殊优待，所以他被允许最后一个提交标书，于是在知道竞争对手的出价之后调整了自己的价格。

供应商也会为了如何编写标书而贿赂采购方员工。某案例中，采购方公司的总经理及其女儿收受贿赂，所以给一个供应商提供了保密的定价信息，后者自然就击败了所有竞争对手，赢得了一个长期合同。实际案例中，贿赂采购方员工的其他手法还包括：

- 接收迟交的标书；
- 伪造招标记录；
- 推迟开标日期；
- 操纵开标。

下面的案例更为详细地说明了如何在提交标书阶段窜改标书。这个案例的主角名叫Thad Ferguson，他是一个腐败的销售，因为认识一个采购方的工厂经理，所以能通过贿赂手法一直帮其公司中标。这个案例也详细讲述了注册舞弊审查师 Gene Earle 是如何调查并终结这起案件的。

案例研究 10-2　　要警惕那些销售人员

注册舞弊审查师 Gene Earle 原本只是想去参加一次聚会，但一段简短的交谈让他有了意外收获。聚会是 Earle 的雇主——HydroCo 公司举办的，这是一家年销售额超过 6 亿美元的公司，其主要业务是从大气中分离氨气、氧气和氢气以供工业使用。Earle 一边品尝着开胃菜和饮料等待正餐，一边和一个曾经为 HydroCo 公司做过几项工程的建筑公司总监交谈。

266　　　这个总监说："说实话，你们公司这次对石棉工程的招标有失公平。"

Earle 提出疑问："有什么问题吗？"

总监回答："哦，如果你要调查此事，你会发现公司的这个工程完全是跟着一个销售人员走的。他叫 Thad Ferguson，曾在几家公司任职，但不论他在哪家公司工作，哪家公司就会拿到你们的合同。可以说，他到哪儿，HydroCo 公司的业务就会跟到哪儿。如果你问我意见，我只能说这里肯定有问题。此外，我听说 Ferguson 被圈里人称作'卑鄙小人'。"

Earle 问："你们说的'卑鄙小人'是指什么呢？"

总监说："你可以用任何词描述这个家伙，他坏事做尽。"

第二天，Earle 一到办公室就开始了对石棉项目的调查。因为石棉有害健康，政府要求立即从所有公共建筑中拆除，这是一项敏感而棘手的工作。从一开始，Earle 就发现竟然无从着手，采购部门作为一个从逻辑上应该知情的部门，却没有经手这些采购项目，这个项目被委托给了工厂经营办公室。

经营办公室里的招标文件乱糟糟的，Earle 没有从这里找到有价值的东西。竞争性招标没有经过核实，安全协议表格要么丢失要么不完整，现存的记录只有两份分别不到 30 万美元和 40 万美元的合同，然而，工程师们设计的总体治理工程应该是数百万美元的支出。对石棉进行实际拆除的过程被分成几个阶段来进行，且每一个阶段都要支出几十万美元，而这些散乱的文件根本无法描述整个过程。在 Earle 看来，"这件工作看上去像是做了一些，但与我们支付的总额并不相符。"HydroCo 公司的首席工程师后来估计，公司在治理的最开始三个阶段遭受的损失约为 25 万—40 万 美元，而且这三个阶段都是由不同的竞标者分别进行的。至于是否存在招标舞弊，Earle 从现有情况还无法判断，但他的确在几份关键报告上发现了 Ferguson 的名字。

实际上，寻找这些治理公司是接下来的一个难点。因为这项工作非常敏感棘手，还有各种相关规定，同时也是诉讼的多发阶段，Earle 费了九牛二虎之力才把这些公司和他们的经营情况搞清楚。"那简直就是一场噩梦——我们试图将中标公司及其子公司层层分解，以找到真正实施治理工作的公司，还要查出本公司内的招标负责人、审批标书负责人以及监管整个过程的负责人等。"在不断缩小目标范围之后，Earle 给一个 Ferguson 曾经工作过的公司打了电话，开始时一无所获，接电话的经理说自己完全听不懂 Earle 在说什么，Ferguson 确实曾经在那里工作，后来走了，就那么简单。 因为这个公司当时正在为 HydroCo 公司的项目投标，Earle 暗示：如果他想在投标中有竞争力，那么最好别说废话，这样对彼此都好。这个经理停下来想了片刻，然后提出条件：如果可以保证没有任何法律或商业风险，他可以和 Earle 谈，还会给 Earle 看一些文件。这个经理说他们得在酒店会面，Earle 虽然觉得有点间谍的味道，但还是同意了。

这个经理坦白地说："当 Ferguson 为我们工作时曾告诉我们，HydroCo 公司是他的囊中之物……无论他为谁工作，他都会得到你们的业务。"

Earle 问："他告诉你具体怎么做了吗？"

"我真的不知道。"

Earle 说得很直接："这让人很难相信。"这个经理也知道不说实话没那么容易。

Earle 采用了另一种方法 ："Ferguson 当时还为其他人工作，我想知道，你们要做些什么才能让他留在你们公司呢？"

"我们在佣金上作出了让步。"

"这个买卖是否有利可图？"

"利润丰厚。"经理还特别强调了"丰厚"这个词。

"Ferguson 要把业务给你时是怎么说的？"

"我们必须要从你们的工厂经理那里购买一种服务，是一种叫作'旅行评估报告'的服务。经理的名字叫 Ben Butler……他妹妹有个旅行社，我们必须要从她那里购买这种服务。"

267

"多少钱呢?" Earle 问。

"一万美元。"

"你们怎样支付?"

"用一张支票。"

"一张支票?"

"一张支票,一万美元的。"

这个经理说,他完全不知道旅行评估报告是什么东西,他们没有从这家旅行社得到过任何东西。"但我们得到了工作。"他平淡地说。他说自己并不喜欢用这种方式做生意,他的公司在这个项目上已经付过两次这种钱,此外,Ferguson 19 岁的儿子也在这项工程的薪水支付名单上,尽管他很少来。显然,这只是为了得到 Ferguson 所谓"利润丰厚"的项目所支付的另一种回扣。面谈结束的时候,这个经理给了 Earle 想要的证据:一张金额为 1 万美元的已付讫支票,其金额一栏有 Butler 的签名。从银行员工那里简单了解账户签名的授权情况后,我们发现 Sun & Fun 旅行社并不属于 Butler 的妹妹,他本人才是主要的大股东。

回到公司后,Earle 调查了负责木棉项目招标的经营办公室的人,办公室的所有人都认识 Ferguson,他至少每个月来一次,有工程项目时次数更多。他和每个人都很熟,给女员工送花和糖果,花很长时间和大家吃饭喝咖啡。一个负责采购的员工告诉 Earle,Butler 作为工厂经理会亲自处理所有有关工程招标的事,她说:"我只是做一些文书工作,就是为 Butler 所给的数字编制表格而已……任何与 Ferguson 有关的事,都是由 Butler 先生自己负责。"

Ferguson 也非常照料 Butler,两人曾消失一整个下午去休斯敦最高级的餐馆和酒吧玩乐。相应的补偿是,无论 Ferguson 在哪工作,雇他的公司的标书最后都会以 1% 的差额低于第二名竞争者从而中标。这名采购员工发现这点后,起初有点惊讶,而后表示疑惑,最后因为太担心以至于不敢进行任何质疑。有一次,一个供应商交来标书后打电话解释说误读了一个关键性要求,想重新提交标书,后来还修改了报价。开标时,Ferguson 的公司竟然也修改了他们的报价,而且刚好比那个公司的新标价低一点点,Ferguson 的公司最终获得了工程。正如 Earle 在聚会中听到的,情况已经非常糟糕。

Earle 约了 Ferguson 见面。这个销售员衣着鲜亮、精神抖擞地出现了,却患了严重的失忆症,说是想不起任何有关 Butler 或石棉治理项目的事情。

Earle 说:"他很滑头,面带微笑,语速很快,有一种想尽快摆脱的感觉。" Earle 问他有关让其前雇主从 Sun & Fun 旅行社购买旅行评估的事,Ferguson 同样假笑着摇头,还反问:"我从未听说这样的事,您是怎么看的呢?" Earle 感到很难办,Ferguson 那里只有傻笑和否认,其他一无所获。"他知道我知道他在撒谎,但我又无能为力。"

Butler 也尝试了失忆症的把戏,却没 Ferguson 幸运。他说:"是的,我认识 Ferguson,但不大熟,我在办公室见过他,我们谈论有关工程的事。"

Earle 耐心听着。"我需要他作出解释,因为我们知道他有经济上的困难:两个已成年孩子搬回来和他一起住,他得养着孩子们,几年前买的一个农场也有债务,这些是一大笔花费。"另外,Earle 还有他的王牌——那个已使用的支票,上面留有 Butler 的签名。长达 6 小时的面谈进行到一半的时候,Earle 亮出王牌,他把那张支票摆在桌上:"我们需要谈一下这个。"

那一刻起,Butler 崩溃了,他讲出了整件事:"最初只是业务往来,我们一起吃午饭或消遣，没有什么过分的，后来，我在谈话里给了他一些有关招标工程的建议，不过如此。"Butler 说，他后来醒悟自己落入了陷阱，竟然告诉了 Ferguson 一些不该说的信息。但又意识到，既然他已经跨越了道德界限，那也应该得到些什么。于是两人定下规矩，Butler 会在工程招标时提供内部信息或根据公司收到的其他报价来调整 Ferguson 的价格，Ferguson 则会确保其受雇公司通过 Sun & Fun 旅行社支付上万美元的好处费。

没有人受到刑事指控。Butler 被解雇，另外还损失了工作 30 年应得到的公司退休福利；Ferguson 仍以推销为生，虽然在 HydroCo 公司已不受欢迎，但这不妨碍他仍然保持着脸上的微笑和鼓鼓的口袋。

10.4　有价值的东西 269

在本章一开始，贿赂即被定义为"提供、给予、收取或要求'任何有价值的东西'以影响一项公务行为或商业决策"。一名腐败的员工，比如 Ben Butler，帮助行贿者获取了有价值的东西；作为回报，他也获得了有价值的东西。卖方可以利用几种手法买通一个员工以得到其暗中帮助，当然，最常见的方式是金钱。大多贿赂案中，供货商就是简单支付现金给某个员工，这也是我们所能想到的经典贿赂情节——把装满现金的信封从桌子底下递过去，然后被另一只手接住后迅速塞进口袋。之所以非法支付常用现金而非支票，是因为现金往往更难以追踪，但金额较大时，现金就不实用了。这时就会另觅秘密渠道去进行非法支付，如"咨询费""推介佣金"等。在上述案例中，支付给 Ben Butler 妹妹的 1 万美元支票就是一个很好的例子。

除了现金支付，一些员工还会接受未来被雇佣的承诺作为贿赂。某案例中，一名政府员工将内部信息透露给供应商，为其赢得了价值几百万美元的中标项目，自己也得到了对方提供的一份高薪工作的承诺。就像支付金钱一样，雇佣承诺有时会指向第三方而不是腐败员工本人，比如另一个案例中，一家大学的供应商录用了一名该大学员工的女儿。

在本章前面曾讨论的一个案例中，一名腐败员工将某重大的购买承诺转给某个供应商，以换取其在该供应商企业里一定比例的股权。得到供应商企业部分股权的承诺，就是腐败员工在交易中所获得的秘密经济利益，这与雇佣承诺贿赂有相似之处，但也包含了一些利益冲突手法的元素。

赠送各种礼物也可以腐蚀员工，礼物可以包括免费的餐饮、食宿、汽车和其他商品，甚至性交易；也包括为腐败员工偿还贷款或信用卡账单，以非常优惠的条件提供贷款，以远低于市场价的价格来交易财产等。事实上，可以贿赂员工以换取影响力的东西无所不包，员工认为有价值的任何东西都可以被当作这种公平游戏的筹码。

10.5　索贿手法

前面谈到，索贿发生的频率并不是很高。与供应商对员工的行贿不同，索贿是由采购方员工要求供应商给予好处以作出对其有利的决策。任何情形下，只要采购方员工接收贿赂并偏向于某特定公司，商业决策就可能发生改变，所以他们有时会以此主动勒索钱财。某案例

270　　中，一个公用事业公司的经理开了个自己的公司，那些想要得到公用事业公司合同的供应商，必须将部分业务转给他自己的个人公司，而那些不按要求"合作"的供应商就会失去公用事业公司的业务。

10.6　非法报酬手法

如前所述，非法报酬与贿赂手法相似，但它并不一定针对某个特定的商业决策。在一起非法报酬的案例中，某市的行政长官与一些私人投资商洽谈一个土地开发项目，项目批准后，该行政长官和他的妻子被赠予了一次免费的国际假日旅行。虽然赠予旅行的承诺可能会影响该行政长官的谈判，但这一点很难被完全证实。事实上，仅仅接受这样一件礼物就已构成非法报酬，因为这被绝大多数政府部门和私人企业的职业道德规范明令禁止。

10.7　调查

以下预警信号可能表明员工涉及受贿。

10.7.1　一般采购

以下问题可以用来检验某单一（独家）供应商是否受到了偏爱或是否存在违反招标政策的行为：

- 材料是否都在最优定购点定购？
- 是否经常从同一个采购方进行购买？
- 已制定的招标政策是否被遵守？
- 原材料成本是否超出正常范围？

10.7.2　招标前阶段

在招标文件中有限制竞争的条款，例如：

- 特别规定具体条款和工作要求，使其适合某特定投标方的产品或资质。
- 使用"资格预审程序"来限制竞争。
- 不必要的独家来源或没有竞争力的中标理由：
    - ‣ 有虚假陈述；
    - ‣ 由未经授权的员工签字；
    - ‣ 绕过必要的审查程序。
- 买方给某投标方优先提供了信息或建议。
- 使用拟参加投标的供应商所编制的（或向其咨询过的）工作要求、具体条款或独家来源理由。
- 参与制定工作要求、具体条款或设计该合同具体实施的顾问同时是分包方或其顾问。
- 分解为几个小合同，以回避审查。
- 参与设计和施工的公司将信息透露给竞标主合同的供应商。
- 分解合同，使每个供应商都能得到一个"公平的份额"，并能轮流中标。

271

•使用与既往类似招标不一致的具体条款。

10.7.3　招标阶段

•限制标书的提交时间,使只有预先获得信息的投标方才有足够的时间准备标书或提案。

•将未公开披露的信息单独透露给某特定投标方。

•召开招标研讨会,允许他们进行不适当的交流,使其可能进行招标舞弊。

•不确保足够数量的潜在竞争者知晓招标公告,例如:

　　▸使用不明显的出版物发布招标公告;

　　▸在假期发布招标公告。

•招标公告中有关标书的提交时间、地点或其他要求的措辞模糊。

•对发往潜在投标者的招标文件的数量和地址,不进行足够的内部控制。

•准许采购方和供应商在业务或专业会议上进行不适当的交流,或与供应商代表进行不适当的社会性接触。

•允许采购方的代理在供应商的业务里具有一定的经济利益。

•准许采购方与供应商讨论可能发生的雇佣问题。

•允许招标方帮助投标方编制招标文书。

•向投标方推荐某个特定的分包方、专家或供货来源。

•未对招标公告进行必要的变更或澄清,例如告诉投标方投标后可以进行的变动范围。

•伪造文件或收据,以接受逾期的标书。

•某个低价竞标者撤回投标,但后来成为同一个合同的分包方。

•竞标者之间相互勾结的任何迹象。

•伪造投标方的资质、工作经历、设施或人事记录。

10.7.4　提交标书阶段

•对采购进行限制,以排斥或阻碍有资质的投标方。

•不当接受逾期标书。

•伪造文件或收据,以接受逾期标书。

•在已知其他竞标者的价格之后更改标书(甚至会事先将错误故意"植入"标书)。

•让某低价竞标者退出,之后再使其成为该合同的高价竞标者的分包方。

•竞标者之间相互勾结或进行竞标舞弊。

•将某竞标者的价格透露给他人。

•投标者提供虚假证明。

•伪造有关投标者资质、财务能力、设施和设备的所有权、人员资质、工作业绩等信息。

10.7.5　受贿者的行为特征

涉及贿赂的舞弊员工的行为可能有如下特征:

•毒品或酒瘾;

•个人财务问题;

•嗜赌;

•奢侈的生活方式;

•高利贷或其他私人借贷;

272

- 女朋友（或男朋友）与竞标有关；
- 特殊的医疗费用；
- 在娱乐或旅行方面有大额的、规律性的现金支出。

10.8 防范

10.8.1 防范贿赂的政策

防范贿赂无疑是困难的，主要措施还是需要公司制定相关政策，以规制贿赂及相关违法行为与犯罪问题。制定这种政策的目的在于，使公司保持鲜明坚定的立场，缺乏明确的政策会给犯罪者留下机会，将贿赂或相关犯罪合理化，或声称不知道这是犯罪。以下是防范贿赂的政策部分举例。

10.8.2 禁止接受礼物

禁止任何员工及其直系亲属索要或接受来自实际或潜在客户的任何报酬、预付贷款（从金融机构已得到的贷款除外，该贷款的条件应与其他借贷者的条件相同）、礼物、娱乐或其他超出表面价值的好处，或使员工处于一种不正常费用支出情况的好处。

在任何情况下，如果可能影响员工的判断，就应该禁止其接受礼物或娱乐接待。特别是，员工必须避免与任何投标方之间存在经济利益联系，因为那会导致其偏向该投标方。任何员工向供应商索要或鼓励其给予任何东西或服务的，不论价值多小，都应禁止。只有每个员工都严格遵守上述方针，供应商才会相信公司的客观公正。

10.8.3 上报礼物

任何员工或其家庭成员未经索取收到公司禁止接受的礼物，都应向其上司报告，并将礼物退还给赠送人；如果是易腐烂的礼物，则应捐献给非营利慈善机构。

10.8.4 折扣

员工可以在如下个人购买中接受供应商或顾客的产品折扣：该折扣不会影响公司的购买价格，且该供应商一般也会提供给有相似业务关系的其他人。

10.8.5 业务会议

供应商提供与业务会议相关的娱乐和服务时，如果作为正常部分也提供给了其他人，那么员工可以接受，如，往返于该供应商或顾客业务地点之间的交通工具、热情的接待、高尔夫球、在供应商或顾客的业务地点住宿、提供给业务来访者的业务用餐等。这种服务通常是公司员工正常情况下可以使用的类型，且在公司费用账户中属正常支出。

10.9 反腐败立法

10.9.1 《反海外腐败法》(the Foreign Corrupt Practices Act)

1977 年颁布的《反海外腐败法》是美国主要的反腐败立法，其中规定，美国的公司或个人在世界任何地方为获取或保留业务而直接或间接向外国官员提供或支付任何有价值的东西，都是非法的。此外，《反海外腐败法》也适用于在美国发行证券或向 SEC 提交报告的外国公司，以及在美国进行腐败贿赂的外国公司和个人。

《反海外腐败法》有两个主要部分：第一部分将贿赂外国公职人员以获取或保留某个业务定为犯罪；第二部分是会计程序，要求上市公司保留准确的账簿和记录，并采取内部控制，防止资产转移或公司资金的不当使用。

10.9.1.1 反贿赂条款

《反海外腐败法》中的反贿赂条款规定，出于商业目的贿赂外国官员是非法的，其中规定的贿赂需具备五个要素：

（1）对其有管辖权；

（2）付款或出价；

（3）给外国官员；

（4）有影响决策的腐败意图；

（5）有商业目的。

针对这五个要素，有如下解释：

第一，根据《反海外腐败法》，美国对向外国官员行贿的主体进行处罚，前提是有管辖权，可管辖的范围包括：

• 国内主体，是指任何美国公民或居民，或在美国设有主要营业场所的任何商业实体，或根据美国的州、领土、属地或联邦法律注册的公司；

• 发行人，即在美国注册发行证券的公司，或其他需要向 SEC 提交定期报告的实体；

• 代理机构、子公司或其他美国公司的代表及发行人；

• 在美国境内从事任何腐败付款行为的外国公民或企业。

第二，《反海外腐败法》禁止支付、提供、承诺支付、授权支付或提供金钱或任何有价值的东西，根据《反海外腐败法》，向外国官员支付的款项可以是金钱、礼物、慈善捐款或福利捐赠、实物服务、向外国官员亲属提供的奖学金、股票超额支付以及利率优惠的贷款等。

第三，这项禁令只适用于向外国官员行贿，外国官员一词非常广泛，包括：

• 任何外国部门或机构的成员；

• 外国政党的任何官员或候选人；

• 任何公共国际组织的成员；

• 以官方身份代表上述实体行事的任何人。

第四，付款人或授权付款人必须有腐败意图，也就是说，支付的目的必须是为了影响接受者滥用其职权。

第五，付款必须与特定的业务目的相关，即付款必须与得到、保留或指导某个业务相关。该禁令还包括为获得税收优惠、关税优惠、许可证或执照而支付的款项。

10.9.1.2 会计条款

除了禁止贿赂支付，《反海外腐败法》还规定了某些实体（上市公司）必须遵守单独的会计规定。也就是说，美国国会认为美国公司在会计记录中隐瞒了贿赂支出，为防止上市公司将贿赂支出伪装成合法交易，颁布了这些旨在提高账目透明度的条款。

《反海外腐败法》对会计规定有两个要求：一是发行人必须保持准确的账簿和记录；二是必须采取内部控制措施以防止资金的不当使用。

记录保存条款

会计条款的第一项要求是，所有上市公司必须准确记录所有交易，保存发票和其他交易凭证，其保存方式需要与所有文件保存方式和会计记录保存的政策相符。

在实践中，账簿和记录保存条例用来避免三种不当行为：

（1）未记录的不当交易；

（2）伪造记录以掩盖不当交易；

（3）创建的记录在表面数量上是正确的，但缺少关于支付真实目的的定性说明。

内部控制条款

内部控制条款旨在防范未经授权或未记录的交易。根据内部控制条款，公司必须保持健全的合规政策，还需采取合理措施以确保其附属机构有适当的内部控制。

SEC 评价一个公司内部控制体系的充分性时，主要考虑以下几个因素：

• 董事会的作用；

• 公司程序与政策的沟通；

• 权力与责任的分配；

• 员工的能力和诚信；

• 对程序和政策予以执行和认同的责任；

• 内部审计职能的客观性和有效性。

10.9.1.3　会计条款的实施

SEC 负责执行会计条款的相关内容。无论是涉及实际海外贿赂或国内交易，SEC 可以对企业处以最高 50 万美元、对其中的个人最高 10 万美元的民事罚款。

被判故意违反会计规定的自然人，可能被处以最高 500 万美元的罚款、最多 20 年的监禁，或者两者并罚。被判故意违规的公司可能被处以最高 2500 万美元的罚款。此外，《反海外腐败法》规定，个人可能因"故意"伪造任何账簿、记录或账目，或规避及未能实施内部会计控制制度而被追究刑事责任。

10.9.2　英国《反贿赂法》(United Kingdom Bribery Act)

美国的许多企业也受到外国法律的约束，英国 2011 年颁布的《反贿赂法》是具有深远影响的相关外国法律之一。与《反海外腐败法》一样,《反贿赂法》也在全球范围内惩治腐败。

10.9.2.1　管辖范围

只要有犯罪的任何部分发生在英国,《反贿赂法》对个人和公司的实体腐败都有司法管辖权，此外，与大不列颠联合王国有密切联系的个人和实体在联合王国以外所犯的罪行，也在管辖范围，具体包括：

• 英国公民；

• 通常居所在英国的个人；

• 根据联合王国法律设立的实体。

更具体地说，在英国设有办事处、雇用英国公民或向英国组织提供任何服务的外国公司都需要遵守英国的《反贿赂法》，但是，在伦敦证券交易所（LSE）上市本身并不会使一家公司受到该法规的约束。

10.9.2.2　犯罪

《反贿赂法》规定了三种犯罪类型：

（1）一般商业贿赂罪；

（2）贿赂外国政府官员；

（3）未防范贿赂行为（failure to prevent bribery）的单位犯罪。

一般的商业贿赂

277

《反贿赂法》与《反海外腐败法》显著不同的一点是，《反海外腐败法》只禁止涉及外国官员的贿赂，而《反贿赂法》则更进一步，它包括商业贿赂犯罪。此外，不正当履行有关职权、预期收受利益，也会涉及商业贿赂犯罪。

贿赂外国官员

与《反海外腐败法》一样，英国的《反贿赂法》规定，为获得保留业务或在业务过程中获得优势而贿赂外国公职人员是一种犯罪。该法案所界定的外国公职人员包括：

• 通过选举或任命在英国以外的国家或地区担任立法、行政或司法职位的人员；

• 担任国际公共组织职位的官方或代理人员。

未能防止贿赂

英国《反贿赂法》还规定，如果企业未能防范贿赂，就构成犯罪。这是一种"严格责任"犯罪，不需要证明任何犯罪意图。

10.9.2.3　执行

反严重欺诈办公室（The Serious Fraud Office，简称 SFO）负责执行该法案。SFO 表示，其主要目的之一是为遵守法律的英国企业创造公平的竞争环境。

《反贿赂法》规定了对违法行为的严厉惩罚，犯有普通贿赂罪或向外国公职人员行贿罪的个人将面临最高 10 年监禁和罚款，对未能防范贿赂的组织也可处以罚款。请注意，《反贿赂法》没有对可能的罚款数额设定上限。

第11章 利益冲突

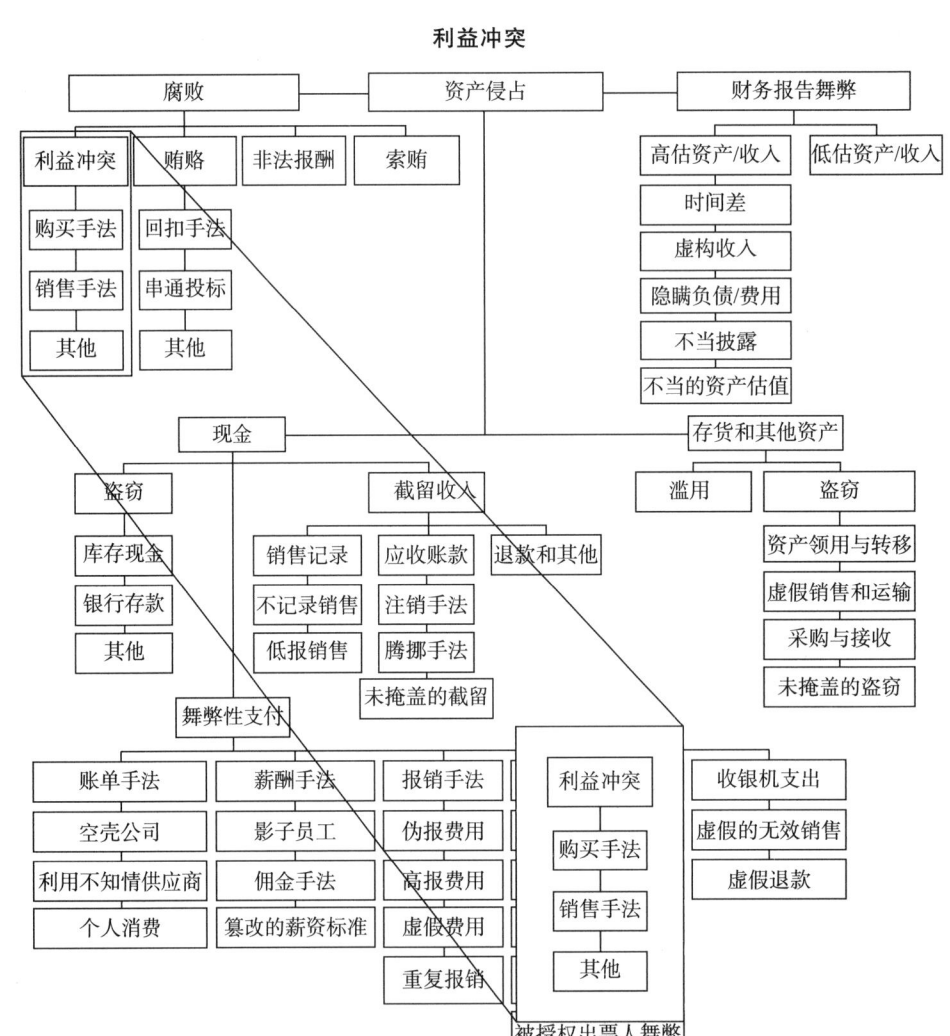

案例研究 11-1 双份工作

Troy Biederman[1] 在电子及应用品连锁店 ElectroCity 公司工作，是一名销售经理。有

---

〔1〕为保护隐私，已对案例中的姓名和部分细节进行修改。

一天，当他在一家男装店等待付款时，发现了一个可以免费获得 "lazy boy" 牌躺椅的促销活动，于是就把自己的业务名片投到了柜台上一个放名片的容器里，突然在其中发现了一个熟悉的名字——Rita Mae King，这个人是 ElectroCity 的全职采购代理，但名片上写着：Rita Mae King，Spicewood 旅行社的会计总监。

"冒出了两个身份，这事很可疑"，ElectroCity 的防损副总裁 Bill Reed 解释说。Biederman 知道，Spicewood 旅行社是他们公司为销售人员预订激励性旅行的代理商，他也曾参加过这类旅行，而且他知道 King 与 Spicewood 联系紧密；当然，此刻他开始怀疑这到底有多紧密了。Biederman 将这张名片拿了出来，当天下午把它小心地交给了上司。

在不到两周的时间里，这张业务名片就被一直上报到了 ElectroCity 公司的执行副总裁那里。ElectroCity 公司是一家年销售额高达 4.5 亿美元的公司，这位执行副总裁不能贸然下任何结论，但同时又怀疑这个采购代理可能正在与旅行社合谋，于是将名片交给了 Reed，让他来"调查上述关系的密切程度"。

Reed 立即向负责应付账款的部门要了公司过去两年的全部旅行账单。会计记录显示，公司之前的绝大多数旅行都是由 Executive Travel 旅行社负责，但在 King 担任采购代理后，第一年就推荐了 Spicewood 旅行社，并将其列至备选旅行社名单的首位。Reed 说，尽管 ElectroCity 公司从未指定任何一家旅行社作为其独家代理，但在公司采购人员的引导下，Spicewood 旅行社还是挤掉了 Executive Travel 旅行社在公司的业务，目前为止的销售总额已超 20 万美元。

Reed 随后联系了其他旅行社，询问相同期间、相似服务的报价，对比后发现，其中许多账单，例如到达亚特兰大城的 Trump Castle、拉斯维加斯的 Bally 等地的账单，都比其他旅行社的报价多了 10%—30% 左右。打电话询问了 Spicewood 在其他地区的分支机构，也进一步证实了 King 独家采用的这家本地 Spicewood 旅行社价格特别高。

调查工作的第 6 天，Reed 得到了一份来自 ElectroCity 公司商品采购员的书面陈述，这名采购员曾与 King 就旅行的竞争性价格问题有过一些争论。他反映，King 一直坚持使用 Spicewood 旅行，在近期准备一次开曼群岛的激励性旅行时，他曾找到一个提供更优惠价格的旅行社。"为了这次旅行，我先到外面的旅行社了解情况，然后向 King 报告定价信息，Spicewood 的报价相较其他旅行社每人要高出 100 美元。但 King 并没有直接选择较低价的旅行社，而是让 Spicewood 重新报价；当我仔细查看 Spicewood 后来报的低价时，发现飞机增加了一次额外的中途停留，所以降低了成本。"

为了证实 King 与这家旅行社之间的关系非同一般，Reed 让他的一名调查员打电话到该旅行社的当地办公室，并要求他们的会计部经理 King 接电话，然而接听者迅速将电话转到了一名客户服务经理 Janet Levy 那里。这名调查员说自己是一名旅游爱好者，并有 King 的业务名片，希望她给预订一个去 Bahamas 的优惠旅程；Levy 让他放心，说这完全没有问题，她和 King 工作联系紧密。之后，Levy 还给了他 King 的另一个号码，而这个号码正是 King 在 ElectroCity 公司的办公电话。

Reed 说："她基本上是用公司的办公室来经营她自己的旅行社。很明显，如果 King 提供业务给 Spicewood 旅行社，就会得到一笔奖金。"

King 工作繁忙，办公室到处摆着文件，经常同时进行两个或三个对话。Reed 说："她是一个非常好管事、喜欢发号施令的人，有时候很开朗，但在与其他员工相处时常常也很刻薄，还会诋毁别人和抱怨。另一方面，她又很会逢迎，只要她乐意，也可以表现得很友好。"通过在 ElectroCity 公司的工作，King 在旅行业编织了一张有众多人脉且关系良好的网。

证实了 King 与 Spicewood 之间的外部业务联系之后，Reed 开始调查 King 的个人旅行记录。凭直觉，他锁定了 King 在前一年 12 月的一次旅行，她和同伴购买了美国航空公司的机票到加勒比海岛度假。曾做过警察的 Reed 仔细查看了 King 度假期间的个人信用卡账单，发现 King 在安提瓜皇家酒店刷过一张万事达信用卡。于是 Reed 让他的一名调查员打电话，自称为"Lowell King"，说："为了应对税务署的审计，需要一份'自己的'旅行记录，"随后，酒店会计很配合给他传真了一份 King 的酒店账单。

这份账单中，King 将其职业填写为旅行社代理，业务地址为 Spicewood 旅行社的当地办公室。为了给房间打折节省 412 美元，她将旅行社的业务名片和一个航空报告公司的编码给了酒店（编码由一个国际信息交换机构编制，用以确认每一个旅行预订代理）。尽管 Reed 怀疑 King 可能还去了其他 Spicewood 旅行社所资助的旅行，不过，"安提瓜是我们找出的唯一的一次，我们只需要这一次就够了。"

对 King 的信用卡账单做进一步的分析后，调查人员发现她在 7 个月中还支付了另外 3 张机票，并得到了 3 项抵扣旅行价款的优惠，共节省 834 美元。

舞弊审查师非常确信，King 身为采购代理，违背了她应该为公司的最大利益工作的职责。此外，她还从一个供应商那里得到了一些好处，这也违反了公司政策。ElectroCity 公司人事手册对上述问题有明确规定：

> 员工必须披露可能会影响公司决策或行动的任何外部经济利益。若公司认为这种活动与公司利益相冲突，员工则应该终止这种利益。此类利益包括但不限于个人或家族在客户、供应商或竞争对手企业的所有权或利益。

King 还违反了人事手册上的其他规定："员工不能将公司资产用以个人使用或为个人谋利，员工及其亲属不可以接受供应商给予的任何形式的私下支付、回扣或折扣，不论是现金或物品。"King 没有遵守公司的规定，她使用公司的电话建立起了一个非现场的小型旅行社，不但接受供应商提供的旅行折扣，还以继续和增加业务为交换，收受旅行社收入 10% 的回扣。

基于上述发现，调查人员确定 King 违反了该州的反商业贿赂法规，如果公司决定起诉的话，King 可能要对这些损失承担责任。但 Reed 认为，既然她的违规已经被终止，而且她人到中年，丈夫失业又健康欠佳，这位前警官建议不再追究其刑事责任："当你将某人推到法庭上，那就只能选择罚金或坐牢。"

他愿为不起诉 King 的这个决定承担所有责任。与警察一样，调查人员也需要根据具体情况做出适当评估，Reed 认为："应该考虑社会的整体效益，照本宣科并不是好选择。"

Reed 说："我们非常专业地完成了这个案子，修正了公司的内部系统，也对她做出了惩罚。"现在，ElectroCity 公司要求所有供应商都要与其签署协议，提示它们不得对所有的 3200 个员工进行贿赂；而且，违规的员工不得被继续聘用。

接着，Reed 将这个舞弊调查结果拿到 Spicewood 旅行社的总裁那里，后者却装作难以置信和无言以对的样子。"文件摆在那儿，他知道要失去业务了。"一开始，公司也口头警告这家旅行社，说要动用法律手段；对于 ElectroCity 公司损失的 2 万美元，他们进行了很长时间的谈判，但最后另一名副总裁放弃了这个权利。

公司调查部主任与 King 进行了一次面谈，以最终确定她和 Spicewood 之间关系的性质和程度，以及是否还有其他类型的对公司具有负面影响的回扣手法。Reed 建议，让King 用书面材料来回答调查者的问题，以充分披露其与 Spicewood 和其他供应商之间的利益和活动。

调查期间，King 写了一封给 ElectroCity 公司总裁的信表达她的想法：

282

> 亲爱的 Smith 先生：
> 我必须说我很抱歉。我从没意识到自己的行为与我在 ElectroCity 公司中职位相冲突，我真的太糟糕了，除此之外也没法做其他解释。我从未考虑过一个优惠的价格意味着其他的东西，我对此完全没有概念。我真诚地感到抱歉，尤其是这破坏了我们之间多年来的信任，请相信我不是针对 ElectroCity 公司或任何个人，另外，我甚至没有意识到那个特殊比例是供应商所给予的利益，我只是将它当作了一个省钱方式。
>
> Rita Mae King 敬上

King 错误地使用了她作为采购代理的权力，并且违背了她对 ElectroCity 公司的职责。"她非常后悔，现在正自食其果"，Reed 说。"我想她大概非常自责，自责没有从这个把戏中得到更多的东西。她认为自己是一个在艰巨的工作岗位上努力工作的女性，在美国公司这种以男性为主导的阶级制度中，自己的工作既没有被欣赏，也没有得到合理的报酬。"

11.1 概述

如前一章所述，当员工、经理或执行官在一项交易中有未公开的经济或个人利益，且这种利益对组织有负面影响时，就发生了"利益冲突"。与其他腐败手法一样，这种"冲突手法"涉及利用员工的职务损害公司的利益。例如，在 ElectroCity 的案例中，Rita Mae King 用她的职务将公司的大部分旅行业务指定给了 Spicewood 旅行社。在第 10 章所讨论的案例中，舞弊者收受贿赂，就会根据他人利益行使自己的职权，本章说的冲突手法与之不同，这里的腐败员工影响的是与自己有关的交易。King 的案例中，她对 ElectroCity 开出的超额账单使自己和她的另一个雇主 Spicewood 旅行社受益。

绝大多数利益冲突案件的发生，是由于舞弊者在交易中拥有不可告人的经济利益。但是，并不是所有的隐秘利益都是自己直接的经济利益，有时，员工伤害公司是为了向亲朋提供利益，而这名舞弊者自身并未从中直接获得经济利益。之前提到的一个案例，经理将一个大型修理项目分解成几个小项目以回避招标的要求，并将这些合同交给他的姐夫，尽管没有证据表明这名经理直接得到了经济利益，但是他的行为仍是利益冲突。

某个案件若要被归类为"利益冲突手法"，那么该员工在这项交易中的利益必须是隐蔽的。"隐蔽性"是这个定义的关键要素，这说明舞弊者利用了自己的雇主，而受害公司并没有意识到其员工已经丧失忠诚。如果雇主已然知晓其员工在交易或谈判中可能会受益，那么无论这项交易对员工多么有利，也不能称之为"利益冲突"。

任何贿赂案件都可能是潜在的利益冲突案例——毕竟，员工在一项交易中接受贿赂，就有了一个隐蔽的经济利益（包括贿赂及其支付形式等），而且是与雇主最大利益相违背的一种利益，但贿赂与利益冲突手法的区别在于舞弊者的动机。例如，如果一名员工收到了回扣，所以同意对卖方提供的高额发票进行付款，是一种贿赂；但一名员工同意对自己的公司（且该员工与公司的所有权关系是不公开的）提交的发票进行付款，这便是利益冲突，某案例中，一名办公室员工向其雇主推荐他自己的公司来修理并维护办公设备，并继而为约 3 万美元的超额发票付款。

这两种手法的区别显而易见。贿赂案件中，舞弊者支付发票是为了得到回扣，而在冲突案件中，他们支付发票是因为他们在供应商处有隐藏的利益。除了员工的犯罪动机外，这两笔交易的机制实际上是相同的。这种二元性在投标舞弊案例中也有所呈现，员工利用其职务影响选择有隐蔽性利益的公司，而不是向他们行贿的供应商。

不过，利益冲突手法并不总有贿赂因素，很多方法都可以让员工利用职务为其拥有潜在利益的公司谋利。本章讨论我们研究中出现的一些常见手法。

在我们的调查中，大多数冲突手法可以分为三类：采购手法、销售手法和其他手法。换句话说，绝大多数利益冲突都发生在如下情形：受害公司在不知情的情况下从一家与其员工有秘密利益的公司高价采购商品，或低价销售商品。另外，我们遇到的很多其他利益案件，会涉及员工挖客户或者转移雇主资金。

11.2　采购手法

在我们研究的利益冲突案件中，大多数舞弊者会使用采购手法，其中又以超额账单手法最为普遍。这种手法与本书第一部分论述的账单手法很相似，所以需要强调一下传统账单手法和利益冲突采购手法的区别。

实际上，员工在任何账单手法中都存在某些利益因素（员工在交易中有着隐秘的经济利益，致使其雇主受损），但只有该员工（或这名员工的亲友）在收款的卖方那里有某种形式的所有权利益或雇佣利益，这个案例才能归入利益冲突手法。掌握舞弊的本质概念，我们就更容易理解这种区别。舞弊者为什么要对雇主虚报账单呢？如果他们只是为了得到现金，那么这种手法就是一种舞弊性账单手法；然而，如果他们是为了改善自己或亲友公司的财务状况，而雇主却不知情，这就是利益冲突。换句话说，舞弊者的利益属于雇主以外的公司。当员工伪造与他们没有关系的第三方供应商的发票时，这不是利益冲突手法，因为员工与该供应商没有利益关系，其唯一目的是产生舞弊性支出。

那么，人们可能会想，为什么空壳公司的手法被归类为舞弊性支出，而不是利益冲突。毕竟，空壳公司手法中的舞弊者拥有这家虚构的公司，因此必然在其中拥有利益。区别的重点在于，舞弊者创建空壳公司的唯一目的是欺骗雇主，该公司与其说是一个实体，不如说是一个工具，类似于一个邮政信箱和一个银行账户，舞弊者只是利用空壳公司欺骗雇主而已，所以空壳公司手法被归类为虚假账单舞弊。

出现了超额支付账单的话，可以用一个经验法则区分哪些属于资产侵占，哪些属于利益冲突：如果这种账单是来自一个"真实的公司"，舞弊者在该公司有经济利益或个人利益，且这种利益未向受害公司披露，那就属于利益冲突。

现在，我们已经知道了什么样的账单手法可以被归为利益冲突，但这些舞弊是怎样实施的呢？答案并不复杂，即，其实两种舞弊的手法是一样的，区分两者的目的只是为了描述舞弊者的状态和目的。超额账单手法的实施过程，在利益冲突和舞弊性支出手法中都是一样的。（参见图表 11-1）在某利益冲突案例中，一名采购负责人欺骗雇主，以虚高价格向某特定供应商采购货物，但该供应商公司实际上就是由他自己掌控，只是表面上以妻子的名义注册并由其兄弟来经营；另外，犯罪者在该公司的利益并未公开。供应商在公开市场上购买货物，加价后再卖给受害公司，这名采购负责人利用自身影响，确保其雇主与这个公司交易并支付高价。有关超额账单舞弊的详尽分析，可参见本书第 7 章的论述。

舞弊者有时会用他们自己的公司进行招标舞弊。有关招标舞弊的手法在本书第 10 章已经进行了详细的讨论，本章不赘述。其实，对于招标来说，招标方的员工有便利的舞弊条件，他们容易拿到竞争者的标书并知道他们的报价，进而制定自己的标价并中标，甚至有时不使用招标方法来彻底避免竞争性投标。在某案例中，一名经理没什么理由就剔除了几个投标，以便将该采购业务指定给特定投标者，因为他的一个下属在中标公司有未披露的利益关系，招标公司最终损失了 15 万美元。

还有一些案件中，舞弊者违反雇主的采购计划，将超常规数量的采购或合同指定给自己的公司。总之，凡是舞弊者利用其职务将业务交给一家公司，且他们在该公司中存在隐蔽利益的，便是利益冲突。

图表 11-1　利益冲突 285

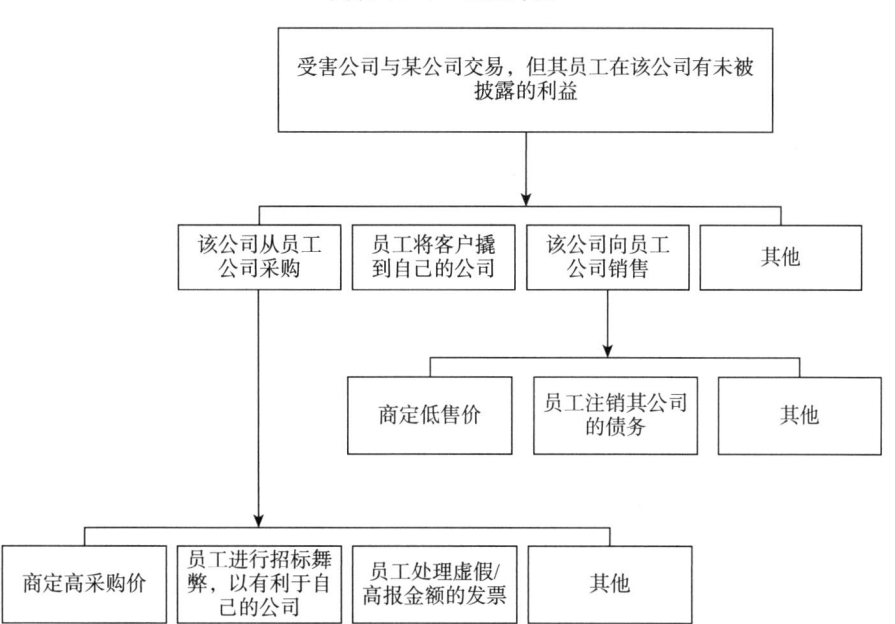

11.2.1　独特的资产

并不是所有的冲突手法都发生于传统的货物买卖中。我们的调查中有几个案例是关于土地、建筑物等一些特殊大型资产的购买，而代表采购方进行谈判的员工在这些资产中存在未被披露的利益，所以他们不会完全忠于雇主履行职责。为了从资产买卖中得利，这些员工很可能会违背雇主利益进行谈判；也就是说，他们的目标不是得到最优价（最低价），因为价格越高，他们从中获利也就越多。

有个公开报道过的案例。一家公用事业公司的高级副总裁负责该公司矿产租赁项目的谈判与决策，但大家并不知道这名副总裁同时是这些租赁资产的所有者，自然地，这名副总裁没有动力为雇主谈一个有利的租赁价格，而只是想让自己赚得更多。这类利益冲突的潜在伤害显而易见。

11.2.2　转手销售

还有一种叫"转手销售"或"加价销售"的特殊购买手法，在这类手法中，员工知道其雇主拟采购某种特定资产，于是就以同伙或空壳公司的名义提前购入，然后以高价卖给其雇主。前述采购负责人的案例中有这类手法，舞弊者以其妻子的名义成立了一家公司，然后再把货物卖给自己任职的公司。有关"转手销售"还有个有趣的例子，一家公司的CEO与一名前同事合谋，将一个房子卖给了他任职的公司；这笔交易可疑的地方在于，先是这名前同事买了这个房子，然后在买入当天就卖给了受害公司，买卖差价高达120万美元。

11.3　销售手法

通过我们的研究，确认了两种主要的与销售有关的冲突手法：低价销售手法和核销手法。第一种，也是最有害的一种，就是低价销售商品或服务。上文提到，如果员工在卖家公司有隐蔽利益，就会让其任职公司高价购入，同样地，如果员工是在买家有隐蔽利益，就要让其任职公司低价销售。（见图表11-1）

11.3.1　低价账单

舞弊者通常会向有隐蔽利益的买方开出低价账单，受害公司最终会以低于市场价的价格销售其商品或服务。降价幅度不同，会导致边际利润减少甚至销售亏损。某案例中，两名员工以不正常的低价向他们自己的公司销售其雇主的存货，造成了总计约10万美元的损失；另一个案例中，一名员工以低于市场价的价格将雇主的不动产销售给其利益公司，造成了50万美元的损失。

11.3.2　核销销售收入

另一种销售手法涉及窜改受害公司的账簿，用以减少或核销利益公司的欠款。例如，员工通过利益公司向受害公司购买了商品或服务后，会对这个销售做一个退款或折扣，用以核销其销售收入。在我们研究的案例中，有一名工厂经理向特惠客户开出了60天延期付款的账单，当账款快到期时，舞弊者就伪造相应的贷方项目核销这些应收账款。

如果存在大量针对销售项目的反向会计目录，可能标志着舞弊行为的发生。舞弊者为了避免出现太多的核销，就在"旧"的应收账款被核销之后又签发新的发票，这样一来，这些应收账款就会永远待在账簿上，不会过期也不会被收款。

在另一些案例中，舞弊者可能并不使用核销手法，而只是推迟开账单的时间，这有时是对优质客户的"一种优惠"，虽然受害公司最终收到了钱，但这种拖延战术使他们损失了这笔款项的时间收益。

11.4　其他手法

11.4.1　业务分流

某案例中，一名员工开办了一家自己的企业，并与雇主进行业务竞争。这名员工从入职开始就着手将客户挖到自己的企业，显然违背了员工的忠诚义务。自由竞争无可非议，但当一个员工表面作为其雇主的代表，暗地里和他的雇主抢生意并带走客户时，这种竞争就是不正当的。

无独有偶，在另一起案例中，舞弊者将其雇主潜在的客户领到他自己的公司。开办独立公司不是一定不道德（前提是不存在竞业禁止等限制性的雇佣合同），但是如果员工在履行职责时并没有按照其雇主的最大利益去做，显然是违背了商业道德。

11.4.2　资源分流

另外，还有一些员工将其雇主的资金和其他资源用于发展自己的公司。某案例中，某公司的一名副总裁批准了一笔大额开支用以开发新设备，这种设备是专为某个特定合同方提供的，后来，另一个公司接管了这个合同方并带走了这项设备，而这名副总裁退休后就到了这家接管公司工作。不难看出，这个副总裁用原雇主的钱去资助另一家公司，最终使自己获利。这个手法涉及贿赂、利益冲突和舞弊性支出等多种元素，在这个案例中，如果这名副总裁以资助该项设备来换取工作承诺，那么他的行为可以被归类为贿赂手法；这个案子也存在潜在的利益冲突，舞弊者为另一家公司批准舞弊性支出，因为他在其中有未被发现的利益关系。

尽管这些手法显然属于腐败手法，然而这些资金却是通过舞弊性支出被转移的。事实上，这些钱可以通过审改支票手法、账单手法、薪酬手法或报销手法从受害公司流出。有关产生舞弊性支出手法的讨论，请参见本书的资产侵占部分。

11.4.3　财务信息披露

管理层有义务向其股东披露主管、执行官和其他要职人员实施的重大舞弊行为。他们不需要披露要职人员未被起诉的犯罪行为，但是，如果他们成为刑事诉讼的被告，管理层必须进行披露。

利益冲突披露不充分是舞弊中最严重的情况之一，关联方交易披露不足并不是某个特殊行业的问题，它在所有的业务类型和关系中均具有普遍性。

下面这个案例讲述了一名注册舞弊审查师处理一起利益冲突舞弊时遇到的情况。James Larken 利用职务将其雇主的 100 多万美元注入一家濒临破产的企业，而他在该企业拥有隐蔽利益，这个案例不仅叙述了 Larken 先生的作案手法，还讲述了注册舞弊审查师 Puyler Simonds 是怎样调查这起案件的。

案例研究 11-2　寄生虫农场

James Larken 是这个案件的始作俑者。作为公司的首席财务官（Chief Financial Officer，

288

简称 CFO），他安排其任职公司收购了另一家公司，然后用雇主的资金资助这家公司的经营。而且，他从未告诉其老板收购的事，因此还独吞了这家子公司的所有利润。

Larken 任职于一家中西部的肉类加工企业——Theriot's 股份有限公司，公司正考虑把业务扩展到肉类供应方面，于是接触了一家麻烦与潜力并存的饲养场，经过调查，Theriot's 公司发现这个 Napa 农场只有一小块土地却有一大堆麻烦，于是停止了这项交易。

Larken 先生却从里面看出了其他商机，因为他不需要用自己的钱，所以 Napa 农场对他来说有潜力可挖。他在 Theriot's 公司有很高的权威，虽然公司有自己的审计部门，但其职员都要向他报告，并且都很怕他。所以只要他想或觉得应该去做，就几乎有权力做任何事情，注册舞弊审查师 Puyler Simonds 说："如果这个家伙不那么贪婪，很可能会侥幸成功。"

289　　Larken 在 Napa 农场有可行使的股票期权，这是他秘密获得的。利用在 Theriot's 的职位，他买下了 Napa 的应收项目（销售牲畜和提供服务应收的款项）和存货。在 Theriot's 一名注册会计师的帮助下，这些钱在会计账簿上以各种名目被销掉了。

Napa 还有很多空子可钻，单从应收项目上得来的钱不能满足 Larken 的胃口，他决定为这个饲养场购买建筑设备和运输工具，例如，他以 Theriot's 的名义赊购了一辆卡车，却将它运到了 Napa 农场。可以说，Larken 创造了一个财务寄生虫，几个月前的 Napa 农场濒临破产，现在却借由 Theriot's 的资金获得了新生。

但是，Larken 的胃口超过了其掩盖罪证的能力。当一名职员谨慎吐露了他对 Larken 与 Napa 农场之间关系的怀疑后，Theriot's 的 CEO 开始查账，他被那些从 Napa 农场购买的应收项目惊呆了，这就是他曾研究并考虑购买的那家公司，一个本该在这之前就已倒闭的公司。当这个 CEO 看到一张发票表明 Theriot's 曾购买一辆卡车并送到 Napa 农场的时候，他警觉起来。

为 Theriot's 工作的会计师事务所请 Simonds 来调查此事。得到 Larken 的文件后，Simonds 的小组发现在设备归属、银行记录、签名卡以及其他业务文件上，全是 Larken 代表 Napa 签的名。Larken 的同事和下属很快就开始议论纷纷，甚至带着嘲讽和怀疑。显然，他们不喜欢他，他们描述中的 Larken 是这样一个人：说话大声，盛气凌人，还喜欢骚扰女性，与同事的关系非常不好。

接下来，Simonds 去见了 Napa 农场的老板 Blain Fletcher。最初，Fletcher 只搪塞说他因为过去的业务结识 Larken，其他只字不提。最后，Fletcher 被说服打开了一些文件，Simonds 在其中"几乎是偶然地"发现了写有 Larken 名字的股票期权。发现这个重要的线索之后，就只需要顺藤摸瓜了：8 个月内，Larken 从 Theriot's 公司送了 100 多万美元现金给 Napa 农场。最终，该案件被移交警方并被起诉。

Larken 还是一如既往地傲慢和不知悔改，他拒不认罪并最终被判 3 年监禁。

11.5　调查

有一些比较常见的方法用来调查利益冲突：建议和投诉；比较供应商地址与员工地址；审查供应商的所有权文件；审查离职面谈，比较离职人员之后雇主的地址与供应商地址；约谈采购人员是否有一个或多个供应商享受优待，等等。

11.5.1 建议和投诉

如果某个特定的供应商受到优待，竞争对手可能会提出投诉。此外，从员工对优惠供应商服务的投诉中，也可能会发现利益冲突。

11.5.2 比较供应商地址与员工地址

如果某个员工或其关联方是供应商的所有者，则供应商的业务地址可能与员工的业务地址匹配。同时，还要检查供应商的邮箱地址，这种调查方法类似于寻找空壳公司。

11.5.3 审查供应商的所有权文件

选择供应商时，应保存该供应商完整的所有权文件，这对少数人持股的企业尤为重要。还可以要求供应商每年更新文件，以发现其所有权的变化。对供应商所有权和员工文件进行计算机数据比较可能会发现利益冲突。

11.5.4 审查离职面谈，比较离职人员之后雇主的地址与供应商地址

如果对员工的离职面谈进行审查，可以知晓其后来雇主的姓名和地址，将该姓名和地址与供应商文件进行简单比较，可能会发现员工的利益冲突。

11.5.5 约谈采购人员是否优待了某个或多个供应商

员工通常会最早感知某个供应商是否正在受到优待。因此，通过询问员工是否有哪个卖方正在受到优待，调查人员可以发现那些不起眼的利益冲突；另一个需要询问员工的问题是，近来是否有哪个供应商的服务（或产品）不达标？

11.6 防范

利益冲突手法违背了这样一个准则：受托人、代理人或员工必须以良好的忠诚、充分的披露以及委托人或雇主的最大利益进行工作，然而，绝大多数舞弊都违背了这样一条法律格言：一臣不侍二主。一些更常见的手法包括员工、经理或高管在顾客或供应商那里获得利益或其他礼物，比如经常以"咨询费"的形式得到经济补偿。

正如一句老话所说，一分预防胜似十分治疗，对利益冲突来说，预防比调查更容易。内部控制得当，会增加员工实施这类舞弊的难度。各类措施中，要求员工完成年度披露声明是一种很好的积极作法；将员工的姓名和地址与供应商列表进行比较，可能会发现利益冲突和类似冲突；了解员工的其他商业利益也是一个明智的路径。

财务报告舞弊

第12章 会计原则与舞弊

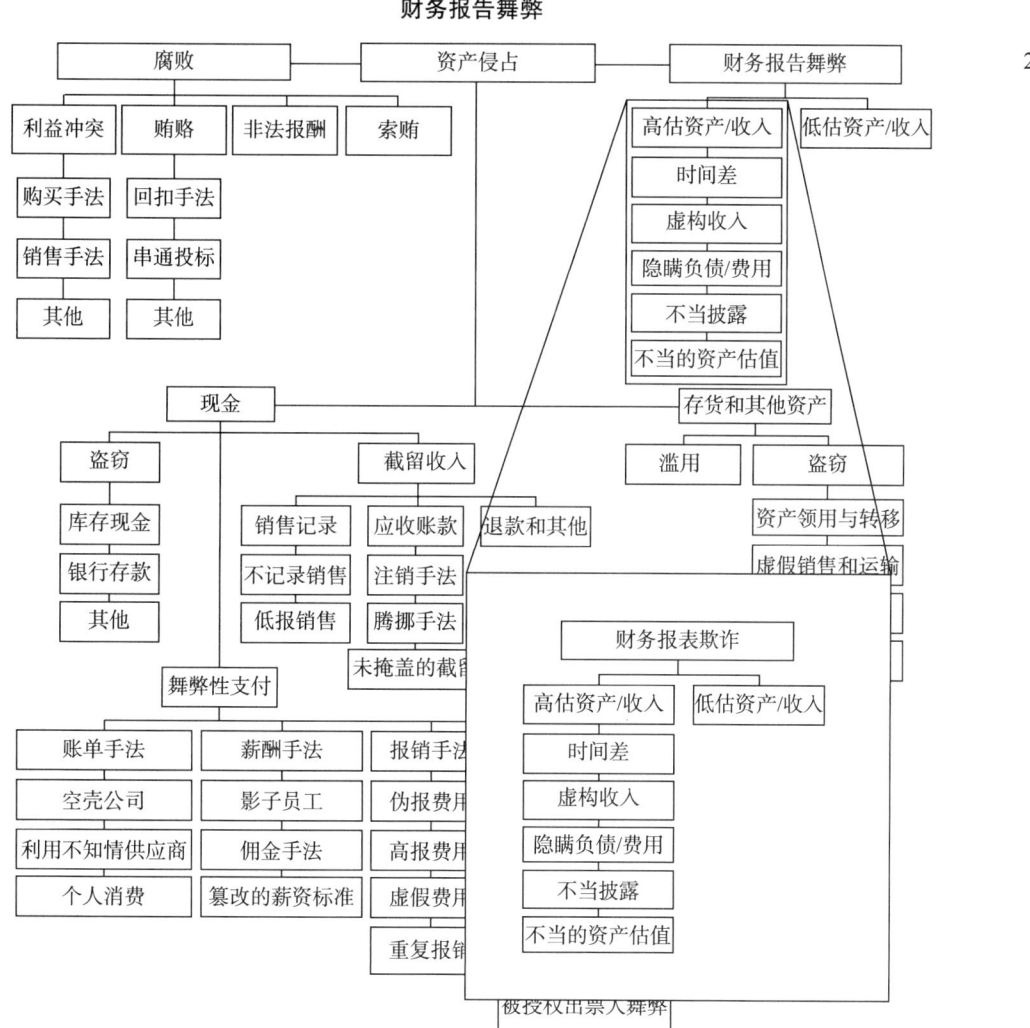

财务报告舞弊

12.1 导论

20世纪七八十年代我在FBI工作时，每天都看到很多银行借款人的舞弊性财务报告，既有个人的，也有公司的。根据《银行保密法》（Bank Secrecy Act），金融机构需要将借款人可能实施的舞弊及其相关活动向FBI报告，其中大多数是关于贷款舞弊的。

银行报送如此多的财务报告舞弊案件给 FBI，目的是利用政府机关为他们收钱；但另一方面，银行在借款之前几乎不对借款人进行尽职调查。我审查过一些银行贷款文件中的财务报告，其舞弊手法在会计师看来简直可笑，比如很多财务报告未经审计，这本身就是个线索，有的资产负债表或利润表中存在一些简单的数学错误，甚至没有加总合计。报表中存在很多低级错误可以作为舞弊的信号。

但是，要认定财务报告舞弊违反了联邦法规，前提是贷款人做出贷款决策时在某种程度上依赖了虚假报表，但大多数情况下，银行贷款文件中的数字只是为了符合政府规定，而银行决定放款的重要因素在于是否有"硬抵押"，如果抵押品失去了价值或消失不见，贷款被拖欠，即使是最好的银行也会去找 FBI 投诉财务报告舞弊。

从银行的角度来说，只要 FBI 的特工出现在欠钱的借款人面前，就会有明显的效果。尽管特工人员不会说"快点还钱"之类的话，但令人惊喜的是，许多借款人会在其后向银行归还贷款。

当然也有例外，有一个令我难忘的案件就没有走这个路子。那是我在 FBI 职业生涯的后期，被派去调查 Orange Associates 公司，这是一家新成立的公司，业务领域也很新：生物反馈设备。自 20 世纪 70 年代以来，这类设备取得了很大的进步，而且成为医疗和心理治疗界的主流。

反馈设备包括一些传感器，可以置于头、颈等人体部位，通过电线被连接到电脑及显示器上，应用于病人身体的相关部位时，可以实时记录病人压力水平的高低。通过监测病人的压力水平，可以指导病人进行对应性训练以控制压力，这样就达到了生物反馈的作用。

事实上，公司的理念是由一个叫 Aldridge 的教育专家提出的。作为医学和心理学团体的"顾问"，Aldridge 的过去似乎有些"模糊"，后来他遇到了一位心理学家 Gaffney 博士，他答应为 Orange Associates 公司提供创业资金，他们的宏伟计划是生产与分销不同类型的生物反馈仪器。

对 Aldridge 来说，Gaffney 博士是个很好的选择。Gaffney 来自得克萨斯州南部的一个稻谷世家，他的家族在那儿拥有将近 1000 英亩的土地，通过继承家族的房地产，Gaffney 博士身价百万。他是个电子产品迷，对反馈设备很有兴趣，最初两人的计划是 Gaffney 博士出资，Aldridge 负责经营。他们飞往特拉维斯（Travis）银行，申请 100 万美元的贷款，Gaffney 用土地作抵押，这 100 万就是他们的创业资本，后来存入公司在奥斯汀州立银行（Austin State Bank）的账户。

同许多新公司一样，最初的创业资本很快用光了，几个月后，Orange Associates 公司就需要筹集下一步的运营资本了。Gaffney 不愿再用他的遗产抵押借钱，所以 Aldridge 准备了一份有关 Orange Associates 公司的贷款方案，提交给奥斯汀州立银行。

鉴于 Orange Associates 公司旗下没有净资产，于是 Aldridge 瞒着 Gaffney 伪造了一系列貌似公司已经将其仪器销售给批发商的"合同"。将这些"合同"中的应收账款进行抵押，他们获得了第二个 100 万美元的贷款，这次的贷款方是奥斯汀州立银行。这些"合同"中有一处非常醒目的地方：所谓的客户是注册在开曼群岛的公司。

Aldridge 对开曼群岛客户的解释是，他们是设备在日本和欧洲的经销商，Aldridge 还说，日本也在为 Orange Associates 公司生产这种生物反馈仪器。Aldridge 编织的故事是：一家日

297

本公司生产了这种仪器，然后卖给开曼群岛的这家公司，但这家公司还从 Orange Associates 公司买设备。如果银行真的听了 Aldridge 的解释，就会注意到他的故事似乎有点说不通。

然而银行居然相信了 Aldridge 的故事，他的合伙人 Gaffney 也信了。在银行贷给 Orange Associates 公司更多的运营资本之前，Gaffney 作为担保人必须要签署担保协议。最后，Orange Associates 公司得到了这笔贷款，Gaffney 也背了 200 万美元的担保。

Orange Associates 公司依然处于困境，Aldridge 的运营总部有 12 名员工。不论是银行还是 Gaffney，都没有注意到其中甚至没有一个负责销售或营销的人。公司的租金很高，研发费用也在增加，没过多久，Aldridge 又一次面临选择：筹集更多的钱或者停止经营。

事实上，在申请第 3 次贷款的 6 个月之前，Aldridge 就已经预见到了这个困境，他在这段时间里绞尽脑汁去充实奥斯汀州立银行的账户。Aldridge 认为，如果银行看到公司有这么多业务，特别是大额存款，就会相信 Orange Associates 公司的业务在迅速发展。

于是，Aldridge 开始在奥斯汀州立银行的活期存款账户上开具空头支票。为了达到貌似合法销售的效果，他将支票从开曼群岛的一个银行账户存入 Orange Associates 公司的账户，然后，再把钱电汇到 Dallas 银行，号称为了支付日本的款项。事实上，这些资金直接回到了开曼群岛的银行账户，以支付他在奥斯汀州立银行开具的支票。

第三次申请贷款时，Orange Associates 公司的支票账户已有几十万美元入账（虽然又被支出了），对银行来说账目看起来很好。Aldridge 告诉银行和 Gaffney 博士，公司经营非常好，必须要借更多的钱来满足新的订单，他们这次要贷 200 万美元。

审查了公司账户和另一套舞弊性报表之后，银行被蒙混成功了。而且在这次贷款中，银 298 行还犯了另一个致命错误：鉴于 Orange Associates 公司在之前的贷款中都能及时支付利息（其实是用银行的钱进行腾挪），因此允许其仅仅以仪器存货为抵押来进行借款，Gaffney 没有为这次贷款提供任何个人担保。

就这样，Orange Associates 公司一直垂死挣扎着维持了大概 5 年。设想一下，其实这个公司从未挣过一分钱，能活 5 年非常惊人，Aldridge 完全依靠银行借款维持经营，他欺骗了 Gaffney 博士和其他参与这个过程的每一个人，Orange Associates 公司完全是 Aldridge 一手编造的大骗局。

第四次，也是最后一次，当 Aldridge 尝试去银行借更多的钱时，其舞弊手法终于被戳穿了。此时，奥斯汀州立银行更换了高层管理人员，Orange Associates 公司此时的贷款额已达 300 万美元，银行不再乐意贷款。由于无法筹集资金，Orange Associates 公司很快用完了所有的钱，也无力偿还银行贷款，不仅包括奥斯汀州立银行的，还包括特拉维斯银行的（100 万美元）。

这两家银行起诉 Orange Associates 公司、Aldridge 和 Gaffney，以防止他们对抵押品进行不当处置。然而，抵押品也不值多少钱，汇总后的损失完全大过了抵押品的价值，于是两家银行决定卖掉抵押品。鉴于存在舞弊可能，他们联系了 FBI，这也是我介入调查的原因。

我去了联邦检察官的办公室，拿到了 Orange Associates 公司的财务记录和银行记录，开始进行调查工作。在没有任何助手和设备辅助的情况下，作为"贷款管理员"和 FBI 特工的我，用了足足 6 个月的时间核查了 Orange Associates 公司账户中的各种进出账目。

这些财务数字呈现出来的才是事实：在 5 年多的时间里，公司收入只有 400 万美元的贷款，各项支出有 500 万美元，其中包括付给 Aldridge 的薪水，但数目很合理，没有什么超额工资。不过，有一项工资支出非常显著：公司闲着很多员工，却支付了几百万美元给外部的研发人员去国外考察发展业务，以及支付给游说人员和其他顾问的薪酬。当然，所有这些支出看起来都是合法的。

审核了财务资料之后，我需要访问一下熟悉情况的人。虽然 Aldridge 的律师不让他们就任何事情发表观点，但其他人还是会吐露很多。各种证据证明，Gaffney 这个人没有参与舞弊，他只是过于天真，多年来轻信 Aldridge 的话，自己从未去证实任何事情；Orange Associates 公司的员工们虽然承认整个经营状况混乱，却都一致喜欢并且尊重 Aldridge。这些员工证明，Aldridge 既是 CEO，又是事实上的 CFO，当我约谈公司的会计时，她居然对整个事件一无所知。

因此，Orange Associates 公司中唯一的犯罪人是 Aldridge。我把证据提交给检察官办公室，讨论可能的起诉意见，检察官问了一个关键性的疑惑：如果 Aldridge 没有特别为自己谋利，那么他编造这些显而易见的舞弊性财务报告的动机是什么呢？

我对有关 Aldridge 的调查得出了一个相互矛盾的奇怪结论，Aldridge 是一个好人，深受员工、邻居和同行专业人士的喜爱和尊重，也是一个正直的人——已婚、生活稳定、受过高等教育、是所在社区的志愿者、定期参加教会活动。

结合公司的财务状况和他的个人情况，我向检察官阐述了我的观点：当 Aldridge 与 Gaffney 接触并共同借到第一个 100 万美元后，Aldridge 可能在经营中花错了这些钱，他随后也意识到自己并不是经商的料。

然而，Aldridge 为了弥补之前的错误，让 Gaffney 又贷了 100 万美元。当然，之后仍然是浪费了，可那时的他已经因为太多谎言而骑虎难下，只能继续说谎，并希望通过谎言让 Orange Associates 公司运营下去，说不定哪天就可以盈利。如果公司真的盈利了，他的舞弊将永远不被发现。

Orange Associates 公司失败的原因在于，Aldridge 只是一个理论家，他根本不知道自己在做什么。检察官同意了这种说法，但还是很困扰，他说："除了工资，Aldridge 没有得到任何个人利益。"但我认为，领工资也算舞弊。

"我知道，从技术上来说你是对的"，这个检察官说。"然而这并不是一个好的刑事诈骗案件的起诉要件——陪审团起诉某人，通常是因为他的邪恶与贪婪。而本案的 Aldridge 并不是这样一个人，很可能无法胜诉，不如不进行刑事起诉而让银行进行民事诉讼。"

我知道检察官的策略是正确的，Aldridge 一直没有受到任何刑事处罚。两家被骗的银行起诉了 Aldridge 和 Gaffney，还有已经停业的 Orange Associates 公司。银行最终从 Gaffney 那儿得到了一些钱，但完全不够弥补损失。Gaffney 破产了，他继承的数百万房地产大部分来自家族的信托基金，因为这码事，他的家族几乎与他断绝了关系。

在一些类似 Orange Associates 公司财务报告舞弊的案件中，主犯往往并不直接侵占非法所得。与 Aldridge 一样，一些公司高管有时确实存在伪造账目的动机，也许不是直接从中赚钱，可能只为保住工作；与 Aldridge 不同的是，有一些高管的工资高达数百万美元，这也是他们说谎的最终动机。对某些人来说，通过报表舞弊获得非法利益的诱惑是不可抵抗的。

12.2　财务报告舞弊

上文案例中的财务报告舞弊，是一系列因素同时发生造成的，其中最重要的因素来自高管需要盈利的压力。由于账簿和记录方式都有一定的主观性，所以编制一份虚假的财务报告还是很容易的。会计行业一直都知道，从某种程度上说，会计工作是个有点主观的过程，可以进行各种各样的解释。业内人士也间接承认，账目数字很容易被操纵。毕竟，公司账簿的借方可以记为费用，也可以记为资产；贷方可以记为负债，也可以记为权益。因此，如果有个巨大的诱惑要使财务报告最终显示盈利，那么费用可能归类为资产，负债可能被记为权益。

下一章中，我们将探讨实施财务报告舞弊的五种主要方法，但在探讨这些手法之前，先考虑下面三个核心问题： 300

（1）谁实施了舞弊？

（2）为什么要舞弊？

（3）如何实施舞弊？

12.2.1　财务报告舞弊的主体

有三类人最可能实施财务报告舞弊，按其舞弊动机的降序排列，依次为：

（1）高层管理者。2010 年特雷特威委员会的组织委员会（Committee of Sponsoring Organizations of the Treadway Commission，简称 COSO）曾发布《舞弊性财务报告调查：1998—2007》，其中对 1998—2007 年间的 347 起财务报告舞弊案进行了分析，研究表明，CEO 和 / 或 CFO 参与了 89% 的舞弊案件，其中约 20% 的 CEO/CFO 在调查后的两年内被起诉，其中又有超过 60% 的人被定罪。高层管理者进行财务报告舞弊的动机多种多样，下文详述。

（2）中、低级别的员工。他们可能在其职责范围内伪造财务报告（子公司、下属部门或其他单位），以隐瞒自己业绩不佳，或是为了得到高业绩奖金。

（3）有组织的团伙。团伙的目的可能是为了从金融机构获得舞弊性贷款，或者作为操纵股价的手法，以便低买高抛从中牟利。

12.2.2　财务报告舞弊的原因

高管们（CEO、CFO 等）和企业所有者"伪造账目"，主要出于以下目的：

• 为了隐瞒真实的经营业绩，可能高估或低估经营成果。

• 为了保持个人的地位或对企业的控制权。有强烈自尊心的高管们不愿意承认他们决策失败，或经营业绩不好，这可能导致他们被解聘。

• 为了维持个人收入或财富。这些收入或财富来自工资、奖金、股票以及股票期权等。

了解公司高管和所有者们实施舞弊的各类压力，有利于更好地防范和调查舞弊；了解舞弊背后的动机，有利于更清楚地掌握触发潜在动机的各种情形；了解舞弊最可能发生的环节，有利于增加发现犯罪的可能性。 301

与职务舞弊的其他形式一样，财务报告舞弊的手法也是依据组织的具体情况制定的，也就是说，不同企业里对高管们的评价标准，可能会怂恿或驱使他们实施舞弊。例如，严格的贷款合同会驱使管理层故意把某些负债归类为长期负债而非流动负债，这样可以改善公司的流动比率（流动资产与流动负债的比值），但并不影响盈利水平。

高管们夸大经营业绩的常见原因如下：

• 达到或超过股市分析师预期的盈利或收入增长水平。

• 达到贷款合同的要求。

• 增加以资产为基础的贷款的可融资规模。

• 达到发放贷款或增加贷款的标准。

• 达到母公司制定的公司业绩标准。

• 达到个人的业绩标准。

• 得到与业绩相关的薪酬或收益支付。

• 支撑股价以配合预期的合并、收购计划或出售个人持有的股票。

• 显示一种增长模式，以支持计划中的证券发行或销售业务。

另外，高层管理者也可能低估其经营业绩，以便：

• 将"超额"收益延迟至下一个会计期间。如果本期预算已经实现且尚未兑现超额业绩的奖金，则公司管理者可能将超额收益延迟至下一个会计期间，帮助达到下期目标。

• 将所有可能的核销一次性记入，以使未来期间保持较高的盈利水平。

• 降低现在的预期，以更好实现未来增长并受到奖励。

• 保持持续增长的趋势，避免不稳定的结果。

• 减少业主管理业务的价值，以便于分离处置。

• 减少管理层正计划收购的公司的价值。

12.2.3　财务报告舞弊的手法

我们将在下一章讨论财务报告舞弊的主要类型。当你审阅舞弊材料时，请记住，不管具体使用什么方法，都离不开以下三种模式来编制舞弊性财务报告。了解了这三种方法，调查财务报告舞弊的人就会对那些企图操纵或无视会计和财务报告正常流程的证据有所警觉。事实上，财务报告舞弊可能包括这三种方法中的一种或多种，通常以第一种方法开始，然后随着舞弊增多逐渐使用其他方法。这三种方法包括：

（1）利用会计体系。这种方法中，会计体系成了一种工具，被舞弊者用以达到他们想要的结果。例如，为了将利润增加或减少到一个预期的数字，舞弊者可能操纵用于计算折旧费、计提坏账准备、计提过剩和过时的存货准备的会计假设；为了避免确认费用及负债，不及时记录供货商的发票；为增加销售额，提前进行销售记录，等等。这些记录在会计体系中虽有所不当，但都有事实依据，并非伪造，尽管某些账目中使用的会计假设是有问题的，然而这些账目还是能够支持财务报告的结果。

（2）破坏会计体系。这种方法中，舞弊者向会计体系提供虚假和虚构的信息，以操纵报告的结果。与单纯利用会计体系达到的效果相比，其操纵金额往往更大，其手法包括：在合法或伪造的客户名下虚构销售金额；伪造存货和应收账款，并伪造相关的支持文件；高级财务管理者可能会随意计提坏账准备、计提过剩和过时的存货准备，而不考虑公司之前确定这些数额的规则和方法；伪造日记账，以掩盖舞弊的意图（例如，将大额账目分成多个小账目）；通过公司间账户的隐蔽交易，隐瞒交易的另一方；部分交易没有事实依据，或者被不当记录。破坏会计体系的方法更为大胆，虚假的程度也更大，除非舞弊者伪造或窜改文件以支持这些舞弊报告，否则根本不会有证据支持某些交易或余额。

（3）无视会计体系。这种方法中，舞弊者可以随心所欲地编制财务报告。这些财务报告可能以实体的财务报告为基础、再结合一些额外的人工调整进行编制，最终达到舞弊者想要的结果。另外，还可能仅仅使用舞弊者提供的虚假数字来编制报表。在某些情况下，舞弊者甚至根本不设置或者完全无视会计体系。因此，有的交易没有被记录在会计体系中，也有的会计记录可能完全没有事实依据。要发现这种舞弊，需要从分析公开财务报告开始，一直追溯到会计系统的记录。与前面的情形一样，除非舞弊者伪造或窜改文件以支持该舞弊，否则不会有文件支持财务报告中的某些交易或余额。

12.3　一般公认会计原则

多年来，企业发明了许多巧妙的方法以夸大自己的真实收入和资产，因此，为了使财务报告具有透明度和一致性，需要有一些统一的会计标准，比如"一般公认会计原则"（GAAP）。现在，全球各地有很多组织负责制定可接受的会计原则，在美国，财务会计准则委员会（the Financial Accounting Standards Board，简称 FASB）是制定会计标准的官方机构，作为一个非政府独立组织，其宗旨在于建立和完善美国财务会计和报告的官方标准。

世界上大多数国家都遵守国际会计准则委员会（the International Accounting Standards Board，简称 IASB）制定的国际财务报告准则（International Financial Reporting Standards，简称 IFRS），这个准则与美国的会计准则不同，当然 FASB 和 IASB 也采取了一些措施来统一这两套会计标准。IASB 负责 IFRS 框架的指导，这个框架是对财务报告的目的和 IASB 接受的财务报告会计原则的总览。IFRS 的全套标准，包括其中的概念框架等内容，可在国际会计准则理事会网站 www.ifrs.org 上查阅。

所有会计人员都应该非常熟悉一般公认会计原则，我们在这里重申其中几个会计原则，主要是关于防范舞弊的原则，GAAP 的主要原则包括：

（1）重要性原则；

（2）匹配性原则；

（3）谨慎性原则；

（4）持续经营假设；

（5）历史成本原则；

（6）客观证据原则；

（7）一致性原则；

（8）充分披露原则。

12.3.1　重要性原则

财务报告不可能是完美的，但至少要做到合理和公平。毫无疑问，无论公司大小，账簿上总会有些小错误。整体看来，这些小错误意味着什么呢？答案是：这取决于谁在看财务报告、谁会依据财务报告做出决策。如果一个公司在财务报告中的年盈利是 100 万美元，但真实数据是 99 万美元（或 101 万美元），可能没多少人会在意。但是，如果财务报告中的盈利数字是 100 万美元，但实际只有 50 万美元，那很多人都会在意这种差距，尤其是投资者和债权人。

根据 GAAP，"重要性原则"突出用户导向的概念。根据美国财务会计准则委员会（FASB）《财务会计概念声明》（Statement of Financial Accouting Concepts）第 2 条，"会计信息的重要性"定义为"根据具体情况，会计信息的遗漏或错报的程度，使一个理性的、依赖该信息做出判断的人可能因为该错误改变其判断或受到影响。"[1]

涉及重要性原则的舞弊典型问题是资产侵占。如果舞弊数额比较小，对于财务报告整体来说没有什么影响；但如果很多人都实施了小额侵占，那么加总后的舞弊数额可能就是一个重要的信息。

12.3.2　匹配性原则

匹配性原则要求，费用与这些费用产生的收入应记录在同一会计期间，在记录一项销售时，货物的成本应与销售直接对应的其他费用记录在同一会计期间。

当人们企图操纵匹配性原则时，舞弊就会发生。例如，通过控制财务数据的年终截止日期，使公司提前确认本年度的收入并将本年度的费用推迟到下一年度进行确认，这样就增加了本年度的净利润。

12.3.3　谨慎性原则

根据"谨慎性原则"，在有任何疑问时，都应避免多报资产和收入。树立这一原则的目的是在有疑问的情况下提供合理的指导，如果对准确的估值没有疑问，则不需要适用这一原则。体现"谨慎性原则"的一个例子是，记录存货估值时，是使用成本价格还是公允价值（fair value）。如果存货的公允价值低于公司目前账面上的原始成本（如技术过时等原因），则应将存货以较低的公允价值进行估值，从而降低公司的整体资产估值。如果公司的财务报告故意违反谨慎性原则，就可能出现舞弊性错报。

12.3.4　持续经营假设

以编制财务报告为目的评估公司资产时，我们通常会假定公司在未来相当长的一段时期内将持续经营下去。如果企业经营良好，那么它的价值会高于其硬资产的价值。例如，如果你想收购一个公司，并每年得到 10% 的回报，那么你需要投资 100 万美元，每年就会获取 10 万美元的回报，当然，这是基于公司会持续经营的假设，如果公司经营不好以后会被拍卖，那么公司资产通常不会达到 100 万美元。持续经营假设，即假定公司在将来可以无限期经营下去，如果对公司能否继续经营下去存在重大疑虑，则会计师必须在财务报告附注中披露这一信息。

持续经营假设下的财务报告舞弊，通常是为了掩盖其临近倒闭的经营状况。例如，假定某电脑零件制造公司，前一年税后盈利 10 万美元，今年的管理者意识到新技术可能导致公司产品被淘汰，明年公司将面临倒闭；然而，公司的审计师并不知道这一情况。当管理层为公司编制财务报告时，他们有责任告诉会计师未来公司的盈利能力，会计师也应在当期财务报告中反映这一未来事项。

12.3.5　历史成本原则

GAAP 要求大多数资产按当时的交易价格在财务报告中进行记录，通常这是最为谨慎的方法；但是，历史成本原则也有一些例外，如果资产的目前价值低于其成本，那么在财务报

---

〔1〕FASB 发布的《财务会计概念声明》第 2 条"会计信息的重要性"。

告中应按其较低的数额进行反映。这种方法，是要记录成本或公允价值（或 IFRS 中的"可变现净值"）中较低的那个，使用这种方法可以产生最保守的资产估值。

12.3.5.1 公允价值

资产的公允价值是指在公开市场上买者和卖者自愿进行交易的价格，也可称为"现行市价"（current market value）。为避免过于主观的估计，公允价值标准要求会计依赖市场价格和其他可观察数据确定资产价值。

12.3.5.2 可变现净值

资产的可变现净值，是指在未来某时点出售该资产时可获得的金额，减去持有、经营和出售时所产生的成本。可变现净值与公允价值不同，可变现净值通常基于所推测的未来销售，而公允价值使用的是该资产的现值。

12.3.6 客观证据原则

舞弊还会影响的另一个会计原则是客观证据原则，其意义是，保存会计记录需要根据客观事实而非主观判断保存证据。也就是说，人们需要接受资产的历史成本与其现价并不一致的情形。在财务报告中确定资产价值时，会计师需要寻找资产价值的客观证据。

12.3.7 一致性原则

为了使财务信息在一段时期内得到公允的报告，其每年的会计方法必须一致，即使这种方法不是最准确的衡量标准。例如，夸大资产价值和利润的一种简单方式是利用不同的折旧方法。假定某公司购买一台设备，成本为 9.9 万美元，预计使用 3 年。若按"平均法"计提折旧，每年的折旧额最多为 3.3 万美元；若按"双倍余额递减法"计提，第一年的折旧额则为 6.6 万美元。也就是说，通过改变折旧方法，可以对公司净利润产生 3.3 万美元的影响。但实际上，这种折旧方法并不产生真的利润，只是将"苹果"与毫不对应的"橘子"进行比较罢了。可见，如果公司改变其会计方法，且这种改变对公司财务报告有重要影响，就必须在财务报告附注中披露这一变化。如果为了显示虚假利润而规避一致性原则，舞弊就发生了。

12.3.8 充分披露原则

充分披露原则与一致性原则一样，要求任何重大偏离 GAAP 的事项以及可能对未来收益产生重要影响的事项，都要向报表使用者进行说明或披露。例如，如前所述，若某公司已认识到其电脑部件的主要生产方法正在被竞争者淘汰，就必须及时披露该情形。若一个公司正被起诉且很可能被判以巨额赔偿，也必须对其进行披露。实际上，任何重要的、有潜在不利影响的事件都必须在财务报告中进行披露，某些重大财务舞弊事件往往是由于故意遗漏财务报告附注中应披露的信息所致。

12.4 对财务报告的责任

编制财务报告是公司管理层的责任，因此，几乎不可能在管理层不知情或不同意的情况下发生财务报告舞弊。个别情况下，部分有动机和机会对数据进行遗漏或错报的人，也可能会按其目的实施一些财务报告舞弊。

一般来说，舞弊是由管理层实施的——至少是由管理层指挥和控制他人实施的，由此可见，如果管理层不开启舞弊调查，就不可能预防舞弊行为的发生，也不能及时发现舞弊行为。

公司董事会和高级管理层通常会制定公司的行为规范，这种行为规范是职业道德的基础，也是所有员工据以行事的标准。因此，如果一个公司的道德基调是高度诚信的，公司员工就会以诚实的方式工作；相反，如果一个公司的道德基调是腐败的，那么员工就会把它当作自己腐败的许可证。事实上，一套无可挑剔的道德准则本身并不能预防公司的财务报告舞弊，公司管理层还需要采取其他措施，以便防范和调查舞弊性财务报告。

12.5 财务报告的使用者

管理层进行财务报告舞弊，其目的是欺骗财务报告的潜在使用者，包括公司的股东、管理层、贷款人、投资者、监管机构、供应商和客户等。呈现真实的财务报告对一个公司的持续成功起着重要作用，但也有很多动机导致财务报告舞弊，其中最常见的是为了增强潜在投资者和当前投资者对公司业绩的信心，把报表做得漂亮，不仅可以吸引新的投资者，还能够保持当前投资者的满意度。在公开市场上，业绩良好的舞弊报表还能消除人们对公司的负面看法。公司老板们也经常使用财务报告来判断其员工或管理层的业绩，这会诱使员工通过操纵报表来确保其被继续聘任并获得基于业绩的额外奖金。另外，某些内部目标（如满足预算要求）也会增加管理层履职的压力。图表 12-1 显示了财务信息和财务报告在用户决策过程中所起的作用。

图表 12-1　财务信息在决策过程中的作用

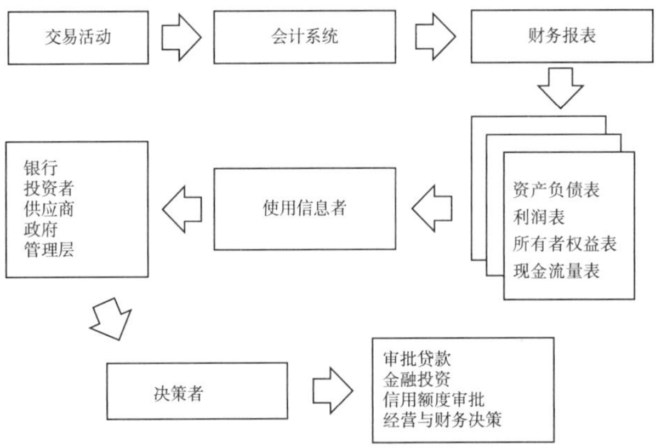

12.6 财务报告的类型

根据美国注册会计师协会审计准则委员会（American Institute of Certified Public Accountants Auditing Standards Board）发布的《审计准则声明》（Statement on Auditing Standards，简称 SAS）第 62 条的规定，财务报告应包括根据 GAAP 或其他综合会计基础编制的财务数据及其附注。具体有：
- 资产负债表。
- 利润表或经营表。
- 留存收益表。

- 现金流量表。
- 所有者权益变动表。
- 不包括所有者权益账户的资产负债表。
- 收入与费用表。
- 经营汇总表。
- 产品线经营表。
- 现金收支表。[1]

尽管在 SAS 第 62 条中没有明确指出，但财务报告通常还应列报其他财务数据，如：

- 未来财务信息的预测。
- 主要管理者名单。
- 中期财务信息。
- 现值财务陈述。
- 个人财务声明。
- 破产性财务报告。
- 注册报表披露。

根据"国际财务报告准则"（IFRS）编制财务报告的公司，其报表目的与 GAAP 类似，但这两种用于编制报表数字的概念框架是完全不同的。因此，要比较一家采用 GAAP 编制财务报告的公司和一家采用 IFRS 编制财务报告的公司，必须对其进行转换，才能以同样的方式确定账户余额。

标准的 IFRS 版财务报告包括：

- 财务状况表（相当于资产负债表）。
- 综合收入表（相当于利润表）。
- 股本变动表。
- 现金流量表。

从前面的清单中我们可以看出，财务报告一词包括了根据 GAAP 或其他综合会计准则为基础的各种财务数据。根据《审计准则声明》第 62 条，其他综合会计基础包括：

- 政府或管理机构会计。
- 税基会计（Tax basis accounting）。
- 现金收支规则，或经修改的现金收支。

309

- 对所有重大项目有明确标准的任何其他基础，如物价水平会计（the price-level basis of accounting）。[2]

本章以下部分和第 13 章中，"财务报告"这一术语包括财务数据报告、附注和财务情况说明（manngement's discussion）。

---

〔1〕SAS 第 62 条。
〔2〕SAS 第 62 条。

12.7 《萨班斯—奥克斯利法案》

2002 年 7 月 30 日，《萨班斯—奥克斯利法案》[1]（Sarbanes-Oxley Act，简称 SOX）签署生效。实际上，正是几起大公司的会计舞弊丑闻在很大程度上促成了该法案的生效，该法案也极大改变了有关公司治理的法规以及与审计师事务所运营相关的法规。SOX 的各项规定致力于减少上市公司的财务报告舞弊，同时也提高了对公司会计舞弊的处罚力度，从而重建投资者对资本市场的信心。该法案规定了比较全面的措施，包括：

- 建立更高的公司治理与问责标准。
- 为会计业务设置独立的管理框架。
- 提高财务报告的质量和透明度。
- 对公司舞弊者进行严厉的民事和刑事处罚。
- 建立举报人的保护措施。

根据该法案，美国证券交易委员会（SEC）为改善公司治理、财务报告与审计职能，可以发布具体的执行规则。SEC 涉及的规则包括以下领域：

- 管理层关于财务报告内部控制的报告，以及定期报告中的信息披露。
- 对审计工作施加的不当影响。
- 律师职业行为标准。
- 上市公司审计委员会的相关标准和程序。
- 加强委员会对审计师独立性的要求。
- 披露管理层关于表外安排和合同总义务的讨论和分析。
- 披露高级财务人员和审计委员会财务专家的道德准则。
- 保留与审计和审查相关的记录。
- 养老金管制期间的内幕交易。
- 使用非 GAAP 财务标准的条件。
- 公司季报和年报中的披露证明。

这些规则的实施，是为了营造一个诚信的市场环境，提高发现和防范公司财务舞弊的效果，恢复公众对上市公司财务信息质量和透明度的信心。

12.7.1 上市公司会计监督委员会

310

SOX 的第一章是关于上市公司会计监督委员会（the Public Company Accounting Oversight Board，简称 PCAOB）的设立，其职责是：

> 监督受证券法规监管的上市公司的审计工作及相关事项，以保护投资者的利益；为购买及持有其证券的公司或个人投资者编制准确、独立的审计报告，以保护公众利益（第 101 节）。[2]

---

[1] Public Law 107–204, 116 Stat. 745 (2002).

[2] Public Law 107–204, 116 Stat. 745 (2002).

简单说，PCAOB 的职责是监督上市公司的审计工作，制定审计准则，并对违规的审计师事务所和会计师事务所进行调查。PCAOB 的成员由 SEC 任命并由其监督，PCAOB 由 5 人组成，其中 2 人需现任或曾任注册会计师，另外 3 人无需担任过注册会计师。SOX 列出了 PCAOB 的职责，具体包括：

- 对执行上市公司审计的会计师事务所进行登记。
- 制定或采纳与上市公司审计有关的审计、质量控制、道德、独立性等各种准则。
- 调查登记的会计师事务所。
- 调查登记的会计师事务所及其员工，进行纪律听证会，并在合理情况下进行处罚。
- 履行其他必要的职责，以提高已登记会计师事务所的专业标准，提高事务所实施的审计服务的质量，并保护投资者。
- 执行与上市公司审计相关的 SOX 和 PCAOB 的规定、专业准则和证券法规。

12.7.1.1 对会计师事务所进行登记

会计师事务所必须向 PCAOB 进行登记，才能合法编制或出具上市公司的审计报告。登记之前，会计师事务所必须披露（连同其他所有事项）其在上一年度审计过的所有上市公司名称和本年度预期审计的上市公司名称，以及因审计、会计和非审计服务等从客户那里收取的年度费用。

12.7.1.2 制定审计、质量控制和独立性准则及其规则

SOX 第 103 节要求 PCAOB 制定与上市公司审计相关的审计准则、质量控制准则、道德准则、独立性准则及其他准则。尽管 SOX 将制定审计准则的责任赋予 PCAOB，但同时也提出了一些具体的规则，并要求 PCAOB 将其囊括在审计准则之中。这些规则包括：

- 审计工作文件必须保留 7 年以上。
- 必须有一个并行的或由其他合伙人对报告进行复核和批准，且审计报告签发中的并行复核需要由一个未参与本次审计的、有资格的人员进行。
- 所有的审计报告必须说明公司的内部控制结构的测试范围，并列报审计师在审计中发现的问题，包括对该内部控制结构是否可接受的评价、对内部控制重大缺陷的说明以及对所有重大的未遵循控制情况的说明。

12.7.1.3 检查登记的会计师事务所

SOX 还授权 PCAOB 对会计师事务所进行定期检查，评价它们遵守与审计相关的法律、规定和专业准则的程度。对于年审计量超过 100 家上市公司的会计师事务所，每年检查一次；对于年审计量少于 100 家上市公司的会计师事务所，每 3 年检查一次。

12.7.1.4 调查与处罚程序

如果某已登记会计师事务所（或其员工）可能违反 SOX、职业准则、PCAOB 所制定的任何规定，或与审计报告的编制和签发相关的任何证券法规，PCAOB 均有权对其进行调查。调查期间，PCAOB 有权进行询问并要求其提供相关文件。

PCAOB 也有权对违法人员或不配合调查者实施处罚。处罚方式包括暂时或永久停止该会计师事务所在 PCAOB 的登记（这意味着该会计师事务所不再具有审计上市公司的合法资格），暂时或永久禁止该违规者与已登记上市公司会计师事务所相关的权利，禁止其审计上市公司，以及对个人最高 75 万美元、对事务所最高 1500 万美元的民事罚款。

311

12.7.2 首席执行官和首席财务官的保证义务

因 SOX 产生的最为显著的变化之一，是要求上市公司的 CEO 和 CFO 对提交给 SEC 的年度和定期报告作出个人保证。这种保证实质上是要求 CEO 和 CFO 对其公司的财务报告承担责任，以防止其将这些责任推给下属并在财务报告舞弊发生时宣称自己不知情。SOX 规定了两种类型的高管责任：刑事责任，列于第 906 节，编入《美国法典》（Unites States Code）第 18 节第 1350 款；民事责任，列于 SOX 第 302 节。

12.7.2.1 刑事责任保证（第 906 节）

上市公司定期向 SEC 提交的报告中，必须附有 CEO 和 CFO 签署的声明。他们需要保证：报告完全遵守 SEC 对定期报告的要求，且其中的信息在所有重大方面客观地反映了公司的财务状况和经营成果。这种保证之所以被叫作"刑事责任保证"，是因为该法案可对违反保证责任的人员进行刑事处罚：

- 知道他人违反保证要求而放任的公司高管将被处以最高 100 万美元的罚款、最长 10 年的监禁，或并处。

- 故意违反保证要求的公司高管将被处以最高 500 万美元的罚款、最长 20 年的监禁，或并处。

12.7.2.2 民事责任保证（第 302 节）

SOX 第 302 节要求，CEO 和 CFO 需在公司财务报告中对下列事项做出个人保证：

（1）他们个人已对该报告进行了审核；

（2）尽其所知，该报告中不存在导致财务信息误导的重大错报；

（3）尽其所知，报告中的财务信息在所有重大方面公允呈现了该公司的财务状况、经营成果和现金流；

（4）他们负责设计、维护和评价公司的内部控制，并在报告被呈报前的 90 天内已对内部控制进行了评价，且在报告中做了有关内部控制有效性的评述；

（5）他们已向审计师和审计委员会披露了内部控制中的所有重大缺陷，以及涉及管理层或在公司内部控制中发挥重要作用的员工的舞弊行为，不论该舞弊是否重大；

（6）他们已在报告中指明，自上次申报以来，公司的内部控制结构是否发生重大变化。

应当注意的是，在第 2 项和第 3 项中，CEO 和 CFO 不需要保证财务信息绝对准确无误或不存在错报，而仅仅要求在"尽其所知"（to their knowledge）的范围内信息准确且不存在误导。当然，这并不意味着他们可以随意辩称自己对公司提交给 SEC 的申报文件毫不知情以推卸责任。第 3 项中的术语"公允呈现"（fairly presents），是一条较 GAAP 的要求来说更为广泛的标准，保证提交给 SEC 的财务报告满足"公允呈现"标准，CEO 和 CFO 实质上还必须保证该公司：①已选择恰当的会计政策确保报告中重大项目的准确性；②已适当运用上述会计准则；③已披露反映该公司重要交易事项的财务信息。另外，其他保证规则（第 1 项和第 4—6 项）还规定：CEO 和 CFO 在公开财务报告、设计和维护内部控制中发挥了积极的作用。

第 4 项中十分重要的一点是，CEO 和 CFO 不仅要保证他们对本公司的内部控制负责，还要保证他们在季度或年度报告之前的 90 天内已对内部控制进行了评价。实质上，该保证要求：公司应当积极、持续地评价其内部控制结构，以防范舞弊行为的发生。

第 5 项要求 CEO 和 CFO 保证，他们已向审计师和审计委员会披露了公司内部控制中的所有重大缺陷，以及所有涉及管理层或其他关键员工的任何舞弊行为，不论其是否重大（whether material or not）。既然 CEO 和 CFO 必须向审计师和审计委员会报告管理层实施的所有舞弊行为，那这显然会敦促他们积极参与反舞弊活动，并对公司内部发生的舞弊行为保持警觉，以满足这一保证要求。第 6 项也很重要，因为向 SEC 提交的定期文件必须包括有关上市公司内部控制发生重大变化的详细陈述。

12.7.2.3　管理层对内部控制的评价

与第 302 节中 CEO 和 CFO 对内部控制责任的保证要求相关，SOX 第 404 节要求所有的年度报告均需包含内部控制报告的部分：①声明管理层对建立和维护与财务报告相关的适当的内部控制结构与程序的责任；②包含对与财务报告相关的内部控制结构和程序有效性的评价。独立审计师也需要就管理层对与财务报告相关的内部控制的评价出具评价报告，且该评价报告必须作为该公司年度报告的一部分向 SEC 申报。

12.7.3　审计委员会的独立性标准

12.7.3.1　审计委员会的职责

SOX 第 301 节要求，每个上市公司的审计委员会都要直接聘请公司的外部审计师，支付报酬并监督其工作。该法案还规定，审计师必须直接向审计委员会而不是向管理层报告，且审计委员会有责任解决管理层与审计师之间的矛盾。另外，第 301 节还要求，审计委员会为履行其责任，必须有资金和权力去聘请独立的法律顾问和任何其他顾问。

12.7.3.2　审计委员会的构成

SOX 规定，公司审计委员会的所有成员必须是董事会成员，且必须具有"独立性"（independent）。"独立性"，意味着审计委员会成员只能因其在董事会、审计委员会或其他委员会的工作从公司获得报酬，但不能因任何其他咨询或顾问工作从公司获得报酬。

12.7.3.3　财务专家

SOX 第 407 节要求，每一个上市公司向 SEC 提交的定期报告中必须披露，其审计委员会里是否至少有一名"财务专家"成员；如果没有，需对此进行解释。该规定要求"财务专家"需要具备注册会计师或审计师资格，且有财务主管、CFO 或类似职位的教育和执业经历，他们应该：①理解 GAAP 和财务报告；②具有编制或审计可类比公司财务报告的经历，且具有运用会计原则进行财务预估、应计事项、准备计提等方面的工作经历；③具有内部控制方面的工作经验；④理解审计委员会的职能。

314

12.7.3.4　建立举报制度

SOX 要求审计委员会负责建立举报程序（如举报热线），用以接收和处置有关公司会计方法、内部控制或审计事项等违规行为的投诉和员工匿名举报。

12.7.4　审计师的独立性标准

12.7.4.1　对非审计活动的限制

2001 年和 2002 年接连发生的会计丑闻，让大家有了最大的担忧：上市公司的会计师事务所要从客户那里收取大额服务费，这就难免导致他们在执行审计时丧失恰当的公正性。为了应对上述担忧，美国国会在 SOX 第 201 节中列出了一个业务清单，禁止会计师事务所对其审计客户提供下述服务：

- 会计服务。
- 财务信息系统的设计和运行。
- 对服务、公允意见或慈善捐赠报告进行评估或估值。
- 精算服务。
- 内部审计外包服务。
- 管理职能或人力资源服务。
- 经纪人或经销商、投资顾问或投资银行服务。
- 与审计无关的法律服务和专家服务。
- PCAOB 所禁止的其他任何服务。

税务服务等某些其他非审计服务未被 SOX 明令禁止。然而，如果会计师事务所要代表其审计客户实施上述服务，需事先获得审计委员会的批准，另外，有关非审计服务的核准事项必须在公司定期向 SEC 提交的报告中进行披露。

12.7.4.2 强制性的审计合伙人轮换制度

SOX 第 204 节要求，会计师事务所每 5 年轮换一次首席审计合伙人或负责复核某审计项目的合伙人。

12.7.4.3 利益冲突条款

为了提高审计师的独立性，SOX 第 206 节进行了利益冲突方面的规定，旨在限制审计师因曾为其前客户工作而产生的冲突或潜在冲突。该条款规定，若某会计师事务所正审计一家上市公司，且在上一年度内，该公司的 CEO、CFO、财务主管或总会计师曾为该会计师事务所工作并参与了公司的审计，则这个审计是违法的。

12.7.4.4 审计师向审计委员会报告

SOX 第 301 节规定，审计师必须直接向审计委员会进行报告，并对报告的内容做了某些具体规定。为确保审计委员会知悉公司编制财务报告过程中使用的存在疑问的会计政策或会计处理方式，第 204 节规定审计师必须就下列事项向审计委员会及时报告：

- 报表使用的所有重大会计政策和会计惯例。
- 与管理层讨论过的其他替代 GAAP 的会计方法、替代性处理方法的后果，以及他们推荐的处理方法。
- 审计师与管理层之间进行的所有其他重大书面沟通。

12.7.4.5 审计师对内部控制的评价

如前所述，SOX 第 404 节要求，各年度报告中均应包含一个内部控制报告。内部控制报告应当声明公司管理层将对内部控制负责，并对内部控制结构的有效性进行评价。另外，第 404 节还要求外部审计师评价公司的管理层对内部控制的认可程度并出具报告。

12.7.4.6 对审计的不当影响

SOX 明确规定，公司财务报告审计的过程中，上市公司高管或董事的欺诈性影响、胁迫、操纵或误导审计师的行为，都是违法的。这是美国国会采取的另一种努力，以确保审计的独立性和客观性，防范会计舞弊，增强投资者对上市公司财务报告可靠性的信心。

12.7.5 提高财务披露的要求

12.7.5.1 资产负债表的表外业务

SOX 指示 SEC 发布规定，要求上市公司披露其所有重大的表外业务。正如其第 401 节所示，要求披露：

> 所有重大的资产负债表之外的交易、安排、义务（包括持续义务），以及该公司可能存在的与非合并企业或个人存在的其他关系，如果这种交易、安排、义务和关系可能对公司的财务状况、财务状况的变动性、流动性、资本支出、资本获取或收支的重要组成部分产生重大的当期或未来影响，必须在向 SEC 提交的所有年度和季度报告中进行披露。

12.7.5.2　模拟财务信息（Pro Forma Financial Information）

SOX 第 401 节还指示 SEC 发布有关模拟财务信息方面的规定。这些规定要求，模拟财务报告不得包含任何不真实的陈述，也不得遗漏重大事项，以免产生误导；还要求模拟财务报告遵循 GAAP 的要求。这些规定适用于向 SEC 提交的所有模拟财务报告，也适用于公开披露或新闻报道中的所有模拟财务信息。

12.7.5.3　禁止向高管提供个人贷款

SOX 第 402 节规定，如果上市公司为其董事或高管人员提供个人贷款或其他直接或间接信贷时，均属违法。如果该贷款是公司正常提供给社会公众的消费贷类型，且相关条件相同，则不违法。

12.7.5.4　限制内部人员交易

SOX 第 403 节规定了下列人员的股票交易披露方式：上市公司的董事、高管或拥有公司 10% 以上股份的人员，他们的所有权变动报告必须在交易后第 2 个工作日结束前向 SEC 进行报告。

根据 SOX 第 306 节的规定，禁止董事和高管在养老金管制期内交易本公司的证券——这种限制仅适用于因被公司聘任或为该公司提供服务而获得的证券部分。管制期，是指超过 3 个连续交易日的某期间中，至少 50% 的公司养老金计划的参与者被限制买卖该公司的证券。若某董事或高管违犯该条款，则需上缴管制期内销售证券所得的全部利润。

12.7.5.5　高级财务人员的道德规范

依照 SOX 第 406 节的要求，SEC 要求上市公司披露它们是否设置了高级财务人员的道德规范，若没有设置，则必须解释原因；如果高级财务人员的道德规范发生变化或废止，就必须立即公开披露。

12.7.5.6　加强定期申报文件的审查

SOX 第 408 节要求 SEC 对上市公司向其提交的定期报告中所作的披露进行日常和系统的审查。审查公司的各项披露（包括其财务报告），至少每 3 年进行一次。在这一规定实施之前，审查范围通常很小，且往往是在注册发行时进行的。

12.7.5.7　实时披露

根据 SOX 第 409 节的规定，上市公司必须公开披露与其财务状况或经营成果相关的重大变化。这些披露必须以"平实的语言"来表述，简单明了，易于理解，且"迅速及时"。

12.7.6　SOX 对举报者的保护

SOX 建立了对公司举报者的广泛保护制度，其中有两条专门针对举报者的保护规定。

317

第806节规定了民事保护,第1107节规定了对举报者实施报复所要承担的刑事责任。

12.7.6.1 对举报者的民事保护

SOX第806节,被汇编于《美国法典》的第18条第1514A款,规定了报复举报者的民事责任。应当注意的是,该条款并未对举报者提供普遍的保护,它只针对上市公司的员工。第806节规定,如果员工在证券舞弊调查中提供了信息或协助,却因此被解雇、降级(职)、停职、威胁、骚扰或受到其他形式的歧视,则上述行为均属于违法行为。要启动第806节所提出的保护,该员工必须向联邦监管机构或法律实施部门、美国国会议员或美国国会的某一委员会或监管者报告不端行为。员工在违反证券法规或SEC规定的相关调查行动中作证、参与或提供其他方面的协助时,要受到免于报复的保护。

即使公司最终未被证明实施了证券舞弊,举报者保护条款仍然适用。只要员工合理地相信其正在报告的行为触犯了联邦证券法律,那么他就应受到保护。这种保护不仅包括公司所采取的报复行为,也包括所有高管、员工、承包商、分包商或代理人实施的报复行为。

上市公司如果违反了第806节,该法案还提供了一种补偿性回报,需要足以"弥补该员工受到的所有伤害",具体包括重新安置、支付欠薪金额及利息,还包括诉讼成本、专家证人费用和律师费用等在内的特别伤害补偿。

12.7.6.2 对举报者的刑事保护

SOX第1107节,被汇编于《美国法典》的第18条第1513款,规定:如果因某人提供了与实施或可能实施的任何联邦犯罪有关的真实信息,出于报复的目的,故意对其采取任何有害行动,即为犯罪。但是,只有将报复信息提供给执法官员时,才能启动上述保护。这不适用于向监管者或国会议员进行报告的情况,这类情形适用第806节。

通常,与第806节所规定的对举报者保护的民事责任相比,第1107节所涵盖的范围更为广泛。第806节只适用于上市公司的员工,而第1107节的刑事责任保护适用于所有个人(和组织),且不论他在哪里工作。此外,第806节只适用于违反证券法律或SEC的规定,而第1107节对提供任何与联邦犯罪或潜在犯罪有关的真实信息的人员进行保护。

违反了第1107节的任何个人,将被处以最高25万美元的罚款和最长10年的监禁,违反本规定的公司将被处以最高50万美元的罚款。

12.7.7 加强对白领犯罪的处罚

国会为遏制会计舞弊和其他形式的白领犯罪,做了很多努力,其中SOX加强了对各种白领犯罪的刑事处罚。

12.7.7.1 企图与共谋(Attempt and Conspiracy)

SOX修订了《美国法典》中的邮件舞弊(Mail Fraud)条款(第63章),并规定:"企图"与"合谋实施"犯罪将受到与犯罪本身同等的惩罚。这适用于邮件舞弊、电信(Wire Fraud)舞弊、证券舞弊、银行舞弊和保险舞弊。

12.7.7.2 邮件舞弊和电信舞弊

SOX修订了有关邮件舞弊和电信舞弊的法律规定(《美国法典》的第18条第1341和1343款),将最高监禁刑期由5年提高至20年。

12.7.7.3 证券舞弊

SOX第807节规定(《美国法典》第18条第1348款),证券舞弊属于刑事犯罪,最高可被判 25 万美元罚款和最长 25 年的监禁。

12.7.7.4 毁损文件

SOX 第 802 节规定：毁损证据以妨碍任何部门在司法管辖权范围内的调查或任何其他事项，均属违法行为，最高可被判 25 万美元罚款和最长 20 年监禁。

根据第 802 节的规定，SEC 最终确定，执行上市公司审计的审计师必须将其审计或审查的工作文件保留 7 年以上。原有的第 802 节只要求保留 5 年，SEC 在修改中提高了这一要求，以符合会计监督委员会根据 SOX 第 103 节发布的"审计准则"所要求的 7 年保留期间。如果违反 SEC 的规定，对个人可判处最高 25 万美元罚款和最高 10 年监禁，对公司可判处最高 50 万美元罚款。

SOX 第 1102 节修正了《美国法典》第 1512 款，规定：以毁损记录或文件的完整性或官方使用为目的，或采用其他方式妨碍、影响或阻止官方程序，或企图这样做，均属犯罪。违反这一条款，将被判处高达 25 万美元罚款和最高 20 年监禁。

12.7.7.5 冻结资产

在对上市公司或其高管、董事、合伙人、代理人、控制人和员工等可能实施证券违法行为的调查过程中，SEC 可以请求联邦法院对前述的任何人签发最高期限为 45 天的"特别付款冻结令"。若得到批准，在调查开始，这些款项就会存放于一个有息托管账户。这一条款旨在防止公司资产在调查过程中被不当分配。

12.7.7.6 破产漏洞

SOX 第 803 节修正了《破产法》，因违反联邦证券法规而进行的判决、调解、损害、罚款、处罚、归还、退回的款项均不可免除，该规定旨在防止不法者利用破产保护以庇护资产。

12.7.7.7 退还奖金

需要重视 SOX 第 304 节的内容。该条规定，如果上市公司因"不当行为"导致公司财务报告不符合要求，会被要求重新编制财务报告，那么其 CEO 和 CFO 的下列收入必须退还给该公司： 320

• 在被要求重编的报告首次向 SEC 提交之后的 12 个月内，他们收到的所有奖金，以及其他基于激励或基于权益得到的报酬。

• 同一期间的 12 个月内，因销售该公司证券而得到的所有利润。

若公司财务报告因"不当行为"必须重编，SOX 要求 CEO 和 CFO 退还其奖金，但并没有限定于是谁的不良行为触发重编。第 304 节中没有将退还条款限于 CEO 和 CFO 的不当行为，也就是说，即使 CEO 和 CFO 对重编报表的不良行为既没参与又不知情，也会被要求退还其奖金和因出售公司股票所得的利润。

12.8 来自 2015 年 ACFE《全球舞弊调查报告》中有关财务报告舞弊的数据资料

12.8.1 发生频率和成本

我们的研究中，舞弊性财务报告是发生频率最低的职务舞弊手法，在我们 2015 年调查的 2410 个案例中，只有不到 10% 的案例涉及财务报告舞弊。要注意的是，尽管它们极少出现，却是犯罪成本最大的舞弊，在我们的研究中，与财务报告舞弊相关的损失中值为97.5万美元，几乎是因腐败行为导致的损失中值的4倍，是因侵占资产导致的损失中值的8倍。（参见图表12-2）

图表12-2　2015年《全球舞弊调查报告》：主要的职务舞弊的类别

案件类型	在舞弊案中的占比	损失中值
资产侵占	83.5%	125 000 美元
腐败	35.4%	200 000 美元
财务报告舞弊	9.6%	975 000 美元

12.8.2　财务报告舞弊手法的类型

财务报告舞弊可分为五类：隐瞒负债与费用、虚构收入、不适当的资产估值、不适当的披露和时间差异，如图表12-3所示。这些舞弊手法的分布情况比较一致，在我们的调查中，前三种类型发生的频率都在40%左右。在我们审查的232起财务报告舞弊案中，利用"时间差"是最不常见的手段，占比29.3%。

321

图表12-3　2015年《全球舞弊调查报告》：各财务报告舞弊手法的发生百分比

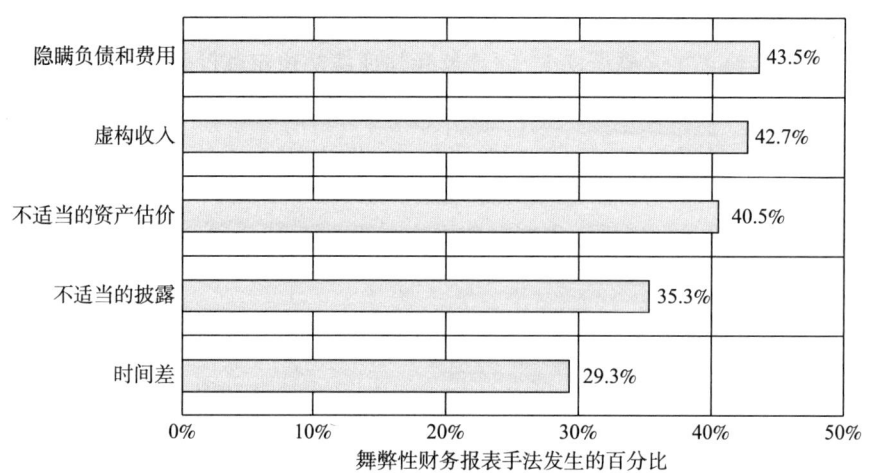

第13章 财务报告舞弊手法

财务报告舞弊的手法

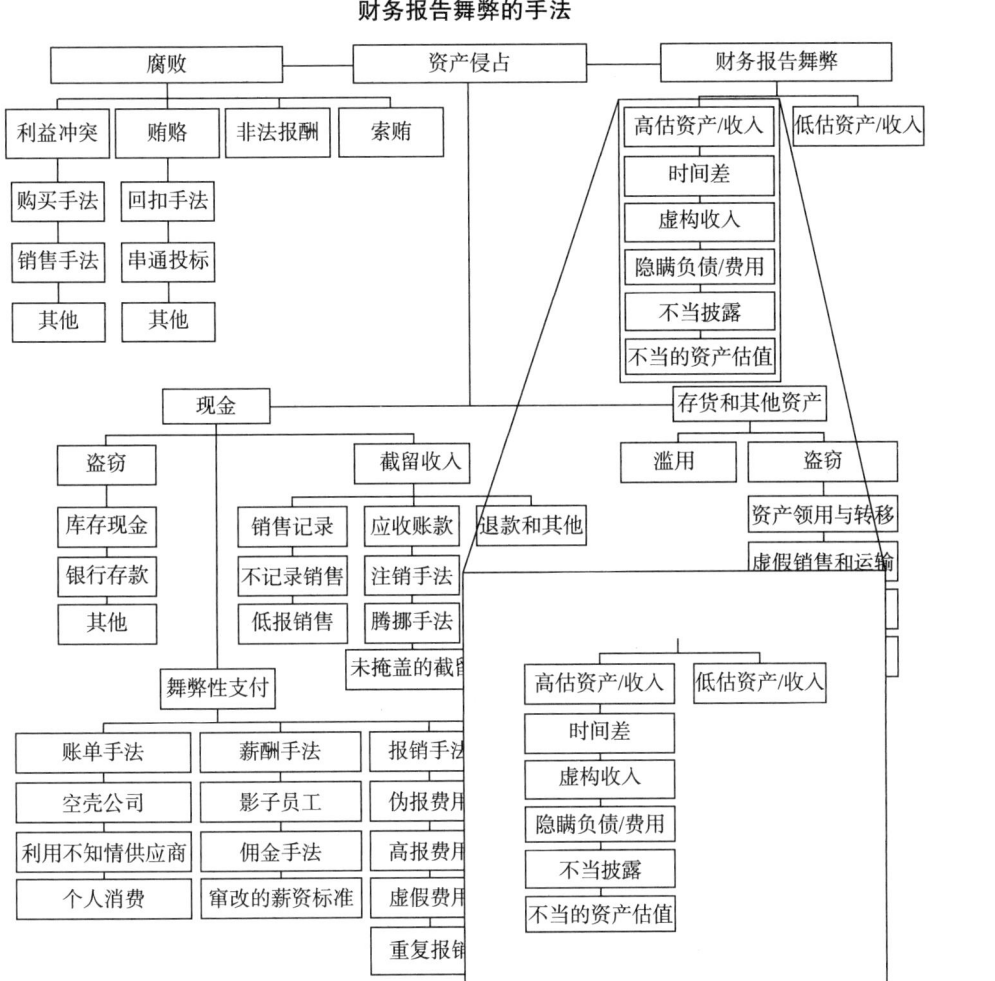

案例研究 13—1 疯狂的谎言

"我是疯狂的 Eddie！"电视里一个瞪着眼睛、搓着脸的人尖叫着。1969 年，Eddie Antar 开了一家名为"视觉与声音"（Sight and Sound）的商店，算是进军了电子业。用了不到 20 年的时间，他变成了疯狂的 Eddie，一个百万富翁和国际逃犯。他精明、大胆、执着，同时 也自私和贪婪，当然，他一点也不"愚蠢"，正如一个律师所说："他不是疯狂的 Eddie，而是邪恶的 Eddie。"

屏幕上的那张脸根本不是 Eddie 本人，那只是个演员，被雇来做这个不体面却很有效果的模仿，这张面孔广告遍及新泽西州、纽约州和康涅狄格州。而真正的 Eddie Antar，并不是大喊大叫扯自己衣服的人，他忙着赚钱，并且其中很多是非法得来的，在他的电子帝国倒闭时，Eddie 和他的家庭成员已经因一个大骗局而臭名昭著，他们赚的钱超过 1.2 亿美元。SEC 的一名高级官员打趣说："这不是史上最大的股票舞弊案，但非常恶劣无耻，还非常难对付。"SEC 联合 FBI、邮政稽查局（Postal Inspection Service）和联邦检察院等机构追捕 Eddie。这是一个涉及多种手法的骗局：

（1）把从外国银行走私来的钱列为销售收入；

（2）伪造应付账款；

（3）通过破坏和窜改审计记录高估 Crazy Eddie 公司的存货；

（4）把赊来的商品视为"收益"，同时还记录为存货；

（5）把其中某个商店的存货"共享"，以虚增其他商店的审计数量；

（6）除了要求折扣和广告积分外，还安排供应商发货和延迟付款；

（7）把商品卖给批发商，但记为零售收入并分散到多个商店。

对 Eddie 和他的家庭核心成员来说，上面列举的这个舞弊清单就是他们谋利的方法，通过这些方法，Crazy Eddie 公司看上去很繁荣，事实也确实如此，它成了纽约大都会地区最大的音响和电视机零售商，占据着重要的市场份额。但是，这并不能满足 Eddie 的胃口，他要把公司上市，从中捞更大一笔。最初，公司股票是每股 8 美元，后来升至每股 80 美元，当然，这要归功于 Antar 团队对公司账簿的"精明调整"。

假账让股价飙升，并不是 Antar 团队的第一次舞弊行为。在早些时候，随着 Sight and Sound 商店扩张并更名为 Crazy Eddie 公司，以及越来越多连锁店的开立，Eddie 就已经开始做假账少报收入了。Sam 先生，Eddie 的堂兄，他很小的时候就通过观察父亲的行为了解到公司的经营方式："晚上 10 点商店打烊后，商店经理会把现金送到家里，我父亲就从中拿出一捆存入公司账户，再拿出一部分留给家里的其他人。深夜两点，父亲开车去 Eddie 家里把余额送去。"也就是说，每存入公司几块钱，Eddie 一家就会拿一块钱给自己，这些钱被秘密存入以色列 Leumi 银行的账户。他们主要通过随身携带的方法把巨额现金从美国走私出去，Eddie 全家几年至少走私了 700 万美元现金，这意味着一大笔免税的利润以及在海外的一笔巨额存款。

进军股票市场，是另一个故事。通过悄悄地将原本存入以色列银行的资金返回到公司的经营中，Eddie 实现了公司的首次公开发行（initial public offering，简称 IPO）。公司的确是在发展，再加上把非法资金掺入销售收入，公司的发展显得更为迅速。走私资金并欺瞒税务人员，之后在需要提高销售额时再将现金回流，这一切使公司保持着"平稳且前景美好"的运行。

但是，参与合作办案的 FBI 特工 Paul Hayes 道出了 Crazy Eddie 公司的问题，他说："编制完账簿后，他们先设定两位数的增长速度，这是他们必须维持的数字，如果不能维持，就会寻找其他方法进行伪造。"

Eddie、Eddie 的兄弟、Eddie 的表（堂）兄弟姐妹和一些 Eddie 的忠实拥趸们拥有大量

324

的公司股票。所以，不管商店里实际发生了什么，他们都希望股票价格上涨，因此产生了"七点计划"（seven-point plan），即把存在国外的非法资金拿回来，伪造成销售收入，使公司的账目看似良好。但是，可利用的以及能从国外取回的现金是有限的，因此还需要用其他方法虚增公司的财务数据。其中最大胆的一个扩张行为是，Eddie 找人窜改了审计师的记录，并虚增了存货数量。提笔一挥，13 台微型卡式录音机变成了 1327 台。

更厉害的是，Eddie 想出了使公司的存货发挥双倍功效的方法。它们编制凭证，将大量的立体声音响或录像机记录为"退货给制造商"，然后在账目上多记从供应商处退回的购买成本，实际上，机器仍被储存在仓库并记录为存货。在大量的涉及存货的骗局中，至少有一个批发商同意给 Crazy Eddie 公司大量商品并推迟开票日期，采用这种方法，Crazy Eddie 公司就同时拥有了大量的实体存货和列示在账簿中的退货清单。如果有审计师进行仔细的调查并质疑，情况会怎样呢？管理人员可能会把这些记录扔掉，"丢失"的记录才是最安全的记录。

除了这些简单的记账和存货手法，Eddie 还在近 40 家商店之间玩起了"共享存货"的把戏。具体说来，是指当审计师完成一个仓库的存货清点并下班后，公司的工作人员就会把这些存货商品装上卡车连夜运到另一个商店，当审计师到达第二个商店时，就又有了待清点的满仓——重复使用的手法，又一次使存货量加倍。各种诡计之后，存货项目被清点了数次，审计结果自然非常令人满意；仅有一套发票被记录为 Crazy Eddie 公司的应付账款，账目情况看上去也很好。此外，只要审计方面有要求，他们就能一再重复这一把戏。

Crazy Eddie 公司的王牌是它的供应商网络。由于 Crazy Eddie 公司在这个地区是最大也是最差劲的零售商，它对地区批发商有很大的影响力。代理商 Paul Hayes 这样评价 Eddie："他咄咄逼人，经常对制造商施压，还以不再销售某产品为威胁。现在，日本的很多电器制造商正在进军零售市场，制造商的竞争非常激烈，Crazy Eddie 公司作为国内零售市场的老大，他们的威胁非常有效果。"

供应商们为了在 Crazy Eddie 公司那里得到竞争优势，还会为其提供额外的折扣和促销回扣。反正，如果供应商不主动这样做，Eddie 总会有其他方法使折扣变得更多。例如，如果 Crazy Eddie 公司欠 George-Electronics 公司 100 万美元，通过确认 50 万美元的折扣或者坏账，应付账款就会被减半变成 50 万美元。这些折扣有时是真的，有时是伪造的，甚至在 Crazy Eddie 公司倒闭后，审查时也很难区分哪些是精明的商业交易，哪些是舞弊，正如 Hayes 说："伴随着刑事犯罪的，也有合法的折扣，很难分清楚。"

Eddie 与制造商还有其他协议。对于某些高端产品（如高端立体声系统），生产商往往同意 Crazy Eddie 公司为独家销售机构，因此，Eddie 除了预订足够多的商品满足本店的需求，还会额外多定一点，并把额外的那部分商品出售给另一个经销商，后者会将该商品发往 Crazy Eddie 公司覆盖的三个州之外的地区进行销售。这个交易中真正有趣的部分是：他们协议，经销商要以一些小面额支票支付货款，比如以 10 张面额为 1 万美元的支票购买价值为 10 万美元的移动音响，便于 Eddie 把这些钱分散到他的各个商店并计入销售收入。他知道，华尔街的分析家们会把商店的可比（Comparable）销售额作为基本的分析指标；新店与老店是可比的；老店的本年业绩与往年业绩是可比的，因此，给一家商店注入 1 万美元，会使 Crazy Eddie 公司的"可比性"看起来非常好。

Crazy Eddie 公司在金融领域流转的只是这些虚假的数据，所以股票的每股收益在上市的第一年就"翻了一番"，且在前两个会计年度都进行了 1:1 的配股。作为公司的 CEO 兼董事长，Eddie 利用公司的宣传方法不断吹嘘着利润的迅速增长、间接费用的下降以及新建的 21 万平方英尺公司总部，并且正在筹备网上购物计划。除了连锁商店外，现在 Eddie 还拥有一家子公司，即 Crazy Eddie 唱片和音像公司。巅峰时期，该公司共拥有 43 家商店，年收入达 3.5 亿美元，从最初的 Sight and Sound 商店起算，这家公司已经是一家老牌企业了。

Eddie 和他的同伙们故意操纵投资者，以及用舞弊行为影响了股票经纪人的评价，这些都是十分可怕的手段。Crazy Eddie 公司上市后第二年年终，一家大型股票经纪公司向公众发布了一份热情洋溢的"买入建议"报告，这个推荐是基于"每股收益 35% 的增长"和"可比销售额增幅呈两位数增长"。但实际上，这个两位数的增长源于 Eddie 及其同伙用批发商的钱和虚假存货编造出来的数据。报告预测，Crazy Eddie 公司的股票价格在一年后将翻番。仿佛是在按照 Eddie 事先编好的剧本行事，经纪人宣称："在过去两年里，Crazy Eddie 公司是全球唯一一家季度报告令人满意的零售商。我们认为这不是偶然……我们相信 Crazy Eddie 公司正在变成能长期保证商店销售额增长高于平均水平的那类公司。"这个经纪人并不知道，为了得到这种好印象，Crazy Eddie 公司付出了多大的努力。经纪人的报告还赞美了 Eddie 的管理技能："Eddie 先生创造了一个紧密且管理良好的强大组织……尽管它的商业广告很吵闹（不太客气的评论员甚至会说非常令人讨厌），但公司本身的管理还是十分稳健的。"

是的，在某种意义上说，Crazy Eddie 公司确实牢牢地控制了在市场中流动的资金。根据联邦起诉书中的内容，第一年，公司虚增了 200 万美元的利润，通过抛售价格被高估的股票，合伙人获利超过 2820 万美元；第二年，公司虚增了 550 万美元的利润和 220 万美元的零售额，这次，利益集团通过股票获利 4220 万美元。在经营繁荣的最后一年，Eddie 和他的合伙人虚增了 3750 万美元的利润，夸大零售额 1800 万美元。但他们已经没有那么多股票了，所以尽管虚增严重，但他们在股票上只赚了 830 万美元。

Eddie 可能知道末日就要来临，但他在面临被收购时仍然保持着战斗力。20 年前，Eddie 在他长大的布·克林地区（来自叙利亚的犹太移民的聚居点）开了第一家商店，尽管初时艰难，但后来成了大亨，也是一位检察官眼中的"资本帝国的达斯·维德（Darth Vader）"，这不仅是指他的职业舞弊术，也指他的私生活。Eddie 的婚外情葬送了他的婚姻，最后他和妻子离婚并和情人结婚，他在第一次婚姻中有五个女儿，离婚后父女关系破裂。Eddie 并不幸福，据说他的家人都站在妻子那边，他继续和兄弟们一起做生意，但除了公事之外没有别的联系。Allen Antar 比 Eddie Antar 年轻几岁，当他申请离婚并和一个非犹太人结婚时，他的家庭也疏远了他（Allen 最后和那个女人离婚并和他的前妻复婚）。在审判的后期，Eddie 兄弟之间明显冷淡了，甚至连 Eddie 的私人律师都称 Eddie 为"卑鄙小人"。

但这个"Darth Vader"还是有很好的一面，大家都认为 Eddie 安静且谦虚，他很少照相，几乎不接受采访，还曾数小时陪伴临终的堂兄 Mort Gindi，这位堂兄有个亲弟弟也叫 Eddie，这位 Eddie 也是联邦庭审上的一名被告。Eddie 的另一位堂兄 Sam 回忆道："Eddie 是一个我从小就很尊敬的领导者，他强壮，还练举重，当意大利籍孩子闯入我们的居住区并殴打犹太小孩时，Eddie 会保护我们。这虽然是小时候的事，但事实证明 Eddie 确实是与众不同的。"

Eddie 在舞弊之路上越走越远，他通过高价抛售公司股票赚了数百万美元，并把钱藏在世界各地的秘密账户中，而且这些账户的持有人身份都是虚假的。事实上，Eddie 做得相当不错，作为零售帝国的领导者，他很容易受到攻击。后来有一名叫 Elias Zinn 的休斯敦商人联合 Oppenheimer-Palmieri 基金对 Crazy Eddie 公司发动收购，Eddie 家族持有的股权太少以至于无法阻止，他们输了，Crazy Eddie 公司第一次脱离了 Eddie 的掌控。

但是，新的拥有者并没有高兴太久。他们发现这艘商业战舰迅速下沉，商店存货不足，股东不停起诉，供应商因货款延期支付或不支付而停止赊销。初步调查显示，公司存货被高估了 6500 万美元，这一数字后来增至 8000 万美元。走投无路的情况下，新的公司管理层安装了计算机化的存货系统，并建立了信用额度；让利与供应商达成和解，还砍掉了 150 个工作岗位以减少开支。但为时已晚，接管不到一年，Crazy Eddie 公司就倒闭了。

然而，Eddie 还活得好好的，只是没人知道他在哪。当接管者强迫他离开时，他就消失了，他在利比里亚、直布罗陀和巴拿马成立了虚拟公司，同时在以色列和瑞士开立了资金充足的银行账户。意识到 Crazy Eddie 公司存在的时日不多时，他逃离了美国，用假护照周游世界，并使用不同的名字，如 Harry Page Shalom 和 David Cohen，Shalom 是 Eddie 的一个老朋友，Cohen 则是他以前的同事。

Eddie 以 David Cohen 之名结束了他对正义和现实的逃避。逃亡 28 个月后，他昂首走进了瑞士的伯尔尼警察局——他不是去自首，而只是想以 "David Cohen" 的名义向警察求助。他很生气，因为当地的银行职员拒绝他使用账户上的 3200 万美元，银行职员什么也不告诉 David Cohen，只是说他不能动那些钱。银行出于慎重，通知瑞士警方说这部分钱已被美国司法部冻结。调查文书上说这个钱应是 Eddie 的，没过多久，大家发现在伯尔尼警察局发怒的百万富翁 David Cohen 正是 Eddie 本人，这也是 Eddie 最后一次在公众场合露面。他最终供认了舞弊行为，被判入狱 82 个月，还被要求偿还受骗的投资者 1.21 亿美元，最终从他私人账户中追回了大约 7200 万美元。Eddie 在审判时告诉法官："我不祈求怜悯，我要求公平。"

Eddie 的弟弟 Mitchell 在第一次审讯时被宣告有罪，获刑四年半，并被判赔偿 300 万美元。但因第一次审讯中法官的偏见言论，该判决后来被推翻了，最终 Mitchell 承认了两项证券舞弊犯罪，其他的指控被撤销。在第一次审讯中，Allen 和他的父亲 Sam 后来被判内幕交易罪（insider trading），分别被罚款 1190 万和 5750 万美元。

Crazy Eddie 公司后来怎么样了？1998 年，Eddie 的侄子们试图重振旗鼓，并在新泽西州开了一家新的电子产品商店，还举行了盛大的开业典礼，但没过两年，商店就关门了，后来转型成为一个网络零售商，到了 2004 年，公司因被指控在网上转售未经授权的产品而彻底倒闭。

13.1　概述

多年来，财务报告舞弊一直是媒体关注的热点话题，备受瞩目的丑闻已经使人们对大公司的责任和诚信提出了质疑，这促使美国政府进行了相关立法，如 SOX 和《多德—弗兰克华尔街改革与消费者保护法》（Dodd-Frank Wall Street Reform and Consumer Protection Act）等。财务报告舞弊是一个全球性的问题，2011 年，新上任的奥林巴斯日本公司首席执行官 Michael Woodford 揭露了日本公司历史上规模最大、持续时间最长的财务报告舞弊案之一，因为他对公司的会计业务提出了质疑，所以只当了不到两个月的 CEO 就被解雇了。质疑之

328

一是，有人设法隐瞒 17 亿美元的投资损失，并向财务顾问支付了 700 万美元的并购咨询费。2015 年，在另一起与此无关的案件中，东芝的 CEO 田中久雄（Hisao Tanaka）和其他八名管理人员也因会计丑闻辞职，在这起丑闻中，东芝被指 7 年虚报利润 12 亿美元。不久前，阳光游艇公司（Sunbeam）、安然公司（Enron）、世通公司（WorldCom）、环球电讯公司（Global Crossing）、阿德菲亚公司（Adelphia）、奎斯特通讯公司（Qwest）、泰科公司（Tyco）、南方保健公司（Health South）和美国国际集团（AIG）等公司都曾因谎报财务状况而登上新闻头条。包括 CEO 和 CFO 在内的这些公司的高层管理团队，以及其他许多人，都被指控做假账。引人关注的公司财务报告舞弊案不断发生，引发了人们对财务报告过程的完整性、透明度和可靠性的担忧，并质疑公司在防范和调查财务报告舞弊方面的治理和审计能力。

13.2　财务报告舞弊的定义

财务报告舞弊，是指为了欺骗财务报告使用者，尤其是投资者和债权人，故意虚报或漏报财务报告的金额或应披露之信息的行为。财务报告舞弊可能涉及以下手法：

- 伪造、窜改或操纵重要财务记录、证明文件或商业交易信息。
- 故意遗漏或虚假陈述财务报告所依据的事项、交易、账目或其他重要信息。
- 对用于计量、确认、报告和披露经济事项和商业交易的会计原则、政策和程序的故意误用。
- 对有关财务金额方面的会计原则和政策有意遗漏或披露不足。

美国注册会计师协会（AICPA）审计标准委员会（ASB）发布的《财务报告审计中的舞弊分析》（Considerationg of Fraud in a Financial Statement Audit），是公认的审计标准，其中定义了两种与财务报告审计相关的错误陈述以及审计人员对相应舞弊的分析。第一类是由虚假财务报告引起的错误陈述，定义为"故意的错误陈述，为欺骗财务报告使用者而在财务报告中遗漏金额或项目"[1]；第二类是由于资产侵占而产生的错报。本章的重点是第一类，即由虚假报告引起的错误陈述，它直接导致了对投资者、债权人和其他财务报告使用者产生的误导和欺骗。这些人可能会依据舞弊性财务报告作出决定，不合理地出售股票、发放贷款或商业信贷，或提高管理层的薪酬和奖金。本章讨论的主要问题是如何有效地防范、发现和纠正财务报告舞弊。

13.3　财务报告舞弊的成本

关于财务报告舞弊可能造成的损失（包括上一章 2015 年《全球舞弊调查报告》中的损失）的统计数据，只是一个估算。考虑到不是所有的舞弊行为都被发现，也不是所有被发现的舞弊行为都被报告，而且不是所有被报告的舞弊行为都会受到法律追究，所以根本无法确定财务报告舞弊的实际损失总成本，但可以肯定地说，财务报告舞弊的影响是巨大的。除了操纵报表造成的直接经济损失之外，还涉及诉讼成本、保险费用增加的成本、损失的生产力成本，以及员工士气、客户商誉和供应商信任的负面影响，还包括股市的负面反应，等等；

---

〔1〕　AICPA 发布的《财务报告审计中的舞弊分析》，2012 年。

另外，财务报告舞弊的另一个重要间接成本是由于解雇舞弊者并招聘替代者而导致的生产力损失。虽然这些间接费用不可能加以估计，但在评估财务报告舞弊的后果时应将其考虑在内。需要强调的是，舞弊活动使公众对财务报告的质量和可靠性失去信心，这是舞弊行为造成的最具破坏性和成本最大的影响。

330

　　财务报告舞弊在很多方面都是有害的，以下是财务报告舞弊对公司、投资者、市场和经济造成的一系列毁灭性影响。

　　• 破坏了财务报告程序的可靠性、质量、透明度和完整性。Beazer Homes USA 公司位于北卡罗来纳州夏洛特市，曾是一家《财富》500 强企业，该公司的高管通过操纵公司收益来实现财务目标，具体说来，Beazer 公司的高管们在财务状况良好的会计期间减少净收入，为公司提供"超额"余额和准备金，并操控财务报告，让公司在业绩不佳的时期"平稳盈利"。Beazer 公司承认有罪，并达成了暂缓起诉协议，同意支付赔偿金 5000 万美元。同样，通用电气（GE）公司也向 SEC 支付了 5000 万美元的罚款，以解决其在 2002 年和 2003 年进行不当会计操作误导投资者的指控。在 2009 年和解之前，通用电气已经重新报告了 2001 年—2008 年的部分财务报告。在通用电气、安然、世通、阿德尔菲亚和泰科等公司相继爆出财务丑闻之后，这种高调公开的财务报告重报以及 SEC 会对大公司涉嫌财务报告舞弊的执法行动，严重削弱了公众对财务报告真实性的信心。

　　• 损害了审计行业，特别是审计师和审计事务所的诚信和客观性。审计公司作为公共监督机构，他们的任务是确定客户的财务报告是否存在由于错误或欺诈造成的虚假陈述。然而，当大规模的舞弊行为在审计师的监督下发生时，审计师的信誉就会受到损害。前五大会计师事务所之一的安达信（Arthur Andersen）事务所卷入了一场丑闻，涉及销毁与安然公司（Enron）审计工作相关的文件。此后，该公司解散了其全球业务，高管们也纷纷离职加入竞争对手的事务所，尽管最后最高法院推翻了安达信妨碍司法的判决，但这家会计师事务所此时业已崩溃。

　　• 削弱了资本市场及市场参与者对财务信息可靠性的信心。资本市场和市场参与者，包括投资者、债权人、员工和退休金领取者在内的所有人，都受到他们在投资决策中所使用的财务信息的质量和透明度的影响。

　　• 降低了资本市场的效率。会计师要尽量减少与公布的财务报告相关的信息风险，以使财务报告更加透明。信息风险是指财务报告不真实、虚假、有误导性、有偏见和具有欺骗的可能性。会计人员需要在不同的企业中尽量使用相同的财务标准，这样会降低信息风险，有助于提高资本市场的效率；反之，如果使用了欺诈性的财务报告，资本市场的效率就会降低。

　　• 对国家的经济增长产生负面影响。会计人员应将同一套会计准则应用于不同的业务，使公司间的财务报告更具可比性，这种增强的可比性使商业更加透明、资本市场更加有效、自由企业制度成为可能，经济更加充满活力和繁荣。资本市场的效率需要有客观、可靠和透明的财务信息，因此，会计行业，尤其是执业审计师，在自由企业制度和资本市场中扮演着重要的角色。然而，最近的许多会计丑闻证明，会计师的角色可能会受到损害。

331

　　• 导致巨额诉讼费用。发生财务报告舞弊和相关审计错误时，公司及其会计人员可能被起诉，起诉方包括集体诉讼中的小投资者和美国政府司法部。另外，投资者也有权向那些帮助和教唆证券欺诈的人提起诉讼，要求赔偿损失。

•毁灭了参与财务报告舞弊的个人的职业生涯。Beazer 公司的前首席会计师因利用虚假信息融资、出售房产和操纵公司收益被判了 7 项欺诈罪，用实例证明了高管们如何对公司财务报告的完整性承担个人责任。被定罪的舞弊者禁止在任何上市公司的董事会任职，审计师也被禁止从事公共会计业务。

•导致财务报告舞弊的公司破产或遭受重大经济损失。世通公司和安然公司是美国历史上十大破产公司中的两家，截至申请破产时，世通公司的总资产为 1040 亿美元，安然公司为 660 亿美元。

•鼓励监管干预。监管机构（如 SEC）对财务报告程序和相关审计职能有重大影响，鉴于在财务报告过程和审计职能中出现的各种舞弊行为，最终促使立法者颁布 SOX 进行会计改革，该法案旨在彻底改变会计行业的自我监管环境，使之纳入 SEC 监督下的监管框架。

•破坏了被指控公司的正常经营和业绩。即使一家公司没有因财务报告舞弊而破产，也会遭受巨大的财务和声誉损失。由于公司面临股价波动、融资困难、裁员、罚款、法律费用和销售减少等负面后果，公司的正常运营和业绩必然受到影响。

•对财务报告审计的有效性提出了严重质疑。金融决策依赖于高质量的审计，而审计人员需要达到这个目标才能得到信任。

•损害了公众对会计和审计行业的信心和信任。近年来，随着财务报告重报及涉嫌财务报告舞弊的个案不断增加，出现了一个清晰而响亮的信号：公众对财务报告程序及相关审计职能的信心已大大降低。

332 13.4 财务报告舞弊的方法

大多数财务报告舞弊手法可以归类为以下类别中的一种或多种：
•虚构收入。
•利用时间差。
•隐瞒负债和费用。
•不当披露。
•不恰当的资产计价。

然而，由于保持财务记录涉及复式记账系统，舞弊性会计分录至少影响两个会计账户，因此也就至少涉及两种财务报告舞弊类型，下文列出的舞弊手法只是说明主要的财务报告舞弊类别。当然，还有很多其他的舞弊手法，也有很多骗局是几种手法的组合呈现。

13.4.1 虚构收入

虚构或者伪造收入，主要是指记录并不存在的商品或服务销售，这种手法经常涉及伪造的或虚拟的客户，但也可以是合法的客户，例如，虽然没有交付货物或提供服务，但仍给合法客户准备一张虚构的发票（只是不会寄出），在下一个会计期间的期初，该销售就可能被注销以掩盖舞弊；不过，这会导致新的会计期间收入减少，所以又需要创造更多的虚构销售。另外一种方法是利用合法客户，人为地夸大或更改发票，记录高于实际销售的金额或数量。

正确核算收入是当今企业面临的最重要、最复杂的挑战之一，"收入确认"一直是会计和审计的首要风险领域之一。一般来说，满足以下条件可以确认收入：①已实现或可实现；

②已赚取（Earned）。SEC 发布了《会计公告》（Staff Accounting Bulletin No.104，SAB104），其中第 13 项为"收入确认"[1]（编入财务会计准则委员会 [FASB]《会计准则汇编》[Accounting Standards Codification，ASC]605 "收入确认"），为收入确认标准提供了指导，并限制了一些现存的不当做法。FASB 的 ASC605 规定，满足下列所有条件时，收入通常被认为是已实现或可实现的，并且已赚取：

- 存在具有说服力的合同证据。
- 商品交付已经发生或服务已经提供。
- 卖方对买方的价格是固定的或可确定的。
- 款项的收回有合理保证。

根据该规定，某些情况下虽然没有支付，也可以确认收入，但有严格的标准，限定了将此类未到账款项记录为收入的范围。

有个特殊案例详细说明了虚构收入的典型例子。一家上市公司在 7 年多的时间里记录虚假交易，以夸大其财务状况。公司管理层利用几个空壳公司伪造一系列对其有利的销售额。销售额是虚构的，客户也是虚构的，随着销售额的增长，公司的状况引起了内部审计师的怀疑，比如，这些虚假交易中包括为购买固定资产支付款项，但同一笔钱后来返回了公司，被记为销售收入。管理层的舞弊行为持续了很长时间，最后虚增了 8000 万美元。舞弊者最终被发现，并同时被民事和刑事起诉。

下面详述了这类案例的分录例子。公司编制虚构的分录，用来记录虚假的固定资产购入。该分录借记所谓的固定资产购买金额，贷记支付的现金：

日期	科目	编号	借记	贷记
12/01/Y1	固定资产	104	350 000	
	现金	101		350 000

然后，虚构一个与虚假购买金额相同的销售记录，借记应收账款，贷记销售收入；再接着，虚假的用于支付固定资产的现金被"归还"为应收账款的支付。事实上，如果舞弊者没有费心去伪造额外的证明文件，现金可能根本没有流动。

日期	科目	编号	借记	贷记
12/01/Y1	应收账款	120	350 000	
	销售	400		350 000
12/15/Y1	现金	101	350 000	
	应收账款	120		350 000

完整地伪造一连串交易之后，公司的资产及年度收入增加了。类似的还可以有很多方法，

---

[1] SEC 的《会计公告》第 13 项"收入确认"，参见：www.sec.gov/interps/account/sabcodet13.htm。

借方也可能被记入其他科目，如存货或应付账款；或者，如果接近年末，存在舞弊行为且未结算的应收账款没有引起充分注意，也可以简单地记录到应收账款科目的借方。

13.4.1.1 附条件的销售

附条件的销售是一种虚构收入的舞弊手法，采用这种方法，即使一些条款尚未完成，或者所有权等权利和风险也没有转移给购买方，销售行为也会被记录。其实，这个交易并不满足"确认收入"的条件，但是为了虚假提高公司的销售额，还是被千方百计地计入了销售额。这些类型的舞弊与在不当的会计期间（将来可能会满足确认销售额的条件，那时确认销售额才是适当的）确认销售额的舞弊手法相似。提前确认销售额舞弊手法将在本章稍后进行讨论。

13.4.1.2 提高收入的压力

银行、股东、家庭成员甚至社区，都会给企业主和经营者带来外部压力，这种外部压力经常会成为实施舞弊的动机。例如，除了其他指控，SEC 还指控通用电气公司为了达到业绩目标，连续两年操纵收益，将 3.81 亿美元的机车"销售"给金融合作伙伴得到一笔钱，但同时通用电气仍然拥有这些机车的所有权，而且一直进行维护和维修，可见，这些交易本质上是借贷而不是销售。通用电气公司以 5000 万美元解决了 SEC 的指控，既不承认也不否认有罪。

在另一个案例中，萨蒂扬公司（Satyam Computer Services）的前董事长 B.Ramalinga Raju 辞职了，此前他曾透露，在公司扩张过程中自己参与了伪造账目。他承认虚增现金余额，并夸大了 20% 的收入。萨蒂扬公司（现名 Mahindra Satyam Ltd.）及其审计事务所普华永道同意分别支付 1.25 亿美元和 2550 万美元，以解决股东的索赔。该公司和审计公司还同意共同支付 1750 万美元，以解决 SEC 和 PCAOB 的索赔。

另一个案例中，一家房地产投资公司安排出售它在一家非关联公司持有的股份。销售发生在当年的最后一天，占该公司当年收入的 45%。30% 的首付款记为已收账款，余额记为应收账款。为了使公司的财务状况看起来很好，公司在向媒体发布的公告中还公开了出售细节。但实际上，这个股份出售交易完全是捏造的。为了掩盖舞弊行为，公司在账外提供了相当于首付款的贷款，其他证明文件也是伪造的。最后，这个伪造额度为 4000 万美元的舞弊被揭穿，房地产公司的老板面临刑事起诉。

在一个相似的案例中，为了改善财务形象，一家上市的纺织品公司精心设计了一系列的虚假交易，主要是把销售股票所得以收入形式转入公司，甚至还把银行贷款在公司账簿上记录为收入。在舞弊行为被揭露时，公司账簿中的数据被高估约 500 万美元，对这个公司来说已经是一个很大的金额了。

财务报告舞弊的压力也可能来自公司内部，公司设立收入、利润等发展目标，可能促使公司进行财务报告舞弊。某案例中，一家小型公司的财务经理故意错报财务记录以掩饰财务窘境。为了达到预算目标并掩盖公司的养老基金损失，该经理在财务报告中精心设计了一系列分录；同时，受最近几个月糟糕业绩的影响，会计人员还持续高估该期间的收入；为了掩盖舞弊行为，财务经理还减少了负债类账户，增加权益类账户。舞弊者留下一封坦白信后辞职了，但最后还是受到了刑事起诉。

13.4.1.3 虚构收入的预警信号

• 迅速增长或不正常的获利，特别是与同行业中的其他公司相比。

•财务报告中呈现盈利和盈利增长，但经营活动中连续出现负的现金流，或经营活动不能产生的现金流。

•与关联方或特殊目的实体在非正常经营过程中发生重大交易，或这些实体未经审计或由其他会计师事务所审计的。

•出现重大的、异常的或高度复杂的交易（特别是接近期末时），且引起了难以解决的"实质重于形式"的困难问题。

•应收账款收款天数的异常增长。

•向财务状况和所有权不详的公司销售大量产品。

•公司内部少数部门的销售额异常增长，或公司总部记录的销售额异常增长。

13.4.2　时间差

正如前面所提到的，财务报告舞弊包括利用时间差的手法，即在不恰当的会计期间记录收入和（或）支出。公司为了达到预先设定的收益，可以通过这个方法在各会计期间之间转移收入或支出。

13.4.2.1　收入和费用的配比

根据 GAAP，收入和相应的费用应在同一会计期间进行记录或配比，否则就违反了 GAAP 中的匹配性原则。假设一家公司准确地记录了发生在 12 月份的销售额，但直到第二年度（下一个会计期间）的 1 月份，与这些销售对应的成本才被全部记录为费用。这种错误会高估上一会计期间的公司净收益，同时低估本会计期间的公司净收益。

下面这个案例描述了一项销售交易，与该交易收入相关的销售成本未被记录到同一会计期间，公司使用会计分录记录了未完成项目的账单。尽管这个项目的合同已经签署，但没有移转货物，也没有提供服务，直到第二年的 1 月份才开始实施。为了提高本年度的收入，这笔销售业务在年终前虚假入账。

日期	科目	编号	借记	贷记
12/31/Y1	应收账款	120	17 000	
	销售——C 项目记录产品和服务的销售情况	401		17 000

在第二年的 1 月份，项目开始并完成。下面的分录显示了与销售相关的 15 500 美元成本的正确记录。

日期	科目	编号	借记	贷记
01/31/Y1	销售成本——C 项目	702	13 500	
	存货	140		13 500
	记录因 C 项目而减少的存货			
01/31/Y1	人工成本——C 项目	550	2000	

日期	科目	编号	借记	贷记
	现金	101		2000
	记录 C 项目的工资支出			

如果记录正确的话，确认收入的分录和与销售相关的成本也被记录在其实际发生的会计期间，即第二年的 1 月份。对于公司利润表的影响如图表 13-1 所示。

图表 13-1 利润表：错误列报与正确列报

	错误列报		正确列报	
	YY 年	ZZ 年	YY 年	ZZ 年
销售收入				
项目 B	25 000		25 000	
项目 C	17 000			17 000
项目 D		26 500		26 500
总销售额	42 000	26 500	25 000	43 500
销售成本				
项目 B	22 500		22 500	
项目 C		15 500		15 500
项目 D		21 400		21 400
销售总成本	22 500	36 900	22 500	36 900
毛利	19 500	(10 400)	2500	6600
管理费用	2500	3000	2500	3000
净利润	17 000	(13 400)	0	3600

337 　　这个例子准确说明，不遵守 GAAP 中的匹配性原则如何导致年度利润表出现重大错报。由于收入和费用被错误列报，YY 年度产生了 17 000 美元的净收益，而 ZZ 年度则产生了 13 400 美元的损失。如果正确地列报，则收入和支出是对应的，且在同一个会计期间内记录，这样就会适度且准确地显示净利润：YY 年度为 0 美元，ZZ 年度为 3600 美元。

13.4.2.2 提前确认收入

　　一般来说，当销售完成时，就应确认收入，也就是说，当所有权从出售方转移到购买方时就应确认收入。这种所有权的转移完成了销售行为，但在与销售相关的全部义务均已履行完毕且满足 SEC 发布的关于收入确认所列出的四条标准之前，通常还不算结束。正如在上一节提及的，这四条标准是：

- 存在具有说服力的合同证据。
- 商品交付已经发生或服务已经提供。
- 卖方对买方的销售价格固定或可确定。
- 款项的收回有合理保证。

下面的案例说明，提前确认收入不仅会导致财务报告的错误列报，而且也是进一步舞弊的催化剂。一家连锁零售药店的管理层频频提前确认收入，以通过这种方法提高盈利，鉴于这种手法被一再使用，给大家形成了药店具有比实际情况更高的获利能力的错觉。当这种情形被发现并调查时，还一并发现了挪用款项、虚假列支费用及信用卡舞弊等情况。

有个案例涉及一家非营利组织。该组织收到的捐赠额度很大程度依赖于已经收到的捐赠额，为了使该组织能够获得更多的基金，该组织的主席通过确认已承诺但未实际收到的捐赠，窜改了公司的账簿，从而得到了最大额的私人捐款。当管理者过早确认收入时，通常不符合 FASB 的 ASC605 条规定的一个或多个标准。与提前确认收入相关的常见问题如下：

（1）不存在具有说服力的合同证据。

- 不存在书面或口头合同。
- 存在口头合同，但惯例是书面合同。
- 存在书面合同，但以出售给最终用户为条件（如寄售）。
- 存在书面合同，但包含退货条款。
- 存在书面合同，但补充协议变更了某些条款，也许删除了合同的一个必备要素。
- 与关联方发生交易，但该事实未被披露。

（2）没有交付商品或提供服务。

- 货物已经发货，但尚未达到 ASC605 规定的确认票据和预收款项收入的标准。
- 货物已经运往销售代理商、安装商或公共仓库，而不是客户处。
- 发运了部分货物。
- 发运了规格错误的货品。
- 因为安装、客户检测及验收尚未完成等原因，商品交付没有实际完成。
- 完全没有提供服务。
- 如果服务要在较长期间提供的，那么本会计期间内仅应确认部分收入。
- 为了不正当地加速收入的确认，错误描述合同中货物与服务的组合。

（3）卖方给买方的价格是不固定的或不可确定的。

- 价格取决于未来事项。
- 合同期间的服务费或会员费可能被不可预期地取消。
- 交易合同中有更换其他产品的选项。
- 延期付款的期限很长，可能需要进行额外的折扣或升级，才能吸引客户不选择其他的替代产品而持续使用此产品。

（4）无法合理保证款项的收回。

- 收款取决于未来的事项（例如，产品的转售、收到额外资金或诉讼等）。

·客户没有能力支付款项（例如，客户遭遇财务困难，其所购买产品的金额远远超过其支付能力，或是客户的公司只是一家达到最低资产要求的空壳公司）。

13.4.2.3　长期合同

长期合同涉及收入确认的特殊问题。当产品或服务的完成需要较长时间时，通常需要采用合同会计（contract accounting），这是建筑承包商经常使用的方法，但它也用于其他行业，如铁路、造船、道路建设、部分设备制造商、工程和软件。对于长期合同而言，可以选择使用完工合同法（completed-contract method）或完工百分比法（precentage-of-completion method），部分取决于具体情况。

339　完工合同法很少使用，因为它在合同全部完工前不记录收入，所以只有在不适合使用完工百分比法或合同风险很高的情况下才使用。同样，在项目完成之前，相关费用会被存放在存货账户中。

相对而言，完工百分比法是长期合同的首选会计方法，这种方法是在项目取得可衡量进展时确认收入和支出。由于这种方法要用已付出的成本与总成本的百分比来估算整个合同的进展比例，因此非常容易受到操纵。管理人员会人为操纵已完成的百分比和完成项目的估计费用，以便过早地确认收入和掩盖合同超支。

13.4.2.4　填塞分销渠道（Channel Stuffing）

收入确认的另一个困难领域是填塞分销渠道，即"超量交易"。它是指企业通过高折扣和（或）延长支付期限鼓励经销商超量购买，从而诱使经销商一次购买数量过多的产品。这种行为对毛利高的行业（烟草、药品、香水及名牌日常消费品）来说特别有吸引力，因为它可以增加短期利润，其负面影响体现在本期收入的增加是通过透支下一期间的销售收入来实现的。这样，下一期要实现销售目标就变得更加困难，有时会导致"超量交易"程度越来越大，并最终需要重编报表。

尽管公司以填塞分销渠道手段获得了订单，但这些订单可能会引发应收账款回收的一些问题，而且可能有赋予退货权的附加协议，这使得类似销售方式在本质上成了委托销售。对某些产品而言，如果在保质期内没有售出，就有较大的退货风险。对药品来说，因为零售商不接受保质期短的药物，这类问题就非常典型。因此，应当对填塞分销渠道作法进行质疑，因为在某些情况下这可能就是舞弊行为。

13.4.2.5　在错误期间记录费用

为了满足预算和目标的压力，或由于缺乏适当的会计监控，舞弊者经常不及时记录费用。如果不在实际发生期间记录某项费用，就没有与其产生的收入适当匹配。假设这样一种情况，企业已购买原材料并已计入当前年度预算，但实际上要到下一个会计期间才实际使用。例如，一家上市公司的经理发现，过去11个月的费用支出比全年预算低很多，于是决定提前列支下一年度的费用，为了花光所在部门分配到的预算资金，他采购了价值5万美元的并不急需的原材料，并把费用计入当前年度的预算中；审计师注意到了这个巨额费用后展开调查，经理解释说这是因为下一年度的预算目标使他有压力，但因为他并没有企图把资金据为己有，所以没有采取任何法律行动。

340　这笔业务的正确记录方法是，最初购买时借记原材料，随后实际使用时从该科目中转为费用。下面的分录详细说明了跨期使用原材料的正确会计处理方法。

日期	科目	编号	借记	贷记
12/31/Y1	原材料	109	50 000	
	应付账款	201		50 000
	记录原材料的采购			
计入	原材料费用	851	2000	
使用期间	原材料	109		2000
	记录原材料的本期耗用			

当原材料消耗时，应当按月记录相似的分录；当它们被耗尽时，应当记录 5 万美元的原材料费用。

13.4.2.6　与时间差相关的预警

利用时间差是操纵财务报告的一种常见方式，以下是利用时间差手法的预警信号：

- 迅速增长或异常的获利能力，特别是与同行业中的其他公司相比。
- 当经营活动中连续出现负的现金流或不能产生现金流时，仍出现报告盈余或盈余增长。
- 出现重大、异常或高度复杂的交易（特别是接近期末时），且引起了难以解决的"实质重于形式"的问题。
- 超过行业平均水平的毛利或毛利率增长量。
- 应收账款收款天数不正常地增加。
- 应付账款付款天数不正常地减少。

案例研究 13—2　时间差的重要性

如果在舞弊中没有任何人侵占资金，情况会如何？如果舞弊者的目的不是中饱私囊或欺诈公司，情况又会如何？这样的舞弊案例曾发生在亚拉巴马州汉茨维尔一家年销售额超过 3 亿美元的铝厂，几个精明的职员窜改了公司的账簿记录，却没为自己赚一分钱。

Terry Isbell 是一名内部审计师，正对应付账款进行常规检查。他进行数据检索，审查了所有超过 5 万美元的交易，发现了一张更换两个炉衬的异常账单。这笔应付账款在上个年度已经支付给一家经审批的厂商，并有维修工程师 Steven Leonyrd 和采购部门经理 Doggett Stine 的签名，除此之外，文件中没有别的东西了。通常这类维修工作还需要附有时间和材料记录，包括工作报告、凭证以及验收报告等，但实际上什么都没有。

Isbell 找到 Leonyrd 谈话，Leonyrd 向他展示了熔炉，更新的熔炉运作状况非常好。但是，书面报告在那里？"在第一季度正常的工作文件中。"Leonyrd 答复。

Isbell 指出："但账单是去年 11 月份和 12 月份的。"Leonyrd 解释说，那是因为更换炉衬费用在那时以"预付账款"支付了，但 11 月份的工作进程表无法安排机器维护工作，因此将其计入上年度的临时维修预算，并为此开具了账单。今年年初，正式进行了维修。

公司的管理层让 Isbell 进一步审查。他发现，有 15 万美元的维修发票没有适当的证明

341

文件，都是本年度支付材料和物资款项，但实际交易发生在下一年度。经过核对证明，已付款项涉及的所有货物实际上都已收到，只是比记录的时间要晚一些。

Isbell 再次询问 Leonyrd，Leonyrd 认为整件事情非常简单。"我们的预算包括超出正常范围的维修和原材料供应的额外预备基金，但年终结束时还没用到，如果过了这个会计期间，它们会转为普通维修基金，那就意味着我们要损失这些资金了。因此，我们做了订单把它并入上年度的预算，后来我们也的确买了这些物品。"谁告诉 Leonyrd 如此操作？"没人，只是觉得这么做能解决问题，仅此而已。"

但 Isbell 怀疑，Leonyrd 团队其实是受采购部门经理 Stine 指使的。Stine 被同事认为是一个"专横跋扈型的家伙"，是管仓库的土霸王。Isbell 询问他和 Leonyrd 的签名，Stine 坚持说："这不是什么大事，就是趁有钱的时候把它花了而已。那些钱反正是用来维护厂房的，我们没干什么出格的事。"Stine 还说这既不是他的主意，也不是 Leonyrd 的主意，只是一个互相商量作出的非正式决定。仓库验收主管也认为这是一个好主意，并根据要求提供了相关文件；会计人员也应要求处理了发票。一位兼职会计对 Isbell 说，她记得曾就这部分资金用途的安排进行过讨论，但当时她也没有提出任何质疑。

Isbell 处在一个很尴尬的位置上，有点像莎士比亚笔下《第十二夜》剧中的 Malvolio，似乎只为了取乐而费时费力找别人麻烦。Leonyrd 没有私吞任何东西，Stine 也没有，似乎并不存在舞弊。不过，如果这些钱一直存在公司银行的账户上，那么会多出 6000 美元的利息，但这不是问题的重点，更严重的是，能不费吹灰之力地进行现金挪用，说明公司在资金的处置与使用方面存在问题。Isbell 不是为了规则而规则，也不是为了仪式感而规则，他只是觉得，如此轻易破坏会计制度意味着公司的管理必然存在漏洞，这种制度管理下还会出现其他舞弊者，而他们可能不会这样"好心和无私"，而是伪造一些不存在的交易或伪造签名等。

根据 Isbell 的建议，收货部门的经理被调到其他部门，部门工作直接向工厂的会计总部汇报工作。Stine 在公司一直工作到退休，Leonyrd 被降职并调到别的部门，一年后又因为另一起舞弊事件被解雇。在第二次舞弊事件中，他让承包商更换了他家房子的屋顶，但把账记入了工厂"非常规维修账户"中，事后承包商提醒公司管理人员留意"舞弊员工"；Leonyrd 还以工作的相关咨询事务为由收取额外的"咨询费用"。他一定在想，自己竟然又"失败"了一次。

13.4.3　隐瞒负债和费用

正如前面讨论的，低估负债和费用是操纵财务报告以使公司呈报更多利润的一种方法。如果负债和费用没有被全部记录，税前利润就会增加，这种舞弊方法通常不用太费劲，与伪造很多笔销售业务相比，相对容易实施。对审计师来说，发现遗漏的交易比发现不恰当记录的交易更困难，因为前者缺少审计线索。

隐瞒负债和费用的常用手法有以下三种：

（1）遗漏负债／费用；

（2）费用资本化；

（3）不披露担保费用和负债。

13.4.3.1　遗漏负债／费用

最常使用的隐瞒负债的手法就是不记录它们，这也是最简单的方法。比如，不在账簿中记录法院判决的数百万赔偿金，把供应商送来的发票放在一边（以后供应商会再送一份）或塞进抽屉而不过账到应付账款中，等等，这样就可以增加报告收益，增加的金额就是这些不被记录的费用数额。在零售企业中，公司可能创建借方账户用于向供应商退款，这样做通常是为了得到允诺的回扣或折让，但有时也是为了创造额外收入。在随后的会计期间，这些项目可能会（也可能不会）被适当地记录，但这并不改变当期财务报告的舞弊性质。

遗漏负债最典型的一个案例是 Adelphia 通信公司的案例。该公司在 2002 年 7 月被 SEC 处罚，原因有很多，其中之一是该公司在合并报表的过程中故意隐瞒了 23 亿多美元的银行负债。根据 SEC 的指控，Adelphia 公司的创始人及其三个儿子在公司年度和季度合并报表中进行舞弊，蓄意将公司负债转移到资产负债表外和关联公司的账户中。Adelphia 公司未记录这些负债，违反了 GAAP 的要求，并导致了一系列与这些负债有关的错报，包括用虚假文件来支持伪造的交易，使人误以为 Adelphia 已还清债务，但事实上，公司只是简单地将这些负债转移到他们控制下的关联公司，或将其从表内列报转移到附注披露中。通过这种方法，让使用者们误以为报表中列报的负债包含了所有的银行贷款。

遗漏负债和费用的舞弊者经常认为，他们在未来能够掩盖其舞弊行为，比如用其他收入（未来价格上涨所带来的利润）来补偿被漏记的负债。

遗漏的负债的确很容易被掩盖，所以这种手法可能是最难被发现的财务报告舞弊手法之一。彻底审查财务报告日期后的所有交易，如应付账款的增减等，可以帮助发现财务报告中的遗漏负债，对费用记录进行数据化分析也能达到这个效果。此外，如果审计师可以不受限地查看客户文档，他们通过检索也可以发现被隐匿的发票和没有过账的负债；对应付账款会计人员和其他人员进行试探性的访谈也能揭示没有记录或延迟记录的事项。

13.4.3.2　费用资本化

资本性支出，是指在一个以上的会计期间为公司创造利润的成本，比如购买制造设备，就是典型的资本性支出。相对而言，收益性支出或费用与当期收入的产生相对应，并仅为当前会计期间提供收益，例如，提供一周服务的劳动力成本就是收益性支出，这些成本与当期会计期间的收入直接匹配。

因为资本性支出的分摊期超过一年而不是立即计入当期支出，所以将收益性支出伪报为资本性支出是增加收益和资产的另一种方法。如果支出被资本化为资产，且在当前期间不被记为费用，利润就会被高估。随着资产被计提折旧，随后期间的利润则会被低估。

不恰当的费用资本化是一种重要的财务报告舞弊方法，世通（WorldCom）公司就被指控采用了这种方法。根据 SEC 提交的申诉，世通公司主要实施了两种方法，将其财务报告上报告的收入多报了约 90 亿美元。一是世通公司不适当地将之前已计提的项目成本和递延税款准备金作为运营费用的贷方，从而减少了运营费用；二是通过将某些费用重新定性为资本性资产以不适当地减少运营费用。90 亿美元中的大部分与"线路成本（line costs）"的不当核算有关，而"线路成本"是世通公司的主要运营费用之一。通过不适当地减少对线路成本的拨备，并将某些线路成本转入资本性资产账户，世通公司将自己虚假地描绘成一个盈利良好的企业，而实际上它并没有盈利，并隐瞒了巨额损失。这些不正当的会计做法旨在而且确实虚增了利润，迎合了华尔街财务分析师的盈利预测，并支持了世通公司的股票价格。

343

344

资本支出费用化

正如费用的资本化是不合适的，反之将资本化支出费用化也是不合适的。从税收角度考虑或为了增加未来期间的盈余，公司可能希望把净收益最小化；把应当在多个会计期间摊销的项目费用化，有助于降低净收益和税款。

退货和保修

当公司没有适当记录或列报产品退货和保修可能产生的费用和相关负债时，就会发生产品退货和保修负债的不当记录。

由于某种原因，不可避免会有一定比例的产品因某种原因被退回。事实上，根据 ASC605-15-25 的规定，除非能够合理预估未来退货的金额，否则不得记录销售收入。因此，如果有退货可能，管理层必须对其评估并记录负债，需要准确估计一段时间内的退货百分比，并进行准备。

同样地，如果一家公司对产品销售提供保修服务，就必须估算保修期内合理预期的保修费用，并记录计提负债。在保修负债舞弊中，保修负债通常会被完全省略或大大低估。另一个类似的领域是由缺陷产品导致的责任（产品责任）。

13.4.3.3　与隐瞒负债和费用相关的预警信号

隐瞒负债或费用的信号包括：

• 当经营活动中连续出现负的现金流，或经营活动不能产生现金流时仍出现报告盈余或盈余增长。

• 资产、负债、收入或支出的列报基于重大估计，且这些重大估计涉及难以证实的主观判断或不确定性。

• 非财务管理层过分参与或干预会计准则的选择或重大会计估计的确定。

• 超过行业平均水平的毛利或毛利率增长量。

• 销售退货、保修索赔或其他类似情况的百分比下降或低于行业平均水平。

• 应付账款付款天数的异常降低。

• 当竞争对手正在增加给供货商的付款时，公司的应付账款却在减少。

13.4.4　不当披露

正如之前所讨论的，会计准则要求财务报告及其附注包括所有的必要信息，以避免误导理性的、有辨别能力的财务报告使用者。附注应当包括说明性披露、支持性附表和其他必要的信息，以避免潜在的投资者、债权人或其他财务报告使用者产生误解。

345

管理层有义务在财务报告中及在管理层的讨论和分析中适当披露所有重大信息。另外，必须确保所披露的信息不具误导性。

管理层有可能操纵被要求进行的披露，故意向财务状况使用者不准确地描述组织的财务状况。与财务报告舞弊有关的不当披露通常涉及以下方面：

• 遗漏负债。

• 期后事项。

• 管理层舞弊。

• 关联交易。

• 会计变更。

13.4.4.1 遗漏负债

典型的负债遗漏包括不披露或有负债和融资安排。关于融资安排的披露应包括关于融资条件、到期日、百分比、抵押品和贷款合同等信息。所谓贷款合同，是融资安排的一部分或附加的融资安排，是一种承诺只要融资款项到位就需遵守的合同，合同可能包含不同类型的条款，如对某些财务比率的限定和对其他主要融资安排的限制等。

或有负债是一种潜在的债务，仅当某些事项在未来期间发生时才会成为现实，比如，为公司管理人员或由管理人员控制的私人公司的个人贷款提供公司担保就是一项或有负债。公司潜在的负债如果是重大的，则必须披露。

13.4.4.2 期后事项

某会计期间之后，如果发生或发现某个事项可能对财务报告产生重大影响，应当予以披露。舞弊者一般会隐瞒对已报告资产价值有损害的法院判决和监管决定，其中包括未被记录的负债或对管理层的诚信有负面影响的事项。对公共记录进行检索能揭示这些信息。

13.4.4.3 管理层舞弊

管理层有义务向股东披露执行官、高管及其他负责人所实施的重大舞弊行为。对审计师隐瞒这类信息即为对审计师说谎，也是非法行为。

13.4.4.4 关联交易

如果某公司与其他公司有业务往来，而该公司或该公司连同其他公司能够控制另一家公司的管理层及其经营政策，或者可以对另一家公司的管理层和其经营政策产生重大影响时，就产生了关联交易。只要充分披露关联交易，交易本身并没有什么不妥；但是，如果交易并不公平，则公司可能会遭受经济损害，进而损害股东的利益。

公司管理人员可能拥有的财务利益也许看起来并不明显。一些例子包括：

- 两家互有业务往来的公司的共同董事。
- 公司的一般合伙人及其业务合作关系。
- 公司的控股股东。

不存在财务利益的家庭成员关系也可能被认为是关联关系，包括直系亲属之间的关系。关联交易有时也被称为自我交易，虽然有时这种交易是建立在公平的基础上的，但多数情况下这种交易都是不公平的。

被高度关注的 Tyco 公司（2002 年破产）舞弊案中，SEC 指控 Tyco 公司前任高管，包括公司前首席执行官 L.Dennis Kozlowski，并没有向股东披露他们"从公司获得了数亿美元的低息和免息贷款且部分贷款并未偿还"这一信息。SEC 指控该公司的三位前高管（包括 Kozlowski）趁关联交易未被披露之机抛售了其持有的价值数百万美元的 Tyco 公司股票。指控中还包括大量不恰当交易，其中包括 Kozlowski 将 2.42 亿美元的贷款用于不可能获得批准且未经授权的目的，其中包括为其奢侈的生活买单：Kozlowski 被指控利用这些未被披露的贷款收集了数百万美元的艺术品、游艇及珠宝，并在 Nantucket 购置了价值 3100 万美元的豪华公寓和宫殿般豪华的别墅。Kozlowski 也被指控与 Tyco 公司或其子公司进行不被批准且未经披露的房地产交易，并得到了未披露的补偿及补贴，其中包括免除了其数百万美元的贷款、在纽约为其提供免费使用的宽敞公寓以及允许其因私低价或免费使用公司飞机。

346

13.4.4.5 会计变更

根据财务会计准则委员会 FASB 中 ASC250 条"会计变更和错误更正"之规定，必须披露能误导财务报告使用者的三类会计变更：会计原则变更、会计估计变更和报告实体变更。尽管各类变更的会计处理要求不同，但它们都可能被舞弊者操纵。例如，如果变更会导致公司列报的财务状况明显变得更差，舞弊者就可能不因会计原则的变更而适当地重述财务报告。同样地，他们也可能不会披露重大的会计估计变更，如应折旧资产的使用年限和预计残值的变更，或与担保决定相关的负债或其他负债估计的变更。为了改善报告呈现的财务成果，他们还可能通过增加管理人员私人拥有的公司数目或将公司的某些部门排除在外，秘密地变更报告实体。

347

13.4.4.6 不当披露的预警信号

- 由一个人或一个小集团（非所有者）掌握管理权，但没有进行薪酬控制。
- 董事会或审计委员会对财务报告过程和内部控制的监督不力。
- 管理层对公司价值观或道德标准的传达、实施、支持或执行不力，或传达了不恰当的价值观及道德标准。
- 迅速增长或不正常的获利能力，特别是与同行业的其他公司相比。
- 出现重大的、异常的或高度复杂的交易（特别是接近期末时），且伴随着难以解决的"实质重于形式"的问题。
- 在非正常经营过程中发生重大关联交易，或与那些未经审计的关联实体和未被会计师事务所审计的其他实体发生重大交易。
- 有重要的银行账户、子公司或分支机构在避税天堂的司法管辖区运作，但明显没有清晰的、正当的经营活动。
- 极度复杂的组织结构，包括异常的法律实体或管理层权限。
- 曾有违反证券法规或其他法律和法规的历史，或该公司、公司高级管理层或董事会成员曾被指控犯有舞弊或违法行为。
- 管理层经常企图证明其边际利润是正确的，或根据重要性原则证明其不恰当的会计处理是正当的。
- 对审计师进行正式或非正式的限制，如不恰当地限制其访问员工或查看信息，或限制审计师与董事会或审计委员会进行有效的沟通。

13.4.5 不当的资产估值

在会计工作中常常需要使用预估数字，许多预估数都涉及资产的估值和相关会计工作。例如，在确定可折旧资产的残值和使用年限、应收账款中无法收回的部分或存货的减值准备时，都要使用预估数。使用预估数时，会为舞弊提供机会。

许多舞弊是以降低长期资产为代价来虚增流动资产。对那些要求保持一定财务比率的信贷机构而言，需要特别关注是否存在将长期资产错误归类为流动资产的情况，尤其是对无担保或担保不足的信用贷款和其他短期借款而言，这种情况可能带来特殊的后果。有时，这种错误分类也被称为"粉饰财务报告"。

大多数不恰当的资产估值都涉及高估存货或应收款项的数额。其他不恰当的资产估值包括不恰当的存货资本化，操纵并购企业的购买价格以虚增未来收益，错误归类固定资产和其他资产或筹建成本资本化等，主要针对以下四类对象：

- 存货估值。
- 应收账款。
- 企业合并。
- 固定资产。

13.4.5.1 存货估值

存货必须按购置成本估值，但是，如果购置成本高于当前的公允价值，则应减记为当前市价。如果已经没有价值了，则应完全注销；如果不注销存货，就会导致多报资产，销售成本与收入不匹配。通过操控存货实地盘存数量、虚增发出存货的单位成本、不减少已销产品的成本或其他方法，都会不恰当地报告存货价值。

虚构存货的舞弊手法通常包括编制虚假文件，如存货盘点表、验收报告或类似文件等。有的公司甚至为审计人员"设计"了专门的电子化存货报告程序，而这个程序的加总数额是错误的，以便虚增存货余额的价值。但整体说来，数据分析和计算机辅助审计技术能极大帮助审计师发现许多存货舞弊。某案例中，舞弊者通过审改存货数量实施了存货估值舞弊，审计团队在对这家上市医药用品公司进行常规审计时，发现了存货估值的错报，报表中的存货以"公制单位"计量，很明显，员工在盘点存货数量时改变了计量单位，导致存货价值被大大高估。这一发现迫使公司重述其财务报告，存货价值最终减记150多万美元。

高估存货最普遍的方法之一是虚构存货。某案例中，一名注册舞弊审查师在对西南航空公司的一家大型罐头厂和一家产品批发商进行系统审查时发现，一名叉车司机正在仓库的一个角落用完工产品堆放成巨大的四个面（其实中间是空的），外面贴着指定给某食品加工厂的标识。据说是等到顾客有指令后，罐头厂才储存了这些存货。可根据审查师随后的调查，这些存货最终被卖给了另一家连锁快餐供应商。

对应收账款进行检查后，审查师发现罐头厂在之前几个月里对某特定客户的销售额为120万美元，而且已经获得了对应的现金收入，存货的减少也与销售记录一致，所以从期末存货分析上看不出任何不当行为。后来，审查师要求查阅罐头厂与这家特定客户相关的所有销售文件副本，发现该产品多次以离岸价格（FOB）进行销售，而且确实发货了，但数量对不上，根据提单核算，仅有价值20万美元的存货被运到采购商处，那么罐头厂里就应当还有100万美元的完工产品才对。但实际上，完工产品堆砌的四个存货墙的中间是空的，根本没有那么多待发出的存货。此外，通过比较提单与销售文件上的产品数量，审查师发现，同样的产品被出售了两次。

公司管理人员被通告了此事，工厂经理也受到了询问，他解释说自己只是"按指示行事"，负责市场和负责经营的两个副董事长也都知道这个情况，他们觉得"没什么不合适的"。幸好，公司的CFO和董事长不这么认为，他解雇了这两位副董事长。但最后公司还是破产了。

13.4.5.2 应收账款

操纵应收账款与上文操纵销售额和存货手法相似，有的案例中，会同时涉及几种舞弊手法。应收账款应当按可变现净值列报，即应收账款金额减去预计不能收回的金额。对应地，涉及应收账款的两种最常用的舞弊方法是虚构应收账款和不将应收账款作为坏账注销（或未对坏账建立足够的准备）。

13.4.5.2.1 虚构应收账款

对于财务困难的公司，或者根据销售额提取佣金的公司，虚构应收账款的舞弊行为是很普遍的。虚构应收账款的典型分录是借记（增加）应收账款和贷记（增加）销售额。而且，由于应收账款应在合理期间内偿付，所以这种舞弊经常发生在期末。

舞弊者经常向审计师提供虚假的余额确认单以掩盖虚构的应收账款。之所以能够获得确认单的回函，是因为他们提供的虚假客户通信地址一般是在他们控制范围内的信箱、家庭地址或同伙的公司地址。认真查看公司的信誉报告、公共记录甚至客户通讯录，能够发现这些虚构的重要客户或明显没有这类商业需求的重要客户，进而识别舞弊行为。

13.4.5.2.2 不减记账面价值

根据GAAP，公司必须对预计无法收回的应收款项计提减值准备。为此，必须估计无法收回的客户款项，并将此金额记入资产减少类账户，通常称为"坏账备抵"，作为未来账户核销的储备金。对应的分录是费用账户，一般为"坏账费用"或"坏账准备"。当公司确定某个特定的客户账户无法收回时，就要在账簿中记录资产的减少。对于利润和收益情况不好的公司而言，它们可能会鉴于对收入的影响而试图忽略这种损失。

13.4.5.3 企业合并

如果某企业收购了另一家公司，则必须将其支付的购买价款与该公司的有形资产、无形资产和负债进行分配。如果购买价格超过了所获资产的价值，多余部分会作为商誉处理。商誉会计的处理方法，避免了公司将过多的金额分配到有形资产并将最少金额分配到商誉的情形（之前，商誉是需要摊销的，这会减少未来的收益）。然而，公司仍然可能将过高的购买价格分配给产品研发等资产，这样就可以立即将其注销。此外，在企业合并时，公司可能为各种费用建立超额准备金，以便在未来某个时点把这些准备金偷偷地释放到盈余中。

13.4.5.4 固定资产

通过各种方法，还可能会操纵固定资产的报表数据，一些较为普通的舞弊方法是：

• 虚构资产。
• 伪报资产价值。
• 低估资产价值。
• 非资产成本资本化。
• 错划资产类别。

13.4.5.4.1 虚构资产

资产错报最容易的方法之一是记录虚构的资产，通常是增加收入账户或减少支出账户，因此，虚构资产不仅可以改善资产负债表，还能夸大收益。

因为公司资产经常被存放于不同的场所，所以虚构资产舞弊通常很难发现，其中最为常见的手法是简单编造虚假文件。某案例中，一家房地产开发和抵押融资公司编制了舞弊性财务报告，其中包括虚构资产、高估资产和非法应收款项，还把私人支出记录为公司支出。为了掩盖舞弊，公司违法发行证券以筹集资金，并以房地产项目担保了1.1亿美元的贷款，之后接连发生的就是经营失败、拖欠贷款、老板去世、公司破产。

在另一个案例中，公司把租来的设备记为固定资产，并且躲过了固定资产审计。还将利润表中的合法支出故意划分到资产负债表的固定资产中，以提高公司收益，然后利用折旧或摊销在更长的时间内注销错误分类的费用。

13.4.5.4.2 伪报资产价值

固定资产应当按成本计量。尽管资产可能升值，但是公司财务报告不应确认这样的增值，许多财务报告舞弊涉及虚报固定资产价值，如以公允市价而不是以较低的购买成本计价，或以虚假的估值来夸大虚报的固定资产。

历史上最引人注目的资产评估舞弊案之一，涉及前美国安然公司的首席财务官 Andrew S.Fastow。2002 年 10 月，SEC 对 Fastow 提出民事诉讼，此外他还面临刑事指控，指控他利用资产负债表外的关联公司操纵股价，欺骗其他股东，然后自己进行相应的股票买卖以牟利。SEC 指控 Fastow 的六项罪名中的其中一项是关于 Raptor I 和 Avici 公司。根据该指控，安然公司及 Fastow 控制合伙企业 LJM2 公司与一个名为 Raptor I 的公司进行了复杂的交易，目的是利用 Raptor I 公司操纵安然公司的资产负债表和利润表，最终牺牲了安然公司的利益并为 LJM2 和 Fastow 创造利润。2000 年 9 月，Fastow 和其他同伙利用 Raptor I 公司完成了舞弊性的对冲交易，从而避免了安然公司投资在 Avici Systems 上市公司的股票损失。简单说来，就是 Fastow 和其他人倒签文件，使安然公司看起来像是在 2000 年 8 月份就锁定了它对 Avici 公司投资的价值，而那时 Avici 公司的股票正处于历史最高价格。

13.4.5.4.3 低估资产价值

在有些情况下，如一些与政府相关或被政府管制的公司，部分需要交纳的资金数额往往取决于现有资产的数目，这时，公司就可能低估资产：或直接低估资产，或通过不当折旧来低估资产。某案例中，公司管理层通过操纵固定资产折旧伪造财务报告，把折旧准备金在 6 个月内加速计提了 290 万美元，以此避免向政府的资本收缴账户交钱。

13.4.5.4.4 非资产成本的资本化

根据 GAAP，资产购置过程中产生的利息及财务费用不应计为购置成本。例如，一家公司贷款购置一个设备，之后需要每个月还款，虽然还款额包括本金和利息，但在初始购买时，只有该资产的初始成本可以被资本化，随后支付的利息应当计入利息费用而非资产。

如果不进行深入审查，确实很难发现这类舞弊行为。某案例中，涉及一个只有几个股东的公司，一位新的投资者起诉要求撤销股票购买，原因是该公司编制的财务信息没有真实记录公司的历史财务状况。经调查，该公司将利息费用和其他筹资费用进行了资本化，从而高估了资产价值；另外，还有一位股东少报了 15 万美元的收入并且挪用了该笔资金。最终双方达成庭外和解。

13.4.5.4.5 错划资产类别

为了达到预算要求或出于其他各种原因，资产有时被归为错误账户。这种操纵会歪曲财务比率，从而帮助公司遵守贷款合同或其他融资需求。例如，一家珠宝公司的采购员采购了一些不太合算的珠宝，于是他将运输成本重新分配到各个存货账户，以避免因毛利率过低而受到责备。这一掩盖手法没有得逞，因为公司的 CFO 改变了控制程序，把购买职能与成本核算职能分离后，公司马上发现了这一舞弊行为，最终这名不诚实的员工被解雇。

13.4.5.5 资产评估不当的预警信号

资产估值不当的危险信号与本章讨论的其他类型财务报告舞弊的危险信号类似。需要提醒的是，预警信号的出现并不意味着舞弊行为一定发生，但是存在风险，这时就需要对舞弊行为的可能性进行调查。与资产估值不当有关的预警信号包括但不限于：

· 经营活动中连续出现负的现金流，或经营活动不能产生现金流时仍出现报告盈余或盈余增长。

· 客户需求显著下降，整体经济或所在行业中的企业破产现象日益严重。

· 资产、负债、收入或支出的列报很大程度上是基于估计，且这些重大估计涉及难以证实的主观判断或不确定性。

· 非财务管理部门的过度参与或干预会计政策的选择或重大估值的决定。

· 毛利异常增长或者毛利超过同行业平均水平。

· 应收款项收款期的异常延长。

· 存货采购天数的异常增长。

· 坏账准备、剩余存货准备和过时存货准备的缩减与行业平均水平不符。

· 固定资产与折旧之间的关系异常变动。

· 竞争对手在减少固定资产时，公司的固定资产却在增加。

· 增加固定资产，但销售量、生产能力或生产效率没有增加。

13.5 财务报告舞弊的调查

13.5.1 财务报告的外部审计

进行独立的外部审计，是为了确定财务状况是否公允列报且符合 GAAP 的要求。为实现这一目标，审计师应根据公认的会计准则（GAAS）计划并执行审计工作，以合理保证财务报告不存在因错误或欺诈而出现的重大错报。

根据不同的管辖范围和被审计实体的具体类型，各公司适用的会计准则（GAAS）有所不同。例如，在美国，对上市公司的审计通常遵守上市公司会计监督委员会（PCAOB）颁布的审计准则，而对私营公司的审计必须遵守美国注册会计师协会（AICPA）颁布的审计准则。在美国以外的许多国家，都采用了国际会计师联合会（IFAC）提出的国际审计准则。

虽然这些团体发布的准则的具体要求各不相同，但总体来说，每套准则都要求审计人员负责关于财务报告的下列舞弊行为：

· 了解舞弊的特点、原因和预警信号。

· 运用适当的专业怀疑态度，既不假设管理层不诚实，也不假设其完全诚实。

· 在规划、执行、评价和记录审计程序和舞弊事件的结果时采取应有的谨慎态度。

· 评估舞弊导致的财务报告重大错报的风险。

· 根据风险评估的需要，将重要的审计职责分配给经验丰富的审计人员。

· 根据账户或交易的性质，确定重要的会计政策是否适用。

· 审计大额、异常或复杂的交易。

· 从数量和质量上，评估会计记录与基本事实之间的差异。

· 汇总潜在的审计调整，并总结和评估对财务报告的综合影响。

· 向适当的管理层报告发现的舞弊情况。

· 坚持修改受重大舞弊影响的财务报告，以扭转影响，或提供有价值的意见。

• 如果舞弊问题的不确定性无法解决，或者管理层的合作不令人满意，则退出审计，并将退出原因告知监管人员。

此外，根据普遍接受的审计标准，外部审计师一般没有下列义务：

• 揭露合谋掩盖的故意虚报行为。

• 确保或保证发现所有重大错报。

• 向外部机构或当事方报告大多数舞弊事件。

354

• 发现和报告财务报告审计范围以外的错误和违规行为。

13.5.2　财务报告分析

可比性的财务报告可以提供当前和之前会计期间的信息。当账户情况全部以具体金额呈现时，其产生的信息价值是有限的，如果将这些数字转化为比率或百分比，就可以使报表使用者掌握它们之间的关系以及历史总额的重大变化，从而进行更科学的分析。在舞弊的发现和调查中，确定关系和金额变化的原因是十分重要的，这个原因也是向审计人员提示的舞弊预警信号。如果舞弊性错报规模比较大，肯定会影响财务报告，数字之间的关系也会产生异常。许多舞弊行为之所以能被发现，就是因为当人们对财务报告进行细致分析时，会发现财务报告的数据不合实际。财务报告分析包括：

• 纵向分析。

• 横向分析。

• 比率分析。

13.5.2.1　百分比分析：纵向与横向

传统上，财务报告的百分比分析有两种：纵向分析和横向分析。纵向分析用于分析项目之间的关系，通常用百分比来表示利润表、资产负债表和现金流量表中各项目之间的关系，是一种基于共同基础的财务报告分析。在利润表的纵向分析中，净销售额为100%；在资产负债表中，资产方总资产为100%，负债和所有者权益的总额为100%。在每一个部分，所有其他项目都是这些项目的一定百分比。

横向分析是用来分析单个财务报告项目在某年度和下一年度的变动百分比。以第一个期间为基础数据，随后期间的变动都以基础期间的一定百分比表示。如果列报两个以上的期间，那么每一个期间的变化均以前一个期间的一定百分比表示。与纵向分析一样，这种分析也无法发现轻微的舞弊行为。图表13-2是财务报告横向分析和纵向分析的例子。

图表13-2　纵向分析和横向分析　　　　355

单位：美元

资产负债表	纵向分析				横向分析	
	第一年		第二年		变动	变动百分比
资产					（30 000）	−67%
流动资产						
现金	45 000	14%	15 000	4%		
应收账款账户	150 000	45%	200 000	47%	50 000	33%

续表

资产负债表	纵向分析				横向分析	
	第一年		第二年		变动	变动百分比
存货	75 000	23%	150 000	35%	75 000	100%
固定资产（净值）	60 000	18%	60 000	14%	—	0%
合计	330 000	100%	425 000	100%	95 000	29%
应付账款	95 000	29%	215 000	51%	120 000	126%
长期借款	60 000	18%	60 000	14%	—	0%
股东权益					—	
普通股	25 000	8%	25 000	6%	—	0%
实收资本	75 000	23%	75 000	18%	—	0%
留存收益	75 000	23%	50 000	12%	（25 000）	−33%
合计	330 000	100%	425 000	100%	95 000	29%
利润表						
净销售额	250 000	100%	450 000	100%	200 000	80%
销货成本	125 000	50%	300 000	67%	175 000	140%
毛利	125 000	50%	150 000	33%	25 000	20%
营业费用						
销售费用	50 000	20%	75 000	17%	25 000	50%
管理费用	60 000	24%	100 000	22%	40 000	67%
净利润	15 000	6%	（25 000）	−6%	（40 000）	−267%
补充信息						
平均应收账款净额	155 000	210 000				
平均存货	65 000	130 000				
平均资产	330 000	425 000				

纵向分析讨论

进行纵向分析，先设定某一具体基数项目，然后把报表中的其他项目与之形成百分比表达关系。比如在图表 13-2 中，利润表的纵向分析是把净销售额作为基数，再将所有其他项目计算为净销售额的百分比然后进行分析。纵向分析强调每一会计期间内的报表项目之间的关系，这些关系可以与历史平均水平进行比较，以此确定报表是否异常。

356

在该例中，我们可以观察到，应付账款占总负债的29%。该账户的历史数据一般都略高于25%，但第二年，竟然增长到51%。虽然账户总额的改变可以通过销售额的增长来解释，但是这种显著增长也可能是舞弊调查的起点，具体说来，审计师应当检查原始文件来确认这个百分比的增长原因，从中可能会发现舞弊活动。另外，销售费用占销售额的比率从20%下降到17%，虽然这一变化可以用更高的销量额或其他原因解释，但无论如何，应付账款显著上升，但销售费用没有相应增加，舞弊审查师就需要仔细调查是否有虚构销售额的可能。

横向分析讨论

财务报告横向分析是用百分比来比较前后两个会计期间的数据变化，变动百分比就是用每个项目的增减额除以基期金额来计算。在横向比较中，金额变动和百分比很重要，大额账户5%的变动可能比不活跃账户50%的变动更重要。

在上述案例中，与销售成本140%的增幅相比，销售额80%的增幅更为显著。这些账户通常用来隐藏舞弊性支出、抽取备用金或其他非法交易。

13.5.2.2　比率分析

比率分析，通常用于衡量两个不同财务报告数额之间的关系。分析的关键是其中的相互关系和比较，需要使用财务报告数据进行内部评价。传统上，财务报告比率是用来与其所在行业的平均水平进行比较的，这个比率对发现舞弊信号十分有用。由于财务比率突出了某公司在关键领域的两个或几个会计年度的重大变化，如果存在问题，财务报告上就会有所体现。需要注意的是，与其他分析一样，特定比率的变化通常可以用公司的经营变化来解释，所以说比率变化本身并不是舞弊行为的证据。当发现特定比率变化时，应当详细研究和调查相应的原始账户，以确定是否存在舞弊。例如，公司流动比率的显著下降可能是由流动负债增加或资产减少导致，两者都能够用于掩盖舞弊。如之前讨论的财务报告分析一样，比率分析同样具有局限性，它也不能发现小规模的舞弊行为。关键的财务比率包括：

- 流动比率。
- 速动比。
- 应收账款周转率。
- 收款比率。
- 存货周转率。
- 存货平均储存天数。
- 债务股本比。
- 利润率。
- 资产周转率。

在特定行业下，还要分析许多其他财务比率，但上面列出的比率已经可以引导舞弊审查师发现某些舞弊行为了。图表13-3中的计算是基于图表13-2中的数据。

图表 13-3 比率分析

比率	计算	第一年	第二年
流动比率	$\dfrac{流动资产}{流动负债}$	$\dfrac{270\,000}{95\,000}=2.84$	$\dfrac{365\,000}{215\,000}=1.70$
速动比率	$\dfrac{现金+证券+应收账款}{流动负债}$	$\dfrac{195\,000}{95\,000}=2.05$	$\dfrac{215\,000}{215\,000}=1.00$
应收账款周转率	$\dfrac{销售净额}{平均应收账款净额}$	$\dfrac{250\,000}{155\,000}=1.61$	$\dfrac{450\,000}{210\,000}=2.14$
收款比率	$\dfrac{365}{应收账款周转率}$	$\dfrac{365}{1.16}=226.30$	$\dfrac{365}{2.14}=170.33$
存货周转率	$\dfrac{销售成本}{平均存货}$	$\dfrac{125\,000}{65\,000}=1.92$	$\dfrac{300\,000}{130\,000}=2.31$
存货平均储存天数	$\dfrac{365}{存货周转率}$	$\dfrac{365}{1.92}=189.80$	$\dfrac{365}{2.31}=158.17$
债务股本比	$\dfrac{负债总额}{股东权益}$	$\dfrac{155\,000}{175\,000}=0.89$	$\dfrac{275\,000}{150\,000}=1.83$
利润率	$\dfrac{净收益}{销售净额}$	$\dfrac{15\,000}{250\,000}=0.06$	$\dfrac{(25\,000)}{450\,000}=(0.06)$
利润率	$\dfrac{销售净额}{平均资产}$	$\dfrac{250\,000}{330\,000}=0.76$	$\dfrac{450\,000}{425\,000}=1.06$

财务比率的解释

流动比率 = 流动资产 / 流动负债

流动比率（current ratio）等于流动资产除以流动负债，可能是财务报告分析中最常用的比率。这个比率可用于衡量公司用流动资产偿还当前债务的能力。长期以来，流动资产超过流动负债的倍数一直是直观衡量公司财务实力的指标。

在调查舞弊时，这个比率是操纵账户的首要指标。资产侵占会使该比率下降，隐瞒负债会使该比率增加。在本例中，流动比率从第一年的 2.84 急剧下降到第二年的 1.70，这提醒调查者应当详细检查相关账户。例如，账单舞弊（billing scheme）通常会导致流动资产（现金）减少，进而降低流动比率。

速动比率 = 现金 + 证券 + 应收账款 / 流动负债

速动比率（quick ratio），又称为耐酸（acid-test）比率，比较的是可以立即变现的资产能力。速动比率的计算公式是现金、证券、应收账款的总和除以流动负债，这个比率用来衡量一个公司应对突发现金需求的能力。在经济不稳定时期，这个比率的使用非常普遍，分析师可以从最差的情况考察公司的营运资本情况。

舞弊审查师可以把这个比率作为舞弊指标进行分析。在本例中，该公司第一年的资产负债表显示其速动比率是 2.05，第二年下降为 1.00。在这种情况下，影响速动比率的舞弊行为可能是虚构应收账款，即将应收账款计入第一年，以虚增该年度的销售收入。这样一来，前一年的比率就会异常高，并且不会有相抵消的流动负债。

应收账款周转率 = 销售净额 / 平均应收账款净额

应收账款周转率是净销售额除以平均应收账款净额。它衡量应收账款在某会计期间内的周转速度。换句话说，它衡量赊销和收款之间的时间。分析这个比率时要同时使用现金流量表和资产负债表，如果舞弊涉及虚构销售收入，那么虚假收入永远不会到账，应收账款周转率就会降低。

收款比率 = 365/ 应收账款周转率

收款比率用于衡量应收账款的账龄。365 天除以应收账款周转率得到收回应收账款的平均天数。一般来说，收款比率越低，应收账款回收速度就越快。舞弊审查师可以将这个比率作为发现虚假应收账款或盗窃和截留收入舞弊手法的信号。通常，每年的这个比例应保持不变，但是结算政策或收款努力程度可能会导致其波动。本例显示，收款比率从第一年的 226 到第二年的 170，这个下降意味着该公司第二年应收账款的回收速度比第一年快。

存货周转率 = 销售成本 / 平均存货

存货周转率显示公司的销售成本与平均存货的关系，用以衡量一个会计期间销售存货的次数，是一个衡量采购、生产和销售效率的指标。一般来说，存货周转率越高就被认为越好。但也有例外，例如，如果存货被窃（期末存货减少，但不是通过正常销售减少的）导致销售成本增加，存货周转率将会异常高。在本例中，第二年的存货周转率增加，可能暗示存货账户中隐藏着盗用行为。舞弊审查师应当观察该比率各构成部分的变化，以确定可能存在的舞弊方向。

存货存储的平均天数 = 365/ 存货周转率

存货平均存储天数，是用时间指标来表示存货周转率，这个比率也很重要。存货存储天数的增加会引起额外的费用，包括储存成本、存货过时的风险、市价降低的风险以及由于存货占用资金而发生的利息和其他费用。对于舞弊调查者来说，该比率年度间的不一致和重大变动是一个预警信号，审查师可以用该比率来检查存货账户以发现可能存在的盗窃舞弊。采购舞弊也会影响该比率，虚假借记销售成本会提高该比率。存货周转率的显著变动是可能存在存货舞弊行为的指标。

债务股本比 = 负债总额 / 股东权益

债务股本比是负债总额与股东权益总额的比率。因为它将公司在特定日期的长期债务和短期债务总额与所有者的注入资金和盈余之和进行比较，是借贷机构着重考虑的比率，分析一家公司的财务状况时，债权人提供的资金额和所有者提供的资金额之间的比例是十分重要的，债务股本比的标准往往会作为重要部分写进贷款合同。本例显示，公司第一年的债务股本比是 0.89，第二年是 1.83，利率的增长与应付账款的增长是一致的，债务股本比的突然变化是调查舞弊行为的信号。

利润率 = 净利润 / 净销售额

利润率是净利润与净销售额的比率，它能反映每一美元的销售额所赚取的利润，通常被认为是效益比率。净利润对销售额的比率不仅受到毛利变动的影响，也受到销售费用和管理费用变动的影响。当舞弊发生时，销售额的虚增不会导致相应的已售商品成本的增加，进而会使净利润被高估，利润率也会异常高；虚假费用和舞弊性支出则会导致费用的增加和利润率的降低。随着时间的推移，该比率应保持基本一致。

资产周转率 = 销售净额 / 平均资产

资产周转率是净销售额与平均经营资产的比率，可用来确定资产利用的效率。本例中，第二年的资产使用效率优于第一年。

13.6　财务报告舞弊的防范

与其他舞弊行为相比，防范财务报告舞弊更为复杂，只是增加传统的内部控制并不能有效防范财务报告舞弊。正如我们在第 12 章所了解的，特雷特威委员会下属的发行组织委员会（COSO）的研究显示，89% 的财务报告舞弊案涉及 CEO 或 CFO。由于高管人员能使他们的职权凌驾于大多数内部控制措施之上，因此内部控制在防范财务报告舞弊方面的作用非常小，需要采取其他方式进行防范。

根据在本书第 1 章介绍的"舞弊三角"原则，减少财务报告舞弊的一般方法是：
- 减少实施财务报告舞弊的压力。
- 减少实施财务报告舞弊的机会。
- 减少将财务报告舞弊合理化的借口。

13.6.1　减少实施财务报告舞弊的压力
- 建立董事会对管理层营造的"高层基调"的有效监督。
- 避免设定无法实现的财务目标。
- 避免为达目标对员工施加过度压力。
- 根据已变化的市场环境改变目标。
- 确保薪酬体系的公平性，避免制造过多的舞弊动机。
- 不鼓励对公司的未来业绩有过高期望。
- 清除不利于有效业绩的经营障碍。

13.6.2　减少实施财务报告舞弊的机会
- 保持准确和完整的内部会计记录。
- 仔细监督商业交易以及公司与采购方、供货方、采购代理商、销售代表和其他参与交易的人员与金融部门之间的人际关系。
- 建立一个实物安全系统，以保护成品、现金、资本设备、工具和其他有价值的公司资产。
- 将重要职能在员工之间进行分工，并且将每个领域的控制机能进行划分。
- 保持准确的个人记录，包括对新员工的背景调查。
- 鼓励强有力的监督和群体内部的领导关系，以确保会计程序的执行。
- 建立明确、统一和没有例外条款的会计程序。

13.6.3　减少将财务报告舞弊合理化的借口
- 在整个公司中建立基于诚信的强烈价值观念。
- 制定政策，清晰界定有关会计和财务报告舞弊的禁止行为。
- 提供定期培训，向所有员工传达禁止行为的内容。

- 建立机密的建议和举报机制，及时沟通不当行为。
- 要求高管们向所有员工传达信息：诚信第一，永远不要通过舞弊实现目标。
- 确保管理层能按照公司倡导的诚信精神行事，并通过促进会计领域的诚信来树立榜样；管理层的不诚信行为，即使只是针对外部人员的，也会形成一个不诚信的环境，它能够蔓延到内部和外部的其他商业活动和其他员工中。
- 明示违反准则的后果以及对违反者的惩罚。

案例研究 13—3　都是表面文章

Michael Logan 微笑着，叼着雪茄嘲笑着那些过去认为他只是个胖乎乎的傻瓜的人。《福布斯》（Forbes）和《商业周刊》（Business Week）对他的公司极为吹捧，《商业周刊》也称他的 Coated Sales 公司是"国内增速排名第四的公司"，并预测未来会有更大的回报。Coated Sales 公司的 20 家涂布销售竞争对手中，有 11 家已经破产或被兼并，《福布斯》的一位撰稿人评论："幸存的竞争对手面对 Logan 时，只会退缩，丝毫不敢嘲笑。"短短几年，Coated Sales 公司的销售额从每年 1000 万美元跃升到 9000 万美元，股票价格飙升，达到开盘价的 8 倍。Weinstein 激动地声称："我的目标之一就是让公司能够独领风骚。"

没过多久，这一目标"实现"了，但并不是以预期的方式。Logan 的审计师们突然遗弃了他，当时的国际六大会计师事务所同时放弃了对 Coated Sales 公司的业务，并宣称对 Coated Sales 公司管理层的不信任，公司的高管人员也纷纷急于撇清关系。接着，Logan 被停职了，新的审计师们开始审查公司账簿。两个月后，Coasted Sales 公司申请破产保护，Logan 最后的笑声干瘪了下去。

19 岁时，Logan 向父亲借了 1000 美元用来开了一家药店；到他 31 岁时，已经将之发展为连锁店；之后，他将连锁店出售，从中赚了数百万美元。Logan 回忆说，当时他想到"一个问题"：他的同龄人都三十多岁，正辛苦工作，养家糊口，而他却要退休了，总应该干点什么吧？

这时，Weinstein 的好朋友 Dick Bober 劝他加入涂层织物行业。尽管 Logan 对该行业一无所知，但他不是药剂师也一样开了药店，所以对自己很有信心。他调研后得知，传送带、防弹衣、降落伞、头盔衬垫和迷彩服等大量产品的制造中，织物涂层都是其中很关键的一步，很多制服和装备必须是可以防污、防霉、防水和可染色的，而且，很多大额政府采购涉及这些产品。据估计，涂层能使原材料的基础价值增加 10% 至 50%，为一个普通行业增添很大的附加值。 ³⁶²

Logan 对涂层前景非常看好，并最终进入制造过程。作为一名飞行员，他很反感在商用飞机上堆放救生衣，他告诉 Coated Sales 公司的研究人员："这些救生衣很麻烦，价钱高还很笨重。"最终，公司使用尼龙涂层制造出了新款救生衣，比原来的标准救生衣轻了 60%，成本降了 70%。在他的公司破产前，Logan 可以自豪地说：每一个西部航班班机上的救生衣，都是用 Coated Sales 公司的材料生产的。

Coated Sales 的实验室还帮助开发了一种超级防护牛仔布，对石油钻塔工人、消防员等有害物质接触者起到保护作用。Coated Sales 公司的员工还研发了飞机紧急滑梯、散热器软管、电话耳机、污水过滤布、海洋潜水服、背包等物品；为了显示研发能力，他们还为 Dennis Conner 驾驶的帆船"星条旗"（Stars&Stripes）号帆船制作了部分帆布，这艘帆船曾赢得美洲杯（America's Cup）比赛的冠军。就在公司倒闭的前两年，Logan 成为第一个拥有大型涂装厂的涂层织物运营商，该工厂耗资 2700 万美元，在同行中首屈一指。

但同时，Logan 的公司也在自掘坟墓。公司开拓新市场、研发尖端生产线、新旧公司同时经营，这一切都需要钱，特别是当 CEO 及高层们喜欢扩大公司规模并以此为宣传噱头时，情况更糟。公司的现金一直短缺，发展规模越大，短缺就越严重，有时为了获得短期资金周转，公司甚至以亏本价快速销售织物和设备。

多年来，Coated Sales 公司由 Goodson&Co. 会计师事务所提供审计服务，审计中没有出现任何问题，后来，这个事务所被毕马威事务所收购，新的审计师看到了截然不同的情况。其中，一名审计助理打电话给一家行李制造商，询问从 Coated Sales 公司购买的 75 万件商品的情况，该行李公司的负责人答复说从来没有这个订单。当审计组成员表达疑惑时，Coated Sales 公司派出其法律顾问 Philip Kagan 与之交涉，他试图与审计师们达成一笔交易——让他们继续为公司提供审计服务，但不干涉财务报告的情况，Kagan 只承认"财务报告有一些问题，但可以补救"，审计师坚决地拒绝这个交易，于是，公司的财务状况很快昭然天下。

短短两个月内，这个行业内业绩优秀的公司就陷入了破产的境地。早期估计，股东的损失超过了 1.6 亿美元，Coated Sales 公司最大的 20 个债权人声称他们损失了至少 1700 万美元。破产法庭任命 PWC 会计师事务所的破产清算和法律诉讼业务部与公司的债权人一起，负责公司的破产财产处置。除了常规的评估外，该小组还要确定公司财务有何问题及其严重程度。注册舞弊审查师 Harvey Creem 说："我们知道大家关注贷款的问题，以及这些钱是如何使用的。在我们开始调查后，发现背后还有更大的冰山。"Creem 与债权人的律师一起工作，他们发现银行贷款资金并没有记入公司的总账，而是被转移到了一家券商账户上。据调查，这是该公司首次公开发行时的一个账户，用于临时投资，直到全部清空。在最近一个会计年度中，该账户还进行一些活动：一笔贷款资金被存入该账户，然后转出到一个现金账户，并被列示为顾客支付的应收账款。Coated Sales 公司涂布销售的到期金额很大，应收账款每年增长 2000 万美元，但是，支付这些应收账款的很多款项都是 Coated Sales 公司自己的钱，其中一部分源于银行贷款。至此，舞弊的大致情况已经很清楚了，如 Creem 说："当你发现一张 200 万美元的支票竟用来清偿几个不同的账户，就应当知道背后有猫腻了……通常，每个客户签发自己的支票偿还自己的债务。但在这个案例中，同一名字的一张支票被用于偿还几个不同客户的债务，看起来就像是不仅要偿付自己公司的债务，也要偿付其他公司的债务——这也不是不可能，但可能性不大……找到基本交易的时间只需两三个小时，之后就能追踪整个交易范围。"

Creem 介绍了他和同事是如何在公司申请破产前期开始工作的，以及"如何深入分析应收账款……这些应收账款中的很大部分都是虚构的，没有任何交易来支持这些款项"。审计人员的追踪工作得到了一些低级别员工的帮助："有些人并不知道发生了什么事情，但他们愿意提供帮助；有些人可能已经知道发生了什么，但他们希望有悔改表现，所以愿意配合审计人员提供信息。"在历时 3 年左右的舞弊中，Logan 和他的管理层虚增销售额和利润，虚报了 5500 万美元的资产净值。他们用这些虚假数字从几家银行贷款，得到了 BancBoston 银行的 5200 万美元信用贷款，还得到了新泽西州 First Fidelity 银行的 1500 万美元信用贷款。

这些非法获得的贷款解决了现金流的问题，还有很好的意外效果，Coated Sales 公司的股票价格飞涨。飙升的收入和对市场的巨大控制将公司股价推升至每股 12 美元，是发行价的 8 倍多。公司高层，包括 Philip Nicholson（董事长）和 Logan 的长期合作伙伴 Dick Bober（副董事长），全部高价出售了他们的股票，Logan 本人也在股票的短期买卖中赚取了 1000 多万美元。此外，无数针对他的指控中，有一项是关于 Logan 转移了 96.8 万美元的公司资金离境。

Creem 追踪公司操纵利润的轨迹，发现了几个有趣的点。Creem 说："审计师们进行了追踪，发现了几种伪造客户正在支付虚假应收账款的方式。公司先创建一个假的应收账款，比如说对某公司有 1 万美元应收账款，然后尽可能地长时间拖延这些应收账款，有时还会窜改账龄过长的应收账款的日期，使其看起来像是近期发生的；之后是寻找支付该账款的方式：公司把自己的现金拨给供应商，供货商按约定提交一张 1 万美元的假发票，并获得了 1%—2% 的佣金，再把剩余的钱返还给 Coated Sales 公司，于是，这笔钱就作为'支付应收账款'被记录在账户中。"

类似 Bernard Korostoff 这样的家伙，在这个过程中充当欺骗性供货商的角色，Korostoff 用自己的 Kaye Mills 国际公司为 Coated Sales 公司的几个大订单开具了虚假发票。Logan 的团队用虚假财务状况获取贷款，然后把钱付给 Korostoff，就像在偿还债务一样。Korostoff 保留其中的 1.5% 作为佣金，再将其余的钱返还给 Coated Sales 公司，用以支付伪造的应收账款。Creem 说："我一直搞不明白，这些家伙只能得到一小笔不道德收益，怎么还不厌其烦干这些呢？也许涉及其他经营相关的业务……"

这家公司的运行是一个充满骗局的迷宫。Logan 虚构应付账款，再假装偿还，然后用应收账款获得数百万美元的贷款，并把大笔的资金回笼到经营系统中，以使这些舞弊行为不被发现。虚假销售不仅带来了贷款，而且推动了股价升高，自己再从中攫取投资收入。为支撑整个骗局，Logan 使用了三种方式来保持资金运转：①把贷款从隐匿账户转到需要资金的账户；②使用供货商提供的假发票将资金回笼到公司；③卖掉自己的股票，并将部分收益用于支付公司拖欠的应收账款。

这个舞弊行为持续了 4 年，Logan 毁掉了 Coated Sales 公司。该公司夸大了几百万美元的应收账款，在任何特定时点均虚构了一半及以上的销售额。当时，这成了新泽西州规模最大的股票欺诈案，Logan 和其他 9 个高管被控策划并执行了这些舞弊并从中获利。Logan——一个被《福布斯》称为"身材高大、体态健硕、性格专断的人"，拥有很多豪车，还和其他舞弊者为自己购买了一些小公司，到处炫富，却刻薄无比。在 Coated Sales 公司走向衰退且自己面临多项指控之后，Logan 还在佛罗里达州的 Boca Raton 买了一栋价值 200 万美元的房子（13 000 平方英尺），此外，Logan 还拥有停靠在佛罗里达海岸的三艘不同类别的游艇，似乎是为必要时的逃跑做准备。

当然，Logan 并没有逃跑，他和他的核心成员收到了一份 46 页的起诉书。Coated Sales 公司的 CFO Bruce Bloom，认罪并且指认了同伙；Coated Sales 公司的首席律师 Philip Kagan，一开始时宣称自己"没有干过任何非法的勾当"，但后来也决定认罪，承认对其提出的欺诈和同谋指控，还承认帮助公司欺骗审计师，劝审计师不要揭露账目错误，并承认他没有按要求向 SEC 报告就从 Coated Sales 公司接受了 11.5 万美元的法律费用。Kagan 最终被判 18 个月监禁，其他参与舞弊的人员也被判入狱一至两年。

Coated Sales 公司的董事长 Philip Nicholson 与政府合作，被轻判了一年监禁。Logan 的老朋友 Richard Bober，除了与 Logan 一样被判处 5590 万美元的民事罚款外，还被判 20 个月监禁和 300 万美元的罚款。Creem 记得，当 Bober 在破产法庭作证时，"法官显得很震惊，我相信他在法庭里从未碰到过类似的事情"。

Logan 强烈请求不要对他进行严厉的惩罚，但是法院最终还是没收了他几乎所有的房、车、船，以及几个公司和众多银行账户存款（每个账户都有数十万美元），并被判 57 个月监禁，还需要向股东赔偿所有未偿损失。

律师 Michael Chertoff 认为，这是一个很重要的案例，他将其中的一部分称作是"公司董事会被起诉的新类型"。面对这些妄自尊大的高管们的舞弊行为，政府部门开始适用严格的《证券法律执行救济法》（Securities Law Enforcement Remedies Act）来惩罚大的舞弊者。在 Logan 认罪后，Chertoff 召开了新闻发布会，说："重大的财务舞弊不仅损害了银行机构的利益，也影响了证券市场，伤害了数以千计的股票投资者。当董事会不诚实时，债权人和投资者的权益都会受到损害。"

第 14 章 职务舞弊与滥用职权：概览

14.1 滥用职权的定义

我们在前面章节提到的案例，基本上都是员工滥用职权舞弊中较为典型的例子。其实，366这些数据只是冰山一角，各个组织内部商业因素和人为因素组合的复杂程度不同，整座舞弊冰山的深度和广度也有所不同。

要想探知冰山的深度，前提是要界定"滥用职权行为"的范畴。显然，组织的规则越多，员工违反规则的可能性越大。我们在第 1 章中提到，根据 Hollinger 和 Clark 的研究，大约 90% 的员工承认他们曾在某种程度上有过滥用职权的行为。[1]这种滥用的部分原因源于个体的多样性，TomR.Tyler 在他的《人们为什么守法》（Why People Obey the Law）一书中总结道，人只乐意遵守他们认同的规则。[2]如果员工不认同某项制度，他们就会创造自己的制度。

不妨用我本人之前在 FBI 的一段亲身经历说明这个观点。FBI 要对每一个应聘者进行调查，我在被录用之前也经历了一次彻底的背景调查。但是，即使你通过了背景调查并进入聘用程序，也不意味着你是合格的，他们还会继续给你制造困难，进而暴露你的缺点，寻找任何让你失去资格的不完美之处。

经过这个考验过程幸存下来的，只是一小部分，所幸我是其中一员，被聘任并进入培训学校。可从第一天起，这些探员就被要求达到难以企及的超高标准，引用我们令人尊敬的导师的话说："FBI 里没有任何一个平庸的探员，他们中的每一个都高于平均水平，甚至更好。"下面坐着我们 35 名斗志昂扬、充满学习渴望的学员，一位最后排的"数学型"学员举起手说："可是，不可能每一名探员都在平均水平以上。根据定义，要想在平均水平以上，则必须有一个平均水平，并有低于平均水平的个体。从统计学看，不可能每个探员都在平均水平以上。"这个学员对导师既尊敬又确信地说道。

教室安静下来，大家都注视着导师，导师也在认真整理他的答案："听着，先生，如果 J.Edgar.Hoover（埃德加·胡佛——FBI 的创建者）亲口说过每一名探员都高于平均水平，那么这就是我认为的足够的统计学依据。"他态度严肃，丝毫没有开玩笑的意思。

---

〔1〕 Richard C. Hollinger 和 John P. Clark：《员工盗窃》，1983 年。
〔2〕 Tom R. Tyler：《人们为什么守法》，1990 年。

当我们从培训班毕业后，就进入了这个真实的世界。在真实的世界里，我们每次至多得到 25% 的加班费，而且，记录加班的程序非常可笑，外人根本想不到我们每个月必须要填无数的表格才能得到加班费。

就普通探员而言，这个加班记录方法的可笑之处在于：一个期间的加班时长不能累计到下一个期间。例如，如果你在第 14 个付薪期的加班时间是正常工作时间的 50%，你仍然只能得到 25%（实际加班的一半时间）的加班工资；但是，如果你在第 15 个付薪期加班时间是 10%，还是只能得到 10% 的加班工资，而不能使用上期多余的超时工作。更可笑的是，在一年期间中，所有探员的实际加班时间至少是 25%，很多人的还要更高。

结果是，不论他们实际加班多久，几乎所有人在每个付薪期都只简单申报 25% 的加班时间，而且，我们还得宣誓说自己就是加班了这么长时间——不多不少刚刚好。我们的机构不会支付超过 25% 的加班费，但政府法规又要求对所有加班时间支付报酬，从"官方"的角度，他们并不希望大家申报更多的加班时间。所以，尽管被告知虚假陈述可能涉及刑事惩罚，我们还是会在这个低估的加班费申请表上签名，而且都觉得没什么大不了的。为了得到加班费，我们每人每年都要签署 26 次这样的表格。一天，当我和一个老探员在签名处相遇，并谈起这件事的讽刺之处时，他说："Joe，欢迎来到真实世界，这里的规则是：如果你曾经撒过许多谎，你就不能进入 FBI；但你一旦在这工作，就必须为了留在这里而撒一些谎。这真是个荒谬的制度。"

看看这个我亲身经历的故事，有什么寓意呢？我认为有两方面：首先，只要是"人"来工作，就不能消除这个问题，人类时常会进行错误的判断，对那些从事舞弊调查与防范的人来说，如果他们的目标是让员工变成完美的人，那就不仅会失望，而且还会发现这样的期望会使问题变得更糟。

第二个寓意就是"标准的适当性"。引用和我长期共事的 Steve Albrecht 博士的话："如果你将标准定得过高，就会不经意地给你的员工两个选择——达不到标准或彻底撒谎。"如果你想要建立反舞弊标准，就一定要使它们清晰且合理。这些内容稍后详述。

14.2 衡量职务舞弊与滥用职权的程度

反舞弊的目的是减少错误行为带来的损失，但是用传统方法很难衡量其效果如何，原因很简单：我们只知道被发现的那些舞弊，大量的冰山沉睡其下。

正如前言中所述，根据注册舞弊审查师们估算，在工作场所中，所有形式的舞弊和滥用职权行为导致的平均损失占公司总收入的 5%。考虑到我们目前掌握的情况，这可能是我们能够使用的最好数据了，至少它给组织提供了一个潜在风险的大致衡量，但这些风险是否能被发现就是另一码事了。我们曾在本书介绍了几个隐藏多年的舞弊案例，都是因为极其偶然的因素才得以暴露，更多的这类案例仍在慢慢发酵。这也是许多职务舞弊最令人烦恼的一个原因——潜伏的时间越长，造成的损失就越大。舞弊行为一旦开始，除非有什么强制性的原因使其停止，通常都会一直持续下去。

从组织的角度来看，过去发生的事情是衡量舞弊真正风险的一个很好的指标。但是，很少有组织会收集与舞弊相关的历史数据，尤其是那些规模较小的组织：发生了多少舞弊行为、造成了多少损失，以及呈现出什么规律（如果有的话）。但是，请记住，这个数据不会告诉你这座冰山的真正大小，充其量告诉你冰山一角的大小，但最重要的是，过去的舞弊信息会告诉你这座冰山是在变大还是变小。

14.3　人的因素

本书中的很多案例研究都有一个共同的因素：人性的弱点使本来值得信任的员工背叛了这种信任。是否这些员工（从收发室工作人员到董事会成员）都是贪婪的呢？他们是否都是骗子？他们原本就都有道德缺陷吗？还是当他们的诚信受到考验时才会暴露这些缺陷？或是他们受到了不公平的对待，薪酬过低，仅仅想讨回"本应属于"他们的东西呢？

这些问题的答案当然是视情况而定的，犯罪是由动机和机会组成的复杂集合。文莱的苏丹是世界上最富有的人之一，有很多机会去欺骗别人，但他有犯罪动机吗？相反，工资最低的收银员可能为了维持生活而产生盗窃动机。但是，如果他们意识到收银抽屉可能会被突击清点，大概就不会有这样的想法。在任何反舞弊的努力中，我们必须记住，没有一个因素能单独防范职务舞弊，必须从几方面下手才能解决问题。

14.3.1　贪婪

Michael Douglas 曾在电影《华尔街》中有句家喻户晓的台词："贪婪是好事（Greed is Good）。"尽管一些人对这话颇有争议，但大家都承认贪婪绝对是导致职务舞弊的一大因素。实际上，我们最喜欢形容舞弊者的词就是"贪婪"。

定义舞弊动机的难点在于，它非常主观，而且大家会想，什么是"贪婪"？和什么相比才算"贪婪"？什么是"不贪婪"？毕竟，我们中的大多数人都认为自己在某种程度上是贪婪的，这是人类的一个特性。但是，很多贪婪的人并不会为了得到想要的东西去偷窃、撒谎和欺骗。那么我们应该怎样度量贪婪的程度，并以此预测人的行为呢？总之，贪婪虽然是个因素，但如果将其视为发现和防范舞弊的动机，似乎并没有什么路径和意义。

14.3.2　实物工资（In-Kind Wages）

本书中的所有案例几乎都有一个共同现象：那些针对雇主实施舞弊的员工都自认为作法正当。第 6 章中提到的 Bob Walker 案是典型的例子，这名商店收银员为了报复上级开始偷盗，他从管理层被降为出纳，还降了 300 美元的工资，所以 Walker 觉得理应得到补偿，于是一次次处理了总数 1 万多美元的虚假退款，远远超过了降职减薪导致的损失。

为了发现和防范职务舞弊，重要的不是员工们"实际上"是否得到了公平的待遇，而是他们"自己觉得"是否得到了公平的待遇。防范舞弊，必须从员工以及对全体员工的教育开始，必须从各个方面修正员工的错误认识，让员工们了解实施职务舞弊和滥用职权的不道德、非法性及其严重后果。

雇主们也必须了解实物工资这个概念。20 世纪 80 年代，当时我是一个反舞弊顾问，遇到过一起典型的"实物工资"案例。一个银行家听了我关于舞弊防范方面的演讲后，打电话给我："在我们银行，出纳们的偷窃现象极其严重，我想请你来评估下这个问题，并给出一些解决方案。"

我在这家银行里待了几天，仔细调查了会计程序、出纳员的偷窃历史、人事政策和内部

369

控制制度，并和银行主管、出纳主管以及普通员工进行了面谈，这些面谈很能说明问题。

准备提交报告时，这个银行家要求我当着整个董事会的面口头阐述我的结论并回答问题。相对真实的情况，我已经试图说地委婉一些了：出纳之所以偷窃，原因在于：①人事筛选程序不充分；②完全没有反舞弊培训；③可以持有大量现金的员工工资很低；④员工认为该银行是糟糕和傲慢的。当我完成对董事会的陈述之后，请董事们提问，但大家闭口不言，我在寂静中尴尬地站了很久，最后银行家客气地感谢了我的建议，并告知随后会给我打电话。但是，他们再也没有音讯了。

为使职务舞弊和滥用职权最小化（不是消除），有三个基本原则是绝对必要的：

（1）雇佣合适的人。

（2）善待员工。

（3）不要对员工寄予不合理的期望。

14.3.3　不合理的期望

仔细研究过本书的案例之后，你可能会认同，确实是某些情境导致了员工的舞弊行为。例如，第 5 章中 Ernie Philips 的处境很像美国电影里的剧情，他要努力养活妻子和六个孩子，还经历了几次背部手术，完全无法工作。后来，他开始对减轻背部痛苦的药物上瘾，而且患了抑郁症和慢性焦虑症，他的会计师事务所也面临倒闭。在如此可怕的情形下，如果逮到机会，多少人会采取伪造支票的手法去渡过难关？

在我看来，雇主们有时会对员工寄予不合理的期望，从而导致职务舞弊和滥用职权。尤其是，雇主们总是期望员工们在所有情形下都是诚实的，这与正常人性并不相符。根据 Patterson 和 Kim 的《美国说出真相的一天》（The Day America Told the Truth）一书，被调查者中有 91% 的人承认经常说谎。[1]还好，这些谎言中的大部分与舞弊无关。但必须被记住的是，尽管并不是所有的说谎者都是舞弊者，但所有的舞弊者都是说谎者。因此，最有效的防范方法不是消除谎言（因为那是做不到的），而是避免谎言变成舞弊行为。

人们很容易混淆说谎和舞弊这两个概念。对家人、同事、上司和客户说谎是典型的欺骗行为，其动机是告诉人们他们想听到的话，比如"亲爱的，你今天看起来很漂亮！"所以，要时刻警惕：我们防范舞弊行为，但这个目的不能靠改变人性来实现。所以，有效防范舞弊，需要在理解人性的基础上进行。

14.4　理解舞弊的威慑功能

尽管我们经常互换使用防范（Prevention）和威慑（Deterrence）两个词，但它们并不是一回事。防范，从犯罪的角度上看，是消除问题的根源。在这种情况下，为了防范舞弊，我们必须消除实施舞弊的动机，如导致犯罪的社会不公平现象等。实际上，舞弊审查师对此根本无能为力，只能把这个任务留给社会学家们；相对而言，我们更加关注的是"威慑"，即通过感知负面制裁来改变行为。

与一般的街头犯罪相比，舞弊行为更容易被威慑。很多暴力犯罪是在冲动的一刹那实施

---

〔1〕　James Patterson 和 Peter Kim：《美国说出真相的一天》，1991 年。

的，犯罪学家认为这很难被事先制止；但舞弊者都是深思熟虑的人，他们在犯罪的每一个阶段都会仔细权衡（有意识或下意识）行为的风险和回报，所以他们的行为也更容易被改变。

14.4.1 控制措施的作用

在整本书中，我们列举了一些最基本的控制程序去避免舞弊行为，例如分离资金的支付职能与记录职能；然而，还有一些情况下，内部控制无能为力。毕竟，有的内部控制与舞弊无关，也有的只是间接联系。我认为，完善内部控制只是防范舞弊的一个部分，当然有的人并不认同这一点，他们认为，如果实施了适当的控制，则职务舞弊一定会被发现。

14.4.2 对调查的感知

对职务舞弊和滥用职权的威慑应从员工们的心理着手。员工感知调查的基本原理在于：如果员工们知道自己的职务舞弊和滥用职权行为会被发现，就不太可能去实施舞弊。

这种逻辑是不容置疑的。但具体来说，这个概念能带来多大的防范效果还是取决于一系列的内部和外部因素。正如我们所看到的，只有当员工感知到这种控制的存在，并且了解到其目的是揭露舞弊行为，内部控制才会有预防效果；相对来说，秘而不宣的调查措施没有威慑效果。相反，让大家感知到的措施即便尚未发挥作用，也有同样的威慑价值。

一个组织怎样提高员工对可能性调查的感知呢？这当然要视具体情况而定，但无论如何，第一步就是要把职务舞弊和滥用职权的措施公开，并在公开的环境中处理这种问题，另外，让员工意识到被调查的感知时必须谨慎，如果处理不当，可能会引发更多的问题。公司至少可以用六种积极的方法增加员工对可能被调查的感知：

（1）员工教育。

（2）积极的反舞弊政策。

（3）更高的立场。

（4）增加分析性审查的使用。

（5）适时进行突击审计。

（6）充分的举报程序。

14.4.2.1 员工教育

除非绝大多数员工都支持打击职务舞弊与滥用职权，否则任何积极的舞弊威慑计划都注定要失败。因此，有必要让所有员工都参与到这项工作中，比如说，员工被雇用时，组织应该提供一些基础的反舞弊培训，这样，员工就会成为组织的耳目并且更乐意举报舞弊行为。

对员工的教育应该实事求是而不是广泛指责，要向员工指出任何形式的舞弊最终对公司和员工都是不利的，舞弊和滥用职权会影响晋升、就业、福利、士气、利润和诚信。目前看来，受过反舞弊教育的员工是舞弊审查师的最好武器。

14.4.2.2 积极的反舞弊政策

当我问人们怎样防范舞弊时，他们通常会这样说："为了防范舞弊，我们必须勇于告发更多的人，这会传递出一种（反舞弊的）态度。"但是，这种善意的结论至少有两个问题：一是告发并没有任何积极意义，只是亡羊补牢；二是这个概念被犯罪学家称为杀鸡儆猴的"一般预防"理论。虽然这种观点表面看起来符合逻辑，但没有足够的研究数据表明会真的有效，所以大家对这种做法是否能传递反舞弊信息表示怀疑。

许多专家认为，如果不论及犯罪学错综复杂的思想，惩罚在遏制犯罪方面几乎没有什么

372 价值，因为潜在犯罪者一般都存在侥幸心理，受惩罚的可能性似乎还很远。不妨换位思考，如果你正在计划实施犯罪（任何种类），你首先想到的问题会是"我会被抓到吗？"，而不是"如果我被抓了将会受到什么惩罚？"。如果你觉得自己会被抓住，就不太可能去犯罪，这就使得惩罚（无论有多么严厉）没有实际意义。

我们的这个观点，并不是说犯罪不应当受到惩罚。相反，在一个文明的社会里犯罪是必须要受惩罚的，但是需要记住：任何一种惩罚的主要功能在于显示这是社会对这种行为的惩处，而不是为了防范其他犯罪。

14.4.2.3　更高的立场

积极的反舞弊政策必须由管理层、审计师和舞弊审查师采取更高、更大格局的立场，如前所述，这意味着他们会公开舞弊行为。在例行审计或管理核查的各个阶段，都应该以常规的非具体责问的方式提出舞弊与滥用职权的主题，应该要求大家分享他们这方面的知识和怀疑（如果有的话），应当向他们询问可能引发舞弊的控制与管理系统的薄弱环节。使用这种方法是为了让大家意识到，一旦他们有违法行为，其他人一定会发现。

采取一个更高的立场，意味着不要躲在暗处等员工暴露，而是需要公开很多控制措施。在他人看来，审计师可能有一个很独特的形象：员工知道审计师在那里，但他们并不清楚审计师实际上在做什么。如果审计师试图秘密开展活动，显然也有益处，但对于积极防范舞弊行为的组织来说，那只会产生反作用。你必须让员工知道你在监督他们。

14.4.2.4　增加分析性审查的使用

如果一名员工从《财富》500强中的一家公司偷了10万美元，在财务报告上可能毫无迹象，这很正常，因为大型审计中很难发现造假的发票，审计师采用的是抽样审计方法，他们检查的只是总交易量中很小的一部分。

但正如本书中各个案例所展示的，真正的风险来自小型公司中的侵占资产，这些被侵占的资产所占总资产的比例通常较大。在这些公司中运用前文所述的分析性审查（特别是横向分析和纵向分析），将非常有效。积极的舞弊审查师和审计师应该特别留意以下项目增加的历史趋势：费用、销售成本、现金减少的应收账款、存货、现金减少的销售额、退货和折让、销售折扣等。

作为分析性审查过程的一部分，在岗位轮换及强制休假方面制定相关政策，也是一项很好的措施。这主要是因为许多职务舞弊行为都需要实施者进行持续的人为干预。当舞弊者因休假、病假和岗位轮换而离开时，大量的此类犯罪会被发现。也可以得出以下结论，某人在一个岗位上时间越长，就越难被监管，进而增加职务舞弊的风险。

14.4.2.5　适时进行突击审计

373 Bill Gurado 的案例很好地解释了"感知到被调查"的意义。当审计师 Barry Ecker 告诉 Gurado 他们即将实施审计时，Barry 其实在开玩笑，但 Gurado 感受到了威慑，于是因为害怕被发现而坦白了他的舞弊行为。

突击审计是预防职务舞弊和滥用职权的一种有力措施（特别是在资本密集型公司中）。在各种案例中，意识到常规审计即将到来的舞弊者有时间去篡改、毁灭和藏匿各种记录及其他犯罪证据，相对而言，虽然突击审计明显比预先通知的常规审计更难组织和实施，但这种方法有很好的威慑作用，有舞弊想法的人会因为感知到被发现的危险而停止犯罪，所以，突击审计非常有效。

14.4.2.6　充分的举报程序

正如本书中各案例所体现的，充分的举报程序对于发现和预防职业舞弊和滥用职权很有作用。我们经常遇到这种情形，有的员工怀疑违法行为正在发生，但他们因为害怕陷入麻烦而没有报告。

充分的举报程序至少要强调以下七个方面：

（1）舞弊、浪费和滥用几乎在每个组织都存在；

（2）舞弊行为会对其他员工的工作、晋升和利润等产生负面影响；

（3）公司积极鼓励员工主动提供信息；

（4）员工不会因为善意提供信息而受到惩罚；

（5）有一个确切的举报途径，如热线电话或网站；

（6）员工不必直接向其直管领导报告可疑活动；

（7）不法行为的报告可以匿名提交（在法律允许的情况下）。

绝大部分反舞弊专家认为，热线等是员工举报的重要手段。虽然只有一小部分举报最终会调查出真实的舞弊，但许多情况下，这些案子并没有其他的发现方法。根据 2015 年 ACFE《全球舞弊调查报告》的数据显示，不同来源（员工、供应商、客户和匿名者）的举报是发现职务舞弊的最常见手段。根据这项调查，39% 的舞弊案件最初是被知情人发现的，这个数字比其他发现方法多了一倍多，充分说明组织中建立有效举报机制的必要性。据我们所知，来自员工的举报超过所有其他舞弊调查来源的总和。

热线有三种基本类型。第一种是公司内部的兼职热线，掌管该热线的员工同时有其他工作，该员工外出时，录音机会录下电话。这种热线成本低，但同时也存在缺点：①有些电话会被错过；②一些员工不愿意向公司内部的其他员工报告舞弊行为。

第二种是全职的公司内部热线。这种热线的优点是员工能够随时拨打举报电话，无论白天或夜晚，并与真人进行交谈。缺点是这种热线的成本高，通常只在一些大型公司和政府机构才会使用。

第三种被称为第三方热线。它由第三方公司的职员负责接听，通常是全天 24 小时开通，费用根据委托方公司的员工数量来确定。第三方热线有三个显著的优点：成本低、效率高以及匿名性。

不管是哪种类型的热线，都会提高员工对舞弊行为可能被发现的感知。当员工意识到他们的违法行为可能被同事举报，就不太可能实施舞弊。热线还有一个优点，它有助于公司遵循联邦政府颁发的《企业量刑指南》（Corporate Sentencing Guidelines）的部分规定。

14.5　企业量刑指南

《企业量刑指南》是美国刑事法历史上非常特别的变化之一。该指南不仅试图使类似的行为得到一致性的惩罚，而且还增加了对犯罪人惩罚的严厉程度。此外，根据指南，如果一个被定罪的组织在其犯罪时已经建立了一个有效的合规程序，那么法官在决定是否增加或减轻该组织的刑罚时，会考虑该组织为防范非法行为而采取的尽职调查活动。因此，该指南允

374

许组织通过制定有效的合规计划来减轻对其犯罪的惩罚。

14.5.1　追究组织刑事责任的界定

为解决联邦内各地区量刑差异巨大的问题，国会于 1984 年通过了量刑改革法案。作为 1984 年《综合犯罪控制法案》的一部分，还成立了美国量刑委员会（the United States Sentencing Commission，简称 USSC），负责颁布指导联邦法院刑事犯罪量刑的指导方针。经过三年的研究，该委员会将针对个人被告的指导方针草案提交给国会征求意见和批准，1987 年 11 月 1 日，联邦政府颁布的个人量刑指南（The Federal Sentencing Guidelines for individuals）生效，这是美国刑法史上最引人注目的变化之一。

针对个人的指南生效后不久，尽管有些难度，USSC 开始研究针对组织的惩罚。四年后，他们向国会提交了《企业量刑指南》的草案，该草案于 1991 年 11 月 1 日正式生效。《企业量刑指南》的基本理念是一种"胡萝卜加大棒"（a carrot-and-stick approach）的刑事量刑方法。也就是说，根据公司量刑指南，如果公司采取措施预防或披露了某些违规行为，就会对其进行较轻的处罚。

《企业量刑指南》的宗旨是对组织犯罪建立统一的、强制性的刑罚。这些指导方针不仅试图使惩罚更加统一，而且还大大增加了被定罪的被告所受惩罚的严厉程度。此外，如果某个组织建立了有效的合规计划，公司量刑指南可以减轻对该组织的潜在毁灭性惩罚。

具体来说，公司量刑指南为被定罪的组织提供了减刑的潜在好处，前提是该组织在犯罪时已然制定了有效的合规计划。因此，如果一个组织已经实施并维持了这样的程序，那么在决定是否减轻实体惩罚时，审理法官将考虑该组织在试图阻止非法行为方面的尽职调查行为。

最初，《企业量刑指南》具有强制性，后来，由于 Booker（United States v. Booker）判例（543U.S.220（2005））的影响，目前该指南只被视为参考性质。也就是说，法官进行量刑时，需要考虑公司量刑指南，但没有被强制要求在指南规定的范围内量刑。另外，量刑法官还被要求根据指南的原则调查该组织的合规计划是否充足。

14.5.2　替代责任（Vicarious or Imputed Liability）

根据替代责任理论，公司可能因其员工的犯罪行为承担法律责任（一方因另一方的不当行为所负的绝对责任）。根据这一理论，如果员工的行为是在其受雇的过程和范围内发生的，并且看起来是为了公司的利益，那么公司应对员工的行为承担责任。[1]

有时，公司的管理人员不知道或没有参与犯罪，但如果没有具体的政策或规则禁止员工所进行的非法活动，公司也会被追究刑事责任。

另外，即使没有任何单个员工打算故意犯罪，公司也可能因某些员工的犯罪承担刑事责任。[2] 可见，替代责任与《公司量刑指南》的结合，给今天的公司带来了巨大的刑事风险。

14.5.3　要求

该指南的目的是激励组织建立并实施、调查和举报舞弊行为的内部机制，鼓励组织建

---

〔1〕　参见纽约中央和哈德逊河路公司诉联邦，1909 年，New York Central and Hudson River Railroad v. United States, 212 U.S. 481(1909)；德克萨斯标准石油公司诉联邦，1962 年，Standard Oil Co. of Texas v. United States, 307 F.2d 120 (5th Cir. 1962)。

〔2〕　参见判例：联邦诉新英格兰银行，1987 年，U.S. v. Bank of New England, W.A., 921 F.2d 844, 856 (1st Cir.), cert. denied,484 U.S. 943 (1987)。

立有效的合规计划，并在预防和发现犯罪时进行尽职调查。关于尽职调查，《企业量刑指南》要求采取以下七个基本步骤：

376

（1）制定政策，规定本组织的领导和员工应当遵循的准则和程序。

（2）指定有最终责任的特定高层人员来确保合规。

（3）运用应有的谨慎，不要将重大的自由裁量权授予组织知道或应该知道有从事非法活动倾向的人。

（4）向所有的领导层和员工传达标准和程序，并要求他们参与培训计划。

（5）采用合理步骤达到合规。例如，使用监督和审计制度、定期评估项目的有效性、建立并公开举报制度；通过这些制度（热线或设立调查舞弊的巡视员），员工能够举报刑事犯罪行为而不必担心受到报复。

（6）通过适当的惩罚措施（包括从解雇到谴责的各项措施），保持对准则的一贯实施。

（7）在发现违规行为之后，公司必须采取一切合理措施，对违法行为作出适当的反应，防止再次发生类似的违法行为，包括修改违法行为的程序、对违法行为的责任人和未发现违法行为的人进行适当的处罚等。

《企业量刑指南》规定了刑事和民事制裁，并规定了四种类型的惩罚：罚款、赔偿、补救命令和支持。根据该指南，组织可能面临高达数亿美元的巨额罚款。

14.6 道德政策

Wheelwright 对道德的定义如下：

> 道德是哲学的分支，是对反思性选择的系统研究，它研究一个人正确和错误的标准，以及最终的可能导向。[1]

更普遍地说，道德学家们认为，道德行为是产生最大利益的行为，是符合道德规范和原则的行为。尽管道德（ethics）一词与品德（morality）、合法性（legality）两个词有时可互换使用，但这些术语并不完全相同。道德标准是一种个人决定，在理论上讲，道德是你在无人监督时面对诱惑的反应。

有两种基本的道德思想流派。第一种被称为强制性原则（imperative principle），认为存在不能被违背的具体的客观道德原则；第二种被称为情境道德原则或功利主义原则（situational ethics or the utilitarian principle），提倡必须站在自己的立场上对每种情境进行评价，其实就是以结果证明方法的正当性。现代社会中的大多数人可能都会遵循情境道德原则，但不管每个人特定的道德哲学是什么，仍然很难界定什么是"最大利益"。可以肯定的是，如果一家拥有数千员工的公司的 CEO 遭遇了经营困境，那么他就会认为拯救其工作的财务报告舞弊行为是合理的，进而认为其舞弊能带来"最大利益"。

377

类似地，员工也知道，大型公司对于他拿走一小笔钱的事情是不会察觉的，这被 Larry

---

〔1〕 Philip Wheelwright：《伦理学批判导论》，1935 年。

Gunter 和 Larry Spelber 的案例所证明。这两个员工发现了一个提供教育资金的机会，于是从雇主的仓库里拿走了 6 盒计算机硬盘。在一个堆满了计算机芯片的房子里，谁会在意 6 盒硬盘呢？

其至一些最大的骗子认为自己是非常道德的，这并不奇怪。直到今天，人们还在怀疑 Charles Keating [1] 是否认为自己只是外部环境的受害者，因为他的行为，美国许多毫无戒心的退休人员倾家荡产。

事实上，对绝大多数人来说，"最大利益"是指对作出道德决策的那个人有利。这是人的本性，古今的哲学家们通常有三种观点：①性本善；②性本恶；③性为己。最后一种观点认为，人们总是并一贯地寻求欢乐并/或避免痛苦，这是我们从小就学会的道理。

行为学家告诉我们，我们个性中的绝大部分因素在 3 岁就形成了。人的个性很大程度上与他们的价值观有关，而这些价值观是父母和老师教的。尽管我是一个愤世嫉俗的人，但我同样认为，无论多么强硬的道德政策，都不太可能根本性地阻止那些有足够动机从事职务舞弊和职权滥用的人。

其实，领导人的领导方式比任何道德政策都更有力，员工的行为模式会受老板等高管的重大影响。"高层的基调"非常重要，它会影响员工的行为。遗憾的是，正式发挥作用的道德政策主要存在于大型公司中，在小型公司（更易于因资产侵占而破产）中，受害老板几乎没有意识到自己作为个人榜样的重要性。

在一个公司里，如果领导只是一味奉承客户，老板天天想方设法逃税，CEO 也总是对供货商谎报付款时间，那么就不能指望员工有什么好表现。树立良好榜样是非常真实的道德环境。

我曾经说过，对于所有的组织来说，不论其规模大小，均应建立正式的道德政策。这些政策不会产生伤害，还能起到威慑作用；同样重要的是，拥有道德政策会使行为更具有法律上的正当性。本书根据 ACFE《舞弊审查员手册》列举了《商业道德与行为规范》的范例，公司可以据此制定自己的道德政策，不论最终采用的政策是什么形式的，需要三个必备的要素：

（1）列出违反政策的具体行为。

（2）声明不诚信的行为会被惩罚。

（3）公开不道德行为的举报方式。

尽管有些专业人士不赞同，但我认为，利用严厉的声明来强调道德政策不是个好主意，如"……所有的违反者都将受到法律允许的最大限度的惩罚。"原因在于：一是即便对诚实的人来说，这样的声明都带有隐藏的威胁意味；二是舞弊的受害者并不是提起刑事诉讼的决定者，这一决定应由政府作出，公司对此基本没有控制权，这样表述言过其实了，而且，许多初犯受到的最高惩罚仅限于缓刑。

最后，无论是怎样的公司道德政策，其效果都要依赖于强化政策的程度。如果只是简单进行一次道德培训，之后就束之高阁，显然不会有什么成效；培训必须是持续性的，且基调

---

〔1〕 译者注：Charles Keating，曾是林肯储蓄贷款公司 (Lincoln Savings&Loan) 的负责人，被控在推销垃圾债券时弄虚作假以及制造虚假交易营造利润。

必须是积极和正面的。不需要夸张，但要持续强调本质而简单的信息：舞弊、浪费和滥用职权对公司本身和公司中的每个人最终都是有害的。

14.7 小结

本书中，我们讲了很多职务舞弊和滥用职权案例的详细情况，很多反舞弊人士仍在探索一些好的调查方法。的确，这些专业人士的梦想是开发出一种新的审计技术，能够快速又轻松地找出症结所在。目前，尽管计算机能够自动处理批量数据，但并没有可靠技术去发现舞弊。

还有一个因素，导致职务舞弊和滥用职权难以发现：舞弊会有某些信号，但这些信号并非犯罪所独有，也可能源于其他的内控不合理、账目不规范等原因。例如，银行抢劫中的证据有目击证人、反映损失的记录、安装的摄像头等非常直接的证据；相对而言，银行资金内部侵占的预警信号可能是内部控制薄弱、丢失的或不完整的文件、不合理的数据等，这并不意味着一定发生了舞弊，它们不是舞弊的结论性证据，可能只是转移注意力的干扰。

我相信这本书会帮你更好地发现、调查和防范舞弊，但仍要知道，对于那些手段聪明并努力掩盖的舞弊，还是很难发现的。即使你是世界上最好的舞弊审查师，能够发现并解决一些案例，但无论如何也不可能发现并解决全部舞弊案例。

全力调查舞弊行为时，可能会用力过度，你也许企图未经授权就去查看嫌疑人的银行账户，或者想要私自查看舞弊者的信用记录。千万不要这样做。

越界进行舞弊调查，是毁掉一项调查的最快方式，你不仅不能成功地调查案件，还会将自己置于刑事或民事处罚的境地。如果你在舞弊调查中碰到不知该如何下手的问题，那就停下来，去解决其他问题，或者去咨询律师下一步的方案。

在完美的世界中，我们可能不会花力气去调查舞弊，而是专注于防范舞弊，众所周知，任何问题的事前预防——从癌症到犯罪，通常比事后解决更有效且成本更低。尤其是在职务舞弊领域，基于我们讨论过的很多理由，相对大部分犯罪来说，防范是更为有效的措施。

正如我们已经指出的，威慑比内部控制的意义更大，但会计师们一般致力于通过内部控制来预防舞弊，历史证明，这种努力并不足够。多年来，我一直倡导"范式组织舞弊威慑方案"（Model Organizational Fraud Deterrence Program）的概念。在这个方案中，我们努力寻找：为什么某些公司的廉洁性较强，是什么因素在起作用？这些因素既包括会计因素，也包括非会计因素。我们已经知道了一些因素，但是我们需要知道更多。根据新的研究，我们将开发一套完整的组织检查清单，并将该检查清单应用于审计中。然后，外部审计师将查证公司对该范式清单的遵循情况，而不是具体审查其是否有重大舞弊，显然，后一种方法会增加审计成本和诉讼成本。

不如意的一方面是，我们无法通过审计彻底摆脱职务舞弊和滥用职权问题；但好的方面在于，我们可以尝试很多新方法，部分方法本书已经初步讲过，但这只是一个开始，舞弊审查师作为企业警察，需要进一步把其所需的审计和调查两大技能进行结合以继续创新。大多数人在其职业生涯中并不愿意成为骗子、说谎者和小偷，而舞弊审查师的职责就是确保他们不以这种方式结束其职业生涯。

379

附录 商业道德与行为规范（范例）

1 引言

本道德规范重申高标准商业行为的重要性。只有全体员工遵守这一准则，我们才能赢得公众的信任和支持。

本规范是工作指南而非技术性法律文件，我们更强调简洁明了和易于理解，而不是针对每一具体问题都提供所有可能的答案。"员工"一词在本规范中取其最广泛含义，指公司及其子公司的每一位管理人员和普通员工；"法律"一词是指法律、法规、命令等。

正如其他商业道德一样，对本规范的遵守并不能代替常识。每位员工在应用本规范时，都应当依据常识，并充分遵循其字面意思与精神实质。

作为本公司的员工，一旦公司发布或修订政策和规范，你就有义务遵守并执行。

这些政策和规范是进行有效管理和满足不断变化的市场需求所必需的，良好的业绩和对商业规范的遵循共同引导公司走向成功，而这种成功也是公司为你提供职业机会的保障，因此这两个因素至关重要。但是，经济变化、市场变化和技术变化是不可避免的，不同的公司有不同的职业机会，基于这些原因，任何特定时期我们都不能保证或暗示你的雇佣合同将会一直持续。不管有没有理由，你可以在任何时候终止雇佣关系，对此我们也保留同样的权利。除非本公司的适当代表签署了书面文件，否则不能改变这种关系。

本《商业道德与行为规范》是公司中可接受的适当行为的通用指南，我们希望你能遵守其内容。当然，本规范并不包含你在雇佣期间可能需要的所有详细信息，本规范或者其他沟通性文件并不包含或者暗示雇佣合同或者雇佣条款。我们会持续审查我们的政策，因此本规范可能会被不断修订和完善。

你应当熟悉本规范，以便能够识别违反本规范的意图或行为。每一位员工都要对自己的行为负责，违规行为将受到处罚，甚至是解雇和刑事起诉。善意举报违规行为或者怀疑违规行为的员工，享有不被报复的权利。

本规范没有规定特定情形的具体指南或说明，并不免除员工适用该情形的最高道德标准的责任。

如果你对可能出现的可疑情况有任何疑问，应当立即咨询相关主管或更高层次的人员。

2　竞争

2.1　公平竞争

公司支持基于质量、服务和价格的竞争。我们会诚实、坦率、公平地开展业务。为遵守反垄断法规以及我们的公平竞争政策，员工必须：

•绝不与竞争对手讨论任何涉及我们与竞争对手之间竞争的直接相关事项（例如销售价格、营销战略、市场份额以及销售政策等）。

•不得通过固定价格、分配市场或其他方式与竞争对手达成协议，并以此来限制竞争。

•不能仅仅因为某公司在其他领域是我们的竞争对手，就武断地拒绝向其购买商品或服务。

•不得以对方采购我方商品为条件，购买对方商品。

•不得要求客户接受他们并不需要的服务。

•不得从事行业间谍或商业贿赂活动。

•准确、诚信地处理客户的所有事情，并注意准确描绘公司产品与服务的质量、特点和性能。

2.2　遵守法律和规章

必须遵守公司运营地适用的法律和规章，每位员工都有责任充分了解与其职责相关的法律和规章，以识别潜在的危险并知晓何时进行法律咨询。

特别在与政府机构人员打交道时，员工必须坚持商业行为规范中的最高道德标准。当我们寻求影响公司利益的规章制度或政治问题的解决方案时，必须仅仅基于法律规定的权利，并遵循适当的程序。员工不能直接或间接提供或索取任何特殊优待或优惠，以换取任何经济价值以及对未来价值和收益的承诺或期望。另外，不得款待政府官员。

2.3　《反海外腐败法》

员工不得参与使自己或公司违反 1977 年《反海外腐败法》（Foreign Corrupt Practices Act of 1977）的活动。《反海外腐败法》要求公司的账簿和记录准确、公正地反映所有的交易，要求公司保持良好的内部控制系统，所有交易均得到管理层授权并准确进行会计记录。任何员工不得虚假报告交易或瞒报会计记录中存在的虚假交易。证明记录（包括凭证和账单）准确性的员工应当具有适当的知识以确保信息的正确性和恰当性。

根据《反海外腐败法》，任何美国公司直接或间接地向国外官员、政党、政党官员和政界候选人提供礼物、款项、贿赂或其他任何有价值的东西，以影响官员的行为和决策，或寻求国外政府的影响以便得到、维持或指导公司或个人的业务，都属联邦犯罪行为。即使这种支付在对方国家是合法的，亦属本法所禁止的行为，并违反了美国法律。

2.4　利益冲突

有多种情形会导致利益冲突，最常见的方式包括：接受来自供应商的礼物、被另一家公司雇佣、拥有另一家公司或企业的重大所有权、与外部供应商的密切或家族关系，以及与竞争对手进行沟通等。对那些在工作中需要作出决策的员工来说，存在潜在的利益冲突会使他们给予某个客户偏爱或优惠，以便为他们自己或其朋友、家人获取利益。

这种情形会妨碍员工做出完全符合公司最大利益的判断。

382

2.5 礼物和款待

2.5.1 "礼物"的定义

礼物是给予外部第三方有价值的物品或服务，但并不包括以下四项：

（1）正常商业款待物品，例如餐食及饮料。

（2）与销售活动、促销、员工服务、安全性或退休奖励有关的低价值物品。

（3）对认可的慈善机构或非营利组织的捐赠。

（4）每年总金额低于 100 美元的馈赠。

383

2.5.2 "供应商"的定义

"供应商"不仅包括向公司提供产品或服务的卖家，还包括咨询师、金融机构以及任何与公司有业务往来的个人或机构。

2.5.3 礼物

任何员工及其直系亲属，不应当索取或接受实际客户、潜在客户或供应商提供的任何根据正常程序、正常职位下不能获得的报酬、贷款（来自条件与其他客户相同的金融机构的贷款除外）、礼物、款待或其他优惠。

在任何情况下，员工都不能接受可能影响其判断的礼物或招待。特别是，员工应避免在供应商中存在或者从供应商处获得任何利益，这些利益会导致员工给予该供应商特殊的优惠。员工请求或鼓励供应商给予自己物品或服务，无论金额大小都违反本规范。只有所有员工严格遵守本规范，我们的供应商才会始终对公司的客观性和正直性保持信心。

2.5.4 报告收到的礼物

任何员工或其家庭成员收到不请自来的违反本规范的礼物，都应向其主管报告，或者将礼物退回。如果收到的是易腐烂物品，应将其捐赠给非营利慈善组织。

2.5.5 折扣

员工在个人采购供应商或客户的产品时，只有同时满足下列两个条件，才可以接受折扣：一是该折扣不会影响公司的采购价格；二是该折扣通常也会提供给与该供应商或客户有相似商业关系的其他人。

2.5.6 商务会议

当供应商或客户提供的娱乐和服务与商务会议相关，且作为业务的正常部分也会提供给其他人时，员工可以接受这些款待，如往返于供应商所在地的交通工具，接待随行人员，提供高尔夫场地，在供应商或客户业务所在地住宿，在参观经营场所时的商务午餐和晚餐，等等。这种服务经常会出现，也符合公司的费用支出政策。

384

2.6 外部就业

员工不得从事下列任何工作：①受雇于与公司或其附属公司有业务往来或提供服务的公司；②可能影响其客观履行公司职责的工作；③与计划工作时间（包括加班时间）或公司工作表现相冲突的工作。在完成与外部雇用相关的工作时，员工不得占用本公司的工作时间、材料、信息或其他资产。

2.7 与供应商和客户的关系

商业交易必须完全从公司的最大利益出发。员工不能直接或间接地利用职位或从公司的销售、采购或其他活动中获利，员工应避免出现对公司的职责与自我利益相冲突的情形。

与正在与公司做生意（或试图与公司做生意）的个人或组织打交道的任何员工，或者为这些业务提供相关建议的任何员工，均不能：

- 是该组织的管理人员、主管、员工或顾问。

- 在本公司竞争对手中拥有重大利益，或在与本公司做生意（或打算与本公司做生意）的任何组织中拥有重大利益。这种"重大利益"意味着一种经济利益，而这种经济利益可能会影响或被合理推断会影响员工的判断力或行动，但是不包括在公众持股公司中拥有少于1%的流通在外的证券投资。每一位员工必须完成"利益冲突调查问卷"。

此外，对于正在与公司做生意（或试图与公司做生意）的个人或组织，与其进行业务接洽的员工，或者为这些业务提供相关建议的任何员工，均不能：

- 在与本公司有商务往来的公司中有任何其他直接或间接的个人利益（不包括作为消费者购买该公司的产品和服务而产生的利益，以及因为是公司证券的持有者而产生的利益）。

- 直接或以经销商的身份提供电信或信息服务或设备，使公司的客观性或完整性受到质疑。

我们的政策是，员工不能代表公司与同其关系密切的朋友或亲属进行交易。如果意识到这些交易会发生，则必须在"利益冲突调查问卷"中进行报告。

这个政策同样适用于员工的直系亲属，通常包括员工的配偶、子女、子女的配偶、员工及其配偶的父母及双方的兄弟姐妹等。

2.8　雇用亲属

385

如果某员工的亲属是其直属下级，或该员工会对其亲属的雇用、工作安排、晋升、评价或薪酬等产生直接影响，则无论是永久性还是暂时性，公司均不能雇用该亲属。

2.9　机密信息与通信隐私

2.9.1　机密信息（Confidential Informatica）

机密信息是指保密的、不能公开获得的所有技术、商业、财务或其他与公司相关的信息，包括所有客户的记录、员工、其他个人或其他公司私有信息，因职位而获取的国家安全信息，以及与这些方面相关的任何保密性信息。

公司政策和各种法律保护公司机密信息的完整性，除非严格遵循了既定的政策和程序，否则不得泄露。不得泄露公司机密信息的义务一直有效，即使某些材料可能没有被特别标记为机密信息。员工不仅在职期间有保密义务，离职后也负有该义务。

被禁止的行为包括：①出售、使用、泄露或传播公司的机密信息；②使用公司机密信息，故意将公司的业务信息转为己用；③使用公司机密信息，实施与公司利益有冲突的不动产购买；④在外部招聘或其他过程中使用、泄露、传播公司机密信息；⑤根据内幕信息交易本公司或其他公司的股票，或者向他人泄露内幕信息使他人进行交易。内幕交易被公司政策以及联邦法律和州法律所禁止。

员工不应寻求、接受或使用公司竞争对手的机密信息。特别需要注意的是，如果本公司雇用了之前在竞争对手处工作的员工，不能接受该员工提供的或向该员工索要与该竞争对手相关的机密信息。

2.9.2　国家安全机密信息

确有必要且经政府许可后，员工才可以接触国家安全机密信息，还必须遵守公司关于信息保护指导中所列的政府法规。未经授权，即使在离职后披露这类信息，也是违反法律和本规范的。

386　　如果某员工有政府许可的不良信息，必须报告给负责许可的安全或法律部门。

3　公司资产

3.1　现金和银行账户

所有现金和银行账户交易必须被妥善处理，以避免任何疑问或不当。所有现金交易必须记录在公司账簿中。

除了被授权的定额备用金之外，所有的资金账户应以公司或子公司名义设立并持有，且其设立或注销需经董事会批准。定额备用金必须以托管人的名义来维护，托管人对这些备用金全权负责。所有已收到的现金应被立即记录，并存入公司或子公司的银行账户。除了小额现金外，任何资金不能以现金形式存放，公司不得在任何银行开立各类形式的匿名（只有编号的）账户。公司向只有编号的银行账户付款，可能让人怀疑公司参与了不恰当的交易。因此，公司不能向只有账号的银行账户支付任何款项，或者向没有清楚表明其所有者身份的账户支付任何款项。

以下两种情况可支付现金：一是日常的、经批准的现金薪酬；二是有已签署的发票或其他适当文件支持的小额现金的正常支出。此外，任何款项不得以现金支付。并且，公司支票不得写成"现金""持票人"或类似模糊名称。

3.2　公司资产与交易

任何时候，公司都要遵守规定的会计程序，对公司资产和交易有控制权的员工应以最严格的诚信来处理这些业务，并确保所有交易按照管理层的授权来执行。所有交易应准确、公正、合理地详细记录在公司会计记录中。

员工要对其所控制的公司资金承担责任。使用公司资金的员工必须确保公司得到良好的回报，并准确记录这些支出的内容。批准或证明账单或凭证正确性的员工，应当知道这些采购和数额是适当且正确的，禁止编造"虚假"发票或其他误导性文件，也不得编造或使用虚假的销售、采购、服务、贷款主体或其他财务安排。

员工必须为自己的私人电话付费，除非特别规定为员工提供电话福利或补贴。

387　## 3.3　费用报销

员工因公产生的费用必须按照公司规定的程序进行报销。准备报销时，员工应复核与报销相关的支持性凭证。

3.4　公司信用卡

公司向员工提供公司信用卡，是为了方便开展公司商业活动。除了公司特别授权项目之外，不得用公司信用卡支付个人费用。用公司信用卡支付的任何个人费用，必须由该员工迅速偿还。公司信用卡不得用于向供应商直接付款。如果员工离职时还未上报公司信用卡支付的费用报告，在法律允许的条件下，可从该员工的最后一次薪资中扣除这些费用。公司有权要求员工偿还其使用公司信用卡支付的个人款项。

3.5　软件和计算机

计算机信息和电脑软件看上去是无形的，但作为无形资产，必须像其他公司财产一样受到保护，不得滥用、盗窃、欺诈、丢失和未经授权地使用或处置。

员工不能出于个人目的而访问任何公司记录。侵占电脑空间、时间或软件的行为，包括（但不仅限于）使用电脑处理未经授权的工作、以未经授权的方式操作电脑或故意导致任何操作失败等。

个人电脑可被用于公司批准的教育计划，经过主管同意后，亦可用于公司业务附带的个人用途（为获得个人财产利益的除外）。

4　政治捐赠

联邦法律和许多州法律禁止公司为政党或候选人进行捐赠。所谓"政治捐赠"，除了直接现金捐赠之外，还包括财产或服务捐赠及购买门票筹集资金等活动。员工可直接捐赠他们自己的现金，但这种捐赠不可报销。此外，员工可选择向公司发起的政治活动委员会（political action committee，PAC）进行捐赠。

在政治捐赠合法的州、地方或外国选举中，这种捐赠应仅源于为这个特定目的而分配的资金，且捐赠需经董事长的书面批准。已捐赠金额取决于公司的合理分配。

如果员工利用他在公司中的职位向其他员工募集政治捐赠，且其目的是支持政治候选人或影响立法，这种做法是不恰当的。员工以公司名义进行政治捐赠也是不恰当的。

388

5　员工行为

5.1　处理公司业务的行为

员工不得在公司经营场所或公司经营活动中进行不诚实的行为或违法活动，违反者会被处罚，包括解雇或刑事起诉。在公司经营场所、公司交通工具中或在参与公司经营活动时，不得进行以下违反公司政策的行为：

（1）饮用、储存含酒精饮料，除非法律允许或经公司主管批准。

（2）使用受管制物品，如毒品或酒精等。违法制造、分发、分配、占有、转移、销售、购买或使用受管制物品。

（3）在酒精或受管制物品的影响下驾驶汽车或操作公司设备。

（4）非法投注或赌博。

（5）在公司经营场所、公司交通工具中或在公司经营活动时携带武器。即使持有许可证，员工也不能在公司物业范围内或经营过程中携带武器。

公司有权检查可能被员工用于个人事务的公司财产，包括公司拥有的桌子、柜子及交通工具。在公司物业中储藏任何违禁品、非法药品、有毒物质或武器，都是违反公司政策的。

5.2　报告违反规范的行为

所有员工都有义务遵守上述规定、准则及原则。在道德、合法性和礼仪方面，每个员工对公司都负有超过正常报告关系的义务，员工应在公司的任何地方对可能违反本规范的行为保持警觉，同时公司应鼓励员工及时举报这些违规行为。如发现违规行为，员工应当向主管或向适当的安保、审计或法律事务部门报告，或者向其他地方报告。公司也期待员工在调查违规行为时提供帮助。

为了采取适当的调查、处罚或纠正措施，公司将审计所有涉及本规范的值得怀疑的行为或者其他潜在的不当行为。无论可能与否，公司都将尽力对被举报的员工进行身份保密，除非或直到已发生的违反行为被确定；同样，无论可能与否，公司也需对举报人的身份进行保密，严禁对善意的举报者进行报复。

当认定有刑事犯罪发生时，所有员工应在 5 天内进行报告。此外，任何员工如被确信犯有重罪，无论该罪名是否与本规范相关，都应报告这一事实。

5.3 处罚

违反本规范的行为，不但会损害公司的形象、信誉或降低客户的信心，也可能给公司带来巨额罚款和对未来的经营限制，以及对员工个人的罚款和刑事判决。因此，公司有必要采取措施确保违规行为最小化。员工应当认识到，认真遵守本规范是为了维护自己个人和公司的最佳利益。

在评估违规行为严重性时，涉及的金额大小可能是无关紧要的，因为在某些情况下，虽然违规行为涉及的资金额较小甚至没有资金损失，也有可能会对公司进行重罚。

进行处罚时，应当与人力资源部门的员工进行合作。决定某员工个人的处罚方案时，应考虑该事件的总体严重性，处罚方案可由人力资源部门进行审查，其中可能包括：

- 匹配。
- 留用察看。
- 停职。
- 减薪。
- 降职。
- 综合采用上述措施。
- 解雇。

此外，有的案例中可能还包括：

- 赔偿损失。
- 转向刑事处罚或民事赔偿。
- 综合采用上述措施。

如果主管或管理人员宽恕、纵容违规行为，或因举报知晓非法或不道德行为后未加纠正，则这些主管或管理人员将被处罚。如果员工在对违规行为进行调查的活动中作虚假陈述，员工也可能被处罚。

适合特定事项的处罚将由公司自行决定。上述的处罚清单仅是提供建议思路，而不是强制公司遵循任何特定的处罚方式和程序。

公司不会对关于员工义务的规章制度进行妥协。违规行为必会受到处罚，包括解聘。所有员工都要遵守本规范。

公司从未、也绝不会授权任何员工实施违反本规范的行为，也不会指示公司下属子公司的人员实施违反本规范的行为。因此，号称受高层管理者指示而实施违规行为是不被接受的。

6 确认函和利益冲突问卷调查

每年在进行了尽职调查后，所有公司管理人员均需以书面形式作出陈述，证明他们没有任何违规行为；或者如果确实存在违反本规范的行为，管理人员需要以特定的形式进行披露。

每年每位员工都需重新回顾本《商业道德与行为规范》，并签名确认；还要完成并签署《利益冲突问卷调查》。在员工的情况发生变化时，必须完成新的问卷调查或情况说明书。

员工需要签署本《商业道德与行为规范》确认函，该确认函将与员工的个人档案一起交由员工的主管保管。

参考文献

1. Albrecht, W. Steve, Conan C. Albrecht, Chad O. Albrecht, and Mark F. Zimbelman.*Fraud Examina-tion*, 4th ed. Mason, OH: South-Western, 2012.

2. Albrecht, W. Steve, Keith R. Howe, and Marshall B. Romney. *Deterring Fraud: The Internal Auditor's Perspective*. Altamonte Springs, FL: Institute of Internal Auditors Research Foundation, 1984.

3. Albrecht, W. Steve, Marshal B. Romney, David J. Cherrington, I. Reed Payne, and Allan J. Roe. *How to Detect and Prevent Business Fraud*. Englewood Cliffs, NJ: Prentice-Hall, 1982.

4. Albrecht, W. Steve, Gerald W. Wernz, and Timothy L. Williams. *Fraud: Bringing Light to the Dark Side of Business*. New York: Irwin Professional, 1995.

5. American Accounting Association. *Accounting Education* 18, No. 2. Sarasota, FL:Author, 2003.

6. American Accounting Association. *Accounting Horizons* 7, No. 4. Sarasota, FL: Author,2003.

7. American Accounting Association. *Auditing: A Journal of Practice & Theory* 22, No. 2.

8. Sarasota, FL: Author, 2003.

9. American Institute of Certified Public Accountants, Statements on Auditing Standards.

"Responsibilities and Functions of the Independent Auditor," SAS 1 (AU 110).

_____. "Illegal Acts by Clients," SAS 54 (AU 317).

_____. "Auditing Accounting Estimates," SAS 57 (AU 342).

_____. "Special Reports," SAS 62 (AU 623).

_____. "Compliance Auditing Considerations in Audits of Governmental Entities and Recipients of Governmental Financial Assistance," SAS 74 (AU 801).

_____. "Communications Between Predecessor and Successor Auditors," SAS 84 (AU315).

_____. "Consideration of Fraud in a Financial Statement Audit," SAS 122 (AU 240).

_____. "Planning and Supervision," SAS 108 (AU 311).

_____. "The Auditor's Communication with Those Charged With Governance," SAS 114 (AU 380).

10. Androphy, Joel M. *White Collar Crime*. New York: McGraw-Hill, 1992.

11. Antle, Rick, and Stanley J. Garstka. *Financial Accounting*. Cincinnati, OH:South-Western, 2002.

12. Arens, Alvin A., Randal J. Elder, and Mark S. Beasley. *Essential Auditing and Assurance*.

13. *Services: An Integrated Approach.* Upper Saddle River, NJ: Prentice Hall, 2003.Associated Press. "Software Executive Pleads Guilty to Stock Fraud." *USA Today*,January 31, 1997.

14. Association of Certified Fraud Examiners. 2016 *Report to the Nations on Occupational Fraud and Abuse.* Austin, TX: ACFE, 2016.

15. Association of Certified Fraud Examiners. *Fraud Examiners Manual.* Austin, TX:ACFE, 2016.

16. Banks, David G. "Vendor Fraud: Finding Deals Gone Awry," *White Paper* 16, No. 5(September/ October 2002).

17. Beasley, M. S., J. V. Carcello, and D. R. Hermanson. *Fraudulent Financial Reporting1987–1997: An Analysis of U.S. Public Companies.* Committee of Sponsoring Organizations,1999.

18. Beasley, M. S., J. V. Carcello, D. R. Hermanson, and T. L. Neal. *Fraudulent Financial Reporting 1998–2007: An Analysis of U.S. Public Companies.* Committee of Sponsoring Organizations of the Treadway Commission, 2010.

19.Beckett, Paul. "SEC, Publisher of On-Line Newsletter Settle Fraud Case Involving the Internet," *Wall Street Journal*, February 26, 1997.

20. Bintliff, Russell L. *White Collar Crime Detection and Prevention.* Englewood Cliffs, NJ:Prentice Hall, 1993.

21. Binstein, Michael, and Charles Bowden. *Trust Me: Charles Keating and the Missing Millions.* New York: Random House,1993.

22. Biegelman, Martin T. "Designing a Robust Fraud Prevention Program, Part One," *White Paper* 18, No. 1 (January/February 2004).

_____. "Sarbanes-Oxley Act: Stopping U.S. Corporate Crooks from Cooking the Books," *White Paper* 17, No. 2 (March/April 2003).

23. Bishop, Toby J. F., and Joseph T.Wells. "Breaking Tradition in the Auditing Profession," *White Paper* 17, No. 5 (September/October 2003).

24. Black, Henry Campbell. *Black's Law Dictionary*, 7th ed. St. Paul, MN: West, 1999.Bliven, Bruce. "The Tempest over Teapot," *American Heritage* (September/October，1995).

25. Blount, Ernest C. *Occupational Crime: Deterrence, Investigation, and Reporting in Compliance with Federal Guidelines.* Boca Raton, FL: CRC Press, 2003.

26. Bologna, Jack. *Corporate Fraud: The Basics of Prevention and Detection.* Boston: Butterworth-Heinemann, 1984.

27. Bologna, Jack. *Handbook on Corporate Fraud.* Boston: Butterworth-Heinemann, 1993.

28.Bologna, Jack, and Robert J. Lindquist. *Fraud Auditing and Forensic Accounting.*New York: John Wiley & Sons, 1987.

29. Bonner, S. E., Z. V. Palmrose, and S. M. Young. "Fraud Type and Auditor Litigation:An Analysis of SEC Accounting and Auditing Enforcement Releases," *Accounting Review*, No. 73 (October 1998).

30. Brian, Brad D., and Barry F. McNeil. *Internal Corporate Investigations*, 2nd ed. Chicago:ABA, 2003.

31.Brickner, Daniel R. "SAS 99: Another Implement for the Fraud Examiner's Toolbox," *White Paper* 17, No. 3 (May/June 2003).

32. Caplan, Gerald M. *ABSCAM Ethics: Moral Issues & Deception in Law Enforcement.*Cambridge, MA: Ballinger, 1983.

33. Carozza, Dick. "Accounting Students Must Have Armor of Fraud Examination," *White Paper* 16, No. 1 (January/February 2002).

34. Clarke,Michael. *Business Crime: Its Nature and Control*. New York: St. Martin's Press,1990.

35. Clarkson, KennethW., Roger LeRoy Miller, and Gaylord A. Jentz.*West's Business Law:Text & Cases*, 3rd ed. St. Paul, MN: West, 1986.

36. Clinard, Marshall B., and Peter C. Yeager. *Corporate Crime*. New York: Macmillan,1980.

37. Coderre, David G. *Computer-Aided Fraud Prevention & Detection: A Step-by-Step Guide*. Hoboken, NJ: John Wiley & Sons, 2009.

38. Comer, Michael J. *Corporate Fraud*. Aldershot, UK: Network Security Management,1998.

39. Comer, Michael J. *Investigating Corporate Fraud*. Aldershot, UK: Gower, 2003.

40. Cook, Larry E. "Risky Business: Conducting the Internal Fraud Risk Assessment," *Fraud Magazine* (March/April 2005).

41. Cressey, Donald R. *Other People's Money*. Montclair, NJ: Patterson Smith, 1953.

42. Davia, Howard R., Patrick C. Coggins, John C. Wideman, and Joseph T. Kastantin.*Accountant's Guide to Fraud Detection and Control*, 2nd ed. New York: John Wiley& Sons, 2000.

43. Davis, Robert C., Arthur J. Lurigio, and Wesley G. Skogan, eds. *Victims of Crime*, 2nd ed. Thousand Oaks, CA: Sage, 1997.

44. Dean, Bruce A. "Wrap It Up: Packing Your Case for Prosecution." *White Paper* 16, No.1 (January/February 2002).

45. Department of the Treasury, Internal Revenue Service. *Financial Investigations: A Financial Approach to Detecting and Resolving Crimes.*Washington, DC: U.S. Government Printing Office, 1993.

46. Dirks, Raymond L., and Leonard Gross. *The Great Wall Street Scandal*. New York:McGraw-Hill, 1974.

47. Drake, John D. *The Effective Interviewer: A Guide forManagers*. NewYork: AMACOM,1989.

48. Ermann, M. David, and Richard J. Lundman. *Corporate Deviance*. NewYork: Holt Rinehart& Winston, 1982.

49. Financial Accounting Standards Board. Accounting Standards Codification (ASC).Norwalk, CT: Financial Accounting Foundation.

_____. ASC Topic 225, "Income Statement."

_____. ASC Topic 250, "Accounting Changes and Error Corrections."

_____. ASC Topic 350, "Intangibles—Goodwill and Other."

_____. ASC Topic 450, "Contingencies."

_____. ASC Topic 605, "Revenue Recognition."

_____. ASC Topic 730, "Research and Development."

_____. ASC Topic 820, "Fair Value Measurements and Disclosures."

50. Financial Accounting Standards Board. Concepts Statements. Norwalk, CT: Financial Accounting Foundation.

_____. "Qualitative Characteristics of Accounting Information," Concepts Statement No. 2.

_____. "Recognition and Measurement in Financial Statements of Business Enterprises," Concepts Statement No. 5.

_____. "Elements of Financial Statements," Concepts Statement No. 6.

51. Flesher, Dale L., Paul J. Miranti, and Gary John Previts. "The First Century of the CPA," *Journal of Accountancy* (October 1996).

52. Fusaro, Peter C., and Ross M. Miller. *What Went Wrong at Enron*. Hoboken, NJ: John Wiley & Sons, 2002.

53. Fridson, Martin S. *Financial Statement Analysis*. New York: John Wiley & Sons, 1991.Gardner, Dale R. "Teapot Dome: Civil Legal Cases that Closed the Scandal," *Journal of the West* (October 1989).

54. Gaughan, Patrick A. *Measuring Business Interruption Losses and Other Commercial Damages*. Hoboken, NJ: John Wiley & Sons, 2004.

55. Geis, Gilbert. *On White-Collar Crime*. Lexington, MA: Lexington Books, 1982.

56. Geis, Gilbert, and Robert F. Meier. *White-Collar Crime: Offenses in Business, Politics,and the Professions*, rev. ed. New York: Free Press, 1977.

57. Georgiades, George. *Audit Procedures*. New York: Harcourt Brace Professional, 1995.

58. Gillette, Clayton P. *Electronic Fund Transfer Fraud Protection: From Identity Theft to Wire Transfer Fraud*. Austin, TX: Sheshunoff, 2005.

59. Green, Scott. *Manager's Guide to the Sarbanes-Oxley Act: Improving Internal Controls to Prevent Fraud*. Hoboken, NJ: John Wiley & Sons, 2004.

60. Greene, Craig L. "Audit Those Vendors," *White Paper* 17, No. 3 (May/June 2003)._____. "When Employees Count Too Much," *White Paper* 16, No. 6 (November/December 2002).

61. Hall, Jerome. *Theft, Law and Society*, 2nd ed. Indianapolis, IN: Bobbs-Merrill, 1960.Hayes, Read. *Retail Security and Loss Prevention*. Stoneham, MA: Butterworth- Heinemann,1991.

62. Hubbard, Thomas D., and Johnny R. Johnson. *Auditing*, 4th ed. Houston, TX: Dame Publications, 1991.

63. Hylas, Robert E., and Robert H. Ashton. "Audit Detection of Financial Statement Errors," *Accounting Review* 57, No. 4 (October 1982).

64. Inbau, Fred E., John E. Reid, and Joseph P. Buckley. *Criminal Interrogation and Confessions*. Baltimore, MD: Wilkins, 1986.

65. Ingram, Donna. "Revenue Inflation and Deflation," *White Paper* 16, No. 6 (November/December 2002).

66. Inkeles, Alex. *National Character: A Psycho-Social Perspective*. New Brunswick, NJ:Transaction

Publishers, 1997.

67. Institute of Internal Auditors. *Standards for the Professional Practices of Internal Auditing*. Altamonte Springs, FL: Author, 1978.

68. Kant, Immanuel. *Lectures on Ethics*. New York: Harper & Row, 1963.

69. Ketz, J. Edward. *Hidden Financial Risks: Understanding Off-Balance-Sheet Accounting*.Hoboken, NJ: John Wiley & Sons, 2003.

70. Kimmel, Paul D., Jerry J.Weygandt, and Donald E. Kieso. *Financial Accounting: Tools for Business Decision Making*, 3rd ed. Hoboken, NJ: John Wiley & Sons, 2004.

71. Koletar, Joseph W. *Fraud Exposed: What You Don't Know Could Cost Your Company Millions*. Hoboken, NJ: John Wiley & Sons, 2003.

72. Langsted, Lars B., Peter Garde, andVagn Greve, *Criminal Law Denmark*, 2nd ed. Copenhagen:DJOF, 2004.

73. Lanza, Richard B. *Proactively Detecting Occupational Fraud Using Computer Audit Reports*. IIA Research Foundation, 2003.

74. Lundelius, Charles R. Jr. *Financial Reporting Fraud: A Practical Guide to Detection and Internal Control*. New York: AICPA, 2003.

75. Mancino, Jane. "The Auditor and Fraud," *Journal of Accountancy* (April 1997).

76. Marcella, Albert J., William J. Sampias, and James K. Kincaid. *The Hunt for Fraud:Prevention and Detection Techniques*. Altamonte Springs, FL: Institute of Internal Auditors, 1994.

77. Marshall, David H., and Wayne W. McManus. *Accounting: What the Numbers Mean*,3rd ed. Chicago: Irwin, 1996.

78. Mee, Charles L. Jr. *The Ohio Gang: The World of Warren G. Harding*. New York:M. Evans, 1981.

79. *Merriam-Webster's Collegiate Dictionary*, 11th ed. Springfield, MA:Merriam-Webster,2008.

80. Mill, John Stuart. *Utilitarianism*. Indianapolis, IN: Bobbs-Merrill, 1957.

81. Miller, Norman C. *The Great Salad Oil Swindle*. Baltimore, MD: Penguin Books, 1965.

82. Moritz, Scott. "Don't Get Burned by Smiling CEO Candidates," *White Paper* 16, No. 5(September/October 2002).

83. Nash, Jay Robert. *Hustlers and Con Men: An Anecdotal History of the Confidence Man and His Games*. New York: Lippincott, 1976.

84. National Commission on Fraudulent Financial Reporting. *Report of the National Commission on Fraudulent Financial Reporting*. New York: American Institute of Certified Public Accountants, 1987.

85. Noonan, John T. Jr. *Bribes*. New York: Macmillan, 1984.

86. O'Brian, Keith. *Cut Your Losses!* Bellingham, WA: International Self-Press, 1996.

87. O'Gara, John D. *Corporate Fraud: Case Studies in Detection and Prevention*. Hoboken,NJ: John Wiley & Sons, 2004.

88. Patterson, James, and Peter Kim. *The Day America Told the Truth*. New York: Prentice Hall, 1991.

89. Rabon, Don. *Investigative Discourse Analysis*. Durham, NC: Carolina Academic Press,1994.

90. Rakoff, Jed S., Linda R. Blumkin, and Richard A. Sauber. *Corporate Sentencing Guidelines:Compliance and Mitigation*. New York: Law Journal Press, 2002.

91. Ramos, Michael J. *Consideration of Fraud in a Financial Statement Audit: The Auditor's Responsibilities Under New SAS No. 82*. New York: American Institute of Certified Public Accountants, 1997.

_____. *How to Comply with Sarbanes-Oxley Section 404: Assessing the Effectiveness of Internal Control*. Hoboken, NJ: John Wiley & Sons, 2004.

92. Rezaee, Zabiollah. *Financial Statement Fraud: Prevention and Detection*. Hoboken, NJ:John Wiley & Sons, 2002.

93. Robertson, Jack C. *Auditing*, 7th ed. Boston: BPI Irwin, 1991.

_____. *Fraud Examination for Managers and Auditors*. Austin, TX: Viesca Books,2002.

94. Romney, Marshall B., W. Steve Albrecht, and D. J. Cherrington. "Red-Flagging the White-Collar Criminal," *Management Accounting* (March 1980).

95. Sarnoff, Susan K. *Paying for Crime*. Westport, CT: Praeger, 1996.

96. Securities and Exchange Commission. "Staff Accounting Bulletin No. 104: Revenue Recognition, Corrected Copy," 2003.

97. Seidler, Lee J., Fredrick Andrews, andMarc J. Epstein. *The Equity Funding Papers: The Anatomy of a Fraud*. New York: John Wiley & Sons, 1997.

98. Sharp, Kathleen. *In Good Faith*. New York: St. Martin's Press, 1995.

99. Siegel, Larry J. *Criminology*, 4th ed. New York: West, 1992.

100. Silverstone, Howard, and Michael Sheetz. *Forensic Accounting and Fraud Investigation for Non-Experts*. Hoboken, NJ: John Wiley & Sons, 2004.

101. Snyder, Neil H., O. Whitfield, William J. Kehoe, James T. McIntyre, Jr., and Karen E.

102. Blair. *Reducing Employee Theft: A Guide to Financial and Organizational Controls*.New York: Quorum Books, 1991.

103. Summerford, Ralph Q., and Robin E. Taylor. "Avoiding Embezzlement Embarrassment(and Worse)," *White Paper* 17, No. 6 (November/December 2003).

104. Sutherland, Edwin H. *White-Collar Crime*. New York: Dryden Press, 1949.

105. Thomas,William C. "The Rise and Fall of Enron," *Journal of Accountancy* (April 2002).

106. Thornhill, William T. *Forensic Accounting: How to Investigate Financial Fraud*. BurrRidge, IL: Irwin Professional, 1995.

107. Tyler, Tom R. *Why People Obey the Law*. New Haven, CT: Yale University Press, 1990.

108. United States Central Intelligence Agency. *The World Factbook*. www.cia.gov/library/publications/the-world-factbook/index.html.

109. United States General Accounting Office. *Financial Statement Restatements: Trends,Market Impacts, Regulatory Responses, and Remaining Challenges*. GAO-03-138,2002.

110. Van Drunen, Guido. "Traveling the World in Style on the Company's Nickel," *White Paper* 16, No. 1 (January/February 2002).

111. Vaughan, Diane. *Controlling Unlawful Organizational Behavior*. Chicago: University of Chicago Press, 1983.

112. Watson, Douglas M. "Whom Do You Trust? Doing Business and Deterring Fraud in a Global e-Marketplace," *White Paper* 16, No. 2 (March/April 2002).

113. Wells, Joseph T. "… And Nothing But the Truth: Uncovering Fraudulent Disclosures," *Journal of Accountancy* (July 2001).

_____. "… And One for Me," *Journal of Accountancy* (January 2002).

_____. "Accountancy and White-Collar Crime," *Annals of the American Academy of Political and Social Science* (January 1993).

_____. "Billing Schemes, Part 1: Shell Companies that Don't Deliver," *Journal of Accountancy* (July 2002).

_____. "Billing Schemes, Part 2: Pass-Throughs," *Journal of Accountancy* (August 2002).

_____. "Billing Schemes, Part 3: Pay-and-Return Invoicing," *Journal of Accountancy* (September 2002).

_____. "Billing Schemes, Part 4: Personal Purchases," *Journal of Accountancy* (October 2002).

_____. "The Billion Dollar Paper Clip," *Internal Auditor* (October 1994).

_____. "Collaring Crime at Work," *Certified Accountant* (August 1996).

_____. *Computer Fraud Casebook: The Bytes that Bite*. Hoboken, NJ: John Wiley& Sons, 2009.

_____. "Control Cash-Register Thievery," *Journal of Accountancy* (June 2002).

_____. *Corporate Fraud Handbook*, 2nd ed. Hoboken, NJ: John Wiley & Sons, 2007.

_____. "Corruption: Causes and Cures," *Journal of Accountancy* (April 2003).

_____. *The Encyclopedia of Fraud*. Austin, TX: Obsidian, 2002.

_____. "Enemies Within," *Journal of Accountancy* (December 2001).

_____. "A Fish Story—or Not?" *Journal of Accountancy* (November 2001).

_____. "Follow Fraud to the Likely Perp," *Journal of Accountancy* (March 2001).

_____. "Follow the Greenback Road," *Journal of Accountancy* (November 2003).

_____. "Fraud Assessment Questioning," *Internal Auditor* (August 1992).

_____. "The Fraud Examiners," *Journal of Accountancy* (October 2003).

_____. *Fraud Casebook: Lessons from the Bad Side of Business*. Hoboken, NJ: John Wiley & Sons, 2007.

_____. *Fraud Examination: Investigative and Audit Procedures*. New York: Quorum Books, 1992.

_____. "Getting a Handle on a Hostile Interview," *Security Management* (July 1992).

_____. "Ghost Goods: Howto Spot Phantom Inventory," *Journal of Accountancy* (June 2001).

_____. "… Irrational Ratios," *Journal of Accountancy* (August 2001).

_____. "Keep Ghosts Off the Payroll," *Journal of Accountancy* (December 2002).

_____. "Lambs to Slaughter," *Internal Auditor* (June 2003).

_____. "Lapping It Up," *Journal of Accountancy* (February 2002).

_____. "Let Them Know Someone's Watching," *Journal of Accountancy* (May 2002).

_____. "Money Laundering: Ring Around the Collar," *Journal of Accountancy* (June 2003).

_____. "Occupational Fraud: The Audit as Deterrent," *Journal of Accountancy* (April 2002).

_____. *Occupational Fraud and Abuse*. Austin, TX: Obsidian, 1997.

_____. "The Padding that Hurts," *Journal of Accountancy* (February 2003).

_____. "Protect Small Business," *Journal of Accountancy* (March 2003).

_____. "The Rewards of Dishonesty," *White Paper* 17, No. 2 (March/April 2003).

_____. "Rules for the Written Record," *Journal of Accountancy* (December 2003).

_____. "Sherlock Holmes, CPA, Part 1," *Journal of Accountancy* (August 2003).

_____. "Sherlock Holmes, CPA, Part 2," *Journal of Accountancy* (September 2003).

_____. "Six Common Myths about Fraud," *Journal of Accountancy* (February 1990).

_____. "So, You Want to Be a Fraud Examiner," *Accounting Today* (December 16,2002).

_____. "Sons of Enron," *MWorld* 2, No. 1 (Spring 2003).

_____. "Ten Steps into a Top-Notch Interview," *Journal of Accountancy* (November 2002).

_____. "Timing is of the Essence," *Journal of Accountancy* (May 2001).

_____. "Why Ask? You Ask," *Journal of Accountancy* (September 2001).

_____. "Why Employees Commit Fraud," *Journal of Accountancy* (February 2001).

_____. "The World's Dumbest Fraudsters," *Journal of Accountancy* (May 2003).

114. Wells, Joseph T., Tedd A. Avey, G. Jack Bologna, and Robert J. Lindquist. *The Accountant's Handbook of Fraud and Commercial Crime*. Toronto: Canadian Institute of Chartered Accountants, 1992.

115. Welsch, Glenn A., D. Paul Newman, and Charles T. Zlatkovich. *Intermediate Accounting*, 7th ed. Homewood, IL: Irwin, 1986.

116. Wojcik, Lawrence A. "Sensational Cases and the Mundane—Lessons to Be Learned," First Annual Conference on Fraud, American Institute of Certified Public Accountants,1996.

117. Zack, Gerard M. *Fraud and Abuse in Nonprofit Organizations: A Guide to Prevention and Detection*. Hoboken, NJ: John Wiley & Sons, 2003.

索　引

Corporate Fraud Handbook: Prevention and Detection, Fifth Edition by Joseph T. Wells
ISBN: 9781119351986

版权登记号：图字 01-2021-7036 号